党的十九大以来

『三农』政策集释

河北省社会科学院
中共河北省委讲师团
◎编著

中国农业出版社
北 京

《党的十九大以来“三农”政策集释》编委会

主　　编： 康振海

副 主 编： 袁宝东

编写人员： 何宪民　王梦茹　李大明
申玲敏　王　倩

前　言

重农固本，本固邦宁。当前，百年变局和世纪疫情交织叠加，外部环境更趋复杂和不确定，必须坚持稳字当头、稳中求进，稳住农业基本盘、做好“三农”工作。党的十九大在准确把握“三农”工作新的历史方位的基础上，认真总结改革开放特别是党的十八大以来“三农”工作的成就和经验，进一步提出实施乡村振兴战略。这是党中央从党和国家事业全局出发、着眼于实现“两个一百年”奋斗目标、顺应亿万农民对美好生活的向往作出的重大决策，是新时代做好“三农”工作的总抓手。国家要复兴，乡村必振兴。我们要坚持把振兴乡村作为实现中华民族伟大复兴的一项重大任务，统一思想、坚定信心、扎实工作，巩固发展农业农村好形势，深入实施乡村振兴战略，书写好中华民族伟大复兴的“三农”新篇章。

2021 年以来，农业生产保持稳中有进，粮食产量保持在 1.3 万亿斤以上，脱贫攻坚成果得到巩固和拓展，全面推进乡村振兴迈出坚实步伐，成绩来之不易。农业农村改革发展取得的显著成效，对开新局、应变局、稳大局发挥了重要作用。2022 年将召开党的二十大，确保农业稳产增产、农民稳步增收、农村稳定安宁，对保持平稳健康的经济环境、国泰民安的社会环境具有特殊重要意义。中央经济工作会议提出 2022 年经济工作要稳字当头、稳中求进，释放了强烈的政策信号。越是环境复杂，风险挑战增多，越是要把“三农”这块“压舱石”夯得实之又实。做好 2022 年“三农”工作，要以习近平新时代中国特色社会主义思想为指导，全面贯彻党的十九大和十九届历次全会精神，贯彻落实中央经济工作会议精神，坚持稳中求进工作总基调，立足新发展阶段，完整准确全面贯彻新发展理念，构建新发展格局，推动高质量发展，促进共同富裕，坚持和加强党对农村工作的全面领导，充分发挥农村基层党组织战斗堡垒作用，牢牢守住保障国家粮食安全和不发生规模性返贫两条底线，扎实有序推进乡村发展、乡村建设、乡村治理重点工作，突出年度性任务、针对性举措、实效性导向，推动全面推进乡村振兴取得新进展、农业农村现代化迈出新步伐。

习近平总书记强调，“保障好初级产品供给是一个重大战略性问题，中国人的饭碗任何时候都要牢牢端在自己手中，饭碗主要装中国粮。”要守稳粮食和重要农产品供给，掌握好粮食安全的政治经济学，以较真碰硬的举措，真正落实粮食安全党政同责和“菜篮子”市长负责制，真金白银提高农业综合生产能力。要以“长牙齿”的硬措施守稳18亿亩耕地红线，发挥督查考核的指挥棒作用，压实耕地保护责任，严格耕地用途管制，切实加强耕地保护建设。习近平总书记指出，“乡村振兴的前提是巩固脱贫攻坚成果，要持续抓紧抓好，让脱贫群众生活更上一层楼。要持续推动同乡村振兴战略有机衔接，确保不发生规模性返贫，切实维护和巩固脱贫攻坚战的伟大成就。”要保持对脱贫地区和脱贫群众的政策不脱节、帮扶不脱钩，坚决守住不发生规模性返贫的底线。要聚焦产业促进乡村发展，深入推进农村一二三产业融合，大力发展县域富民产业，推进农业农村绿色发展，让农民更多分享产业增值收益。要扎实推进乡村建设，以农村人居环境整治提升为抓手，立足现有村庄基础，重点加强普惠性、基础性、兜底性民生建设，加快县域内城乡融合发展，逐步使农村具备基本现代生活条件。要加强和改进乡村治理，发挥农村基层党组织战斗堡垒作用，创新农村精神文明建设有效平台载体，妥善解决农村矛盾纠纷，维护好农村社会和谐稳定。要加强和改善党对“三农”工作的领导，落实五级书记抓乡村振兴要求，强化乡村振兴要素保障。

全面推进乡村振兴以来，从中央到地方密集出台了一批利好政策，搭建起了“四梁八柱”。好政策好机制，需要落到实处，才能见到实效。2022 年将召开党的二十大，全面推进乡村振兴也将进入施工大干的关键之年，更需要实打实的行动。我们必须迎难而上、踏实苦干，克服形式主义、官僚主义“拦路虎”，改进工作作风，全力抓好抓稳“三农”工作。为帮助基层干部群众更好地学习、了解“三农”工作重心历史性转移后，新时代“三农”工作的指导思想、总体要求和各项制度性安排，切实把思想行动统一到中央和省委要求上来，全面推进乡村振兴的各项重点工作，全面推进乡村振兴取得新进展、农业农村现代化迈出新步伐。我们组织编写了《党的十九大以来“三农”政策集释》，对党的十九大以来中央及河北省出台的多项涉农政策进行系统梳理，以期对广大读者有所启示、有所帮助。

编　者

2022 年 4 月

目　　录

第一章 实施乡村振兴战略 全面推进乡村振兴

乡村振兴战略是习近平同志在党的十九大报告中提出的战略。十九大报告指出，农业农村农民问题是关系国计民生的根本性问题，必须始终把解决好“三农”问题作为全党工作的重中之重，实施乡村振兴战略。乡村兴则国家兴，乡村衰则国家衰。我国仍处于并将长期处于社会主义初级阶段，它的特征很大程度上表现在乡村。全面建设社会主义现代化强国最艰巨最繁重的任务在农村，最广泛最深厚的基础在农村，最大的潜力和后劲也在农村。实施乡村振兴战略，是解决新时代我国社会主要矛盾、实现“两个一百年”奋斗目标和中华民族伟大复兴中国梦的必然要求，具有重大现实意义和深远历史意义。

实施乡村振兴战略，要坚持党管农村工作，坚持农业农村优先发展，坚持农民主体地位，坚持乡村全面振兴，坚持城乡融合发展，坚持人与自然和谐共生，坚持因地制宜、循序渐进。

1. 如何理解新时代实施乡村振兴战略的内涵及重大意义？

党的十九大报告中指出，农业农村农民问题是关系国计民生的根本性问题，必须始终把解决好“三农”问题作为全党工作重中之重。实施乡村振兴战略，一要坚持农业农村优先发展，按照产业兴旺、生态宜居、乡风文明、治理有效、生活富裕的总要求，建立健全城乡融合发展体制机制和政策体系，加快推进农业农村现代化。二要巩固和完善农村基本经营制度，深化农村土地制度改革，完善承包地“三权分置”制度。保持土地承包关系稳定并长久不变，第二轮土地承包到期后再延长三十年。三要深化农村集体产权制度改革，保障农民财产权益，壮大集体经济。四要确保国家粮食安全，把中国人的饭碗牢牢端在自己手中。五要构建现代农业产业体系、生产体系、经营体系，完善农业支持保护制度，发展多种形式适度规模经营，培育新型农业经营主体，健全农业社会化服务体系，实现小农户和现代农业发展有机衔接。六要促进农村一二三产业融合发展，支持和鼓励农民就业创业，拓宽增收渠道。七要加强农村基层基础工作，健全自治、法治、德治相结合的乡村治理体系。八要培养造就一支懂农业、爱农村、爱农民的“三农”工作队伍。

2018 年的《政府工作报告》中指出，大力实施乡村振兴战略，要科学制定规划，健全城乡融合发展体制机制，依靠改革创新壮大乡村发展新动能。一要推进农业供给侧结构性改革。促进农林牧渔业和种业创新发展，加快建设现代农业产业园和特色农产品优势区。坚持提质导向，稳定和优化粮食生产。加快消化粮食库存。发展农产品加工业。新增高标准农田 8 000 万亩以上、高效节水灌溉面积 2 000 万亩。培育新型经营主体，提高农业科技水平，推进农业机械化全程全面发展，加强面向小农户的社会化服务。鼓励支持返乡农民工、大中专毕业生、科技人员、退役军人和工商企业等从事现代农业建设、发展农村新业态新模式。深入推进“互联网＋农业”，多渠道增加农民收入，促进农村一二三产业融合发展。二要全面深化农村改革。落实第二轮土地承包到期后再延长30年的政策。探索宅基地所有权、资格权、使用权分置改革。改进耕地占补平衡管理办法，建立新增耕地指标、城乡建设用地增减挂钩节余指标跨省域调剂机制，所得收益全部用于脱贫攻坚和支持乡村振兴。深化粮食收储、集体产权、集体林权、国有林区林场、农垦、供销社等改革，使农业农村充满生机活力。三要推动农村各项事业全面发展。完善农村医疗、教育、文化等公共服务。改善供水、供电、信息等基础设施，新建改建农村公路20万公里。稳步开展农村人居环境整治三年行动，推进厕所革命和垃圾收集处理。促进农村移风易俗。健全自治、法治、德治相结合的乡村治理体系。大力培育乡村振兴人才。要坚持走中国特色社会主义乡村振兴道路，加快实现农业农村现代化。

2018年中央1号文件指出，党的十八大以来，在以习近平同志为核心的党中央坚强领导下，我们坚持把解决好“三农”问题作为全党工作重中之重，持续加大强农惠农富农政策力度，扎实推进农业现代化和新农村建设，全面深化农村改革，农业农村发展取得了历史性成就，为党和国家事业全面开创新局面提供了重要支撑。5年来，粮食生产能力跨上新台阶，农业供给侧结构性改革迈出新步伐，农民收入持续增长，农村民生全面改善，脱贫攻坚战取得决定性进展，农村生态文明建设显著加强，农民获得感显著提升，农村社会稳定和谐。农业农村发展取得的重大成就和“三农”工作积累的丰富经验，为实施乡村振兴战略奠定了良好基础。

农业农村农民问题是关系国计民生的根本性问题。没有农业农村的现代化，就没有国家的现代化。当前，我国发展不平衡不充分问题在乡村最为突出，主要表现在：农产品阶段性供过于求和供给不足并存，农业供给质量亟待提高；农民适应生产力发展和市场竞争的能力不足，新型职业农民队伍建设亟须加强；农村基础设施和民生领域欠账较多，农村环境和生态问题比较突出，乡村发展整体水平亟待提升；国家支农体

系相对薄弱，农村金融改革任务繁重，城乡之间要素合理流动机制亟待健全；农村基层党建存在薄弱环节，乡村治理体系和治理能力亟待强化。实施乡村振兴战略，是解决人民日益增长的美好生活需要和不平衡不充分的发展之间矛盾的必然要求，是实现“两个一百年”奋斗目标的必然要求，是实现全体人民共同富裕的必然要求。

在中国特色社会主义新时代，乡村是一个可以大有作为的广阔天地，迎来了难得的发展机遇。我们有党的领导的政治优势，有社会主义的制度优势，有亿万农民的创造精神，有强大的经济实力支撑，有历史悠久的农耕文明，有旺盛的市场需求，完全有条件有能力实施乡村振兴战略。必须立足国情农情，顺势而为，切实增强责任感使命感紧迫感，举全党全国全社会之力，以更大的决心、更明确的目标、更有力的举措，推动农业全面升级、农村全面进步、农民全面发展，谱写新时代乡村全面振兴新篇章。

韩长赋在十三届全国人大常委会专题讲座第十讲中指出，实施乡村振兴战略，是以习近平同志为核心的党中央着眼党和国家事业全局，深刻把握现代化建设规律和城乡关系变化特征，顺应亿万农民对美好生活的期待作出的重大决策部署，在我国“三农”发展进程中具有里程碑意义。

第一，实施乡村振兴战略立足解决社会主要矛盾，体现了鲜明的问题导向。党的十九大提出，进入新时代，我国社会主要矛盾已经转化为人民日益增长的美好生活需要和不平衡不充分的发展之间的矛盾。而发展不平衡，在城乡表现得最为明显；发展不充分，在乡村表现得最为突出。当前，我国经济社会发展最明显的短板仍然在“三农”，城乡差距大是社会主要矛盾的突出表现。比如城乡居民收入，1978 年到 2018 年，农民收入从 134 元增长到 14 617 元，城镇居民收入从 343 元增长到 39 251 元，绝对差距从 209 元扩大到 24 634 元，相对差距从 2.56：1 扩大到 2.69：1。农村基础设施和公共服务与城市的差距也是越来越大，农村城市仍是两个天地，一些村庄空心化、农村“三留守”问题突出。

有些同志认为，只要城镇化搞好了，农民都进城了，“三农”问题也就解决了。但实际情况是，我国还有近6亿人生活在农村，即便将来城镇化率达到70%以上，农村还会有4亿多人。如果城乡差距进一步扩大，一边是越来越发达的城市，一边是越来越萧条的乡村，那就不能算是实现了中华民族的伟大复兴，也不符合党的十九大报告提出的更好推动人的全面发展、社会全面进步的要求。实施乡村振兴战略，就是要从根本上解决城乡发展不平衡、乡村发展不充分的问题，更好满足农民群众对美好生活的需要。

第二，实施乡村振兴战略立足实现“两个一百年”奋斗目标，体现了鲜明的目标导向。党的十九大提出了分阶段实现“两个一百年”奋斗目标的战略安排，到2020年，全面建成小康社会；到2035年，基本实现社会主义现代化；到21世纪中叶，把我国建成富强民主文明和谐美丽的社会主义现代化强国。这是新时代我国社会主义现代化建设的整体战略安排。习近平总书记强调，全面建成小康社会和全面建设社会主义现代化强国，最艰巨最繁重的任务在农村，最广泛最深厚的基础在农村，最大的潜力和后劲也在农村。如果说，在决胜全面小康阶段，我们的重中之重是打赢脱贫攻坚战，消除绝对贫困；那么，在全面建设现代化强国阶段，就要补齐农业农村发展短板，缩小城乡差距。2018年中央1号文件明确了实施乡村振兴战略的阶段性目标任务，总体上也是分三个阶段。到2020年，乡村振兴取得重要进展，制度框架和政策体系基本形成；到2035年，乡村振兴取得决定性进展，农业农村现代化基本实现；到2050年，乡村全面振兴，农业强、农村美、农民富全面实现。这三个阶段的安排与经济社会发展总体的战略安排是协调契合的。所以，实施乡村振兴战略，不是年度性的工作任务，也不是五年、十年的规划，而是贯穿全面建设社会主义现代化国家全过程的长期历史任务，最终目标是彻底改变千百年来农村贫困落后的面貌，实现农业全面升级、农村全面进步、农民全面发展。

第三，实施乡村振兴战略立足我国当前的发展阶段，体现了鲜明的

机遇意识和历史担当。换句话说，我国已经到了统筹解决“三农”问题，全面振兴乡村的历史阶段。从农业发展看，改革开放 40 多年来，我国农业现代化取得了长足进步，特别是党的十八大以来，以习近平同志为核心的党中央，加强和改善党对“三农”工作的领导，提出并贯彻新发展理念，推动“三农”工作理论创新、实践创新、制度创新，农业农村发展取得了历史性成就，发生了历史性变革。目前，我国粮食供给总体充裕，肉蛋奶、果菜鱼产量稳居世界第一，“过去是 8 亿人吃不饱，现在是 14 亿人吃不完”。农业物质技术装备水平大幅提升，农业科技进步贡献率达到 58.3%，主要农作物耕种收综合机械化水平超过 67%，现代生产要素和手段已成为农业发展的主要驱动力。农业现代化水平的快速提高，把亿万农民从面朝黄土背朝天的农业生产中解放出来，从过去缺吃少穿的困难生活中解脱出来，追求美好生活、建设美丽家园的愿望更加强烈。从农村发展看，当前我国农村正面临千年未有之变局。随着工业化、城镇化的快速推进，大量农村青壮年劳动力流向城市，农村的人口结构、就业结构、产业结构、治理结构、村庄布局，乃至人们的生产生活方式，都在发生着深刻的变化。过去的发展方式不适用，原有的治理模式不管用，迫切需要实施乡村振兴战略，提升乡村发展水平，使乡村迈进现代化的轨道。从经济社会发展看，改革开放以来，我国综合国力显著增强，工业化、城镇化已经到了较高水平，有强大的经济实力作支撑，我们现在完全能够加大工业反哺农业、城市支持乡村的力度，有能力加大“三农”投入力度。同时，乡村的多种功能价值日趋凸显，化解当前的一些大城市病，满足城市居民在环境、健康等方面的需要，越来越多的人把目光投向乡村。可以说，实施乡村振兴战略有基础、有条件、有需求。从国际经验看，只有处理好工农关系、城乡关系，才能避免乡村衰落，避免出现城市“贫民窟”，陷入“中等收入陷阱”。党中央在这个时候提出这项重大战略，充分体现了对国情农情的深刻洞察，对重大历史契机的准确把握，可谓正当其时。

在农村改革发展波澜壮阔的历史进程中，实施乡村振兴战略将和那些具有标志意义的重大农村改革一样，成为影响深远的关键大事，具有里程碑意义。改革开放之初，实行家庭联产承包责任制，理顺了农民和集体的关系，放活了农民生产经营自主权，带动农产品自由流通、农村劳动力自由流动，率先打破计划经济体制，开启了市场经济发展的先河。21 世纪之初，推进农村税费改革，取消了延续 2 600 多年的“皇粮国税”，理顺了农民与国家的关系，改善了农村党群干群关系，实现了对农民从“取”到“予”的历史性转变，为农村全面建成小康社会提供了制度保障。进入新时代，中央提出实施乡村振兴战略，重塑工农城乡关系，推动城乡融合发展，实现农业农村现代化，必将成为推动社会主义现代化国家建设和中华民族伟大复兴的重大举措。我们坚信，有以习近平同志为核心的党中央的坚强领导，有习近平新时代中国特色社会主义思想的科学指导，有 40 多年改革发展的成功经验，有亿万农民的积极参与，我们完全能够把实施乡村振兴战略这件大事办好。

2021 年中央农村工作会议指出，农业农村农民问题是关系国计民生的根本性问题。没有农业农村的现代化，就没有国家的现代化。农业强不强、农村美不美、农民富不富，决定着亿万农民的获得感和幸福感，决定着我国全面小康社会的成色和社会主义现代化的质量。如期实现第一个百年奋斗目标并向第二个百年奋斗目标迈进，最艰巨最繁重的任务在农村，最广泛最深厚的基础在农村，最大的潜力和后劲也在农村。实施乡村振兴战略，是解决人民日益增长的美好生活需要和不平衡不充分的发展之间矛盾的必然要求，是实现“两个一百年”奋斗目标的必然要求，是实现全体人民共同富裕的必然要求。

中央农办主任、农业农村部部长唐仁健谈学习贯彻中央农村工作会议精神时指出，全国农业农村系统担负着全面推进乡村振兴、加快农业农村现代化的重大政治责任，要不断加深政治性政策性是“三农”工作根本属性的认识：

——从践行党的宗旨看，人民对美好生活的向往，就是我们的奋斗目标。吃饭是最基本的需求。美好生活，首先必须保障老百姓每天开门

的“七件事”，否则就是一句空谈。

——从实现党的使命看，“三农”还是全面现代化的短板，只有优先发展农业农村，才能保证“三农”在全面建设社会主义现代化国家新征程中不掉队。

——从巩固党的执政基础看，粮安天下，农稳社稷。我国是人口大国，解决好吃饭问题始终是治国理政的头等大事。

——从健全党的“三农”政策看，保障农民物质利益和民主权利，是我们党一贯的农村工作准则。2004 年以来连续 17 个中央 1 号文件，深受农民群众拥护。[①] 任何时候都不能忽视农业、忘记农民、淡漠农村，必须始终坚持强农惠农富农政策不减弱，必须保持“三农”大政方针的连续性、稳定性，守信践诺、取信于民。

实施乡村振兴战略，是我们党“三农”工作一系列方针政策的继承和发展，是中国特色社会主义进入新时代做好“三农”工作的总抓手。必须立足国情农情，切实增强责任感使命感紧迫感，举全党全国全社会之力，以更大的决心、更明确的目标、更有力的举措推动农业全面升级、农村全面进步、农民全面发展，谱写新时代乡村全面振兴新篇章。

2. 如何以习近平总书记关于“三农”工作的重要论述为指导推进乡村振兴？

韩长赋在十三届全国人大常委会专题讲座第十讲中指出，习近平总书记高度重视“三农”工作，对做好“三农”工作作出了一系列重要论述，特别是党的十九大以来，对实施乡村振兴战略作出许多重要指示，科学回答了为什么要振兴乡村、怎样振兴乡村等一系列重大认识问题和实践问题。总书记关于“三农”工作的重要论述，是习近平新时代中国特色社会主义思想的重要组成部分，也是实施乡村振兴战略、做好新时代“三农”工作的根本遵循。必须把习近平总书记关于“三农”工作的

① 此处引自农业农村部部长唐仁健在 2021 年中央农村工作会议上的讲话。

重要论述学懂弄通做实，贯彻到乡村振兴的各方面、全过程。

（1）坚持把实施乡村振兴战略作为新时代“三农”工作的总抓手。习近平总书记指出，实施乡村振兴战略，是关系全面建设社会主义现代化国家的全局性、历史性任务，是我们党“三农”工作一系列方针政策的继承和发展，是新时代做好“三农”工作的总抓手。总书记强调，要把振兴乡村作为实现中华民族伟大复兴的一个重大任务，以更大的决心、更明确的目标、更有力的举措，书写好中华民族伟大复兴的“三农”新篇章。总书记的重要论述，指明了实施乡村振兴战略在整个经济社会发展全局中的战略定位，明确了新时代做好“三农”工作管总的要求。要充分认识新时代“三农”工作的时代特征和发展规律，以实施乡村振兴战略来统领整个“三农”工作，通过振兴乡村，加快农业农村现代化步伐，实现从农业大国向农业强国的跨越，为推进社会主义现代化建设、实现“两个一百年”奋斗目标提供有力支撑。

（2）坚持推进乡村全面振兴。党的十九大报告对实施乡村振兴战略提出了五句话二十个字的总要求，即产业兴旺、生态宜居、乡风文明、治理有效、生活富裕。习近平总书记指出，乡村振兴是“五位一体”总体布局、“四个全面”战略布局在“三农”工作的体现。总书记强调，要统筹推进农村经济建设、政治建设、文化建设、社会建设、生态文明建设和党的建设，促进乡村全面发展。总书记的重要论述，深刻阐明了乡村振兴的全面性、整体性、系统性，对做好新时代“三农”工作提出了更高要求。要顺应广大农民群众日益增长的美好生活需要，坚持农业现代化和农村现代化一体设计、一并推进，把工作重心从“一农”拓展到“三农”，既要见物也要见人，从增产增收拓展到全面振兴，以产业兴旺为重点、生态宜居为关键、乡风文明为保障、治理有效为基础、生活富裕为根本，统筹推进乡村各项事业全面均衡发展。

（3）坚持农业农村优先发展。习近平总书记指出，坚持农业农村优先发展是实施乡村振兴战略的总方针，要始终把解决好“三农”问题作为全党工作重中之重，在干部配备上优先考虑，在要素配置上优先满

足，在资金投入上优先保障，在公共服务上优先安排，加快补齐农业农村发展短板，不断缩小城乡差距。农业是国计民生，农民是执政基础，农村是战略后院。总书记的重要论述，是我们党对“三农”战略地位认识的发展和创新，阐明了对工农城乡发展优先序的战略考量，强化了对“三农”多予少取放活的大政方针。要针对实践中“三农”工作“说起来重要、干起来次要、忙起来不要”的问题，真正把乡村振兴摆在各地区各部门工作的优先位置，真刀真枪地干、真金白银地投，抓重点、补短板、强弱项，形成加快推进农业农村现代化的强大合力。

（4）坚持遵循乡村发展规律。习近平总书记指出，实施乡村振兴战略，首先要按规律办事，在我们这样一个拥有13亿多人口的大国，实现乡村振兴是前无古人、后无来者的伟大创举，没有现成的、可照抄照搬的经验，我国乡村振兴道路怎么走，只能靠我们自己去探索。总书记强调，实施乡村振兴战略要遵循乡村建设规律，一件事情接着一件事情办，一年接着一年干，久久为功，积小胜为大成。总书记的重要论述，贯穿了辩证唯物主义的世界观和方法论，体现了深刻的历史思维、辩证思维、底线思维，为实施乡村振兴战略提供了理论指导。要切实把握和遵循乡村建设发展规律，坚持一切从实际出发，保持足够的历史耐心，不搞强迫命令、不刮风搞运动，更不能越过改革底线，犯颠覆性错误。要结合各地实际情况，分类指导、精准施策，注重同农村经济发展水平相适应，同当地文化和风土人情相协调。要充分尊重农民意愿，切实保障农民物质利益和民主权利，让广大农民群众充分参与乡村振兴进程。

（5）坚持加强党对农村工作的领导。习近平总书记强调，办好农村的事情，实现乡村振兴，关键在党，必须提高党把方向、谋大局、定政策、促改革的能力和定力，确保党始终总揽全局、协调各方，提高新时代党全面领导农村工作的能力和水平。总书记强调，实施乡村振兴战略，各级党委和党组织必须加强领导，汇聚起全党上下、社会各方的强大力量，并强调提出五级书记抓乡村振兴。总书记的重要论述，深刻指明了党的领导在实施乡村振兴战略中定海神针的作用，也为做好新时代

“三农”工作提供了坚强的政治保证。要毫不动摇地坚持党管农村工作，加快健全五级书记抓乡村振兴的领导体制和工作机制，强化各级党委农村工作部门的统筹协调作用，切实抓实建强农村基层党组织，确保农村改革发展始终沿着正确的方向前进，凝聚全党全社会力量共同推进乡村振兴。

3. 实施乡村振兴战略的指导思想是什么？

2018 年中央 1 号文件指出，我国实施乡村振兴战略的指导思想是：全面贯彻党的十九大精神，以习近平新时代中国特色社会主义思想为指导，加强党对“三农”工作的领导，坚持稳中求进工作总基调，牢固树立新发展理念，落实高质量发展的要求，紧紧围绕统筹推进“五位一体”总体布局和协调推进“四个全面”战略布局，坚持把解决好“三农”问题作为全党工作重中之重，坚持农业农村优先发展，按照产业兴旺、生态宜居、乡风文明、治理有效、生活富裕的总要求，建立健全城乡融合发展体制机制和政策体系，统筹推进农村经济建设、政治建设、文化建设、社会建设、生态文明建设和党的建设，加快推进乡村治理体系和治理能力现代化，加快推进农业农村现代化，走中国特色社会主义乡村振兴道路，让农业成为有奔头的产业，让农民成为有吸引力的职业，让农村成为安居乐业的美丽家园。

4. 实施乡村振兴战略的目标任务是什么？

2018 年中央 1 号文件指出，按照党的十九大提出的决胜全面建成小康社会、分两个阶段实现第二个百年奋斗目标的战略安排，实施乡村振兴战略的目标任务是：

到 2020 年，乡村振兴取得重要进展，制度框架和政策体系基本形成。农业综合生产能力稳步提升，农业供给体系质量明显提高，农村一二三产业融合发展水平进一步提升；农民增收渠道进一步拓宽，城乡居民生活水平差距持续缩小；现行标准下农村贫困人口实现脱贫，贫困县

全部摘帽，解决区域性整体贫困；农村基础设施建设深入推进，农村人居环境明显改善，美丽宜居乡村建设扎实推进；城乡基本公共服务均等化水平进一步提高，城乡融合发展体制机制初步建立；农村对人才吸引力逐步增强；农村生态环境明显好转，农业生态服务能力进一步提高；以党组织为核心的农村基层组织建设进一步加强，乡村治理体系进一步完善；党的农村工作领导体制机制进一步健全；各地区各部门推进乡村振兴的思路举措得以确立。

到 2035 年，乡村振兴取得决定性进展，农业农村现代化基本实现。农业结构得到根本性改善，农民就业质量显著提高，相对贫困进一步缓解，共同富裕迈出坚实步伐；城乡基本公共服务均等化基本实现，城乡融合发展体制机制更加完善；乡风文明达到新高度，乡村治理体系更加完善；农村生态环境根本好转，美丽宜居乡村基本实现。

到 2050 年，乡村全面振兴，农业强、农村美、农民富全面实现。

5. 实施乡村振兴战略的基本原则是什么？

2018 年中央 1 号文件指出，我国实施乡村振兴战略的基本原则是：

一是坚持党管农村工作。毫不动摇地坚持和加强党对农村工作的领导，健全党管农村工作领导体制机制和党内法规，确保党在农村工作中始终总揽全局、协调各方，为乡村振兴提供坚强有力的政治保障。

二是坚持农业农村优先发展。把实现乡村振兴作为全党的共同意志、共同行动，做到认识统一、步调一致，在干部配备上优先考虑，在要素配置上优先满足，在资金投入上优先保障，在公共服务上优先安排，加快补齐农业农村短板。

三是坚持农民主体地位。充分尊重农民意愿，切实发挥农民在乡村振兴中的主体作用，调动亿万农民的积极性、主动性、创造性，把维护农民群众根本利益、促进农民共同富裕作为出发点和落脚点，促进农民持续增收，不断提升农民的获得感、幸福感、安全感。

四是坚持乡村全面振兴。准确把握乡村振兴的科学内涵，挖掘乡村多种功能和价值，统筹谋划农村经济建设、政治建设、文化建设、社会建设、生态文明建设和党的建设，注重协同性、关联性，整体部署，协调推进。

五是坚持城乡融合发展。坚决破除体制机制弊端，使市场在资源配置中起决定性作用，更好发挥政府作用，推动城乡要素自由流动、平等交换，推动新型工业化、信息化、城镇化、农业现代化同步发展，加快形成工农互促、城乡互补、全面融合、共同繁荣的新型工农城乡关系。

六是坚持人与自然和谐共生。牢固树立和践行“绿水青山就是金山银山”的理念，落实节约优先、保护优先、自然恢复为主的方针，统筹山水林田湖草系统治理，严守生态保护红线，以绿色发展引领乡村振兴。

七是坚持因地制宜、循序渐进。科学把握乡村的差异性和发展走势分化特征，做好顶层设计，注重规划先行、突出重点、分类施策、典型引路。既尽力而为，又量力而行，不搞层层加码，不搞“一刀切”，不搞形式主义，久久为功，扎实推进。

6. 实施乡村振兴战略的总体要求是什么？

2021年中央农村工作会议指出，走中国特色社会主义乡村振兴道路，一是必须重塑城乡关系，走城乡融合发展之路。要坚持以工补农、以城带乡，把公共基础设施建设的重点放在农村，推动农村基础设施建设提档升级，优先发展农村教育事业，促进农村劳动力转移就业和农民增收，加强农村社会保障体系建设，推进健康乡村建设，持续改善农村人居环境，逐步建立健全全民覆盖、普惠共享、城乡一体的基本公共服务体系，让符合条件的农业转移人口在城市落户定居，推动新型工业化、信息化、城镇化、农业现代化同步发展，加快形成工农互促、城乡互补、全面融合、共同繁荣的新型工农城乡关系。二是必须巩固和完善农村基本经营制度，走共同富裕之路。要坚持农村土地集体所有，坚持家庭经营基础性地位，坚持稳定土地承包关系，壮大集体经济，建立符

合市场经济要求的集体经济运行机制，确保集体资产保值增值，确保农民受益。三是必须深化农业供给侧结构性改革，走质量兴农之路。坚持质量兴农、绿色兴农，实施质量兴农战略，加快推进农业由增产导向转向提质导向，夯实农业生产能力基础，确保国家粮食安全，构建农村一二三产业融合发展体系，积极培育新型农业经营主体，促进小农户和现代农业发展有机衔接，推进“互联网＋现代农业”加快构建现代农业产业体系、生产体系、经营体系，不断提高农业创新力、竞争力和全要素生产率，加快实现由农业大国向农业强国转变。四是必须坚持人与自然和谐共生，走乡村绿色发展之路。以绿色发展引领生态振兴，统筹山水林田湖草系统治理，加强农村突出环境问题综合治理，建立市场化多元化生态补偿机制，增加农业生态产品和服务供给，实现百姓富、生态美的统一。五是必须传承发展提升农耕文明，走乡村文化兴盛之路。坚持物质文明和精神文明一齐抓，弘扬和践行社会主义核心价值观，加强农村思想道德建设，传承发展提升农村优秀传统文化，加强农村公共文化建设，开展移风易俗行动，提升农民精神风貌，培育文明乡风、良好家风、淳朴民风，不断提高乡村社会文明程度。六是必须创新乡村治理体系，走乡村善治之路。建立健全党委领导、政府负责、社会协同、公众参与、法治保障的现代乡村社会治理体制，健全自治、法治、德治相结合的乡村治理体系，加强农村基层基础工作，加强农村基层党组织建设，深化村民自治实践，严肃查处侵犯农民利益的“微腐败”，建设平安乡村，确保乡村社会充满活力、和谐有序。七是必须打好精准脱贫攻坚战，走中国特色减贫之路。坚持精准扶贫、精准脱贫，把提高脱贫质量放在首位，注重扶贫同扶志、扶智相结合，瞄准贫困人口精准帮扶，聚焦深度贫困地区集中发力，激发贫困人口内生动力，强化脱贫攻坚责任和监督，开展扶贫领域腐败和作风问题专项治理，采取更加有力的举措、更加集中的支持、更加精细的工作，坚决打好精准脱贫这场对全面建成小康社会具有决定意义的攻坚战。

2018 年河北省委 1 号文件指出，河北省实施乡村振兴战略的总体要求是：全面贯彻党的十九大精神、中央农村工作会议和省委九届六次全会精神，以习近平新时代中国特色社会主义思想为指导，加强党对“三农”工作的领导，坚持稳中求进工作总基调，牢固树立新发展理念，落实高质量发展要求，坚持把解决好“三农”问题作为全党工作重中之重，坚持农业农村优先发展，按照产业兴旺、生态宜居、乡风文明、治理有效、生活富裕的总要求，深入推进农业供给侧结构性改革，建立健全城乡融合发展的体制机制和政策体系，统筹推进农村经济建设、政治建设、文化建设、社会建设、生态文明建设和党的建设，加快推进乡村治理体系和治理能力现代化，加快推进农业农村现代化，让农业成为有奔头的产业，农民成为有吸引力的职业，农村成为安居乐业的美丽家园。

7. 河北省实施乡村振兴战略的发展目标是什么？

2018 年河北省 1 号文件指出，我省实施乡村振兴战略的发展目标是：

到 2020 年，乡村振兴取得重要进展，有条件的地区率先基本实现农业现代化。农业综合生产能力稳步提升，质量农业、科技农业、绿色农业、品牌农业取得突破性进展，农业供给质量和效益大幅提升，竞争力明显增强；农民持续增收机制基本健全，城乡居民收入差距持续缩小；现行标准下农村贫困人口全部脱贫，贫困县全部摘帽，区域性整体贫困问题全部解决；美丽宜居乡村建设扎实推进，农村人居环境明显改善，农村生态环境明显好转，城乡基本公共服务均等化水平明显提高；农村基层组织建设进一步加强，乡村治理体系进一步完善，农村小康全面实现。

到 2035 年，乡村振兴取得决定性进展，农业农村基本实现现代化。现代农业产业体系、生产体系、经营体系全面建立，农业大省向农业强省转变目标基本实现；农村居民可支配收入大幅度提高，城乡居民收入差距显著缩小；美丽宜居乡村基本建成，城乡基本公共服务均等化基本

实现；农业绿色发展方式全面建立，农村生态环境根本好转；乡风文明达到新高度，乡村治理体系更加完善。

到2050年，乡村全面振兴，农业强、农村美、农民富全面实现，农业农村现代化强省全面建成。

8. 推进乡村振兴战略实施的工作举措是什么？

韩长赋在十三届全国人大常委会专题讲座第十讲中指出，实施好乡村振兴战略重在行动，需要充分发挥我们党领导农村工作的政治优势，牢固树立农业农村优先发展的政策导向，健全城乡融合发展体制机制和政策体系，完善领导体制和工作机制，形成全国上下共同推进乡村振兴的强大合力。

（1）坚持规划引领，科学有序推进乡村振兴。习近平总书记强调，实施乡村振兴战略要坚持科学规划、注重质量、从容建设。党中央、国务院印发的《国家乡村振兴战略规划（2018—2022年）》，明确了今后5年实施乡村振兴战略的政策框架，提出了22项具体指标，部署了82项重大工程、重大计划、重大行动，这是5年的总体施工图。有关部门正在抓紧制定专项规划和方案。各地也都出台了省级乡村振兴战略规划，市级规划已经编制过半，县级规划编制接近40%。2019年年底前各市县都将出台规划或方案。

目前乡村规划中比较薄弱的，也是非常紧要的，是村庄的规划编制工作。这些年，农村人口持续大量流出，村庄形态不断发展演变，一些村庄将会逐步消亡，如果不加区别地一呼隆都去搞建设，就会造成巨大浪费。村庄建设，规划先行，做到不规划不建设、不规划不投入，确保乡村建设有规可循，一张蓝图绘到底。2019年年初，中央农办、农业农村部会同自然资源部等5部门，联合印发了统筹推进村庄规划工作的意见，作出了具体部署。下一步，我们将指导县（市）一级逐村研究人口集聚和产业发展趋势，以及生态文化特点，以县为单位编制或修编村庄布局规划和建设规划，分类明确集聚提升村、城郊融合村、特色保护村、搬迁撤并村的建设任务，力争 2019 年底基本完成村庄分类，到 2020 年底有条件的村实现村庄规划应编尽编。

（2）完善工作机制，落实五级书记抓乡村振兴责任。习近平总书记明确要求，要建立实施乡村振兴战略领导责任制，实行中央统筹、省负总责、市县抓落实的工作机制，党委和政府一把手是第一责任人，五级书记抓乡村振兴。乡村振兴各项工作要想落实落地，关键在于把我们的政治优势、制度优势发挥出来，建立五级书记抓乡村振兴的责任机制，推动地方各级党委和政府的主要负责同志亲自谋划政策举措，亲自协调解决困难和问题，亲自督促政策落实，真正把乡村振兴变成一把手工程。截至 2019 年 2 月全国 25 个省份和新疆生产建设兵团已经成立了实施乡村振兴战略领导小组，其中 13 个省份由书记省长任双组长，8 个省份实行党委书记任组长。各地还普遍创新工作机制，建立领导小组会议制度、报告制度、台账制度、督查制度、实绩考核制度等，跟踪规划任务和政策实施效果。

按照中央的部署要求，中央农办会同有关部门已经起草了《中国共产党农村工作条例》，把党领导农村工作的传统、要求、政策等以党内法规的形式确定下来，强化实施乡村振兴战略的党的组织保障，截至 2019 年 2 月正按程序报批。我们还在会同中央组织部，研究指导地方建立市县党政领导班子和领导干部推进乡村振兴实绩考核制度的具体办法。按照 2019 年中央 1 号文件的要求，各省区市党委年内要结合本地实际，出台具体的考核意见，并加强考核结果应用，压实市县两级的责任，特别是要推动县委书记把主要精力和工作重心放在农村工作上，当好乡村振兴“一线总指挥”。

（3）强化政策保障，推进人地钱等资源向乡村振兴配置。习近平总书记指出，乡村振兴要靠人才、靠资源，如果乡村人才、土地、资金等要素一直单向流向城市，长期处于“失血”“贫血”状态，振兴就是一句空话。目前，城乡要素合理流动机制还存在缺陷，无论是进城还是下乡，渠道还没有完全打通，要素还存在不平等交换。各地普遍反映，实

施乡村振兴战略最突出的瓶颈制约，就是缺少高素质人才、缺少真金白银的投入、缺少产业发展用地。要把解决人地钱问题作为建立健全城乡融合发展体制机制和政策体系的一个重点。按照中央要求，我们正在研究如何落实农业农村优先发展的政策导向，针对人地钱等突出问题，出台相应举措。

解决好人的问题，重点是培养懂农业、爱农村、爱农民的“三农”工作队伍。现在农民老龄化问题日益突出，要把培育农村人力资本放在重要位置，加快培养新型职业农民，引导各类人才上山下乡，解决好“谁来种地、谁来振兴”的问题。我们将研究出台培养“一懂两爱”“三农”工作队伍的政策措施，对涉农专业人才加强培养使用，对到农村创新创业的人才提供支持帮助，引导城乡各类人才投身乡村振兴，让乡村成为他们施展才华的广阔天地。

解决好地的问题，重点是盘活农村闲置建设用地。目前各地的建设用地指标比较紧张，从里面拿出一块给农业农村，执行起来难度比较大。下一步关键是用好、用活农村闲置土地，用好集体建设用地，保障乡村产业发展用地。指导各地探索适度放活宅基地和农民房屋使用权，用好农村闲置宅基地和闲置农房。对利用收储农村闲置建设用地发展新产业新业态的，给予新增建设用地指标奖励。允许在县域内开展全域乡村闲置校舍、厂房、废弃地等整治，把零星分散的建设用地整合盘活，重点用于支持乡村新产业新业态和返乡下乡创业。同时要加强土地用途监管，坚决遏制“大棚房”等农地非农化乱象。

解决好钱的问题，重点是拓宽乡村振兴资金来源渠道，建立财政优先保障、金融重点支持、社会积极参与的多元投入格局。财政部、人民银行已经分别出台了建立健全乡村振兴多元投入保障制度、金融服务乡村振兴的指导意见，自然资源部出台了新增耕地指标国家统筹、增减挂钩节余指标跨省域调剂的政策，拓宽了“三农”投融资渠道。下一步，要优化财政支出结构，继续增加财政投入，特别是在土地增值收益上多想办法，健全乡村振兴投入保障机制。这些年，各地土地出让收益长期是“取之于农、主要用之于城”，用于农业农村的比例只有30%左右，2018年比例还有所下降。习近平总书记明确指出，现在到了该把土地增值收益更多用于“三农”的时候了。截至2019年2月我们正在会同有关方面研究改革方案，主要是调整完善土地出让收入使用范围，提高农业农村投入比例，重点用于农村人居环境整治、村庄基础设施建设和高标准农田建设，把“主要用之于农”的要求落到实处。同时，鼓励工商企业投资农业农村，发挥好社会资本的力量。

（4）深化农村改革，增加乡村振兴制度供给。习近平总书记指出，改革是乡村振兴的重要法宝。我们将以土地制度改革为牵引，深入推进新一轮农村改革，全面激活主体、激活要素、激活市场，着力破解制约乡村振兴的体制机制障碍，增强乡村发展活力。主要是四项改革。

一是深化农村土地制度改革。新时代深化农村改革，主线仍然是处理好农民和土地的关系。当前重点是保持农村土地承包关系稳定并长久不变，落实好第二轮土地承包到期后再延长30年的政策，完善承包地“三权分置”的配套政策和法律法规。总结农村土地制度三项改革试点经验，巩固改革成果。在修改相关法律的基础上，完善配套制度，全面推开农村土地征收和集体经营性建设用地入市改革，加快建立城乡统一的建设用地市场。稳慎推进农村宅基地制度改革，拓展改革试点，丰富试点内容，完善制度设计。加快推进农村宅基地使用权确权登记颁证工作，力争2020年基本完成。

二是深化农村集体产权制度改革。这项改革对于增强集体经济实力、增加农民财产性收入、完善乡村治理都具有重要意义。2015年中央印发文件，作出了系统部署。2019年重点是全面开展农村集体资产清产核资，把家底摸清，年底前要基本完成。扩大集体经营性资产股份合作制改革试点，探索集体经济有效实现形式，构建归属清晰、权能完整、流转顺畅、保护严格的集体产权制度，这项改革到2021年基本完成。

三是以家庭农场、农民合作社为重点培育新型经营主体。“大国小

农”是我国的基本国情，今后很长一个时期内，小农户家庭经营仍将是我国农业的基本经营方式，要正确处理发展适度规模经营和扶持小农户的关系，既发挥适度规模经营的引领作用，又要照顾到小农户这个基本面。最近中央出台了促进小农户和现代农业发展有机衔接的指导意见，通过完善“农户＋合作社”“农户＋合作社＋公司”利益联结机制，培育社会化服务组织等多种途径，推动农户小规模生产与现代化大市场有效对接。同时，要突出抓好家庭农场和农民合作社两类新型经营主体，从小农户中逐步培育一大批规模适度的家庭农场，以产业发展和市场经营为纽带，进一步规范提升农民合作社，支持合作社发展农产品加工流通，赋予双层经营体制新的内涵，不断提高农业经营效率。

四是完善农业支持保护制度。我国是农业大国，农业是弱质产业、小规模经营，必须给予支持保护，包括必要的补贴，这也是国际通行的做法。这些年，我们不断健全农业支持保护体系，但总的来看，力度还不够，有些方面与世贸组织规则和深化农业供给侧结构性改革的要求还不适应。下一步，将按照增加总量、优化存量、提高效能的原则，强化高质量绿色发展导向，加快构建新型农业补贴政策体系，研究制定完善农业支持保护政策的意见。统筹兼顾市场化改革取向和保护农民利益的关系，调整改进“黄箱”政策，扩大“绿箱”政策使用范围，健全符合国情农情、适应世贸组织规则的农业支持保护体系。

（5）发挥农民在乡村振兴中的主体作用。农民是农业农村发展的根本力量，是乡村振兴的主体。改革开放40多年来，农村工作的一条重要经验，就是充分调动农民的积极性、创造性。实施乡村振兴战略，也必须发挥好农民的主体作用和首创精神。现在，一些地方在乡村建设、人居环境整治中，存在农民“局外人”“等靠要”的现象，“干部干、农民看”，“剃头挑子一头热”是不能建成美好家园的。今后既要把政府该干的事情干好、干到位，也要做好群众工作，把农民组织动员起来共同改变乡村面貌。要健全农民参与的引导机制，更多采用事前竞争、事后奖补等政策，引导农民办好自己的事。针对当前乡村建设项目审批程序太多等问题，创新乡村建设管理方式，规范和缩小招投标适用范围，简化审批程序，为农民参与建设和运营管理创造条件。

9. 乡村振兴如何抓重点、补短板、强根基、用法宝？

2019 年 3 月 8 日，中共中央总书记、国家主席、中央军委主席习近平参加十三届全国人大二次会议河南代表团的审议时，进一步明确了实施乡村振兴战略的总目标、总方针、总要求和制度保障，强调要把实施乡村振兴战略、做好“三农”工作放在经济社会发展全局中统筹谋划和推进，充分体现了解决好“三农”问题这一“全党工作重中之重”的分量，充分彰显了实施乡村振兴战略这一做好新时代“三农”工作总抓手的重要性和紧迫性。提出六个“要”：

一要扛稳粮食安全这个重任。确保重要农产品特别是粮食供给，是实施乡村振兴战略的首要任务。河南作为农业大省，农业特别是粮食生产对全国影响举足轻重。要发挥好粮食生产这个优势，立足打造全国重要的粮食生产核心区，推动藏粮于地、藏粮于技，稳步提升粮食产能，在确保国家粮食安全方面有新担当新作为。耕地是粮食生产的命根子。要强化地方政府主体责任，完善土地执法监管体制机制，坚决遏制土地违法行为，牢牢守住耕地保护红线。

二要推进农业供给侧结构性改革。发挥自身优势，抓住粮食这个核心竞争力，延伸粮食产业链、提升价值链、打造供应链，不断提高农业质量效益和竞争力，实现粮食安全和现代高效农业相统一。

三要树牢绿色发展理念。推动生产、生活、生态协调发展，扎实推进农村人居环境三年整治行动，加强农业生态环境保护和农村污染防治，统筹推进山水林田湖草系统治理，完善农产品产地环境监测网络，加大农业面源污染治理力度，开展农业节肥节药行动，完善农产品原产地可追溯制度和质量标识制度，严厉打击食品安全犯罪，保证让老百姓吃上安全放心的农产品。

四要补齐农村基础设施这个短板。按照先规划后建设的原则，通盘

考虑土地利用、产业发展、居民点布局、人居环境整治、生态保护和历史文化传承，编制多规合一的实用性村庄规划，加大投入力度，创新投入方式，引导和鼓励各类社会资本投入农村基础设施建设，逐步建立全域覆盖、普惠共享、城乡一体的基础设施服务网络，重点抓好农村交通运输、农田水利、农村饮水、乡村物流、宽带网络等基础设施建设。

五要夯实乡村治理这个根基。采取切实有效措施，强化农村基层党组织领导作用，选好配强农村党组织书记，整顿软弱涣散村党组织，深化村民自治实践，加强村级权力有效监督。完善城乡居民基本养老保险制度和基本医疗保险、大病保险制度，完善最低生活保障制度，完善农村留守儿童、妇女、老年人关爱服务体系。推进移风易俗，培育文明乡风、良好家风、淳朴民风，健全矛盾纠纷多元化解机制，深入开展扫黑除恶专项斗争。

六要用好深化改革这个法宝。推动人才、土地、资本等要素在城乡间双向流动和平等交换，激活乡村振兴内生活力，巩固和完善农村基本经营制度，完善农村承包地“三权分置”办法，发展多种形式农业适度规模经营，突出抓好家庭农场和农民合作社两类农业经营主体发展，支持小农户和现代农业发展有机衔接，建立健全集体资产各项管理制度，完善农村集体产权权能，发展壮大新型集体经济，赋予双层经营体制新的内涵。

现代农村是一片大有可为的土地、希望的田野。习近平总书记的重要讲话和亲切嘱托，为新时代推进乡村振兴战略提供了重要指引，为奋力开创“三农”工作新局面提供了强大动力。

10. 制定出台《乡村振兴促进法》的重要意义是什么?

全国人大常委会法制工作委员会经济法室主任王瑞贺就《中华人民共和国乡村振兴促进法》(以下简称《乡村振兴促进法》)答记者问时指出，实施乡村振兴战略，是新时代做好“三农”工作的总抓手。制定《乡村振兴促进法》，是贯彻落实党中央决策部署，保障乡村振兴战略全面实施的重要举措；是立足新发展阶段，推动实现“两个一百年”奋斗目标的重要支撑；是充分总结“三农”法治实践，完善和发展中国特色“三农”法律体系的重要成果。

制定出台《乡村振兴促进法》，为全面实施乡村振兴战略提供有力法治保障，对促进农业全面升级、农村全面进步、农民全面发展，全面建设社会主义现代化国家，实现中华民族伟大复兴中国梦，具有重要意义。

中央农办主任、农业农村部部长唐仁健指出，脱贫攻坚目标任务全面完成后，“三农”工作重心历史性转向全面推进乡村振兴，在这样一个特殊时点、关键节点，《乡村振兴促进法》出台，非常及时、恰逢其时、意义重大。

（1）《乡村振兴促进法》是实施乡村振兴战略的法治基石。《乡村振兴促进法》是第一部以乡村振兴命名的基础性、综合性法律，聚焦增加农民收入、提高农民生活水平、提升农村文明程度等核心任务，对乡村振兴的总目标、总方针、总要求作出明确规定，把实施乡村振兴战略必须遵循的重要原则、重要制度、重要机制固定下来，阐明了乡村振兴往哪走、怎么走、跟谁走等重大问题。这是促进乡村振兴一部打基础、管长远、固根本的大法，与 2018 年中央 1 号文件、《乡村振兴战略规划（2018—2022 年）》《中国共产党农村工作条例》，共同构成实施乡村振兴战略的“四梁八柱”，而且是“顶梁柱”，必将更好地发挥法律的规范、引领和推动作用，持之以恒、驰而不息促进乡村振兴，确保党中央关于乡村振兴战略部署不折不扣贯彻落实。

（2）《乡村振兴促进法》是实施乡村振兴战略的法治保障。习近平总书记强调，全面实施乡村振兴战略的深度、广度、难度都不亚于脱贫攻坚，必须加强顶层设计，以更有力的举措、汇聚更强大的力量来推进。《乡村振兴促进法》将党中央、国务院关于乡村振兴的重大决策部署和各地行之有效的实践经验法定化、制度化，对产业发展、人才支撑、文化繁荣、生态保护、组织建设等乡村振兴重点任务作出了全方位

的规定，既指明了鼓励倡导的方向路径，又划出了禁止限制的底线红线，为尊重农民主体、坚持因地制宜、保持历史耐心，确保乡村振兴不走偏不走样提供了重要依据，有利于保持政策的连续性和稳定性，举全党全社会之力推进乡村振兴，为新阶段促进农业高质高效、乡村宜居宜业、农民富裕富足提供有力法治保障。

（3）《乡村振兴促进法》是实施乡村振兴战略的法治利器。《乡村振兴促进法》虽然没有规定法律责任，但从制度上将实践证明行之有效的政策体系、工作体系和责任体系规范化、法定化，强化了各级政府及有关部门推进乡村振兴的职责和任务，并对建立考核评价、年度报告、监督检查等制度规定了具体要求，针对城乡融合发展、人地钱支持、工作责任落实等重点难点问题提出了一揽子举措，为推动乡村振兴破难题、开新局、聚合力提供了有力抓手。

11.《乡村振兴促进法》的精神实质和内涵要义是什么？

中央农办主任、农业农村部部长唐仁健指出，《乡村振兴促进法》立足新发展阶段，全面总结我国“三农”工作的法治实践，用 10 章 74 条的篇幅，对实施乡村振兴战略作出全面规定，为做好新发展阶段“三农”工作提供了法治遵循。各级农业农村部门要深入系统领会《乡村振兴促进法》的精神实质，全面准确把握内涵要义，把法律的精神、原则和要求原原本本贯彻落实到农业农村工作各方面全过程。重点是三个方面。

一是紧紧围绕增加农民收入、提高农民生活水平、提升农村文明程度这个核心，以法律实施促进乡村产业、人才、文化、生态、组织“五大振兴”。乡村振兴，不只是兴旺的产业、良好的设施，还包括繁荣的文化、优美的环境、文明的乡风，是农业高质高效、乡村宜居宜业、农民富裕富足的全面振兴。《乡村振兴促进法》着眼增进农民福祉，按照“五大振兴”的布局安排，用 5 章 38 条对乡村产业、人才、文化、生态、组织作出具体规定，把农业强、农村美、农民富的目标要求用法律制度固定下来，这也是法律的主体部分。贯彻实施《乡村振兴促进法》，要坚持目标导向，把全面振兴的要求落实到位。因地制宜促进乡村产业发展，解决好用地难、贷款难等关键制约，提升乡村产业链供应链现代化水平，健全完善产业联农带农机制，让农民更多分享产业增值收益。健全乡村人才工作体制机制，大力培养本土人才，引导城市人才下乡，推动专业人才服务乡村，吸引各类人才在乡村振兴中建功立业。推进城乡公共文化服务体系一体建设，增加农村公共文化服务总量供给，提高农村公共文化服务的便利性、可及性。实施乡村建设行动，完善乡村水、电、路、气、房讯等基础设施，稳妥有序推进农村改厕、生活垃圾处理和污水治理，全面改善农村人居环境。加强农村基层政权建设，建立健全党领导下自治、法治、德治相结合的乡村社会治理体系，建设充满活力、和谐有序的善治乡村。

二是紧紧围绕保障农产品供给安全、保护农村生态屏障安全、传承中国农村优秀传统文化这三大历史任务，以法律实施促进农业多种功能拓展、乡村多元价值提升。“三农”的基础性、战略性、重要性，根植于农业的多种功能，源自乡村的多元价值。《乡村振兴促进法》对发挥乡村特有功能作出明确规定，我们要站在全局的战略高度来认识和把握，认真抓好贯彻落实。农产品是人们基本生活资料的主要来源，农产品保供保的是生命安全、生存安全，是最根本、最基础的安全。要按照《乡村振兴促进法》规定，坚持藏粮于地、藏粮于技，重点解决好种子和耕地两个要害问题，构建辅之以利、辅之以义的机制保障，打赢种业翻身仗，建设旱涝保收、稳产高产的高标准农田，完善农业支持保护制度，实行粮食安全党政同责，确保粮食产量保持在1.3万亿斤*以上。乡村占国土面积的97%以上，承担着为国家、为城市提供生态屏障和生态产品的重要功能。要加强农村生态环境保护，持续推进农业面源污染防治，统筹山、水、林、田、湖、草、沙系统治理，推行绿色发展方

* 1斤=500克。

式和生活方式，再现山清水秀、天蓝地绿、村美人和的美丽画卷。我国农耕文化源远流长，是维系中华民族文化基因的重要纽带。要传承发扬农村优秀传统文化，加大农业文化遗产和非物质文化遗产保护力度，加强历史文化名镇名村、传统村落和乡村风貌保护，引导发展特色鲜明、优势突出的乡村文化产业，既为乡村铸魂，也为民族留根。

三是紧紧围绕农村社会主义精神文明建设、坚持农民主体地位这个关键，以法律实施促进高素质新型农民培育、保障维护农民合法权益。农村现代化既包括“物”的现代化，也包括“人”的现代化。乡村振兴，农民群众是主体，必须坚持扶志扶智相结合，加强农村社会主义精神文明建设，着力提振新征程农民精气神，全面提升新时代农民整体素质。《乡村振兴促进法》中，坚持农民主体地位、充分尊重农民意愿、保障农民民主权利和其他合法权益，是贯穿法律始终的一条主线和根本原则，并对农村思想政治、道德文化、社会文明等建设提出明确要求。我们要认真领会这一关键部署，始终坚持“两手抓、两手硬”，充分发挥农村精神文明建设滋润人心、德化人心、凝聚人心的重要作用，组织开展新时代文明实践活动，占领农村思想文化阵地，提升农民精神风貌。发挥村规民约积极作用，推进农村移风易俗，加快形成文明乡风、良好家风、淳朴民风。要坚持“富口袋”与“富脑袋”相结合，大力开展农业技能培训、返乡创业就业培训和职业技能培训，培养有文化、懂技术、善经营、会管理的高素质农民和农村实用人才、创新创业带头人，大幅度提高农民科技文化素质。要始终坚持把保障好、维护好农民合法权益作为贯彻实施《乡村振兴促进法》的出发点和落脚点，落实为农民而建、为农民而兴的要求，严格遵守法定程序，规范村庄撤并等行为，保障进城落户农民土地承包经营权、宅基地使用权、集体收益分配权，让农民吃上长效的“定心丸”，使农民真正成为乡村振兴的参与者、建设者、受益者。

12. 积极稳妥推进乡村振兴如何发力？

2021年中央农村工作会议指出，在全面推进乡村振兴中，有的地方农村改厕出现问题，有的地方盲目搞合村并居、大拆大建等。这些很大程度上是忽视了农民的主体地位，政绩观出了偏差。要落实中央经济工作会议精神，既要坚决反对不担当、不作为，也要坚决防止简单化、乱作为，确保乡村振兴能够行稳致远。

在理念上，要坚持为农民而兴。农民是乡村振兴的参与者和受益者，必须充分尊重农民意愿，把农民最关心最直接最现实的利益问题一件一件找出来，解决好。

在目标上，坚持求好不求快。乡村振兴是一个长期过程，既不能等，也不能急，要拿捏好推进工作的时度效。2021 年，农业农村部门对农村改厕情况进行了拉网式排查，基本摸清问题底数，正在全力抓紧整改，2022 年指导各地因地制宜选择科学模式，务实稳妥推进农村改厕。

在方式上，坚持因地制宜、分类推进。我国农村地域辽阔，各地经济社会发展水平不同、文化和风土人情各异，乡村振兴不可能一把尺子量到底、一种模式打天下，要从实际出发探索有效的模式、路径。

在机制上，坚持自下而上、农民参与。乡村振兴关键是把农民组织动员起来，建立好自下而上、村民自治、农民参与的机制，调动农民的积极性、主动性、创造性。

深度阅读

接续全面推进乡村振兴

来源：《人民日报》2022 年 4 月 6 日

习近平总书记强调：“实施乡村振兴战略，是党的十九大作出的重大决策部署，是新时代做好‘三农’工作的总抓手。”《中共中央　国务院关于做好 2022 年全面推进乡村振兴重点工作的意见》指出：“从容应对百年变局和世纪疫情，推动经济社会平稳健康发展，必须着眼国家重

大战略需要，稳住农业基本盘、做好‘三农’工作，接续全面推进乡村振兴，确保农业稳产增产、农民稳步增收、农村稳定安宁。”我们要坚持以习近平新时代中国特色社会主义思想为指导，贯彻落实好中央1号文件的重要部署，奋力开创全面推进乡村振兴新局面。

确保国家粮食安全。“洪范八政，食为政首。”我国是人口众多的大国，解决好吃饭问题，始终是治国理政的头等大事。习近平总书记高度重视粮食安全问题，反复强调“中国人的饭碗任何时候都要牢牢端在自己手中，饭碗主要装中国粮”。要坚持以我为主、立足国内、确保产能、适度进口、科技支撑的国家粮食安全战略，坚持“谷物基本自给、口粮绝对安全”的方针不动摇，落实“藏粮于地、藏粮于技”战略，牢牢守住保障国家粮食安全的底线。一是坚决守住18亿亩耕地红线。必须落实“长牙齿”的耕地保护硬措施，实行耕地保护党政同责，严守18亿亩耕地红线，确保农田就是农田，而且必须是良田，从总量方面保障粮食生产能力。加强提高耕地质量力度，持续推进高标准农田建设。二是全面实施种业振兴行动。全面推进种质资源保护利用、创新攻关、企业扶优、基地提升、市场净化五大行动，逐步实现种业科技自立自强、种源自主可控。充分发挥我国集中力量办大事的制度优势，开展科研大协作、大联合，开展种源“卡脖子”技术攻关，打好种业翻身仗。三是加快提升农业综合生产能力。在抓住耕地和种子两个要害基础上，通过生物技术、装备技术、绿色技术和数字技术的集成融合，全面提升土地产出率、劳动生产率和资源配置效率，最大程度改善农业生产条件，最大限度保障粮食、油料、生猪、蔬菜等农产品稳定供给，满足城乡居民对优质农产品的多元化需求。四是保障种粮农民合理收益。按照让农民种粮有利可图、让主产区抓粮有积极性的目标要求，健全农民种粮收益保障机制。坚持农村土地“三权分置”制度安排，推进经营权有序流转，形成粮食生产的规模化基础，使种粮新型经营主体和农民有规模收益。推动小农户与现代农业有机衔接，通过提供托管、半托管等生产性服务，降低种粮农民的生产成本，节约生产费用，提高种粮收益。灵活运用价格、补贴、金融、保险等多种政策工具，帮助种粮农民防范和规避生产风险，增加收益预期，提高种粮综合效益。五是切实抓好党政同责制度落实。看粮食问题不能仅从经济上看，要从政治的高度、社会的关注度来对待粮食安全问题。今年是粮食安全党政同责考核第一年，要压实地方党委政府重农抓粮的责任，不断健全粮食安全责任制，务必使制度安排发挥作用、见到效果。

巩固脱贫攻坚成果。习近平总书记指出：“乡村振兴的前提是巩固脱贫攻坚成果，要持续抓紧抓好，让脱贫群众生活更上一层楼。”要充分认识一些地方脱贫基础还比较弱、部分脱贫群众的返贫风险依然较高、个别返贫现象可能随时出现的问题，防止精神松劲懈怠，防止政策急刹车，防止帮扶一撤了之，防止贫困反弹，牢牢守住不发生规模性返贫的底线。同时，着力构建长效机制。从短期政策看，设立 5 年过渡期，摘掉贫困帽子但不摘责任、帮扶、政策、监管。从长效机制看，要抓好两个关键措施。一是抓好产业发展。在确保粮食安全，确保粮食总量增长、自给率不断提升的基础上，利用我国农业资源禀赋丰富多元的特点，发挥比较优势，发展特色富民产业，提高农业效益，增加农民收入；充分释放农业多重功能，推动农旅、农文、农工结合和一二三产业融合发展，实现农民增产增收。二是抓好充分就业。通过加大脱贫人口有组织劳务输出力度、以工代赈、用好乡村公益岗位等方式促进脱贫地区人口充分就业，巩固拓展脱贫攻坚成果。下大力气推动脱贫地区实现跨越式发展，通过城乡融合发展全面推进乡村振兴，保障脱贫地区农民收入增速高于全国农民平均水平，切实维护和巩固脱贫攻坚战的伟大成就，夯实共同富裕的基础。

抓好乡村重点工作。乡村振兴是乡村生产生活生态全面发展，是农业农村农民全面振兴，要扎实有序做好乡村发展、乡村建设、乡村治理重点工作，推动乡村振兴取得新进展、农业农村现代化迈出新步伐。一是扎实有序做好乡村发展工作。聚焦产业促进乡村发展，完善现代农业产业体系、生产体系、经营体系，丰富乡村产业的内涵和外延，延长产

业链、提升价值链、保障供应链、完善利益链。发展新产业新业态，拓展农业多重功能和乡村多元价值，加快培育农业全产业链，发展“一村一品”“一乡一业”和特色产业，大力推进农业产业化，支持返乡入乡劳动力就业创业。发展县域富民产业，引导家庭农场、农民合作社、集体经济组织、农业企业采取多种合作和联合方式，与农户形成利益共同体，促进资源共享、成果共享、利益共享，让农民更多分享产业增值收益。二是扎实有序做好乡村建设工作。落实乡村振兴为农民而兴、乡村建设为农民而建的要求，坚持数量服从质量、进度服从实效，求好不求快。坚持以普惠性、基础性、兜底性民生建设为重点，加强农村道路、供水、用电、网络、住房安全等重点领域基础设施建设，注重保护传统村落，持续整治提升农村人居环境，逐步使农村具备基本现代生活条件。打造“数字乡村”，提升乡村信息化水平。聚焦农民急难愁盼问题，加大教育、医疗救助、社会保障等方面投入，促进城乡基本公共服务均等化。三是扎实有序做好乡村治理工作。加强和改进乡村治理，充分发挥基层党组织战斗堡垒作用，健全党组织领导的自治、法治、德治相结合的乡村治理体系。创新农村精神文明建设有效平台载体，依托新时代文明实践中心、县级融媒体中心等平台开展对象化分众化宣传教育，弘扬和践行社会主义核心价值观。加强农耕文化传承保护，推进非物质文化遗产和重要农业文化遗产保护利用。推进更高水平的平安法治乡村建设，推动形成文明乡风、良好家风、淳朴民风，切实维护农村社会平安稳定。

夯实共同富裕基础。习近平总书记指出：“共同富裕是社会主义的本质要求，是中国式现代化的重要特征”。在全面推进乡村振兴中，促进农民农村实现共同富裕具有长期性、艰巨性、复杂性，必须坚持因地制宜、循序渐进，着力促进农民收入增长和城乡居民收入差距缩小，不断推进乡村发展、乡村建设和乡村治理。一是增加农业收入。通过推动农业生产资本集约、技术集成和专业化、规模化经营，以及大力发展“互联网＋现代农业”等方式，改善农业生产条件，提高农业综合生产效率和产品附加值，增加农业收入。二是增加非农收入。促进农村劳动力到效率更高的领域和部门就业，保障农民工工资支付。支持农民创新创业，加快乡村经济多元化发展。鼓励发展家政、养老、护理等生活性服务业和手工制作等特色产业，支持临时性、非全日制、季节性、弹性工作等形式的灵活就业。三是增加财产性收入。稳慎推进宅基地制度改革试点，完善盘活农民闲置宅基地和闲置农房政策。改革农村集体土地征收制度，完善对被征地农民合理、规范、多元保障机制。深化农村集体产权制度改革，确保集体资产保值增值和农民收益。依法保障进城落户农民农村土地承包权、宅基地使用权、集体收益分配权。四是保障转移性收入。完善对农民直接补贴政策，健全生产者补贴制度，在统筹整合涉农资金基础上，探索建立普惠性农民补贴长效机制。加强农民生活兜底保障，基本养老保险、医疗保险、失业保险、最低生活保障制度等要更加注重向低收入群体、脱贫地区和粮食主产区以及困难群众倾斜，让发展成果更多更公平惠及全体人民。

（作者：清华大学中国农村研究院张红宇）

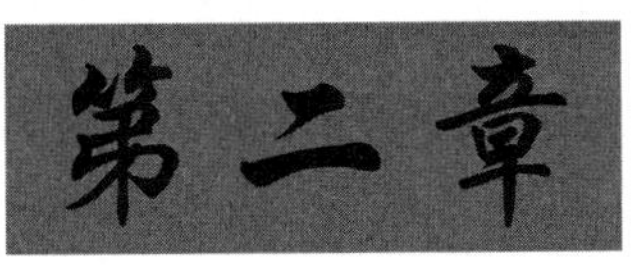

夯实农业基础 保障粮食和重要农产品供给

保障国家粮食安全是农业农村现代化的首要任务，是维护经济社会稳定的基础，更是应对国际风险挑战的压舱石。而当下我国农业发展面临诸多挑战，突出表现在耕地少、规模小、成本高、单产低等方面。“三调”数据显示，我国土地不足压力将长期存在。虽然主要粮食作物单产水平高于世界平均水平，但同发达国家比较仍然差距很大。展望未来，我国农业生产面临突出挑战，需要下大力气用越来越少的耕地、水资源、高昂的农业劳动力生产出更多、更好、更安全的农产品。

为应对上述风险挑战，我国必须深入实施国家粮食安全战略和重要农产品保障战略，落实藏粮于地、藏粮于技要求，健全辅之以利、辅之以义的保障机制，夯实农业生产基础，以达到“十四五”时期实现粮食等重要农产品供给有效保障，粮食综合生产能力稳步提升，产量保持在1.3万亿斤以上，确保谷物基本自给、口粮绝对安全。

1. 如何夯实农业生产能力基础？

2018年中央1号文件指出，要深入实施藏粮于地、藏粮于技战略，严守耕地红线，确保国家粮食安全，把中国人的饭碗牢牢端在自己手中。一是全面落实永久基本农田特殊保护制度，加快划定和建设粮食生产功能区、重要农产品生产保护区，完善支持政策。二是大规模推进农村土地整治和高标准农田建设，稳步提升耕地质量，强化监督考核和地方政府责任。三是加强农田水利建设，提高抗旱防洪除涝能力。实施国家农业节水行动，加快灌区续建配套与现代化改造，推进小型农田水利设施达标提质，建设一批重大高效节水灌溉工程。四是加快建设国家农业科技创新体系，加强面向全行业的科技创新基地建设。深化农业科技成果转化和推广应用改革。五是加快发展现代农作物、畜禽、水产、林木种业，提升自主创新能力。高标准建设国家南繁育种基地。六是推进我国农机装备产业转型升级，加强科研机构、设备制造企业联合攻关，进一步提高大宗农作物机械国产化水平，加快研发经济作物、养殖业、丘陵山区农林机械，发展高端农机装备制造。七是优化农业从业者结构，加快建设知识型、技能型、创新型农业经营者队伍。八是大力发展数字农业，实施智慧农业林业水利工程，推进物联网试验示范和遥感技术应用。

2. 如何稳步提升种植业质量效益？

农业农村部制定并发布的《2020年种植业工作要点》指出，稳步提升种植业质量效益要做好以下几点工作。

一是促进粮食发展质量提升。调优品质结构，大力发展优质稻米、专用小麦、优质食用大豆，引导新型经营主体开展规模化种植、标准化生产、产业化经营。加强产销衔接，鼓励实行订单生产、定向收储，实现优质优价。举办全国性优质稻米、专用小麦品质品鉴宣传推介活动，公布一批优质高产、食味品质好的口粮品种和品牌，打造一批原粮优质化、加工标准化、产品品牌化的粮食精品强镇强县。

二是促进产业融合发展。促进产加销衔接，大力发展订单生产。鼓励龙头企业建设加工示范基地，促进农产品就地加工转化增值。支持各地立足资源优势，打造各具特色的种植业全产业链，形成有竞争力的产业集群，推动一二三产业融合发展。依托国家棉花产业联盟（CCIA），推动“技术方＋生产方＋需求方”一体化布局深度融合，建立高品质棉花生产基地，创响“CCIA”国家棉花品牌。在苹果、柑橘、葡萄等优势产区，打造一批标准化生产示范基地，推行“一份合同＋一个基地＋一套标准＋一支队伍＋一张保单”的生产模式，发展休闲采摘、观光旅游等新产业新业态，挖掘种植业增收潜力。

三是提升质量安全水平。完善农药肥料标准体系，再组织制修订农药残留标准 1 000 项，加快制修订一批肥料安全性标准、农药产品和检测方法标准。加快集成组装一批标准化绿色高质高效技术模式，鼓励新型经营主体按标生产，发挥示范引领作用。加强农药安全使用监督检查，加大违规使用禁限用农药、超范围使用农药、不严格执行安全间隔期等问题的查处力度。推进科学用药，促进环境友好型绿色农药替代传统农药，减少农药残留，确保农产品质量安全。

四是扎实推进产业扶贫。聚焦“三区三州”等深度贫困地区，立足资源优势，加大对特色扶贫产业支持力度，加快推进长效扶贫产业发展。实施贫困地区特色产业技术模式集成示范项目，瞄准突出问题和薄弱环节，加力推广标准化绿色生产技术，推进化肥、农药减量增效，促进节本增效、增产增效。坚持扶贫与扶志、扶智相结合，组织种植业专家组深入贫困地区开展技术指导，加大特色产业技能培训，增强发展内生动力。支持贫困地区开展特色产品产需衔接，开拓产品销售市场，提高扶贫产业质量效益。

3. “十四五”时期全国种植业的发展目标是什么？

农业农村部制定印发的《“十四五”全国种植业发展规划》指出，到2025年，全国种植业现代化取得重大进展，粮食等重要农产品供给保障能力明显提升，绿色优质农产品供给明显增加，生产方式绿色转型取得明显进展，种植业质量效益和竞争力不断增强。

保供能力得到新提高。区域布局更加合理，品质结构更加优化，供给体系适配性明显增强。粮食综合生产能力稳步提升，确保总产量保持在1.3万亿斤以上，跨上1.4万亿斤台阶，守住谷物基本自给、口粮绝对安全底线。油料力争新增面积2 500万亩以上，棉花、糖料保持合理自给水平。蔬菜、水果、茶叶等稳定发展，安全均衡供应水平明显提高。

质量效益实现新提升。现代种植体系基本建立，品种培优、品质提升、品牌打造和标准化生产取得明显成效，物质技术装备条件持续改善，规模化经营、社会化服务、标准化生产、数字化管理水平明显提高，产业价值链结构持续优化，种植业产品质量安全水平进一步提升，生产效益偏低的状况显著改善。

绿色发展迈出新步伐。耕地、水等农业资源利用效率明显提升，以资源环境承载力为基础的种植业生产制度初步建立，化肥化学农药减量化取得新成效，节水农业发展取得新进展，病虫害统防统治和绿色防控大面积推广应用，种植业生产方式绿色低碳转型实现新进步。

4. 全国种植业的主要产业有哪些？

《“十四五”全国种植业发展规划》指出，一是粮食。粮食是安天下、稳民心的战略产业。“十四五”期间，继续深入实施国家粮食安全战略，推进藏粮于地、藏粮于技，稳定播种面积，着力提高单产，巩固提升综合产能，确保谷物基本自给、口粮绝对安全。到2025年，粮食播种面积稳定在17.5亿亩以上，其中谷物面积稳定在14亿亩以上、口粮稳定在8亿亩以上；确保总产量保持在1.3万亿斤以上，跨上1.4万亿斤台阶。稻谷是我国第一大口粮作物，全国60%的人口以稻米为主食。2020年全国水稻播种面积4.51亿亩、产量4 237亿斤，产需平衡有余。“十四五”期间，抓早保双、稳定面积，主攻单产、提高产能，优化结构、改善品质。到2025年，播种面积稳定在4.5亿亩、产量达到4 300亿斤左右。小麦是我国两大口粮作物之一，全国40%的人口以小麦为主食。2020年小麦播种面积3.51亿亩、产量2 685亿斤，产需平衡略有盈余。“十四五”期间，冬春兼顾、稳定面积，抓强（筋）促弱（筋）、提升品质。到2025年，播种面积保持在3.5亿亩以上，产量2 800亿斤以上；稳定冬小麦生产，因地制宜恢复发展春小麦生产；大力发展优质强筋弱筋小麦，持续优化品质结构。玉米是我国第一大粮食作物，是重要的饲料和工业原料。“十四五”期间，挖潜扩面、提升产能、优化结构，推进多元发展，提高供给保障能力。到2025年，播种面积达到6.3亿亩以上，产量提高到5 300亿斤以上，力争达到5 550亿斤；因地制宜发展青贮玉米和鲜食玉米，青贮玉米面积稳定在4 000万亩以上，鲜食玉米面积稳定在2 000万亩以上。大豆2020年播种面积1.48亿亩、产量1 960万吨。近年来，随着人民生活水平提高和养殖业迅速发展，豆油和豆粕需求大幅增加，大豆产需缺口较大且长期存在。“十四五”期间，挖掘潜力扩面积，稳定食用增加油用，主攻单产提产能，多措并举保供给。到2025年，推广大豆玉米带状复合种植面积5 000万亩（折合大豆面积2 500万亩），扩大轮作规模，开发盐碱地种大豆，力争大豆播种面积达到1.6亿亩左右，产量达到2 300万吨左右，推动提升大豆自给率。

二是油料。油料作物是食用油脂和饲料蛋白的重要来源。2020年，油料作物播种面积1.97亿亩，产量3 586万吨，产需缺口较大。随着人民生活水平提高和消费转型升级，油料消费呈增长趋势。“十四五”期间，聚焦重点、多油并举，深挖潜力、扩大面积，依靠科技、主攻单产，千方百计提高油料生产能力。到2025年，油料作物播种面积达到

2.2亿亩以上，其中油菜面积1.2亿亩左右、花生面积7 500万亩，向日葵、胡麻、芝麻等特色油料面积稳定在2 500万亩左右。我国是世界油菜生产和消费第一大国，常年种植面积1亿亩左右、占油料面积的50%以上，油菜籽产量1 400万吨左右、占油料产量近40%，是重要的食用植物油和饲料蛋白来源。“十四五”期间，挖潜增面积、扩种冬油菜，开发多功能、提产增效益，提质优结构、加工促转化。到2025年，全国油菜播种面积达到1.2亿亩左右，产量达到1 800万吨。

花生是我国重要的食用植物油来源和休闲食品。2020年花生种植面积7 096万亩、产量1 799万吨，榨油和食用各一半。“十四五”期间，轮作套作扩面积，集成技术攻单产，选用良种提品质。到2025年，花生面积达到7 500万亩左右，产量达到1 900万吨以上。

三是棉花。棉花是重要的大宗农产品和纺织工业原料。2020年播种面积4 753万亩，产量591万吨。“十四五”期间，着力建设西北内陆、黄河流域、长江流域三大优势棉区，巩固提升棉花生产保护区综合生产能力，稳定种植面积，调整优化品种结构，推广集中成熟轻简高效栽培技术模式，大力提升棉花品质，提高机械化采收水平和质量。到2025年，全国棉花播种面积稳定在4 800万亩左右，产量590万吨左右，高品质棉占比达到45%左右。

四是糖料。糖料是食品工业的重要原料。2020年糖料面积2 353万亩，产量1.2亿吨，食糖产量1 067万吨。“十四五”期间，着力稳定种植面积，建设桂中南、滇西南、粤西三大甘蔗优势产区和华北、西北两大甜菜优势产区。推进品种改良和全程机械化，提高单产水平和含糖量。到2025年，全国糖料种植面积稳定在2 300万亩左右，其中甘蔗面积2 000万亩左右，甜菜面积300万亩左右；糖料总产量1.2亿吨以上。

五是蔬菜。蔬菜是关系民生的重要“菜篮子”产品。2020年播种面积3.2亿亩，产量7.5亿吨。“十四五”期间，着力优化区域布局和种植结构，推广优良品种，推进标准化生产，提高质量安全水平和经济效益。到 2025 年，全国蔬菜播种面积稳定在 3 亿亩以上，产量 7 亿吨以上。

六是水果。水果是优化居民膳食结构的重要农产品。2020 年水果种植面积 1.8 亿亩，产量 2.0 亿吨。随着人民生活水平提高，水果消费量呈增长趋势，对高品质、多样化和周年均衡供应的要求进一步提高。“十四五”期间，坚持“适地适栽”，调整品种结构和熟期结构，推广轻简化、机械化、智能化栽培技术和生产模式，发展水肥一体化、测土配方施肥、有机肥施用等绿色低碳技术，加快产地冷藏保鲜设施建设。到 2025 年水果种植面积稳定在 1.5 亿亩以上、产量 2.0 亿吨以上。

七是特色产业。2020 年茶叶种植面积 4 825 万亩，产量 293 万吨，目前总体供大于求。“十四五”期间，以市场需求为导向，划定最宜区，坚持适区适种，引导非优势区退出茶叶种植。加快品种选育和老茶园改造，集成组装一批绿色高效技术模式，推进标准化生产，提高品质、提高单产、提高效益，推进茶产业高质量发展。到 2025 年，全国茶园面积稳定在 4 000 万亩以上，产量 300 万吨左右，出口 40 万吨左右。

2020 年，全国食用菌总产量 3 900 多万吨。“十四五”期间，稳定香菇、黑木耳、平菇等主要品种规模，推进大宗品种与珍稀特色品种、农法栽培与工厂化栽培协调发展，提升产品品质和产业竞争力。到 2025 年，全国食用菌总产量稳定在 4 000 万吨左右，集约化生产比例提升到 30%左右。

2020 年，全国中药材种植面积 4 358 万亩。随着中医药事业的发展，中药材消费呈稳步增长态势。“十四五”期间，稳定种植面积，提升药材质量，提高安全水平，助力健康中国战略实施。到 2025 年，全国中药材面积稳定在 4 500 万亩左右，道地药材面积占总面积 50%以上。

5. 如何提升粮食和其他重要农产品供给保障能力？

粮食供给保障方面：2019 年中央 1 号文件指出，一要加强顶层设

计和系统规划，立足国内保障粮食等重要农产品供给，统筹用好国际国内两个市场、两种资源，科学确定国内重要农产品保障水平，健全保障体系，提高国内安全保障能力。二要将稻谷、小麦作为必保品种，稳定玉米生产，确保谷物基本自给、口粮绝对安全。三要加快推进粮食安全保障立法进程。四要加快推进并支持农业走出去，加强"一带一路"农业国际合作，主动扩大国内紧缺农产品进口，拓展多元化进口渠道，培育一批跨国农业企业集团，提高农业对外合作水平。加大农产品反走私综合治理力度。

2021 年中央 1 号文件指出，地方各级党委和政府要切实扛起粮食安全政治责任，实行粮食安全党政同责。深入实施重要农产品保障战略，完善粮食安全省长责任制和"菜篮子"市长负责制，确保粮、棉、油、糖、肉等供给安全。"十四五"时期各省（自治区、直辖市）要稳定粮食播种面积、提高单产水平。加强粮食生产功能区和重要农产品生产保护区建设。建设国家粮食安全产业带。稳定种粮农民补贴，让种粮有合理收益。坚持并完善稻谷、小麦最低收购价政策，完善玉米、大豆生产者补贴政策。深入推进农业结构调整，推动品种培优、品质提升、品牌打造和标准化生产。鼓励发展青贮玉米等优质饲草饲料，健全产粮大县支持政策体系。扩大稻谷、小麦、玉米三大粮食作物完全成本保险和收入保险试点范围，支持有条件的省份降低产粮大县三大粮食作物农业保险保费县级补贴比例。深入推进优质粮食工程。优化农产品贸易布局，实施农产品进口多元化战略，支持企业融入全球农产品供应链。保持打击重点农产品走私高压态势。加强口岸检疫和外来入侵物种防控。开展粮食节约行动，减少生产、流通、加工、存储、消费环节粮食损耗浪费。

2022 年中央 1 号文件指出，全力抓好粮食生产和重要农产品供给，一是要稳定全年粮食播种面积和产量。二是要合理保障农民种粮收益。按照让农民种粮有利可图、让主产区抓粮有积极性的目标要求，健全农民种粮收益保障机制。2022 年适当提高稻谷、小麦最低收购价，稳定玉米、大豆生产者补贴和稻谷补贴政策，实现三大粮食作物完全成本保险和种植收入保险主产省产粮大县全覆盖。加大产粮大县奖励力度，创新粮食产销区合作机制。支持家庭农场、农民合作社、农业产业化龙头企业多种粮、种好粮。聚焦关键薄弱环节和小农户，加快发展农业社会化服务，支持农业服务公司、农民合作社、农村集体经济组织、基层供销合作社等各类主体大力发展单环节、多环节、全程生产托管服务，开展订单农业、加工物流、产品营销等，提高种粮综合效益。三是要统筹做好重要农产品调控。健全农产品全产业链监测预警体系，推动建立统一的农产品供需信息发布制度，分类分品种加强调控和应急保障。深化粮食购销领域监管体制机制改革，开展专项整治，依法从严惩治系统性腐败。加强智能粮库建设，促进人防技防相结合，强化粮食库存动态监管。严格控制以玉米为原料的燃料乙醇加工。做好化肥等农资生产储备调运，促进保供稳价。坚持节约优先，落实粮食节约行动方案，深入推进产运储加消全链条节粮减损，强化粮食安全教育，反对食物浪费。

2022 年河北省 1 号文件指出，全力抓好粮食生产和重要农产品供给，一是要坚决完成粮食生产任务。全面落实粮食安全党政同责，严格粮食安全责任制考核，实施粮食稳产专项行动，将粮食生产任务分解到市县、落实到地块，稳定面积、提高单产，确保完成国家下达的粮食生产任务。实施优质粮食工程，建设强筋小麦、优质谷子、旱碱麦、富硒粮食作物示范区。积极应对小麦晚播等不利影响，加强冬春田间管理，促进弱苗转壮。深化粮食购销领域监管体制机制改革，开展专项整治，依法从严惩治腐败。开展粮食节约行动。二是要健全农民种粮收益保障机制。落实小麦最低收购价、产粮大县奖励等政策，在全部产粮大县推行小麦、玉米、稻谷完全成本保险和种植收入保险。支持新型农业经营主体多种粮、种好粮。支持农业服务公司、农民合作社、农村集体经济组织、供销社等在粮食主产区连片发展托管服务。开展订单农业、加工物流、产品营销等，提高种粮综合效益。

《2020 年种植业工作要点》指出，抓好粮食等重要农产品生产要做

好以下几点工作。

一是全力稳定粮食生产。实施粮食等重要农产品保障战略，调整完善稻谷、小麦最低收购价政策，保持玉米、大豆生产者补贴总额稳定，推进稻谷、小麦、玉米完全成本保险和收入保险试点，稳定农民基本收益，保护和调动农民种粮积极性。加强高标准农田建设，以粮食生产功能区和重要农产品生产保护区为重点，完成 8 000 万亩高标准农田和 2 000 万亩高效节水灌溉建设任务。创新开展绿色高质高效行动，遴选发布一批绿色高质高效粮食作物新品种和新品牌，集成示范一批粮食生产全过程高质高效技术模式，以良种为基础、以机械化为载体、以社会化服务为支撑，建设生产全程机械化、投入品施用精准化、田间管理智能化的标准化生产基地，提升粮食生产科技水平。

二是推进科学防灾减灾。研判全年农业气象年景和灾害发生趋势，制定防灾减灾预案。建立健全快速反应机制，推进种植业气象灾害监测预警信息化。加强灾害监测，密切与气象、水利、应急等部门沟通会商，及时发布预警信息。根据灾害发生情况和作物生育进程，制定抗灾救灾技术指导意见，组织专家和农技人员深入重灾区，开展指导服务，推进科学抗灾。加大救灾支持，尽快恢复生产，努力减轻灾害损失。

三是抓好草地贪夜蛾防控。压实防控责任，建立部门指导、省负总责、县抓落实的防控机制。制定防控预案，针对西南华南、长江流域、黄淮海玉米和小麦产区，分区提出对策措施，提早做好物资和技术准备。加强监测预警，组织开展区域联合监测，加密增设测报网点，确保西南华南边境地区、迁飞扩散通道、玉米小麦等作物种植区全覆盖，及时发布预警信息。推进科学防控，按照治早治小、分区分时、全力扑杀的要求，聚焦重点区域，加强分类指导，大力开展统防统治、群防群治、联防联控，确保草地贪夜蛾不大面积连片成灾、危害损失控制在5%以内。

四是加强重大病虫疫情防控。推进植物保护工程项目建设，完善重大病虫疫情田间监测网点，提升监测智能化和标准化水平。组织实施防

病治虫夺丰收行动，突出抓好小麦条锈病和赤霉病、水稻“两迁”害虫和稻瘟病等暴发性、迁飞性、流行性病虫害防控，确保重大病虫总体危害损失率控制在5%以内。开展病虫害专业化“统防统治百县”创建活动，提高统防统治覆盖率。着力抓好柑橘黄龙病、苹果蠹蛾、马铃薯甲虫和金线虫等重大植物疫情阻截防控，推进海南、甘肃等良种繁育基地检疫联合执法行动，强化疫情监测与检疫监管。

五是压实地方稳产保供责任。强化粮食安全省长责任制考核，进一步优化考核指标，严格考核评分标准，加大支持粮食生产投入的分值比重，推动主产省提高产能，非主产省提高自给率，各省（自治区、直辖市）粮食播种面积和产量要保持基本稳定。研究建立粮食生产监测预警机制，科学确定分省粮食自给目标和底线要求，加强跟踪分析和及时预警，压实地方政府责任，提升粮食安全保障能力。推动“菜篮子”市长负责制落到实处，提升大中城市蔬菜自给能力。

《“十四五”全国种植业发展规划》指出，夯实生产基础。实施藏粮于地战略，牢牢抓住耕地这一要害，严守18亿亩耕地红线，坚决遏制耕地“非农化”，严格管控“非粮化”，坚持永久基本农田主要用于粮食生产。新建一批高产稳产、旱涝保收的高标准农田，改造提升一批已建高标准农田。健全轮作休耕制度，推进耕地保护与质量提升，实施国家黑土地保护工程，加强退化耕地治理，健全耕地质量监测评价机制。加强粮食生产功能区建设，巩固提升粮食产能。

推进种业振兴。加强粮食作物种质资源普查收集，开展精准鉴定评价，建设国家农作物种质资源长期库，鼓励引进优异种质资源。实行“揭榜挂帅”等制度，开展种源关键核心技术攻关。实施新一轮良种联合攻关，加快突破性新品种培育推广。推进企业扶优行动，引导资源、技术、人才、资本等要素向重点优势企业集聚，促进产学研深度融合、育繁推一体化发展。推进南繁硅谷等创新基地和甘肃玉米、四川水稻等国家级育制种基地建设，实施“十四五”现代种业提升工程和制种大县奖励政策，提升供种保障能力和水平。严格市场监管，以知识产权保护

为重点，净化种业市场。

创新技术装备。集成整地、播种、管理、收获全环节高质高效、资源节约、生态环保的粮食标准化绿色高效技术模式，全面推行节肥节药节水节膜技术，探索应用智慧农业技术，促进大面积均衡增产增效。以农机农艺和信息化融合为重点，加大配套技术和实用高效农机装备研发和应用，推广宜机化专用品种和栽培技术模式，推进各环节机具装备的组装协同，促进良种良法良机配套，实现生产全程机械化，提升水稻机插、玉米籽粒机收、肥料机施、粮食产地烘干等薄弱环节机械化水平，持续推进粮食机收减损。

其他重要农产品供给保障方面：2019 年中央 1 号文件指出，要在提质增效基础上，巩固棉花、油料、糖料、天然橡胶生产能力。

2021 年中央 1 号文件指出，完善粮食安全省长责任制和“菜篮子”市长负责制，确保粮、棉、油、糖、肉等供给安全。稳定大豆生产，多措并举发展油菜、花生等油料作物。加快构建现代养殖体系，保护生猪基础产能，健全生猪产业平稳有序发展长效机制，积极发展牛羊产业，继续实施奶业振兴行动，推进水产绿色健康养殖。推进渔港建设和管理改革。促进木本粮油和林下经济发展。

2022 年中央 1 号文件指出，一是要大力实施大豆和油料产能提升工程。加大耕地轮作补贴和产油大县奖励力度，集中支持适宜区域、重点品种、经营服务主体，在黄淮海、西北、西南地区推广玉米大豆带状复合种植，在东北地区开展粮豆轮作，在黑龙江省部分地下水超采区、寒地井灌稻区推进水改旱、稻改豆试点，在长江流域开发冬闲田扩种油菜。开展盐碱地种植大豆示范。支持扩大油茶种植面积，改造提升低产林。二是要保障“菜篮子”产品供给。加大力度落实“菜篮子”市长负责制。稳定生猪生产长效性支持政策，稳定基础产能，防止生产大起大落。加快扩大牛羊肉和奶业生产，推进草原畜牧业转型升级试点示范。稳定水产养殖面积，提升渔业发展质量。稳定大中城市常年菜地保有量，大力推进北方设施蔬菜、南菜北运基地建设，提高蔬菜应急保供能力。完善棉花目标价格政策。探索开展糖料蔗完全成本保险和种植收入保险。开展天然橡胶老旧胶园更新改造试点。

2022年河北省1号文件指出，一是要加快发展大豆和油料产业。加大耕地轮作补贴和产油大县奖励力度。建设高油酸花生标准化生产基地，扩大玉米大豆带状复合种植面积。开展盐碱地种植大豆示范。在浅山丘陵区重点发展核桃等木本油料。鼓励发展胡麻、油菜、油葵等规模化种植。二是要保障“菜篮子”产品供给。加大力度落实“菜篮子”市长负责制。加快推进奶业振兴。稳定生猪生产长效性支持政策。积极发展草食畜牧业，争取草原畜牧业转型升级试点。稳定水产养殖面积。稳定大中城市常年菜地保有量。

《2020年种植业工作要点》指出，一是保持棉油糖合理自给水平。完善棉花、油料、糖料扶持政策，力争棉花面积稳定在5 000万亩、油料面积稳定在1.9亿亩、糖料面积稳定在2 400万亩。加快推广陆地中长绒棉、“双低、双高”（低芥酸低硫甙、高产高油）油菜和国产自育甘蔗优新品种，集成推广绿色轻简化高效栽培技术模式，因地制宜推进全程机械化生产，降低用工成本，提高质量效益。

二是保障“菜篮子”产品稳定供应。稳定蔬菜面积，保障供应总量平衡，促进季节、区域、品种结构均衡及质量安全，特别是确保疫情防控期间蔬菜等“菜篮子”产品生产供应。抓好南方冬春蔬菜生产，稳定北方冬季设施蔬菜面积，稳步形成品种互补、档期合理、区域协调的供应格局。集成推广壮苗培育、节水灌溉、精准施肥、轻简化栽培等绿色高质高效生产技术模式，提高蔬菜生产科技水平。加强对关系民生的26种大宗蔬菜、5种水果市场价格和产销形势的监测分析，及时发布预警信息，加强产销衔接，引导科学种植、顺畅销售。

三是压实地方稳产保供责任。推动“菜篮子”市长负责制落到实处，提升大中城市蔬菜自给能力。

国务院印发《“十四五”推进农业农村现代化规划》指出，一是发展现代畜牧业。健全生猪产业平稳有序发展长效机制，推进标准化规模

养殖，将猪肉产能稳定在 5 500 万吨左右，防止生产大起大落。实施牛羊发展五年行动计划，大力发展草食畜牧业。加强奶源基地建设，优化乳制品产品结构。稳步发展家禽业。建设现代化饲草产业体系，推进饲草料专业化生产。

二是加快渔业转型升级。完善重要养殖水域滩涂保护制度，严格落实养殖水域滩涂规划和水域滩涂养殖证核发制度，保持可养水域面积总体稳定，到 2025 年水产品年产量达到 6 900 万吨。推进水产绿色健康养殖，稳步发展稻渔综合种养、大水面生态渔业和盐碱水养殖。优化近海绿色养殖布局，支持深远海养殖业发展，加快远洋渔业基地建设。加强渔港建设和管理，建设渔港经济区。

三是促进果菜茶多样化发展。发展设施农业，因地制宜发展林果业、中药材、食用菌等特色产业。强化"菜篮子"市长负责制，以南菜北运基地和黄淮海地区设施蔬菜生产为重点加强冬春蔬菜生产基地建设，以高山、高原、高海拔等冷凉地区蔬菜生产为重点加强夏秋蔬菜生产基地建设，构建品种互补、档期合理、区域协调的供应格局。统筹茶文化、茶产业、茶科技，提升茶业发展质量。

6. 如何稳定粮食播种面积和产量？

2019 年中央 1 号文件指出，一要毫不放松抓好粮食生产，推动藏粮于地、藏粮于技落实落地，确保粮食播种面积稳定在 16.5 亿亩。二要稳定完善扶持粮食生产政策举措，挖掘品种、技术、减灾等稳产增产潜力，保障农民种粮基本收益。三要发挥粮食主产区优势，完善粮食主产区利益补偿机制，健全产粮大县奖补政策。四要压实主销区和产销平衡区稳定粮食生产责任。严守 18 亿亩耕地红线，全面落实永久基本农田特殊保护制度，确保永久基本农田保持在 15.46 亿亩以上。五要建设现代气象为农服务体系。六要强化粮食安全省长责任制考核。

2020 年中央 1 号文件指出，确保粮食安全始终是治国理政的头等大事。粮食生产要稳字当头，稳政策、稳面积、稳产量。强化粮食安全省长责任制考核，各省（自治区、直辖市）2020年粮食播种面积和产量要保持基本稳定。进一步完善农业补贴政策。调整完善稻谷、小麦最低收购价政策，稳定农民基本收益。推进稻谷、小麦、玉米完全成本保险和收入保险试点。加大对大豆高产品种和玉米、大豆间作新农艺推广的支持力度。抓好草地贪夜蛾等重大病虫害防控，推广统防统治、代耕代种、土地托管等服务模式。加大对产粮大县的奖励力度，优先安排农产品加工用地指标。支持产粮大县开展高标准农田建设新增耕地指标跨省域调剂使用，调剂收益按规定用于建设高标准农田。深入实施优质粮食工程。以北方农牧交错带为重点扩大粮改饲规模，推广种养结合模式。完善新疆棉花目标价格政策。拓展多元化进口渠道，增加适应国内需求的农产品进口。扩大优势农产品出口。深入开展农产品反走私综合治理专项行动。

2022年中央1号文件指出，坚持中国人的饭碗任何时候都要牢牢端在自己手中，饭碗主要装中国粮，全面落实粮食安全党政同责，严格粮食安全责任制考核，确保粮食播种面积稳定、产量保持在1.3万亿斤以上。主产区、主销区、产销平衡区都要保面积、保产量，不断提高主产区粮食综合生产能力，切实稳定和提高主销区粮食自给率，确保产销平衡区粮食基本自给。推进国家粮食安全产业带建设。大力开展绿色高质高效行动，深入实施优质粮食工程，提升粮食单产和品质。推进黄河流域农业深度节水控水，通过提升用水效率、发展旱作农业，稳定粮食播种面积。积极应对小麦晚播等不利影响，加强冬春田间管理，促进弱苗转壮。

《论“三农”工作》一书收纳了习近平同志于2022年3月6日在参加全国政协十三届五次会议农业界、社会福利和社会保障界委员联组会时的讲话。习近平总书记指出，要全面落实粮食安全党政同责，严格粮食安全责任制考核，主产区、主销区、产销平衡区要饭碗一起端、责任一起扛。要优化布局，稳口粮、稳玉米、扩大豆、扩油料，保证粮食年

产量保持在1.3万亿斤以上，确保中国人的饭碗主要装中国粮。要保护农民种粮积极性，发展适度规模经营，让农民能获利、多得利。

《“十四五”推进农业农村现代化规划》指出，一要压实粮食安全政治责任。落实粮食安全党政同责，健全完善粮食安全责任制，细化粮食主产区、产销平衡区、主销区考核指标。实施重要农产品区域布局和分品种生产供给方案。加强粮食生产能力建设，守住谷物基本自给、口粮绝对安全底线。二要完善粮食生产扶持政策。稳定种粮农民补贴，完善稻谷、小麦最低收购价政策和玉米、大豆生产者补贴政策。完善粮食主产区利益补偿机制，健全产粮大县支持政策体系。鼓励粮食主产区主销区之间开展多种形式的产销合作，引导主销区与主产区合作建设生产基地。扩大稻谷、小麦、玉米三大粮食作物完全成本保险和种植收入保险实施范围，支持有条件的省份降低产粮大县三大粮食作物农业保险保费县级补贴比例。三要优化粮食品种结构。稳定发展优质粳稻，巩固提升南方双季稻生产能力。大力发展强筋、弱筋优质专用小麦，适当恢复春小麦播种面积。适当扩大优势区玉米种植面积，鼓励发展青贮玉米等优质饲草饲料。实施大豆振兴计划，增加高油高蛋白大豆供给。稳定马铃薯种植面积，因地制宜发展杂粮杂豆。

7. 如何培育壮大粮食产业主体？

国务院办公厅印发《关于加快推进农业供给侧结构性改革大力发展粮食产业经济的意见》指出，要培育壮大粮食产业主体。

一是增强粮食企业发展活力。适应粮食收储制度改革需要，深化国有粮食企业改革，发展混合所有制经济，加快转换经营机制，增强市场化经营能力和产业经济发展活力。以资本为纽带，构建跨区域、跨行业“产购储加销”协作机制，提高国有资本运行效率，延长产业链条，主动适应和引领粮食产业转型升级，做强做优做大一批具有竞争力、影响力、控制力的骨干国有粮食企业，有效发挥稳市场、保供应、促发展、保安全的重要载体作用。鼓励国有粮食企业依托现有收储网点，主动与新型农业经营主体等开展合作。培育、发展和壮大从事粮食收购和经营活动的多元粮食市场主体，建立健全统一、开放、竞争、有序的粮食市场体系。

二是培育壮大粮食产业化龙头企业。在农业产业化国家重点龙头企业认定工作中，认定和扶持一批具有核心竞争力和行业带动力的粮食产业化重点龙头企业，引导支持龙头企业与新型农业经营主体和农户构建稳固的利益联结机制，引导优质粮食品种种植，带动农民增收致富。支持符合条件的龙头企业参与承担政策性粮食收储业务；在确保区域粮食安全的前提下，探索创新龙头企业参与地方粮食储备机制。

三是支持多元主体协同发展。发挥骨干企业的示范带动作用，鼓励多元主体开展多种形式的合作与融合，大力培育和发展粮食产业化联合体。支持符合条件的多元主体积极参与粮食仓储物流设施建设、产后服务体系建设等。鼓励龙头企业与产业链上下游各类市场主体成立粮食产业联盟，共同制订标准、创建品牌、开发市场、攻关技术、扩大融资等，实现优势互补。鼓励通过产权置换、股权转让、品牌整合、兼并重组等方式，实现粮食产业资源优化配置。

8. 如何创新粮食产业发展方式？

国务院办公厅印发《关于加快推进农业供给侧结构性改革大力发展粮食产业经济的意见》指出，要创新粮食产业发展方式。

一是促进全产业链发展。粮食企业要积极参与粮食生产功能区建设，发展“产购储加销”一体化模式，构建从田间到餐桌的全产业链。推动粮食企业向上游与新型农业经营主体开展产销对接和协作，通过定向投入、专项服务、良种培育、订单收购、代储加工等方式，建设加工原料基地，探索开展绿色优质特色粮油种植、收购、储存、专用化加工试点；向下游延伸建设物流营销和服务网络，实现粮源基地化、加工规模化、产品优质化、服务多样化，着力打造绿色、有机的优质粮食供应链。开展粮食全产业链信息监测和分析预警，加大供需信息发布力度，

引导粮食产销平衡。

二是推动产业集聚发展。深入贯彻区域发展总体战略和“一带一路”建设、京津冀协同发展、长江经济带发展三大战略，发挥区域和资源优势，推动粮油产业集聚发展。依托粮食主产区、特色粮油产区和关键粮食物流节点，推进产业向优势产区集中布局，完善进口粮食临港深加工产业链。发展粮油食品产业集聚区，打造一批优势粮食产业集群，以全产业链为纽带，整合现有粮食生产、加工、物流、仓储、销售以及科技等资源，支持建设国家现代粮食产业发展示范园区（基地），支持主销区企业到主产区投资建设粮源基地和仓储物流设施，鼓励主产区企业到主销区建立营销网络，加强产销区产业合作。

三是发展粮食循环经济。鼓励支持粮食企业探索多途径实现粮油副产物循环、全值和梯次利用，提高粮食综合利用率和产品附加值。以绿色粮源、绿色仓储、绿色工厂、绿色园区为重点，构建绿色粮食产业体系。鼓励粮食企业建立绿色、低碳、环保的循环经济系统，降低单位产品能耗和物耗水平。推广“仓顶阳光工程”、稻壳发电等新能源项目，大力开展米糠、碎米、麦麸、麦胚、玉米芯、饼粕等副产物综合利用示范，促进产业节能减排、提质增效。

四是积极发展新业态。推进“互联网＋粮食”行动，积极发展粮食电子商务，推广“网上粮店”等新型粮食零售业态，促进线上线下融合。完善国家粮食电子交易平台体系，拓展物流运输、金融服务等功能，发挥其服务种粮农民、购粮企业的重要作用。加大粮食文化资源的保护和开发利用力度，支持爱粮节粮宣传教育基地和粮食文化展示基地建设，鼓励发展粮食产业观光、体验式消费等新业态。

五是发挥品牌引领作用。加强粮食品牌建设顶层设计，通过质量提升、自主创新、品牌创建、特色产品认定等，培育一批具有自主知识产权和较强市场竞争力的全国性粮食名牌产品。鼓励企业推行更高质量标准，建立粮食产业企业标准领跑者激励机制，提高品牌产品质量水平，大力发展“三品一标”粮食产品，培育发展自主品牌。加强绿色优质粮

食品牌宣传、发布、人员培训、市场营销、评价标准体系建设、展示展销信息平台建设，开展丰富多彩的品牌创建和产销对接推介活动、品牌产品交易会等，挖掘区域性粮食文化元素，联合打造区域品牌，促进品牌整合，提升品牌美誉度和社会影响力。鼓励企业获得有机、良好农业规范等通行认证，推动出口粮食质量安全示范区建设。加大粮食产品的专利权、商标权等知识产权保护力度，严厉打击制售假冒伪劣产品行为。加强行业信用体系建设，规范市场秩序。

9. 如何加快粮食产业转型升级?

国务院办公厅印发《关于加快推进农业供给侧结构性改革大力发展粮食产业经济的意见》指出，要加快粮食产业转型升级。

一是增加绿色优质粮油产品供给。大力推进优质粮食工程建设，以市场需求为导向，建立优质优价的粮食生产、分类收储和交易机制。增品种、提品质、创品牌，推进绿色优质粮食产业体系建设。实施“中国好粮油”行动计划，开展标准引领、质量测评、品牌培育、健康消费宣传、营销渠道和平台建设及试点示范。推进出口食品农产品生产企业内外销产品“同线同标同质”工程，实现内销转型，带动产业转型升级。调优产品结构，开发绿色优质、营养健康的粮油新产品，增加多元化、定制化、个性化产品供给，促进优质粮食产品的营养升级扩版。推广大米、小麦粉和食用植物油适度加工，大力发展全谷物等新型营养健康食品。推动地方特色粮油食品产业化，加快发展杂粮、杂豆、木本油料等特色产品。适应养殖业发展新趋势，发展安全环保饲料产品。

二是大力促进主食产业化。支持推进米面、玉米、杂粮及薯类主食制品的工业化生产、社会化供应等产业化经营方式，大力发展方便食品、速冻食品。开展主食产业化示范工程建设，认定一批放心主食示范单位，推广“生产基地＋中央厨房＋餐饮门店”“生产基地＋加工企业＋商超销售”“作坊置换＋联合发展”等新模式。保护并挖掘传统主食产品，增加花色品种。加强主食产品与其他食品的融合创新，鼓励和

支持开发个性化功能性主食产品。

三是加快发展粮食精深加工与转化。支持主产区积极发展粮食精深加工，带动主产区经济发展和农民增收。着力开发粮食精深加工产品，增加专用米、专用粉、专用油、功能性淀粉糖、功能性蛋白等食品以及保健、化工、医药等方面的有效供给，加快补齐短板，减少进口依赖。发展纤维素等非粮燃料乙醇；在保障粮食供应和质量安全的前提下，着力处置霉变、重金属超标、超期储存粮食等，适度发展粮食燃料乙醇，推广使用车用乙醇汽油，探索开展淀粉类生物基塑料和生物降解材料试点示范，加快消化政策性粮食库存。支持地方出台有利于粮食精深加工转化的政策，促进玉米深加工业持续健康发展。强化食品质量安全、环保、能耗、安全生产等约束，促进粮食企业加大技术改造力度，倒逼落后加工产能退出。

四是统筹利用粮食仓储设施资源。通过参股、控股、融资等多种形式，放大国有资本功能，扩展粮食仓储业服务范围。多渠道开发现有国有粮食企业仓储设施用途，为新型农业经营主体和农户提供粮食产后服务，为加工企业提供仓储保管服务，为期货市场提供交割服务，为“互联网＋粮食”经营模式提供交割仓服务，为城乡居民提供粮食配送服务。

10. 如何夯实粮食产业发展基础？

国务院办公厅印发《关于加快推进农业供给侧结构性改革大力发展粮食产业经济的意见》指出，要夯实粮食产业发展基础。

一是建设粮食产后服务体系。适应粮食收储制度改革和农业适度规模经营的需要，整合仓储设施资源，建设一批专业化、市场化的粮食产后服务中心，为农户提供粮食“五代”（代清理、代干燥、代储存、代加工、代销售）服务，推进农户科学储粮行动，促进粮食提质减损和农民增收。

二是完善现代粮食物流体系。加强粮食物流基础设施和应急供应体系建设，优化物流节点布局，完善物流通道。支持铁路班列运输，降低全产业链物流成本。鼓励产销区企业通过合资、重组等方式组成联合体，提高粮食物流组织化水平。加快粮食物流与信息化融合发展，促进粮食物流信息共享，提高物流效率。推动粮食物流标准化建设，推广原粮物流“四散化”（散储、散运、散装、散卸）、集装化、标准化，推动成品粮物流托盘等标准化装载单元器具的循环共用，带动粮食物流上下游设施设备及包装标准化水平提升。支持进口粮食指定口岸及港口防疫能力建设。

三是健全粮食质量安全保障体系。支持建设粮食质量检验机构，形成以省级为骨干、以市级为支撑、以县级为基础的公益性粮食质量检验监测体系。加快优质、特色粮油产品标准和相关检测方法标准的制修订。开展全国收获粮食质量调查、品质测报和安全风险监测，加强进口粮食质量安全监管，建立进口粮食疫情监测和联防联控机制。建立覆盖从产地到餐桌全程的粮食质量安全追溯体系和平台，进一步健全质量安全监管衔接协作机制，加强粮食种植、收购、储存、销售及食品生产经营监管，严防不符合食品安全标准的粮食流入口粮市场或用于食品加工。加强口岸风险防控和实际监管，深入开展农产品反走私综合治理，实施专项打击行动。

11. 粮食市场如何采取宏观调控政策？

国务院发布《粮食流通管理条例》规定，国家采取政策性粮食购销、粮食进出口等多种经济手段和必要的行政手段，加强对粮食市场的调控，保持全国粮食供求总量基本平衡和市场基本稳定。

（1）国家实行中央和地方分级粮食储备制度。粮食储备用于调节粮食供求、稳定粮食市场，以及应对重大自然灾害或者其他突发事件等情况。

政策性粮食的采购和销售，原则上通过规范的粮食交易中心公开进行，也可以通过国家规定的其他方式进行。

（2）国务院和地方人民政府建立健全粮食风险基金制度。粮食风险基金主要用于支持粮食储备、稳定粮食市场等。

国务院和地方人民政府财政部门负责粮食风险基金的监督管理，确保专款专用。

（3）为保障市场供应、保护种粮农民利益，必要时可由国务院根据粮食安全形势，结合财政状况，决定对重点粮食品种在粮食主产区实行政策性收储。

当粮食价格显著上涨或者有可能显著上涨时，国务院和省、自治区、直辖市人民政府可以按照《中华人民共和国价格法》的规定，采取价格干预措施。

（4）国务院发展改革部门及国家粮食和储备行政管理部门会同国务院农业农村、统计、市场监督管理等部门负责粮食市场供求形势的监测和预警分析，健全监测和预警体系，完善粮食供需抽查制度，发布粮食生产、消费、价格、质量等信息。

（5）国家鼓励粮食主产区和主销区以多种形式建立稳定的产销关系，鼓励培育生产、收购、储存、加工、销售一体化的粮食企业，支持建设粮食生产、加工、物流基地或者园区，加强对政府储备粮油仓储物流设施的保护，鼓励发展订单农业。在执行政策性收储时国家给予必要的经济优惠，并在粮食运输方面给予优先安排。

（6）在重大自然灾害、重大疫情或者其他突发事件引起粮食市场供求异常波动时，国家实施粮食应急机制。

（7）国家建立突发事件的粮食应急体系。国务院发展改革部门及国家粮食和储备行政管理部门会同国务院有关部门制定全国的粮食应急预案，报请国务院批准。省、自治区、直辖市人民政府根据本地区的实际情况，制定本行政区域的粮食应急预案。

（8）启动全国的粮食应急预案，由国务院发展改革部门及国家粮食和储备行政管理部门提出建议，报国务院批准后实施。

启动省、自治区、直辖市的粮食应急预案，由省、自治区、直辖市发展改革部门及粮食和储备行政管理部门提出建议，报本级人民政府决定，并向国务院报告。

设区的市级、县级人民政府粮食应急预案的制定和启动，由省、自治区、直辖市人民政府决定。

(9) 粮食应急预案启动后，粮食经营者必须按照国家要求承担应急任务，服从国家的统一安排和调度，保证应急的需要。

(10) 国家鼓励发展粮食产业经济，提高优质粮食供给水平，鼓励粮食产业化龙头企业提供安全优质的粮食产品。

12. 如何建立健全粮食流通质量安全风险监测体系？

《粮食流通管理条例》规定，国家建立健全粮食流通质量安全风险监测体系。国务院卫生健康、市场监督管理以及国家粮食和储备行政管理等部门，分别按照职责组织实施全国粮食流通质量安全风险监测；省、自治区、直辖市人民政府卫生健康、市场监督管理、粮食和储备行政管理等部门，分别按照职责组织实施本行政区域的粮食流通质量安全风险监测。

(1) 粮食和储备行政管理部门依照本条例对粮食经营者从事粮食收购、储存、运输活动和政策性粮食的购销活动，以及执行国家粮食流通统计制度的情况进行监督检查。

粮食和储备行政管理部门在监督检查过程中，可以进入粮食经营者经营场所，查阅有关资料、凭证；检查粮食数量、质量和储存安全情况；检查粮食仓储设施、设备是否符合有关标准和技术规范；向有关单位和人员调查了解相关情况；查封、扣押非法收购或者不符合国家粮食质量安全标准的粮食，用于违法经营或者被污染的工具、设备以及有关账簿资料；查封违法从事粮食经营活动的场所。

(2) 市场监督管理部门依照有关法律、法规的规定，对粮食经营活动中的扰乱市场秩序行为、违法交易行为以及价格违法行为进行监督检查。

（3）县级以上地方人民政府应当加强本行政区域粮食污染监控，建立健全被污染粮食收购处置长效机制，发现区域性粮食污染的，应当及时采取处置措施。

被污染粮食处置办法由国家粮食和储备行政管理部门会同国务院有关部门制定。

（4）任何单位和个人有权对违反本条例规定的行为向有关部门检举。有关部门应当为检举人保密，并依法及时处理。

13. "十四五"时期如何提高大豆和油料综合产能？

《"十四五"全国种植业发展规划》指出，建设高标准生产基地。在大豆油料主产区大力推进高标准农田建设，因地制宜发展高效节水灌溉、水肥一体化等配套设施，加快补上农业基础设施短板。加大投入力度，利用化学、物理、生物、工程等措施，在松嫩平原、环渤海和西北内陆等适宜地区改造盐碱地开展大豆种植示范。整建制建设一批区域布局合理、基础设施完善、生产装备先进、产业优势突出的大豆油料全产业链基地县。

提升生产技术水平。将大豆和油料品种选育纳入种业振兴的重点内容，启动实施大豆和油料作物良种攻关。实施制种大县（农场）奖励政策和现代种业提升工程，加快建设一批大豆和油料良种繁育基地。启动实施农业生物育种重大项目，有序推进转基因大豆产业化应用。加大农机购置补贴支持力度，将大豆和油料作物生产初加工所需成套设施装备纳入农机新产品补贴试点范围，推动耕种收综合机械化率提升。建设一批"百亩攻关田、千亩示范方、万亩创建片"，开展大豆亩产超200公斤、油菜亩产超200公斤、花生亩产超300公斤的"223"高产高效技术示范。

强化产业综合开发。培育一批大豆和油料规模化专业化种植大户和家庭农场，扶持一批代育代插、代耕代管、代收代储等全过程托管或多环节托管的专业化服务组织，促进农业节本增效和农户增产增收。打造一批现代大豆和油料产业园，培育一批规模实力强、技术水平高的龙头企业，提升大豆油料加工转化能力，促进一二三产业融合，带动全产业链发展。

14. “十四五”时期如何提升棉糖等重要农产品保障水平？

《“十四五”全国种植业发展规划》指出，建设生产保护区。以新疆为重点，长江流域和黄河流域的沿海沿江环湖地区为补充，建设棉花生产保护区，稳定棉花种植面积。巩固提升广西、云南甘蔗生产保护区。稳定并适度扩大内蒙古、新疆等地甜菜种植面积。

推进品种更新换代。建设一批标准化棉糖生产基地，改善棉糖生产基础设施条件。加快选育推广一批纤维长度、强度、整齐度和成熟期相协调的优良棉花品种，鼓励发展长绒棉等高品质棉花种植，扩大优质棉花有效供给，提升棉花产需适配性。加快推广甘蔗脱毒健康种苗，加大国产自育优质甜菜品种推广应用，提升糖料含糖率。

推进全程机械化生产。推动棉花、糖料规模化生产经营，支持开展代耕代种、代育代栽、统防统治、代采代收等社会化服务，培育壮大种植大户和农民合作社、家庭农场等新型农业经营主体，引导棉糖生产提质增效。加快推进棉花、甘蔗生产全程机械化，研制适用性强的农机装备并持续改进，重点提升棉花机收质量，突破糖料机收瓶颈。

15. “十四五”时期如何促进果菜茶多样化发展？

《“十四五”全国种植业发展规划》指出，优化结构布局。强化“菜篮子”市长负责制，积极发展南菜北运、夏秋蔬菜和设施蔬菜生产。支持果菜茶优势区域发展，提高产业集中度。进一步优化早熟、晚熟水果品种比例，稳步提升鲜果周年均衡供应水平。稳定茶叶面积，加快推进生态茶园建设，促进茶产业提质增效。加快构建品种互补、档期合理、区域协调的“菜篮子”产品供应格局。

发展特色产业。稳定果茶菌花药等特色作物面积，科学布局、合理

控制产业发展规模，坚持适区适种、适种适制、适度发展，巩固提升优势产区，引导非适宜区逐步退出生产，防止同质化低水平重复发展。按照多样化、专用化、优质化、市场化的要求，积极发展独特品种、特殊品质和特定区域的产品，促进差异化发展。

提升质量效益。持续开展种植业“三品一标”提升行动，集成组装推广绿色高质高效技术模式，提升果菜茶标准化生产水平。加快机械化、智能化、现代化生产模式和轻简化栽培新技术推广，推进冷链贮运保鲜设施和技术应用。加强农产品质量安全监管，加大农药残留监测力度，严格管控上市农产品常规农药残留超标问题，试行承诺达标合格证制度，让生产者牢固树立“不合格不上市”的意识。建立健全种植业生产全链条管理制度，探索构建重点产品从田头到餐桌的全程质量安全可追溯系统。打造一批有影响力的果菜茶知名品牌。

16. 如何保障当前“菜篮子”产品稳定供应？

“菜篮子”食品管理部际联席会议指出，要抓好“菜篮子”产品生产，组织制定应急预案，做好防寒防灾准备，保障种苗、农资等生产资料供应，扩大冬春重点“菜篮子”产品生产，从源头上保障供应。要抓好流通运输，落实鲜活农产品“绿色通道”政策，推动大城市在周边设置直通车、运输接驳区等，提高流通效率。要抓好市场调控，加强市场信息监测预警，合理引导市场预期，及时投放储备，坚决打击囤积居奇等扰乱市场的行为。要抓好全链条质量安全监管，加强例行监测和监督抽查，积极推进产地准出和市场准入相衔接，确保不发生重大质量安全事件。

要以“菜篮子”市长负责制考核为抓手，推动提升大中城市“菜篮子”产品供给能力，加快补齐流通短板，持续加大“菜篮子”工程建设投入力度，健全完善市场调控机制，全面提升供给保障水平。

17. 如何调整优化农业结构？

2019 年中央 1 号文件指出，一要大力发展紧缺和绿色优质农产品生产，推进农业由增产导向转向提质导向。二要深入推进优质粮食工程。实施大豆振兴计划，多途径扩大种植面积。三要支持长江流域油菜生产，推进新品种新技术示范推广和全程机械化。四要积极发展木本油料。五要实施奶业振兴行动，加强优质奶源基地建设，升级改造中小奶牛养殖场，实施婴幼儿配方奶粉提升行动。六要合理调整粮经饲结构，发展青贮玉米、苜蓿等优质饲草料生产。七要合理确定内陆水域养殖规模，压减近海、湖库过密网箱养殖，推进海洋牧场建设，规范有序发展远洋渔业。八要降低江河湖泊和近海渔业捕捞强度，全面实施长江水生生物保护区禁捕。九要实施农产品质量安全保障工程，健全监管体系、监测体系、追溯体系。十要加大非洲猪瘟等动物疫情监测防控力度，严格落实防控举措，确保产业安全。

18. 如何优化农业生产布局？

国务院印发《“十四五”推进农业农村现代化规划》指出，加强粮食生产功能区建设。以东北平原、长江流域、东南沿海地区为重点，建设水稻生产功能区。以黄淮海地区、长江中下游、西北及西南地区为重点，建设小麦生产功能区。以东北平原、黄淮海地区以及汾河和渭河流域为重点，建设玉米生产功能区。加大粮食生产功能区政策支持力度，相关农业资金向粮食生产功能区倾斜，优先支持粮食生产功能区内目标作物种植。以产粮大县集中、基础条件良好的区域为重点，打造生产基础稳固、产业链条完善、集聚集群融合、绿色优质高效的国家粮食安全产业带。

加强重要农产品生产保护区建设。以东北地区为重点、黄淮海地区为补充，提升大豆生产保护区综合生产能力。以新疆为重点、长江和黄河流域的沿海沿江环湖地区为补充，建设棉花生产保护区。以长江流域为重点，扩大油菜生产保护区种植面积。积极发展黄淮海地区花生生产，稳定提升长江中下游地区油茶生产，推进西北地区油葵、芝麻、胡麻等油料作物发展。巩固提升广西、云南糖料蔗生产保护区产能。加强

海南、云南、广东天然橡胶生产保护区胶园建设。

加强特色农产品优势区建设。发掘特色资源优势，建设特色农产品优势区，完善特色农产品优势区体系。强化科技支撑、质量控制、品牌建设和产品营销，建设一批特色农产品标准化生产、加工和仓储物流基地，培育一批特色粮经作物、园艺产品、畜产品、水产品、林特产品产业带。

19. 如何做到协同推进区域农业发展？

《“十四五”推进农业农村现代化规划》指出，服务国家重大战略。推进西部地区农牧业全产业链价值链转型升级，大力发展高效旱作农业、节水型设施农业、戈壁农业、寒旱农业。加快发展西南地区丘陵山地特色农业，积极发展高原绿色生态农业。推进东北地区加快发展现代化大农业，建设稳固的国家粮食战略基地。巩固提升中部地区重要粮食生产基地地位，加强农业资源节约集约利用。发挥东部地区创新要素集聚优势，大力发展高效农业，率先基本实现农业现代化。统筹利用海岸带和近海、深海海域，发展现代海洋渔业。

推进重点区域农业发展。深入推进京津冀现代农业协同发展，支持雄安新区建设绿色生态农业。深化粤港澳大湾区农业合作，建设与国际一流湾区和世界级城市群相配套的绿色农产品生产供应基地。推进长江三角洲区域农业一体化发展，先行开展农产品冷链物流、环境联防联治等统一标准试点，发展特色乡村经济。发挥海南自由贸易港优势，扩大农业对外开放，建设全球热带农业中心和动植物种质资源引进中转基地。全域推进成渝地区双城经济圈城乡统筹发展，建设现代高效特色农业带。

20. 种植业如何持续推进结构调整优化？

《2020 年种植业工作要点》指出，持续推进结构调整优化要做好以下几点工作。

一是巩固结构调整成果。巩固"镰刀弯"地区结构调整成果，防止非优势区玉米面积大幅反弹。提升优势产区玉米产能，确保全国玉米面积基本稳定。继续实施大豆振兴计划，加大对大豆高产品种和玉米、大豆间作新农艺推广的支持力度，大豆面积稳定在1.4亿亩，建设40个前瞻性、引导性新品种新技术集成展示与试验示范千亩片，示范带动大豆单产水平和油脂蛋白含量提升。因地制宜在黄淮海和西南、西北地区示范推广玉米、大豆带状复合种植技术模式，拓展大豆生产空间。积极发展长江流域油菜生产，扩大黄淮海地区花生种植。

二是积极发展优势特色产业。因地制宜发展果菜茶、食用菌、杂粮杂豆、薯类、中药材、蚕桑、花卉等特色产业。优化布局结构，根据资源禀赋、生态条件和产业基础，构建与资源环境相匹配的生产布局。优化产品结构，根据市场多元化、个性化消费需求，增加更加丰富多样、优质安全、营养健康的绿色优质产品供给。开展低氟茶品种筛选和栽培技术推广，在边销茶主产区建立一批示范低氟茶园。进一步落实《全国道地药材生产基地建设规划（2018—2025年）》，认定认证一批道地药材生产基地，引导中药材生产向道地优势产区集中。

三是稳步推进耕地轮作休耕试点。实施轮作休耕试点面积3 000万亩以上，以轮作为主、休耕为辅，扩大轮作、减少休耕。稳定东北地区玉米—大豆为主的轮作面积，重点扩大长江流域和黄淮海地区水稻—油菜、玉米—大豆或花生等轮作规模，适当扩大西北地区小麦—薯类或豆类、玉米—豆类等轮作规模。逐步退出地方积极性不高、试点效果一般、三年试点到期的休耕任务。

21. "十四五"时期奶业竞争力提升行动的重点任务有哪些？

农业农村部印发《"十四五"奶业竞争力提升行动方案》指出，一是优化奶源区域布局。抓住重点区域、突出重点环节，支持主产省加强优质奶源基地建设，启动实施奶业生产能力提升整县推进项目，立足于河北、内蒙古、黑龙江等3个实施千万吨奶工程的省份，打造奶业发展

优势产区，推动奶业生产提质增量。发挥垦区产业集群优势，加强奶源基地建设。支持南方主销区奶源产能开发，重点支持适度规模养殖场发展，加强奶牛热应激技术服务支撑，开展饲料资源多元化综合利用技术研发，提高养殖场标准化管理水平，总结形成一批可复制可推广的南方奶业发展模式。

二是提升自主育种能力。夯实奶牛品种登记和生产性能测定基础，扩大奶牛生产性能测定范围，推进奶牛生产性能测定数据在良种选育过程中的应用，健全奶牛生产性状关键数据库，建立奶牛育种数据平台，提高遗传评估效率，应用全基因组选择等技术，组建参考牛群，开展青年公牛联合后裔测定，培育后备公牛和验证公牛，建设国家奶牛核心育种场，增强良种自主供应能力。

三是增加优质饲草料供给。实施振兴奶业苜蓿发展行动，支持内蒙古、甘肃、宁夏建设一批高产优质苜蓿基地，提高国产苜蓿品质，推广青贮苜蓿饲喂技术，提升国产苜蓿自给率。推进农区种养结合，探索完善牧区半舍饲模式，推动农牧交错带种草养畜。全面普及奶牛青贮玉米饲喂技术，支持粮改饲政策实施范围扩大到所有奶牛养殖大县。推进饲草料种植和奶牛养殖配套衔接，总结推广粗饲料就地就近供应典型技术模式，降低饲草料投入成本。

四是支持标准化、数字化规模养殖。培育壮大家庭牧场、奶农合作社等适度规模养殖主体，支持养殖场开展“智慧牧场”建设，对饲喂、挤奶、保健、防疫、粪污处理等关键环节设施设备升级改造，推动基于物联网、大数据技术的智能统计分析软件终端在奶牛养殖中的应用，实现养殖管理数字化、智能化。加强奶牛生产性能测定在生产管理中的解读应用，推进精准饲喂管理，提高资源利用效率。

五是引导产业链前伸后延。推进奶业一二三产业融合发展，支持乳品企业自建、收购养殖场，提高自有奶源比例，并通过与奶农相互持股、二次分红、溢价收购、利润保障等方式，稳固奶源基础。鼓励有条件的奶农在确保质量安全的条件下，依靠自有奶源有序发展乳制品加工，推动奶牛养殖向乳品加工和流通领域拓展，重点发展巴氏杀菌乳、低温发酵乳、奶酪和民族特色乳制品，通过直营、电商等渠道服务当地和周边社区居民，提高奶牛养殖效益，提升奶农市场地位。

六是稳定生鲜乳购销秩序。支持奶业大县、企业和有条件的奶农自建乳品检验检测体系。加强检测技术研发和资源共享，为奶农检测提供便利，做到节约成本，公平公正。加强国家级乳品质量检测能力建设，支持一批奶业科研基础扎实、技术服务支撑能力强、区域服务能力强的生鲜乳检验检测机构设备提升。以构建公平合理的生鲜乳收购价格机制、保障乳品质量安全为目标，探索生鲜乳第三方检测，推动形成以质论价、公平合理的生鲜乳市场购销秩序。

七是提高生鲜乳质量安全监管水平。完善乳品质量安全法规标准体系，健全生鲜乳生产、收购、运输等管理制度。强化源头治理，推进奶牛健康养殖，加强奶牛疫病防控，开展奶牛养殖兽用抗菌药使用减量化行动试点，严格养殖环节饲料、兽药等投入品使用。创新监管方式，提升生鲜乳质量安全监管效率，优化奶业监管平台，加强收购、运输重点环节监管和抽检监测，严厉打击违法违规行为，依法取缔不合格生产经营主体，保障乳品质量安全。

八是支持乳制品加工做优做强。用好“本土”优势，打好“品质”、“新鲜”牌，满足差异化市场需求，研发生产适合不同消费群体的乳制品，避免过度包装，提高国产乳制品竞争力。鼓励企业开展奶酪加工技术攻关，加快奶酪生产工艺和设备升级改造，提高国产奶酪的产出率，研发适合中国消费者口味的奶酪产品。提高乳清、蛋白浓缩物等奶酪副产品加工利用水平。开发羊奶、水牛奶、牦牛奶等特色乳制品。鼓励地方及行业协会注册区域公用品牌或申请地理标志农产品保护。发挥行业协会作用，培育一批示范带动行业发展、积极履行社会责任、具有影响力的国产乳品品牌。

九是加强消费宣传引导。加大奶业公益宣传，扩大乳品消费科普，

倡导科学饮奶，引导健康消费。普及巴氏杀菌乳、灭菌乳、发酵乳、奶酪等乳制品营养知识，培育多样化、本土化的消费习惯。加大学生饮用奶宣传推广。支持奶牛休闲观光牧场发展，深化消费者对奶牛养殖的科学认识，推动一二三产业融合发展。加强乳制品消费监测，研判供需形势。开拓“互联网＋”等新型营销模式，满足乳品便捷、个性化的消费需求。

深度阅读

构建国家粮食安全新发展格局

来源：人民论坛网　2022 年 1 月 21 日

粮稳国安，中国的粮食安全问题绝不能掉以轻心。过去两年我国粮食供给保障体系经受住了新冠肺炎疫情带来的巨大考验，依靠“以我为主、立足国内”有效化解了潜在的粮食危机。“十四五”开局之年全国粮食总产量再创新高，比上年增长 2.0％，特殊之年大国粮仓的根基更加牢固，为保供给、稳大局、增信心提供了有力支撑。成绩显著的背后是党和政府一直高度重视和全力支持的结果，也应看到我国粮食安全的内部矛盾和外部风险相互交织，国内外环境条件正发生着深刻变化，这对未来保障国家粮食安全提出了更高要求。2021 年中央农村工作会议再次强调要牢牢守住保障国家粮食安全的底线，坚持稳字当头、稳中求进总基调，这为新时期稳住农业基本盘、端牢中国人饭碗指明了方向。

现阶段国内外粮食市场的联系更加紧密，确保中国粮食安全必须置身于全球视角。基于新时代的历史方位和大变局的战略定位，以习近平同志为核心的党中央从全局高度创造性地提出“构建国内国际双循环相互促进的新发展格局”。在此背景下，确保国家粮食安全不仅为双循环发展提供了坚实的物质基础，也是构建双循环新发展格局的重要组成和关键环节，同时用好双循环战略已成为保障国家粮食安全的重要路径。因此，审时度势加快构建国家粮食安全新发展格局，既是基于现实国情主动适应粮食安全新发展阶段要求的必然选择，也是积极应对复杂多变的国际形势尤其在激烈国际竞争中占据优势、掌握主动的客观要求，将进一步促进我国粮食安全保障体系完善和保障能力提升。坚持党对国内粮食安全工作的全面领导，继续提高政治站位、坚定走好中国特色粮食安全之路，以更加积极的心态和更为开阔的视野统筹利用好国内国际两个市场、两种资源，需要我们立足新发展阶段，构建国家粮食安全新发展格局。

以辩证思维看待新发展阶段国家粮食安全的机遇挑战

过去一年注定是“三农”发展非同寻常的一年，后小康时代第一个五年开启了全面建设社会主义现代化国家新征程，而国内“三农”工作重心也开始转向全面推进乡村振兴、加快农业农村现代化的历史新进程。站在新的历史起点，中国的粮食安全事业迈入新发展阶段，把握好新发展阶段国家粮食安全面临的机遇挑战，是明确当前及今后一段时间内粮食政策方针的重要依据，也是我们党领导国内粮食安全工作的出发点和落脚点。

我国粮食供需形势长期偏紧，可以预见今后相当长一段时间内仍将维持“紧平衡”。伴随人口增长和消费升级，城乡居民的粮食需求不断增长、需求结构也会发生巨大变化，但国内粮食供需错位、结构性矛盾依然存在。在当前技术水平和资源环境硬约束下，我国的粮食生产能力或已接近极限、粮食持续增产势头面临停滞，成本优势渐失、种粮收益下降、政策空间紧缩，未来“谁来种粮”“如何种粮”的困境亟需破解。更进一步地，国内粮食产业尚处于成长和发展阶段、国际竞争压力大，粮食流通效率和现代化程度仍然不高，全产业链条较短、延伸不够，制约粮食产业经济的扩大化。从贸易形势来看，确保中国粮食安全尤其在饲料粮安全方面仍需借助国际市场。适度的粮食进口存在必然性和必要

性，但我国粮食进口依存度增强、来源地集中和结构性失衡等潜在风险并存，参与全球粮食治理与贸易规则制定的角色定位有待深化。此外，节粮减损已成为迫切需要解决的重要问题，各种不稳定、不确定性因素叠加造成威胁或将成常态。

构建国家粮食安全新发展格局必须保持高度战略定位

立足新发展阶段，始终把饭碗端牢在自己手上，只有坚持问题导向更好地在机遇和挑战面前迅速作出反应，才能在危机中育先机、于变局中开新局。粮食安全新发展格局与新时代国家粮食安全战略在内涵上高度契合，均主张“以我为主、立足国内”和充分利用两个市场两种资源，不过前者更强调一个良性循环，即国内粮食经济循环为主与面向国际粮食经济循环相辅相成、双向联动，更好服务于国家粮食安全高质量发展。绷紧粮食安全这根弦，最大限度保持粮食安全的战略主动，要着重突出国内大循环的主体和基础地位，进而通过国内“自转”推动国际“公转”，共同努力维护好全世界粮食安全。

高水平自立自强是构建国家粮食安全新发展格局的本质特征。“手中有粮、心中不慌”在任何时候都是真理。大国发展规律也证明，真正强大的国家一定有能力解决自己的吃饭问题。打铁还需自身硬，靠别人解决吃饭问题永远无法立足，掌握粮食安全主动权就要实现粮食高水平自立自强，稳步提升国内粮食供给保障能力和抵御风险能力。另外，双循环格局中确保中国粮食安全本身就是在为世界作贡献，而且通过繁荣我国粮食市场也可有效带动世界粮食经济复苏和发展，保障粮食安全是中国对世界负责的态度。突出重点扎实推进新时期国内粮食安全工作，应从引擎支撑、源头控制和根基强化等方面持续奋斗：第一，充分发挥科技创新引领作用。粮食安全问题的根本出路在科技支撑，要加快自主创新为主导的农业技术进步，深入实施“科技兴粮”战略，加强粮食领域科研投入机制建设，聚焦前沿开展关键环节和领域“卡脖子”技术攻关，不断提高粮食全产业链的科技和物质装备水平，大力发展数字农业、智慧农业和设施农业。第二，坚决有力全面推进种业振兴。种为粮之源，粮以种为先，从源头确保国家粮食安全必须在良种方面挖掘潜力。要做好农作物种质资源保护利用，培育更具自主知识产权的优质粮食品种，集中力量联合攻关，形成产学研相结合、育繁推一体化机制，加快国家种业基地和重点工程建设，加强监管，不断优化种业市场环境。第三，毫不放松抓好粮食生产安全。粮食生产安全的根本在于粮食综合生产能力，要严格落实地方粮食安全主体责任，继续实施“藏粮于地、藏粮于技”战略，切实保护好粮食生产的命根子，确保耕地数量不减少、质量有提升，强化基础设施建设，改善粮食生产条件，协调好利益问题，提高农民种粮积极性，主产区、主销区、产销平衡区都要保面积、保产量，确保粮食产量保持在1.3万亿斤以上。

高质量供需平衡是构建国家粮食安全新发展格局的战略基础。高质量的粮食供需平衡不应是绝对的和静止的，而是动态的、变化的。加快构建国家粮食安全新发展格局的关键在于畅通国内粮食经济大循环，必须坚持辩证思维，处理好粮食供需之间的关系，在扩大内需的基础上着力提高供给体系质量，有效化解国内市场粮食供需匹配不合理和结构性矛盾，形成需求牵引供给、供给创造需求的高质量动态平衡。为此，从供需两侧双向发力畅通粮食经济内循环，首先要抓好供给侧结构性改革这条主线，一是优化粮食生产经营结构，要紧贴市场需求动态调整种植结构和空间布局，增强粮食生产供给的优质化、安全化和适应性，积极培育高素质农民，促进小农户与现代农业衔接和粮食适度规模经营协调发展，加快农业生产性服务提质增效。二是推动粮食产业做大做强，以乡村产业振兴和国家粮食安全产业带建设为契机，加快延伸粮食生产的前后向产业链条，不断提升粮食全产业链和价值链水平，大力开展精深加工，积极推进“优质粮食工程”，加强粮食品牌和产品销售体系建设。三是完善粮食收储制度改革，坚持市场化定价方向和分品种施策，逐渐理顺粮食价格形成机制，尽快形成优质优价的粮食收储机制，强化国家粮食储备轮换的灵活性，鼓励多元主体参

与粮食收储，推动政策性农业保险逐渐向保总成本和收入转变。同时也要注重粮食需求侧管理，全力打通粮食需求侧方面的各种堵点，释放内需潜力，构建完整的粮食安全内需体系，在满足粮食需求增长和消费升级上做足文章，关注粮食需求差异化，在提高中等收入群体消费能力的同时加速农村消费市场培育，也要引导城乡居民合理消费、节约用粮和减少浪费。最后，还要建立健全粮食供需平衡的动态监测机制和预警防控系统。

高水平对外开放是构建国家粮食安全新发展格局的必然选择。置身全球视角，中国与国际粮食市场紧密相连，一方面，国际市场对中国解决粮食安全问题的影响力与日俱增，当然我们不能完全依赖粮食进口；另一方面，国内外粮食市场加速融合是大势所趋，中国始终是维护世界粮食安全的积极力量。长远来看，经济全球化仍是历史潮流，可以肯定中国粮食市场对外开放的步伐不会停滞，新时期以高水平对外开放打造国际合作与竞争新优势，开拓粮食合作共赢新局面，营造国际粮食贸易新环境，是促进国内国际双循环协调发展的应有之义，要在以下几点寻求突破：第一，妥善处理好大国关系。必须保持足够的清醒认知和战略定力，在相互尊重的基础上加强对话、积极磋商、管控分歧，努力畅通谈判渠道，解决双边及多边贸易摩擦，重点引导中美关系进入良性竞争轨道，建立均衡发展的新型大国关系框架。第二，深化粮食国际合作体系。设立专项粮食领域国际合作发展基金，扩大粮食贸易与海外投资的一体化联系，积极同粮食出口大国签订长期稳定的国家协定和贸易合约，广泛参与国际农产品产业链分工，打造国际大粮商和大型农业跨国企业，加强与国际粮食贸易巨头合作。第三，规避粮食进口贸易风险。建立更加自主的全球粮食供求信息系统，完善粮食贸易监测预警体系，促进粮食进口贸易风险防控关口前移，坚持粮食适度进口战略，优化粮食进口来源多元化布局，维护粮食等重要农产品贸易通道，用好用足政策空间，提升粮食进口调控能力。第四，积极参与全球粮食治理。明确角色定位，深度融入全球粮食市场，努力打破粮食贸易壁垒限制，谋求国际贸易规则制定调整的话语权和主导权，争取国际粮食定价权，推动改善广大发展中国家的粮食安全状况，提供粮食丰产增收的中国方案。

构建国家粮食安全新发展格局应着重处理好“五大关系”

面对世纪疫情和百年变局交织，端牢中国人的饭碗，坚定不移做好自己的事情，确保国家粮食安全被赋予了更多时代内涵。构建国家粮食安全新发展格局是新发展格局下粮食领域统筹发展与安全的重大战略问题，是粮食产业高质量发展和农业农村现代化建设“双轮驱动”的必由之路。在双循环格局中要增强系统观念，将粮食安全置于全球农业开放大环境中，以更高历史站位、更广国际视野看待和处理粮食安全问题，以更实行动举措贯彻落实国家粮食安全战略，应着重处理好如下几组重大关系：

第一，处理好当前与长远的关系。粮食的基础性和战略性决定了粮食安全是一项常抓不懈的大任务。从粮食产量和粮食储备量上看，近期国家粮食安全有充分的保障。从资源消耗、财政压力等角度看，取得这一成绩代价颇大。在严苛的环境制约和经济压力下，未来要用更少的资源生产出量更多、质更优的粮食，可以预见，确保粮食安全是一场硬仗，依旧任重而道远。在国家粮食安全新发展格局兼顾好当前与长远，既不把长期目标短期化，也不把持久战打成突击战，应将满足当前需求与面向长期战略相结合，优化投入产出，不断提质增效，增强粮食经济竞争力和可持续发展能力，不断向更高质量发展迈进。

第二，处理好机遇与风险的关系。确保国家粮食安全仍处于一个重要战略机遇期，至少未来30年国内粮食需求仍会保持持续增长趋势，而且消费升级所带来的高品质、多元化、个性化粮食产品需求将对供给调整产生积极的促进作用。双循环格局的构建为中国粮食产业更好、更快“走出去”提供了重要契机，在国内、国际双维度保障国家粮食安全

中带来了内外循环互动机遇。可以肯定，未来机遇与风险并存且二者也都会有新的发展变化，要清醒认识粮食安全挑战明显增多的复杂局面，积极防范化解重大风险，同时在应对风险中应进一步积累对做好粮食安全工作规律性的认知，提高抵抗风险能力。

第三，处理好国内与国际的关系。国内与国际两个市场、两种资源优势互补协调配合，是持续提升粮食供给能力和有效应对粮食系统性风险的最佳组合。在立足国内的坚实基础上，中国高水平开放趋势不会改变，应积极对接国际粮食贸易相关规则，树立明确的粮食安全观、粮食贸易观，提高全球范围内的粮食贸易稳定性。要以“一带一路”为重点，坚持粮食进口来源和品种多元化并举，并鼓励竞争力强的粮企通过境外农业合作示范区等方式“走出去”，积极参与全球粮食规则制定，有效嵌入世界粮食产业链、价值链、供应链，构建国际粮食产业风险预警防范体系，着力打造全球粮食安全命运共同体。

第四，处理好生产与生态的关系。粮食生产安全是粮食安全的核心。从现实来看，一味以粮食增产为目的的生产行为加剧了生态环境退化，若以此为代价，则不能称为真正的粮食安全。必须纠正粮食生产与生态环境对立的错误认知，统筹协调粮食产能增加与生态绿色发展之间的积极互动关系；推行科学理性的绿色粮食生产行为，降低或杜绝对生态环境的破坏，使透支的资源环境能够休养生息，实现绿色兴粮、质量兴粮。保护生态，道阻且长，行则将至。要以踏石留印、抓铁有痕的劲头推进生态文明治理，有序做好生态修复与建设工作，以生态环境高水平推动粮食生产绿色发展，擦亮粮食生产的生态底色。

第五，处理好政府与市场的关系。粮食兼具公共产品和私人产品特征，保障粮食安全不仅是政府责任，更是市场担当。构建粮食安全新发展格局要高度重视政府的引导作用，积极发挥市场的决定性作用，其中关键在于找到政府行为与市场功能的平衡点，避免政府过度干预与市场失灵。一方面，要完善和规范粮食利益补偿制度，另一方面，要充分利用市场的运作机制，强化市场调控以提升粮食安全的风险应对能力，并积极探索科学、合理的粮食产业利益分配制度，构建粮食产业利益共同体。有为政府和有效市场的双向促进推动我国粮食安全模式由被动型转向主动型，保障粮食安全新发展格局行稳致远。

（作者：东北农业大学经济管理学院、现代农业发展研究中心教授、博导崔宁波；东北农业大学经济管理学院博士研究生董晋、范月圆对本文亦有贡献）

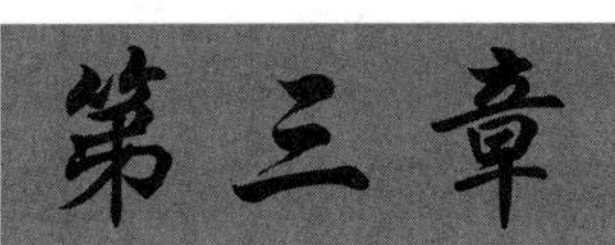

第三章 发展现代农业 强化基础支撑

我国人口众多，耕地短缺，人均耕地不到世界人均耕地面积的一半。而我们依靠占世界9%的耕地养活了世界20%的人口。资源禀赋如此严峻，只有全力发展现代农业，才能更好端稳自己的饭碗。稳住农业基本盘，必须强化现代农业的基础支撑，这是我国农业发展的强劲动力。现代农业是在现代工业和现代科学技术基础上发展起来的农业。把工业生产的新方法和能量投入到农业中，大幅提高生产率、土地效率和商品率，同时在当下的信息化时代又迭代了智慧农业的显著特点，是智能化、生态化、规模化、精准化农业。强化现代农业基础支撑，必须加快科技创新，培育现代农业新动能，实现高标准农田和农业科技的双轮驱动，严格落实“长牙齿”耕地保护等措施。

1. 如何加快推进农业现代化？河北省 2022 年如何做？

2021 年中央 1 号文件指出，加快推进农业现代化一是要提升粮食和重要农产品供给保障能力。二是要打好种业翻身仗。三是要坚决守住 18 亿亩耕地红线。四是要强化现代农业科技和物质装备支撑。五是要构建现代乡村产业体系。六是要推进农业绿色发展。七是要推进现代农业经营体系建设。

2022 年中央 1 号文件指出，一要落实“长牙齿”的耕地保护硬措施。二要全面完成高标准农田建设阶段性任务。三要大力推进种源等农业关键核心技术攻关。四要提升农机装备研发应用水平。五要加快发展设施农业。六要有效防范应对农业重大灾害。

2022 年河北省 1 号文件指出，强化现代农业基础支撑，一是要落实“长牙齿”的耕地保护硬措施。实行耕地保护党政同责，实施耕地保护专项行动。按照耕地和永久基本农田、生态保护红线、城镇开发边界的顺序，统筹划定落实三条控制线，把耕地保有量和永久基本农田保护目标任务足额带位置逐级分解下达，签订耕地保护目标责任书，作为刚性指标实行严格考核、一票否决、终身追责。分类明确耕地用途，严格落实耕地利用优先序。全面摸清耕地及种植结构底数，定期进行监测评价，保证耕地面积特别是优质小麦等粮食种植面积只增不减。引导新发展林果业上山上坡，鼓励利用“四荒”资源，不与粮争地。建立撂荒地排查常态机制。落实和完善耕地占补平衡政策，建立补充耕地全程监管机制，确保补充可长期稳定利用的耕地，实现补充耕地产能与所占耕地相当。加大耕地执法监督力度，严厉查处违法违规占用耕地从事非农建设。强化耕地用途管制，严格管控耕地转为其他农用地。稳妥有序开展农村乱占耕地建房整治。巩固“大棚房”问题专项清理整治成果。落实工商资本流转农村土地审查审核和风险防范制度。二是要加强高标准农田建设。加大各级财政资金、政府专项债投入力度，支持供销社参与高标准农田建设，积极引入社会资本参与建设，新建高标准农田 360 万亩。加大中低产田改造力度，提升耕地地力等级。研究制定盐碱地综合利用规划和实施方案，支持将符合条件的盐碱地等后备资源适度有序开发为耕地，推动由主要治理盐碱地适应作物向更多选育耐盐碱植物适应盐碱地转变。三是要实施种业振兴行动。编制实施现代种业“十四五”规划。加快农业种质资源普查收集，强化精准鉴定评价。实施种业创新专项，探索育种新模式。开展重大品种研发与推广后补助试点。新建 6 个农作物良种繁育基地。加快建设国家级现代种业产业园区。四是要强化农业科技支撑。支持打造雄安农业科创中心、中国农大曲周试验站等农业科技创新平台，加大农业科技园区、星创天地建设力度。实施农业科技研发专项，强化农业关键核心技术攻关。充分发挥 23 个省级创新团队作用，打造提升 100 个农业创新精品驿站，全面推行科技特派员制度。五是要提升农机装备研发应用水平。针对特色优势作物生产全环节短板弱项，支持大马力机械、丘陵山区和设施园艺小型机械、高端智能机械研发制造。实施农机购置与应用补贴政策，优化补贴兑付方式。完善农机性能评价机制，推进补贴机具有进有出、优机优补，重点支持粮食烘干、履带式作业、玉米大豆带状复合种植等农机，推广大型复合智能农机。推动新生产农机排放标准升级。积极争取开展农机研发制造推广应用一体化试点。创建全程机械化示范县 27 个。六是要加快发展设施农业。因地制宜发展日光温室、连栋温室、塑料大棚，全省设施农业面积达到 340 万亩。加强高性能集约化育苗设施建设。集成推广水肥一体化、环境控制智能化、专用农机等新技术新装备。鼓励发展工厂化集约养殖、立体生态养殖等新型养殖设施。在保护生态环境基础上，探索利用可开发的空闲地、废弃地发展设施农业。七是要增强农业重大灾害防范应对能力。实施大中型灌区续建配套和改造、小型病险水库除险加固、水毁防洪工程应急修复，开展中小河治理。强化农业农村、水利、气象灾害监测预警体系建设，加强防汛抗旱、动物疫情防控等应急物资

储备。建立区域联合联防作业服务模式，组织开展人工增雨（雪）和防雹作业。加强基层动植物疫病防控体系建设，落实属地责任，配齐配强专业人员，实行定责定岗定人，有效防控非洲猪瘟、草地贪夜蛾等动植物重大疫病。做好人兽共患病源头防控。

2. 如何解决好种子和耕地问题？

2021 年中央经济工作会议指出，必须解决好种子和耕地问题。保障粮食安全，关键在于落实藏粮于地、藏粮于技战略。要加强种质资源保护和利用，加强种子库建设。要尊重科学、严格监管，有序推进生物育种产业化应用。要开展种源“卡脖子”技术攻关，立志打一场种业翻身仗。要牢牢守住 18 亿亩耕地红线，坚决遏制耕地“非农化”、防止“非粮化”，规范耕地占补平衡。要建设国家粮食安全产业带，加强高标准农田建设，加强农田水利建设，实施国家黑土地保护工程。要提高粮食和重要农副产品供给保障能力。要加强农业面源污染治理。

3. 如何保护耕地和提升耕地质量？

《“十四五”推进农业农村现代化规划》指出，坚守 18 亿亩耕地红线。落实最严格的耕地保护制度，加强耕地用途管制，实行永久基本农田特殊保护。严禁违规占用耕地和违背自然规律绿化造林、挖湖造景，严格控制非农建设占用耕地，建立健全耕地数量、种粮情况监测预警及评价通报机制，坚决遏制耕地“非农化”、严格管控“非粮化”。改善撂荒地耕种条件，有序推进撂荒地利用。明确耕地利用优先序，永久基本农田重点用于发展粮食生产，特别是保障稻谷、小麦、玉米等谷物种植。强化土地流转用途监管。

推进高标准农田建设。实施新一轮高标准农田建设规划。高标准农田全部上图入库并衔接国土空间规划“一张图”。加大农业水利设施建设力度，因地制宜推进高效节水灌溉建设，支持已建高标准农田改造提升。实施大中型灌区续建配套和现代化改造，在水土资源适宜地区有序新建一批大型灌区。

提升耕地质量水平。实施国家黑土地保护工程，因地制宜推广保护性耕作，提高黑土地耕层厚度和有机质含量。推进耕地保护与质量提升行动，加强南方酸化耕地降酸改良治理和北方盐碱耕地压盐改良治理。加强和改进耕地占补平衡管理，严格新增耕地核实认定和监管，严禁占优补劣、占水田补旱地。健全耕地质量监测监管机制。

4. 如何守住18亿亩耕地红线？

《论“三农”工作》一书收纳了习近平同志在2020年12月16日召开的中央经济工作会议上的讲话。习近平总书记指出，要牢牢守住十八亿亩耕地红线，防止违法改变用途，对违法占用耕地“零容忍”，坚决遏制耕地“非农化”、防止“非粮化”。要规范耕地占补平衡，绝不允许搞占优补劣、占水田补旱地。要建设国家粮食安全产业带，加强高标准农田建设，实施国家黑土地保护工程。要加强农业面源污染治理，推进化肥农药减量增效，提升农膜回收利用率。要建立多元投入格局，中央和地方财政要重点优先保障。要确保粮食生产稳定发展，压实“米袋子”省长负责制和“菜篮子”市长负责制，提高粮食和重要农副产品供给保障能力。

2021年中央1号文件指出，要坚决守住18亿亩耕地红线，必须统筹布局生态、农业、城镇等功能空间，科学划定各类空间管控边界，严格实行土地用途管制。采取“长牙齿”的措施，落实最严格的耕地保护制度。严禁违规占用耕地和违背自然规律绿化造林、挖湖造景，严格控制非农建设占用耕地，深入推进农村乱占耕地建房专项整治行动，坚决遏制耕地“非农化”、防止“非粮化”。必须明确耕地利用优先序，永久基本农田重点用于粮食特别是口粮生产，一般耕地主要用于粮食和棉、油、糖、蔬菜等农产品及饲草饲料生产。必须明确耕地和永久基本农田不同的管制目标和管制强度，严格控制耕地转为林地、园地等其他类型

农用地，强化土地流转用途监管，确保耕地数量不减少、质量有提高。必须实施新一轮高标准农田建设规划，提高建设标准和质量，健全管护机制，多渠道筹集建设资金，中央和地方共同加大粮食主产区高标准农田建设投入，2021 年建设 1 亿亩旱涝保收、高产稳产高标准农田。在高标准农田建设中增加的耕地作为占补平衡补充耕地指标在省域内调剂，所得收益用于高标准农田建设。必须加强和改进建设占用耕地占补平衡管理，严格新增耕地核实认定和监管。必须健全耕地数量和质量监测监管机制，加强耕地保护督察和执法监督，开展“十三五”时期省级政府耕地保护责任目标考核。

2022 年中央 1 号文件指出，要落实“长牙齿”的耕地保护硬措施。实行耕地保护党政同责，严守 18 亿亩耕地红线。按照耕地和永久基本农田、生态保护红线、城镇开发边界的顺序，统筹划定落实三条控制线，把耕地保有量和永久基本农田保护目标任务足额带位置逐级分解下达，由中央和地方签订耕地保护目标责任书，作为刚性指标实行严格考核、一票否决、终身追责。分类明确耕地用途，严格落实耕地利用优先序，耕地主要用于粮食和棉、油、糖、蔬菜等农产品及饲草饲料生产，永久基本农田重点用于粮食生产，高标准农田原则上全部用于粮食生产。引导新发展林果业上山上坡，鼓励利用“四荒”资源，不与粮争地。落实和完善耕地占补平衡政策，建立补充耕地立项、实施、验收、管护全程监管机制，确保补充可长期稳定利用的耕地，实现补充耕地产能与所占耕地相当。改进跨省域补充耕地国家统筹管理办法。加大耕地执法监督力度，严厉查处违法违规占用耕地从事非农建设。强化耕地用途管制，严格管控耕地转为其他农用地。巩固提升受污染耕地安全利用水平。稳妥有序开展农村乱占耕地建房专项整治试点。巩固“大棚房”问题专项清理整治成果。落实工商资本流转农村土地审查审核和风险防范制度。

5. “十四五”时期全国农业绿色发展如何注重加强耕地保护与质量建设？

农业农村部、国家发展改革委、科技部、自然资源部、生态环境部和国家林草局联合印发的《“十四五”全国农业绿色发展规划》指出，严守18亿亩耕地红线。落实最严格的耕地保护制度，牢牢守住耕地红线和永久基本农田保护面积，实施质量优先序下的耕地结构性保护。严禁违规占用耕地造林绿化、挖湖造景、挖塘养鱼，严格控制非农建设占用耕地，坚决遏制耕地“非农化”、防止“非粮化”。巩固永久基本农田划定成果，建立健全永久基本农田特殊保护制度。加强和改进耕地占补平衡管理，严格控制新增建设占用耕地，严格新增耕地核实认定和监管，杜绝占优补劣、占水田补旱地，对新增建设用地确需占用稳定耕地的，按数量、质量、生态“三位一体”的要求实现占补平衡，保证耕地面积不减少。管控西北内陆、沿海滩涂等区域开垦耕地行为，禁止毁林毁草开垦耕地。

加强耕地质量建设。实施新一轮高标准农田建设规划，开展土地平整、土壤改良、灌溉排水等工程建设，配套建设实用易行的计量设施，到2025年累计建成高标准农田10.75亿亩，并结合实际加快改造提升已建高标准农田。实施耕地保护与质量提升行动计划，开展秸秆还田，增施有机肥，种植绿肥还田，增加土壤有机质，提升土壤肥力。建立健全国家耕地质量监测网络，科学布局监测站点。开展耕地质量调查评价。

加强东北黑土地保护。实施国家黑土地保护工程，推进工程措施和农艺措施相结合，有效遏制黑土地“变薄、变瘦、变硬”退化趋势。推进土壤侵蚀防治，治理坡耕地防治土壤水蚀，建设农田防护体系防治土壤风蚀，治理侵蚀沟修复保护耕地。建设完善农田基础设施，完善农田灌排体系，加强田块整治，建设田间道路。培育肥沃耕作层，实行保护性耕作，增施有机肥，推行种养结合、粮豆轮作。开展耕地质量监测评价，实施长期定位监测和遥感监测，开展实施效果评价。到2025年实施黑土地保护利用面积1亿亩。实施黑土地保护性耕作行动计划，推广秸秆覆盖还田免（少）耕播种技术，有效减轻土壤风蚀水蚀，防治农田扬尘和秸秆焚烧，增加土壤肥力和保墒抗旱能力，2025年实施面积达

到1.4亿亩。

加强退化耕地治理。坚持分类分区治理，集成推广土壤改良、地力培肥、治理修复等技术，有序推进退化耕地治理。在长江中下游、西南地区、华南地区等南方粮食主产区集成推广施用土壤调理剂、绿肥还田等技术模式，逐步实现酸化耕地降酸改良。在西北灌溉区、滨海灌溉区和松嫩平原西部等盐碱集中地区集成示范施用土壤调理剂、耕作压盐等技术模式，逐步实现盐碱耕地压盐改良。“十四五”期间累计治理酸化、盐碱化耕地1 400万亩。

6. 如何完成高标准农田建设任务，大力发展高质量农业?

2019年中央1号文件指出，完成高标准农田建设任务，一要巩固和提高粮食生产能力，到2020年确保建成8亿亩高标准农田。二要修编全国高标准农田建设总体规划，统一规划布局、建设标准、组织实施、验收考核、上图入库。三要加强资金整合，创新投融资模式，建立多元筹资机制。四要实施区域化整体建设，推进田水林路电综合配套，同步发展高效节水灌溉。五要全面完成粮食生产功能区和重要农产品生产保护区划定任务，高标准农田建设项目优先向“两区”安排。六要恢复启动新疆优质棉生产基地建设，将糖料蔗“双高”基地建设范围覆盖到划定的所有保护区。七要进一步加强农田水利建设。推进大中型灌区续建配套节水改造与现代化建设。八要加大东北黑土地保护力度。加强华北地区地下水超采综合治理。九要推进重金属污染耕地治理修复和种植结构调整试点。

2022年中央1号文件指出，要全面完成高标准农田建设阶段性任务，一要多渠道增加投入，2022年建设高标准农田1亿亩，累计建成高效节水灌溉面积4亿亩。二要统筹规划、同步实施高效节水灌溉与高标准农田建设。各地要加大中低产田改造力度，提升耕地地力等级。研究制定增加农田灌溉面积的规划。实施重点水源和重大引调水等水资源配置工程。加大大中型灌区续建配套与改造力度，在水土资源条件适宜地区规划新建一批现代化灌区，优先将大中型灌区建成高标准农田。三要深入推进国家黑土地保护工程。实施黑土地保护性耕作 8 000 万亩。四要积极挖掘潜力增加耕地，支持将符合条件的盐碱地等后备资源适度有序开发为耕地。研究制定盐碱地综合利用规划和实施方案。分类改造盐碱地，推动由主要治理盐碱地适应作物向更多选育耐盐碱植物适应盐碱地转变。支持盐碱地、干旱半干旱地区国家农业高新技术产业示范区建设。启动全国第三次土壤普查。

7.《全国高标准农田建设规划（2021—2030 年）》的主要内容有哪些？

农业农村部印发的《全国高标准农田建设规划（2021—2030 年）》指出，第一，坚持系统思维和全局观念，立足我国国情和经济社会发展阶段，着眼长远和全局，综合考虑自然资源禀赋、工作基础、财力状况等因素，提出了今后一个时期高标准农田建设总体目标任务，明确到 2025 年累计建成 10.75 亿亩并改造提升 1.05 亿亩、2030 年累计建成 12 亿亩并改造提升 2.8 亿亩高标准农田；到 2035 年，全国高标准农田保有量和质量进一步提高。

第二，紧扣高质量发展主题，明确高标准农田建设的田（田块整治）、土（土壤改良）、水（灌溉与排水）、路（田间道路）、林（农田防护和生态环保）、电（农田输配电）、技（科技服务）、管（管理利用）8 个方面的内容，集水、土、气、生态条件于一体，统筹协调的系统工程。要求加快构建科学统一、层次分明、结构合理的高标准农田建设标准体系。同时，综合考虑建设成本、物价波动、政府投入能力和多元筹资渠道等因素，逐步提高亩均投入水平，全国高标准农田建设亩均投资一般应逐步达到 3 000 元左右。

第三，紧盯粮食生产首要目标，优化建设分区，明确分区域建设重点，要求科学设计建设内容，加强项目精细化管理，严格执行相关建设标准和规范，开展耕地质量等级变更评价，提高建设质量。规范项目竣工验收，健全长效管护机制，实现项目长久持续发挥效益。

第四，注重坚持问题导向、目标导向，与上一轮 2011—2020 年的全国高标准农田建设总体规划相比，一是更加突出产能保障。立足确保谷物基本自给、口粮绝对安全，以提升粮食产能为首要目标，优先在永久基本农田、“两区”（即粮食生产功能区、重要农产品生产保护区），集中力量建设集中连片、旱涝保收、节水高效、稳产高产、生态友好的高标准农田，形成一批“一季亩均千斤、两季亩均吨粮”的口粮田，进一步筑牢保障国家粮食安全基础，把饭碗牢牢端在自己手上。二是更加突出质量要求。坚持新增建设与改造提升并重、建设数量和建成质量并重、工程建设与建后管护并重，产能提升和绿色发展相协调（即“三并重一协调”），合理安排已建高标准农田改造提升，进一步提升粮食生产和重要农产品供给能力，形成更高层次、更有效率、更可持续的国家粮食安全保障基础。三是更加突出针对性和可操作性。针对不同区域粮食生产面临的主要障碍因素，分类指导，将全国高标准农田建设分成东北区、黄淮海区、长江中下游区、东南区、西南区、西北区、青藏区等七个区域，因地制宜提出各分区建设重点和分省建设目标任务。

8.《全国高标准农田建设规划（2021—2030 年）》的实施步骤是什么？

《全国高标准农田建设规划（2021—2030 年）》指出，粮食安全是国之大者，是最重要的经济安全之一，是统筹发展和安全的重要内容。在“十四五”规划纲要中有明确的部署。建设高标准农田是夯实粮食生产能力基础、保障国家粮食安全和重要农产品供给的关键举措。“十四五”规划纲要明确提出，要以粮食生产功能区和重要农产品生产保护区为重点，实施高标准农田建设工程，到 2025 年建成 10.75 亿亩集中连片高标准农田。

下一步，国家发展改革委将重点做好以下工作：一是建立完善规划体系。会同农业农村部加快推进建立和完善国家、省、市、县四级高标准农田建设规划体系，做好与相关规划的衔接平衡，把规划任务落实落地，促进灌区骨干工程改造建设与田间工程实施相协同，确保高标准农田建设布局与全国农业生产的布局相符合，为打造现代农业生产基地和产业集群，构建现代农业产业体系创造基础条件。

二是加大资金的支持力度。在中央预算内投资安排上，持续加大对高标准农田建设、大中型灌区等的支持力度，加强投资计划执行情况的监管，推动落实藏粮于地、藏粮于技战略，确保国家粮食安全和重要农产品供给。2021 年，在资金十分紧张的情况下，国家发展改革委较大幅度增加了高标准农田建设的投入力度，已经安排下达中央预算内投资 220 亿元，支持建设高标准农田和实施东北黑土地保护工程，这个投资规模比 2020 年的 165 亿元增长了 33%。

三是推动完善相关的政策措施。比如，新建高标准农田和改造提升高标准农田具体投资标准的确定，不同区域高标准农田建设的投资标准，拓宽高标准农田建设的投入渠道，完善工程建设机制、建后管护机制等方面。要总结和推广各地建设高标准农田，多渠道多方式筹措建设资金的好经验、好做法，引导有条件的地方集中连片建设高标准农田，确保建一块、成一块。与此同时，持续加强大型灌区建设与现代化改造，推动建立设施完善、用水高效、管理科学、生态良好的灌区工程建设和运行管护体系，形成夯实粮食综合生产能力基础的合力。

9. 如何加强高标准农田建设，构建集中统一高效的管理新体制？

国务院办公厅印发《关于切实加强高标准农田建设提升国家粮食安全保障能力的意见》指出，构建集中统一高效的管理新体制需要做好以下几项工作。

一是统一规划布局。开展高标准农田建设专项清查，全面摸清各地高标准农田数量、质量、分布和利用状况。结合国土空间、水资源利用等相关规划，修编全国高标准农田建设规划，形成国家、省、市、县四级农田建设规划体系，找准潜力区域，明确目标任务和建设布局，确定

重大工程、重点项目和时序安排。把高效节水灌溉作为高标准农田建设重要内容，统筹规划，同步实施。在永久基本农田保护区、粮食生产功能区、重要农产品生产保护区，集中力量建设高标准农田。粮食主产区要立足打造粮食生产核心区，加快区域化整体推进高标准农田建设。粮食主销区和产销平衡区要加快建设一批高标准农田，保持粮食自给率。优先支持革命老区、贫困地区以及工作基础好的地区建设高标准农田。

二是统一建设标准。加快修订高标准农田建设通则，研究制定分区域、分类型的高标准农田建设标准及定额，健全耕地质量监测评价标准，构建农田建设标准体系。各省（自治区、直辖市）可依据国家标准编制地方标准，因地制宜开展农田建设。完善高标准农田建设内容，统一规范工程建设、科技服务和建后管护等要求。综合考虑农业农村发展要求、市场价格变化等因素，适时调整建设内容和投资标准。在确保完成新增高标准农田建设任务的基础上，鼓励地方结合实际，对已建项目区进行改造提升。

三是统一组织实施。及时分解落实高标准农田年度建设任务，同步发展高效节水灌溉。统筹整合各渠道农田建设资金，提升资金使用效益。规范开展项目前期准备、申报审批、招标投标、工程施工和监理、竣工验收、监督检查、移交管护等工作，实现农田建设项目集中统一高效管理。严格执行建设标准，确保建设质量。充分发挥农民主体作用，调动农民参与高标准农田建设积极性，尊重农民意愿，维护好农民权益。积极支持新型农业经营主体建设高标准农田，规范有序推进农业适度规模经营。

四是统一验收考核。建立健全“定期调度、分析研判、通报约谈、奖优罚劣”的任务落实机制，确保年度建设任务如期保质保量完成。按照粮食安全省长责任制考核要求，进一步完善高标准农田建设评价制度。强化评价结果运用，对完成任务好的予以倾斜支持，对未完成任务的进行约谈处罚。严格按程序开展农田建设项目竣工验收和评价，向社会统一公示公告，接受社会和群众监督。

五是统一上图入库。运用遥感监控等技术，建立农田管理大数据平台，以土地利用现状图为底图，全面承接高标准农田建设历史数据，统一标准规范、统一数据要求，把各级农田建设项目立项、实施、验收、使用等各阶段相关信息上图入库，建成全国农田建设“一张图”和监管系统，实现有据可查、全程监控、精准管理、资源共享。各地要加快完成高标准农田上图入库工作，有关部门要做好相关数据共享和对接移交等工作。

10. 如何加强高标准农田建设，强化资金投入和机制创新？

《关于切实加强高标准农田建设提升国家粮食安全保障能力的意见》指出，要在以下几个方面强化资金投入和机制创新。

一是加强财政投入保障。建立健全农田建设投入稳定增长机制。各地要优化财政支出结构，将农田建设作为重点事项，根据高标准农田建设任务、标准和成本变化，合理保障财政资金投入。加大土地出让收入对高标准农田建设的支持力度。各地要按规定及时落实地方支出责任，省级财政应承担地方财政投入的主要支出责任。鼓励有条件的地区在国家确定的投资标准基础上，进一步加大地方财政投入，提高项目投资标准。

二是创新投融资模式。发挥政府投入引导和撬动作用，采取投资补助、以奖代补、财政贴息等多种方式支持高标准农田建设。鼓励地方政府有序引导金融和社会资本投入高标准农田建设。在严格规范政府债务管理的同时，鼓励开发性、政策性金融机构结合职能定位和业务范围支持高标准农田建设，引导商业金融机构加大信贷投放力度。完善政银担合作机制，加强与信贷担保等政策衔接。鼓励地方政府在债务限额内发行债券支持符合条件的高标准农田建设。有条件的地方在债券发行完成前，对预算已安排债券资金的项目可先行调度库款开展建设，债券发行后及时归垫。加强国际合作与交流，探索利用国外贷款开展高标准农田建设。

三是完善新增耕地指标调剂收益使用机制。优化高标准农田建设新增耕地和新增产能的核定流程、核定办法。高标准农田建设新增耕地指标经核定后，及时纳入补充耕地指标库，在满足本区域耕地占补平衡需求的情况下，可用于跨区域耕地占补平衡调剂。加强新增耕地指标跨区域调剂统筹和收益调节分配，拓展高标准农田建设资金投入渠道。土地指标跨省域调剂收益要按规定用于增加高标准农田建设投入。各地要将省域内高标准农田建设新增耕地指标调剂收益优先用于农田建设再投入和债券偿还、贴息等。

四是加强示范引领。开展绿色农田建设示范，推动耕地质量保护提升、生态涵养、农业面源污染防治和田园生态改善有机融合，提升农田生态功能。选取一批土壤盐碱化、酸化、退化和工程性缺水等区域，针对农业生产存在的主要障碍因素，采取专项工程措施开展高标准农田建设，为相同类型区域高标准农田建设进行试验示范。在潜力大、基础条件好、积极性高的地区，推进高标准农田建设整县示范。

五是健全工程管护机制。结合农村集体产权制度和农业水价综合改革，建立健全高标准农田管护机制，明确管护主体，落实管护责任。各地要建立农田建设项目管护经费合理保障机制，调动受益主体管护积极性，确保建成的工程设施正常运行。将建后管护落实情况纳入年度高标准农田建设评价范围。

11. 如何打好种业翻身仗？

2021 年中央 1 号文件指出，农业现代化，种子是基础。加强农业种质资源保护开发利用，加快第三次农作物种质资源、畜禽种质资源调查收集，加强国家作物、畜禽和海洋渔业生物种质资源库建设。对育种基础性研究以及重点育种项目给予长期稳定支持。加快实施农业生物育种重大科技项目。深入实施农作物和畜禽良种联合攻关。实施新一轮畜禽遗传改良计划和现代种业提升工程。尊重科学、严格监管，有序推进生物育种产业化应用。加强育种领域知识产权保护。支持种业龙头企业建立健全商业化育种体系，加快建设南繁硅谷，加强制种基地和良种繁育体系建设，研究重大品种研发与推广后补助政策，促进育繁推一体化发展。

2022年中央1号文件指出，大力推进种源等农业关键核心技术攻关。全面实施种业振兴行动方案。加快推进农业种质资源普查收集，强化精准鉴定评价。推进种业领域国家重大创新平台建设。启动农业生物育种重大项目。加快实施农业关键核心技术攻关工程，实行“揭榜挂帅”“部省联动”等制度，开展长周期研发项目试点。强化现代农业产业技术体系建设。开展重大品种研发与推广后补助试点。贯彻落实种子法，实行实质性派生品种制度，强化种业知识产权保护，依法严厉打击套牌侵权等违法犯罪行为。

12. 农作物种质资源保护与利用的重点工作是什么?

农业农村部办公厅印发的《农作物种质资源保护与利用三年行动方案》指出，农作物种质资源保护与利用的重点工作是以下几项。

一是加快推进第三次全国农作物种质资源普查与收集行动。在已开展12省（自治区、直辖市）全面普查与系统调查工作基础上，启动北京、安徽、西藏等19省（自治区、直辖市）农作物种质资源普查与收集工作，2021年完成所有省份的种质资源普查与收集行动启动工作，完成新收集资源实物和数据整理，开展初步鉴定评价以及编目入国家库圃保存工作。全面查清我国农作物种质资源家底。

二是加强农作物种质资源保护体系建设。提升农作物（含热带作物）种质资源库圃设施条件能力，加强资源保存、鉴定、共享等基础设施建设，加快推进国家作物种质长期库新库建设，改扩建青海复份库以及粮、棉、油、牧草、藏区高原作物等中期库，在海南建设热带作物种质资源库圃，在华北、西南等地区新建一批区域性综合种质资源圃，优化资源保存区域布局，提升资源保存与共享能力。对符合条件的种质资源库（圃）启动认证挂牌工作。组织开展库存种质资源活力监测与繁殖

更新；应用试管苗、超低温、DNA等新技术、新方式，对特异资源和重要无性繁殖作物种质资源进行复份保存，支撑种质资源供种分发需要。

三是强化农作物种质资源精准鉴定与深度发掘。开展水稻、小麦、玉米、大豆等主要粮食作物，棉花、油菜、蔬菜等经济园艺作物，以及谷子、青稞等特色功能作物资源的精准鉴定。在多个生态区，对具有优异性状的种质资源进行多年的重要性状表型和基因型精准鉴定及综合评价，挖掘高产、优质、广适、多抗、养分高效利用、适宜机械化等重要性状突出的育种材料，构建表型与基因型数据库，有效解决我国种质资源丰富但育种亲本相对贫乏、育种遗传基础狭窄、种质资源利用效率低等问题，为种业企业育种提供高效服务。

四是深化农作物种质资源创制。以主要粮食作物、重要经济园艺作物、特色功能作物为重点，以地方品种、野生种为供体，通过远缘杂交、理化诱变、基因工程等技术手段，开展优异基因的遗传与育种效应研究，剔除遗传累赘，规模化创制遗传稳定、目标性状突出、综合性状优良的新种质。研究建立创新种质中优异基因快速检测、转移、聚合和追踪的技术体系；探索建立优异种质筛选、创制、有效利用“无缝对接”的新机制，加大资源分发力度，促进创新种质、新技术的高效利用。

五是加强农作物种质资源信息化管理体系建设。建立互联互通的国家作物种质库圃信息网络，研发信息化管理和监测预警系统，构建包含各类作物种质资源基本信息、特性信息和分子信息的数据库，提高种质资源管理利用信息化水平。建立可供利用种质资源目录公布机制、种质资源共享利用与信息反馈机制，提升种质资源利用效率。

六是加强农作物种质资源国际合作与交流。以作物起源中心和多样性中心为重点，优先引进我国缺乏的物种、野生近缘种、遗传分析工具材料等新种质以及核心种质。通过联合考察、技术交流，建立联合实验室等方式，共享研究成果和利益，加大优异资源引进和交换力度。加快北京、海南等引种隔离检疫基地建设，实现引进资源的安全保存。推动加入《粮食与农业植物遗传资源国际条约》，营造种质资源国际合作与交流良好环境。

13. “十四五”时期现代种业将建设哪些提升工程？

国家发展改革委和农业农村部联合印发的《“十四五”现代种业提升工程建设规划》指出，一是建立国家农作物种质资源中期库（资源圃）项目。重点新建、改扩建一批国家农作物种质资源中期库、中转隔离基地和种质资源圃。二是建立农作物育种创新能力提升项目。加快构建商业化育种创新体系；培育特色优势种业企业；推动海南南繁科研育种基地和“南繁硅谷”建设，加快新品种培育和品种更新换代。三是建立农业野生植物原生境保护区（点）项目。保护区（点）总面积达到1 500亩以上，项目建成后，原生境保护区（点）内的国家重点保护野生植物及其栖息地得到有效保护，严重濒危的农业野生植物珍稀物种种群得到恢复和发展。四是建立农作物品种测试评价能力提升项目。以国家支持建设的品种区试站、抗性鉴定站等项目建设为基础，整合建设一批国家品种测试评价中心（分中心）和区域性品种测试评价站。五是农作物良种繁育能力提升项目。建设一批规模化、机械化、标准化、集约化、信息化的种子（苗）生产基地，提高良种生产和供应能力，提升种子产地加工水平和仓储能力。

14. “十四五”时期现代种业提升工程的方案是什么？

《“十四五”现代种业提升工程建设规划》提出要改、扩建，新建一批具有更多拓展功能的种质资源中期库，存储地区特色作物种质资源，为种业现代化建设提供基础保障。种质资源中期库（资源圃）的温度一般在0～5℃，相对湿度40%～60%，贮藏期为5～15年左右，这些数据对种子存储而言异常重要。托普云农依托新兴技术产业化转化的创新思维，充分发挥数字技术优势，建设包括中期库库区、入库前种子加工

处理室、分析检测室，配置种质资源基因型鉴定系统、田间表型物联网数据获取与处理系统、种质资源信息共享网络服务系统等设施装备；农机具及繁殖用地田间工程等在内的全套解决方案，打造具有国际先进水平的种质资源保护利用体系，为地区种业发展繁荣奠定基础。

托普云农针对科研院所、高校、种子公司、种业监管部门等群体，利用人工智能、图像识别等技术研发系列高效便捷的仪器设备和智能管理平台，建设现代种业实验室、品种区试机器换人智能装备、种质资源库圃、公共服务及管理平台，从选种育种到种子存储、管理等全方位一站式服务，合力推进种源"卡脖子"技术攻关，为现代种业提供数字化加持，筑牢农业发展根基，打好一场种业翻身仗。针对现代种业提升工程，托普云农可提供包含顶层设计、方案规划、设备供货、施工和售后服务的综合解决方案，可满足职能监管单位、科研院校和制种企业的各项建设需要。

15. 种业振兴的重点工作有哪些？

习近平总书记于 2021 年 7 月 9 日主持召开了中央全面深化改革委员会第二十次会议，会议审议通过的《种业振兴行动方案》明确了分物种、分阶段的具体目标任务，提出了实施种质资源保护利用、创新攻关、企业扶优、基地提升、市场净化等五大行动，各地农业农村部门要抓紧部署实施。

一要全面加强种质资源保护利用。目前种质资源普查进展总体符合预期，但受疫情灾情等因素影响，一些地区普查进度偏慢。要对标目标任务，进一步加大资源普查力度，2021 年年内农作物要完成最后 707 个县普查征集任务，畜禽要完成所有行政村的面上普查，水产要以县为单位查清基本情况，及时将新发现的资源保护起来，统筹布局种质资源库圃（场区）建设，打牢种业振兴的种质资源基础。

二要大力推进种业创新攻关。国家将启动种源关键核心技术攻关，实施生物育种重大项目，有序推进产业化应用。农业农村部强化部省协同，推进育种联合攻关，重要大宗品种以国家为主、省级配合，地方特色品种以省为主、国家统筹，实施好新一轮畜禽遗传改良计划。各地要组建一批育种攻关联合体，推进科企合作，推动要素聚合、技术集成、机制创新，促进种质资源、数据信息、人才技术交流共享，加快突破一批重大新品种。

三要扶持优势种业企业发展。全面研究梳理种业企业阵型，分类型拉出重点龙头企业名单，强化具体指导、重点支持，促进种业龙头企业与科研院所、金融机构、种业基地紧密对接。要以企业为主体，一体化配置资金、项目、人才、技术等创新要素，搭建规模化技术集成应用平台，建立健全商业化育种体系。要让更多优势企业牵头承担种业科研攻关任务，鼓励金融机构创设品种权、土地经营权、养殖设施、机械设备等抵押质押贷款，提高企业融资可及性、便利性。要着力培育一批具有较强研发能力、产业带动力和国际竞争力的种业重点龙头企业，发展一批具有差异化竞争优势、专业化服务能力强的“专精特新”企业。

四要提升种业基地建设水平。持续推进海南南繁、甘肃玉米、四川水稻等育制种基地建设，启动建设黑龙江大豆种子基地，抓好100个区域性作物良种繁育基地，支持结合高标准农田建设，完善配套设施和专业服务。要以生猪、奶牛、肉牛、肉羊、蛋鸡、肉鸡、水禽为重点，遴选建设一批国家核心育种场、种公畜站和扩繁基地，支持国家级水产供种繁育基地建设。各地要优先保障国家级种业基地设施用地、融资等需求，改善生物安全防护设施条件，推进重点动物疫病净化，建设一批省级育制种、供种育苗基地，满足地方特色产业发展需要。

五要严厉打击套牌侵权等违法行为。前不久农业农村部和最高人民法院已经作出相应部署。各地要扎实推进种业知识产权保护专项整治，强化全链条、全流程监管，加大案件查处力度，健全区域联动响应和案件联查联办机制，推动农业行政执法与刑事司法有机衔接，对套牌侵权、制假售假等违法行为重拳出击，加强转基因非法种植监管，让侵权违法者付出沉重代价。

《“十四五”农业农村现代化规划》指出，加强种质资源保护。全面完成农作物种质资源、畜禽遗传资源和水产养殖种质资源普查，摸清资源家底，抢救性收集珍稀、濒危、特有资源与特色地方品种。启动农业种质资源精准鉴定评价，推进优异种质资源创制与应用，构建种质资源DNA分子指纹图谱库、特征库和农业种质资源数据库。加强国家农作物、林草、畜禽、海洋和淡水渔业、微生物种质资源库建设。开展育种创新攻关。围绕重点农作物和畜禽，启动实施农业种源关键核心技术攻关。加快实施农业生物育种重大科技项目，有序推进生物育种产业化应用。开展种业联合攻关，实施新一轮畜禽遗传改良计划和现代种业提升工程加强种业基地建设。推进国家级和省级育制种基地建设，加快建设南繁硅谷。在北方农牧交错区布局建设大型牧草良种繁育基地。加快建设种业基地高标准农田。继续实施制种大县奖励政策。建设一批国家级核心育种场，完善良种繁育和生物安全防护设施条件。推进国家级水产供种繁育基地建设。强化种业市场监管。严格品种管理，提高主要农作物品种审定标准，建立品种“身份证”制度。强化育种领域知识产权保护，强化行政与司法协同保护机制，严厉打击假冒伪劣、套牌侵权等违法犯罪行为。健全种畜禽、水产苗种监管制度和技术标准，加强畜禽遗传物质监管。

16. 如何实施质量兴农战略？

2018年中央1号文件指出，要制定和实施国家质量兴农战略规划，建立健全质量兴农评价体系、政策体系、工作体系和考核体系。一是深入推进农业绿色化、优质化、特色化、品牌化，调整优化农业生产力布局，推动农业由增产导向转向提质导向。二是推进特色农产品优势区创建，建设现代农业产业园、农业科技园。三是实施产业兴村强县行动，推行标准化生产，培育农产品品牌，保护地理标志农产品，打造“一村一品、一县一业”发展新格局。四是加快发展现代高效林业，实施兴林富民行动，推进森林生态标志产品建设工程。加强植物病虫害、动物疫病防控体系建设。五是优化养殖业空间布局，大力发展绿色生态健康养殖，做大做强民族奶业。六是统筹海洋渔业资源开发，科学布局近远海养殖和远洋渔业，建设现代化海洋牧场。七是建立产学研融合的农业科技创新联盟，加强农业绿色生态、提质增效技术研发应用。八是切实发挥农垦在质量兴农中的带动引领作用。九是实施食品安全战略，完善农产品质量和食品安全标准体系，加强农业投入品和农产品质量安全追溯体系建设，健全农产品质量和食品安全监管体制，重点提高基层监管能力。

17. 如何着力提升农产品标准化生产水平？

农业农村部印发的《“十四五”全国农产品质量安全提升规划》指出，一是推动构建农业高质量发展标准体系对标“最严谨的标准”，加快构建以安全、绿色、优质、营养为梯次的农业高质量发展标准体系。聚焦农产品质量安全监管需求，推动农药兽药残留标准提质扩面，完善农药兽药残留及相关膳食数据，强化风险评估与标准制定衔接，加快特色小宗作物、小品种动物限量及检测方法制修订，提升农药兽药残留标准的科学性和覆盖面。聚焦稳产保供和绿色发展，加快健全粮食安全、耕地保护、种业发展、产地环境、农业投入品、循环农业等领域标准。聚焦消费升级和营养健康需求，推动建立农产品品质评价和检测方法标准，鼓励制定高于国家和行业标准要求的优质农产品团体和企业标准。新建完善一批农业农村领域标准化技术委员会。积极参与国际食品法典等国际标准制修订，加强技术性贸易措施官方评议，推动国内国际标准互联互通。

二是大力推进现代农业全产业链标准化。实施农业标准化提升计划，组织开展现代农业全产业链标准化试点，以产品为主线、全程质量控制为核心，健全完善全产业链标准及标准综合体，编制标准模式图、明白纸和风险防控手册，让生产经营者识标、懂标、用标。推动农垦全产业链标准化生产，推广应用农垦全面质量管理体系。依托农业高质量

发展标准化示范项目，打造一批国家现代农业全产业链标准集成应用基地，带动新型农业经营主体按标生产，培育农业龙头企业标准“领跑者”，建立健全标准实施宣贯和跟踪评价机制，推动规模化标准化生产。

三是推动农产品品质评价。结合农业生产“三品一标”提升行动，推动建立农产品分等分级评价体系。在绿色食品、地理标志农产品等重点领域先行先试，开展农产品特征品质评价，筛选核心品质指标。加强农产品品质研究，分年度分区域识别验证主要品质成分差异，探析不同主栽品种、不同优势产区、不同生产方式差异性规律和影响机制。建立农产品品质成分数据库及应用平台。充分发挥龙头企业、农垦企业和行业协会作用，促进品质评价成果应用，引导农产品优质优价。

四是稳步发展绿色有机地理标志农产品。围绕“提质量、控增量、稳总量”目标，强化绿色、有机和地理标志农产品认证登记管理。建立健全标准体系，深入开展生产操作规程“进企入户”行动，督促获证企业严格按标生产，建设一批相关生产和原料基地。持续实施地理标志农产品保护工程，强化特性保持和文化挖掘，命名地理标志农产品核心基地，推动出台地理标志农产品产业发展指导意见，发展乡愁产品产业。打造公益性宣传推介平台，持续加强绿色、有机和地理标志农产品品牌和专业市场培育。继续支持脱贫地区发展绿色、有机和地理标志农产品，减免相关认证费用。加快发展名特优新农产品，推动实施良好农业规范，扩大农产品全程质量控制技术体系试点范围。

18. 如何做好强化农产品质量风险监测评估工作？

《“十四五”全国农产品质量安全提升规划》指出，一是提高风险监测能力。统筹部省工作资源，建立上下联动、各有侧重、协同高效的风险监测工作格局，做到“大宗产品不放松，特色小宗不落空”。聚焦农药兽药残留、重金属、生物毒素等危害因子，逐步扩品种、增参数、加数量，完善国家农产品质量安全风险监测计划。探索应用高通量筛查、不明风险物广谱筛查等新技术，提高风险监测工作效率。针对风险监测发现的问题，加强溯源调查，强化成因分析，挖掘结果应用潜力。加大能力验证、监督检查、跟踪评价力度，规范检测机构运行，保障监测工作质量。

提高部省检测机构仪器装备水平。针对部省检测机构仪器精准度低、配套数量不足、设备老化等问题，对检测需要的关键性仪器设备进行扩展补充，实现检测参数精准度与国际接轨，检测指标范围、时效性与监管工作需求相匹配。

推动市县检测机构提高“双认证”比例。组织开展检测机构帮扶活动，通过完善一对一帮扶机制，推动市县检测机构“双认证”比例由目前的 38% 提高到 60% 以上，不断提升农产品质量安全监管能力，服务当地产业发展。

开展基层检测技术提升活动。以市县检测人员为主，每 3 年组织开展全国农产品质量安全检测技能竞赛，通过对排名靠前的检测人员颁发全国及部省级荣誉称号，引导激励各地加强岗位练兵和技术培训，累计培训检测人员 10 万人次，不断提升检测人员抽样能力和上机能力。

二是提高监督抽查效能。聚焦重点品种和突出问题隐患，推动日常抽检和突击抽检相结合，飞行检查和暗查暗访相结合，监督抽查与综合执法高效联动，提高监督抽查的靶向性。按照“双随机、一公开”要求，完善农产品质量安全监督抽查制度，促进抽检程序规范化、跟进查处及时化，建立不合格样品定期公布机制。

三是深入开展风险评估。完善国家农产品质量安全风险评估制度，加强风险评估实验室能力建设，打造体系完备、布局合理、定位清晰、技术一流的风险评估技术支撑体系。推动各省份对区域特色农产品开展风险评估。加强对未知风险的危害识别，科学评估危害程度，提出风险防控技术措施，重点对超范围用药、跨领域交叉用药、生物源危害等开展安全性评估，对由环境污染、气候变化引发的粮食重金属和毒素污染等问题开展跟踪性评估，对农业新技术、新模式、新业态可能产生的农产品质量安全风险开展前瞻性评估。持续关注国际风险评估前沿动态，

优化风险评估技术模型，加强风险评估成果转化应用，为标准制修订和科学监管提供支撑。

完善风险评估技术支撑体系。按照“国家级评估中心—专业性（区域性）评估实验室—基层实验站及观测点”架构，进一步完善农产品质量安全风险评估实验室布局，重点建设 1 个国家级中心、50 家实验室、50 个基层实验站点。

提升未知风险因子精准识别能力。加强未知物非靶向全景筛查技术研究，补充未知物精准识别技术设备，开展农产品全链条中未知风险因子和残留代谢产物的识别、鉴定与快速筛查评估。

打造危害因子模拟试验基地及消长变化测试平台。改（扩）建试验基地，完善基础设施，配置相关设备，开展田间降解代谢、动态监测及模拟验证等相关研究。

建立风险评估大数据平台。支持购置风险评估数据管理、数据分析和预警模型构建等设备和软件，提升农产品质量安全数据综合利用能力，实现数据共享、分析预测和挖掘利用。

四是强化风险交流和科普宣传。充分发挥农产品质量安全专家组、风险评估专家委员会、标准化技术委员会等的作用，引导和鼓励科技人员开展多种形式的常态化科普工作和宣传服务。针对消费者关心的农产品质量安全热点问题，开展科普解读，发布权威信息，回应公众关切。梳理农产品质量安全谣言，协调相关部门对网络谣言加强综合治理，对不实信息及时澄清，教育引导公众“不信谣、不传谣”。组织监管部门、科研院校、行业协会、新闻媒体、社会公众等参与风险交流，开展农产品质量安全知识进校园、进企业、进社区、进农村活动，营造农产品质量安全良好氛围。

19. “十四五”时期全国农产品质量安全如何实施全链条监管？

《“十四五”全国农产品质量安全提升规划》指出，一是加强投入品监管。严把种子、农药、兽药、饲料和饲料添加剂审批关，将投入品对农产品质量安全的影响作为审批的重要依据。依法从严控制限制农药定点经营网点数量。完善农资购销台账制度，推进种子、农药、兽药的包装、标签二维码标识和电子追溯制度，提升农资监管信息化水平。加强部门协同联动，对网络销售农资加强监管。深入开展农资打假专项治理，加大巡查检查、监督抽查、暗查暗访力度，严防假劣农资流入农业生产领域。加强农资打假宣传教育，持续开展放心农资下乡进村宣传活动，促进优质农资产销对接。

二是净化产地环境。建立农产品产地环境监测制度，密切关注重金属等问题，实施耕地土壤环境质量分类管理。持续推进化肥、农药和兽用抗菌药减量化行动，集成应用病虫害绿色防控技术，开展畜禽粪污资源化利用，减少农业投入品过量使用对产地环境的污染。

三是强化生产过程监管。对标“最严格的监管”，实施乡镇农产品质量安全网格化管理，构建“区域定格、网格定人、人员定责”网格化管理模式。建立健全农业生产经营主体动态管理名录，推广应用信息化手段，依据风险和信用等级实施分级管理、分类指导。落实乡镇农产品质量安全监管公共服务机构日常巡查工作规范，推进日常巡查检查规范化、常态化。针对用药高峰期、农产品集中上市期等关键节点，加大巡查检查频次。坚持巡查检查与指导服务并举、压实主体责任与提升生产者素质并重，推动“产出来”“管出来”水平同步提升。

四是推进承诺达标上市。加快推行承诺达标合格证制度，制定出台管理办法，推动形成生产者自觉开具、市场主动查验、社会共同监督的新格局。支持各地将承诺达标合格证与参加展示展销、品牌推选、项目申报等相挂钩，推动新型农业经营主体应开尽开。鼓励产地直销农产品带证销售。强化对带证产品的监督管理，督促生产者落实自控自检要求，对承诺合格而抽检不合格的生产主体依法处置，纳入重点监管名录。建立健全开证主体信用记录，推动承诺达标合格证制度与市场准入有效衔接。

五是深化突出问题治理。聚焦突出问题隐患，按照发现问题无死

角、解决问题零容忍的要求，实施“治违禁、控药残、促提升”行动。落实“最严厉的处罚”要求，严厉打击禁限用药物违法使用行为，加大监督抽查、飞行检查、暗查暗访力度，加强农产品质量安全领域行政执法与刑事司法衔接，强化检打联动，做到有案必移，严惩重处违法犯罪分子。严格管控常规农药兽药残留超标问题，加强安全用药宣传培训，支持加快常规农药残留速测技术发展和推广应用。加强与市场监管等有关部门的协调配合和工作衔接，推动形成监管合力，共同加强暂养池、运输车辆等农产品收贮运薄弱环节监管。

六是提升应急处置能力。坚持从源头防范化解农产品质量安全风险隐患，强化风险早期识别和预报预警，把问题解决在萌芽之时、成灾之前。全天候开展农产品质量安全舆情监测，加强对重点舆情跟踪研判。修订农产品质量安全突发事件应急预案，明确各行业、各单位责任和措施，组织各地完善本级应急预案，构建上下协同、反应迅速、信息畅通、处置有力的应急机制。积极争取支持投入，加强农产品质量安全应急装备技术支撑，持续开展人员培训和应急演练，提高突发事件应急处置能力。

20. “十四五”时期种植业如何推动绿色高质量发展？

农业农村部印发的《“十四五”全国种植业发展规划》指出，推进化肥绿色增效。加快构建现代科学施肥技术体系、管理体系和制度体系，推进机械施肥、水肥一体、多元协同，加强肥料新产品、新技术、新装备集成创新和推广应用，促进施肥精准化、智能化、绿色化、专业化，提高有机肥资源还田量、测土配方施肥覆盖率、化肥利用率。建立健全主要农作物氮肥施用定额体系，加强选肥施肥全过程技术指导。推进绿色种养循环农业试点，开展以畜禽粪污为原料的有机肥就地就近还田应用。支持社会化服务组织提供统测、统配、统施等专业化服务，提升施肥专业化、集约化水平。

推进绿色防控与统防统治融合。开展病虫害绿色防控和统防统治整

建制推进。大力推广生态控制、生物防治、理化诱控、科学用药等绿色防控技术，集成以区域为单元、作物为主线的农作物病虫害全程绿色防控模式。大力扶持发展专业化防治服务组织，着力构建专业化、社会化、现代化病虫害防治服务体系。推进绿色防控和统防统治融合发展，提高农作物病虫害防控组织化程度和科学化水平，逐步提升防治效果，持续推进化学农药减量化，促进农业绿色高质量发展。

推进节水增产增效。加强旱作区蓄水保墒、集雨补灌等设施配套，加快推广节水品种、抗旱保水、水肥一体化等高效节水技术，提高农业抗旱减灾能力和粮食生产能力。加强灌区测墒灌溉、节水灌溉、控制灌溉等设施配套和技术推广，切实节约灌水量、提高作物产量。建立健全国家、省、市、县四级土壤墒情监测网络体系，完善不同区域主要农作物墒情指标，实现定点、定时、定期监测。分区域、分作物制定农业灌溉用水定额，指导农民因墒因苗科学灌溉、节水灌溉。

构建绿色种植制度。东北地区建立稳定的玉米大豆轮作制度，黄淮海地区推行合理规模的小麦玉米、小麦大豆轮作模式，长江流域发展稻油、稻稻油轮作模式，东北、西北地区因地制宜发展粮食作物与花生等油料作物轮作，促进用地养地相结合，巩固提升耕地质量。聚焦水消耗、土污染、地退化、供求失衡等问题区域，在地下水漏斗区、生态严重退化地区适当开展耕地休耕，助力地下水超采治理和生态环境保护。

开展农业生产风险监测、灾损评估，辅助核验受灾情况，提高定损效率和理赔准确性。因地制宜调整种植结构，推广抗逆性强的品种，做到主动避灾。建立健全政府储备和市场储备相结合的农业救灾物资储备体系，科学确定储备种类和规模，制定分区域、分作物、分灾种防范预案和技术意见，落实小麦“一喷三防”，水稻集中育秧，玉米、大豆和南方双季晚稻增施肥促早熟，覆盖烟熏防冻害等防灾减灾、稳产增产关键技术措施，做到有效防灾。加强灾害应急处置能力建设，及时调剂调运救灾物资和技术力量，搞好生产自救，促进灾后恢复生产，做到科学抗灾。

加强农作物重大病虫疫情防控。在重大病虫害源头区、迁飞过渡区、常年重发区加密布设监测站点，增配自动化、智能化监测设施设备，完善信息平台，提升病虫监测预警能力。突出主要作物、重大病虫、重点区域，坚持分类指导、分区施策、联防联控，大力推进统防统治，适时组织应急防治，坚决遏制迁飞性、流行性重大病虫暴发成灾危害，保障粮食等重要农产品生产安全。草地贪夜蛾继续筑牢“三区四带”布防，水稻“两迁”害虫实施大区联合监测、分区协同治理，小麦赤霉病常发区做到“见花打药”全覆盖，小麦条锈病越冬越夏区全面落实“药剂拌种、带药侦查、打点保面”措施，防止病虫大面积流行。强化重大植物疫情阻截防控，遏制红火蚁、柑橘黄龙病、苹果蠹蛾、梨火疫病等扩展蔓延，保障产业有序发展。

推动产业化开发。以全产业融合发展为引领，以加工龙头企业为纽带，大力发展农产品仓储保鲜、初加工、冷链物流，促进原料产区和特色优势区农产品就地加工转化增值，推进产加销有机融合。加大“一村一品”示范村镇、农业产业强镇、现代农业产业园、优势特色产业集群建设力度，推动一二三产业融合发展，延伸产业链，拓展价值链。立足资源特色，在茶叶、油菜、水果等优势产区，因地制宜发展休闲采摘、观光旅游、科普宣传等新产业新业态，挖掘种植业外部增收潜力。

推进信息化管理。推动物联网、大数据、人工智能、区块链等信息技术与种植业深度融合，加快生产经营和管理服务数字化改造。加强农用传感器、控制设备体系研发与应用，建设数字田园、数字灌区、智慧农场，推广精准耕播、精准施肥施药、精准收获、设施智能应用。充分运用现代技术手段，卫星遥感与地面调查相结合、定点监测与抽样调查相衔接，及时快速准确调度农作物苗情长势、土壤墒情、灾情和病虫情，提高农情调度、生产指导的科学性、精准性和有效性。

推进市场化运营。因地制宜发展订单生产，示范推广“按图索粮”“按图索菜”等模式。稳步推进农产品产地专业市场体系建设，深入推进“互联网＋”农产品出村进城工程，创新销售模式，拓展销售渠道，实现农产品优质优价，促进农民增产增收。依托产业联盟、行业协会和龙头企业，在粮棉油糖主产区、果菜茶优势产区创建地域特色突出、产品特性鲜明的区域公用品牌和特色产品品牌，支持企业打造有影响力、竞争力的知名品牌。

推进农药产业高质量发展。优化农药产业布局，淘汰高污染、高风险落后产能，推进农药企业进入化工园区或工业园区。调整优化农药产品结构，鼓励农药企业科技创新和技术改造，逐步淘汰高毒高风险农药，加快研发推广新型高效低风险农药。实施动植物保护能力提升工程，健全农药安全风险监测评价体系，提升风险监测评价能力。完善农药管理制度，落实国务院"放管服"改革要求，推进行政审批网络服务平台和生产经营监管追溯体系建设，完善农药销售台账制度，增加施用作物和病虫害信息，逐步实现农药生产经营全过程追溯管理。加强农药市场监管，依法打击制假售假行为，不断提升农药质量，防止假劣农药坑农害农。

21. 如何建立健全创新监管制度机制，提升农产品质量安全？

《"十四五"全国农产品质量安全提升规划》指出，一是创建国家农产品质量安全县。持续开展国家农产品质量安全县创建，因地制宜探索创新有效监管模式，推进农药实名购买制度，销售农药时实名登记购买人、农药名称、施用作物和用途等。"十四五"末认定数量达到 500 个。强化宣传和产品推介，提升国家农产品质量安全县影响力和社会知名度。总结推广典型经验，加强示范创建交流，充分发挥辐射带动效应。强化动态核查和跟踪评价，实行定期考核、动态管理，严格退出机制。鼓励有条件的省份整省创建。

二是推进信用监管。加快出台农产品质量安全信用管理试行办法，制定信用体系建设基本规范和信用评价等标准。健全完善农产品生产经营主体信用档案，加快信用信息归集共享，广泛开展信用动态评价。强化试点应用，推动试点地区依据主体信用等级开展差异化、精准化监

管。创新信用场景应用，探索“信用+合格证”“信用+产品认证”“信用+保险信贷”等模式。对严重失信主体，落实联合惩戒措施，严格限制其参与展示展销、品牌推选、项目申报等。

三是推进智慧监管。积极推进物联网、人工智能、5G、云计算、大数据、区块链等新一代信息技术在农产品质量安全领域的应用，推动机器换人、机器助人，构建可视、可查、可控的智慧监管新模式。推动“阳光农安”试点，引导生产经营主体采用高清视频和AI识别技术自动记录农事行为，推动生产记录便捷化、电子化，开展远程服务。推进智慧巡查，开发应用便携式移动监管设备，减轻基层监管人员负担，实现巡查检查日常化。推动智慧抽检，全过程自动记录检测行为，实现抽样实时定位、检测信息自动传输，保障检测公正性。建设国家农产品质量安全综合监管平台，强化农产品质量安全大数据应用，推进主体名录、农资使用、质量控制、检验检测、执法处置等信息“一张网”管理。

聚焦国家农产品质量安全县，打造1 000个“阳光农安”智慧监管试点，在生产主体集成智慧管控系统，与监管部门信息化平台对接，实现三个方面功能。①智能识别分析预警农事行为。利用人工智能数据模型，结合采集的有关农药兽药管理信息，对抓取的试点基地生产者农事行为进行自动识别分析，对违规行为发出预警信息，实现智能化生产管控。②农产品质量安全远程诊断咨询服务。开展种养业病虫害远程诊断和科学防控咨询，采取信息化手段，对农产品生产病虫害信息进行采集、诊断及预警预报，实现网上看病、远程治疗、电子病历管理、区域病害监控、及时预警，为生产主体提供落实安全间隔期休药期、科学用药等技术咨询服务。③农业投入品信息采集管理。运用农业执法系统、兽药二维码追溯系统和农药批发零售经营管理系统有关信息，实现农业投入品经营单位登记、产品登记、进销存台账监管、监测预警和监督执法等功能互联互通，打通农药门店与生产基地之间的信息断档。

四是推进追溯管理。完善产地农产品追溯体系，推进农产品追溯信息贯通产前、产中、产后各环节，并向市场流通和消费端延伸。发挥政府引导、市场驱动、企业主体作用，推动重点品种、重点领域、重点地区农产品追溯先行先试。优化国家农产品质量安全追溯管理信息平台功能，推广信息化追溯技术，总结典型追溯模式，培育选树追溯标杆企业。加强部门协作，推动追溯标准统一、业务协同和数据共享，构建全程追溯机制。

五是构建农产品“三品一标”新机制。推动出台指导意见，按照新阶段农产品“三品一标”的新内涵新要求，明确通过发展绿色、有机和地理标志农产品，推行承诺达标合格证制度，探索构建农产品质量安全治理新机制。以规范绿色、有机和地理标志农产品认证管理为重点，引导第三方认证机构积极参与农产品质量安全管控措施落实，强化对获证主体的“他律”。通过扩大承诺达标合格证制度覆盖面，提高社会认可度，引导农业生产经营主体强化“自律”。打造一批农产品“三品一标”引领质量提升的发展典型，推动形成农业生产和农产品两个“三品一标”协同发展的新格局。

①提升绿色有机地理标志农产品供给能力。再认证登记绿色、有机和地理标志农产品 2 万个，产品质量抽检合格率达到 99%。建设绿色食品原料标准化生产基地 800 个，有机农产品基地 50 个和绿色食品（有机农业）一二三产业融合发展园区 50 个，推进现代农业全产业链标准化。②持续实施地理标志农产品保护工程。支持 1 000 个地理标志农产品发展。命名地理标志农产品核心基地 1 000 个，发布一批地理标志农产品产业影响力报告，开展特征品质评价，打造一批乡村特色产业发展样板，推动地理标志农产品生产标准化、产品特色化、身份标识化、全程数字化。③提升承诺达标合格证实施水平。开展新型农业经营主体自控自检大培训，每年每个开证主体至少培训 1 次，落实农产品质量安全管控要求。鼓励各地因地制宜开展与电商平台和快递企业的合作，推动农产品带证销售。④提升农产品“三品一标”认知度和影响力。推进主体承诺达标、质量认证、监测监管、信用管理、追溯管理、

品质评价等协同实施，打造100个农产品“三品一标”引领质量提升的发展典型。

六是推动社会共治。支持各类新闻媒体开展舆论监督，加强宣传引导。完善公众参与机制，畅通投诉举报渠道，鼓励各地建立农产品及农业投入品质量安全问题举报奖励制度。充分发挥行业协会等第三方社会组织的优势，引导农业生产经营主体加强自律、提升能力，鼓励各地通过购买服务等方式支持行业协会参与法规政策宣贯、信用体系建设、工作绩效评价、问题隐患排查等工作。探索推进农产品质量安全责任保险，在事前风险预防、事中风险控制等方面发挥积极作用。

22. 农业生产“三品一标”提升行动的重点任务是什么？

农业农村部印发的《农业生产“三品一标”提升行动实施方案》指出，农业生产“三品一标”提升行动主要有以下几个方面：

一是加快推进品种培优。实施打好种业翻身仗行动方案，加快选育一批新品种。重点是“四个一批”：发掘一批优异种质资源，开展全国农业种质资源调查，抢救性收集一批珍稀、濒危、特有资源和特色地方品种，对现有农作物种质资源、畜禽水产种质资源开展鉴定评价，遴选优异育种材料。加强农业种质资源库（场、区、圃）建设。提纯复壮一批地方特色品种，针对当前地方正在推广应用的大豆、小麦、生猪等农作物与畜禽良种，采取品种选择、比较试验、原种繁殖等技术措施，加快提纯复壮一批品种。选育一批高产优质突破性品种，启动重点种源关键核心技术攻关和农业生物育种重大科技项目，实施新一轮畜禽水产遗传改良计划，自主培育一批突破性品种。加强育种领域知识产权保护。建设一批良种繁育基地，推进西北国家杂交玉米种子生产基地和西南国家杂交水稻种子生产基地建设，在适宜地区建设一批区域性果菜茶等园艺作物良种苗木和畜禽水产良种繁育基地。

二是加快推进品质提升。推广优良品种，推广一批强筋弱筋优质小麦、高蛋白高油玉米、优质粳稻籼稻、高油高蛋白大豆等品种，推广一批优质晚熟柑橘、特色茶叶、优质蔬菜、道地药材等品种，推广一批禽类、生猪、奶牛、水产等良种。集成推广技术模式，研发创制高端农机装备和适宜丘陵山区、果菜茶生产、畜禽水产养殖的农机装备，集成创新一批土壤改良培肥、节水灌溉、精准施肥用药、废弃物循环利用、农产品收储运和加工等绿色生产技术模式。净化农业产地环境，针对不同区域土壤退化或污染现状，制定完善南方土壤酸化、北方土壤盐渍化、东北黑土退化、耕地土壤重金属污染治理方案，加快治理修复，提高土壤地力，以清洁的产地环境生产优质的农产品。推广绿色投入品，加快推广生物有机肥、缓释肥料、水溶性肥料、高效叶面肥、高效低毒低残留农药、生物农药等绿色投入品，推广黏虫板、杀虫灯、性诱剂等病虫绿色防控技术产品。推广安全绿色兽药，规范使用饲料添加剂。构建农产品品质核心指标体系，分行业、分品种筛选农产品品质核心指标，建立品质评价方法标准，推动农产品分等分级和包装标识。

三是加快推进标准化生产。推动现代农业全产业链标准化，按照“有标采标、无标创标、全程贯标”的要求，加快产地环境、投入品管控、农兽药残留、产品加工、储运保鲜、品牌打造、分等分级关键环节标准的制修订，推动建立现代农业全产业链标准体系，开展 30 个产品全产业链标准化试点，建设 300 个现代农业全产业链标准集成应用基地，培育一批农业企业标准“领跑者”。培育新型农业经营主体带动，培育一批家庭农场和农民合作社，扩大农民合作社质量提升整县推进试点，推进农业生产规模化、标准化。加快培育农业产业化龙头企业，扶持一批农业产业化龙头企业牵头、家庭农场和农民合作社跟进、广大小农户参与的农业产业化联合体，带动大规模标准化生产。健全社会化服务体系推动，培育一批多元化专业化农业社会化服务组织，开展生资配送、代耕代种、统防统治、烘干收储等生产托管服务，推动农业生产专业化、标准化、集约化。提升农产品加工业拉动，拓展农产品初加工，建设产地仓储保鲜冷链物流设施，延长供应时间，保证产品质量。发展农产品精深加工，推进农产品标准化、清洁化、智能化生产。重点区域

先行示范促动，在农业现代化示范区、农业绿色发展先行区、农产品质量安全县，以及国家现代农业产业园、优势特色产业集群、农业产业强镇、“一村一品”示范村镇等，全域推行农业生产“三品一标”，打造一批示范典型。

四是加快推进农业品牌建设。培育知名品牌，建立农业品牌标准，鼓励地方政府、行业协会等，打造一批地域特色突出、产品特性鲜明的区域公用品牌。结合粮食生产功能区、重要农产品生产保护区和特色农产品优势区建设，培育一批“大而优”“小而美”、有影响力的农产品品牌，鼓励龙头企业加强自主创新、打造一批竞争力强的企业品牌。加强品牌管理，制定农业品牌工作管理办法，深入推进中国农业品牌目录制度建设，发布品牌目录与消费索引。建立农业品牌评价体系，发布公益性农业品牌评价与发展指数，完善评价和退出机制。强化农业品牌监管，实行农业品牌动态管理，加大对冒牌、套牌和滥用品牌的惩处力度。促进品牌营销，挖掘和丰富品牌内涵，培育品牌文化，利用农业展会、产销对接会、电商等平台促进品牌营销，引导 1 000 个国内优秀农业品牌参加国际知名展会，支持建立境外展示展销中心，提升品牌影响力。

五是持续强化农产品质量监管。严格农业投入品使用，依法实施农业投入品登记许可，加强生产经营管理和使用指导，建立农药、兽用处方药等农业投入品生产经营购销台账。推进兽用抗菌药使用减量，严格执行兽用处方药制度和休药期制度。推行农产品质量全程可追溯管理，实施农产品质量安全保障工程，强化农产品质量安全风险监测预警，深化国家农产品质量安全县创建。建设农产品质量全程追溯体系，加强信息技术应用，探索“阳光农安”智慧监管模式，推进生产标准化、监管智慧化、特征标识化、产品身份化。强化质量安全监管执法，开展“治违禁促提升”行动，严厉查处禁限用农药、食品动物禁止使用的药品和其他化合物使用及超标问题。完善生产主体名录，强化日常巡查检查，增加重点监管对象检查频次，严格落实“双随机”要求，扎实开展监督抽查、飞行检查。

六是深入推进安全绿色优质农产品发展。积极发展绿色食品、有机农产品、地理标志农产品生产，推行食用农产品达标合格证制度。强化农产品认证和监管，完善绿色食品、有机农产品、地理标志农产品认证审核流程和技术规范，规范标志使用，加强相关风险监测和证后监管，稳步扩大认证规模，严格淘汰退出机制。打造一批绿色食品原料标准化生产基地和有机农产品生产基地。深入实施地理标志农产品保护工程，建设一批特色品种繁育基地和核心生产基地，挖掘保护传统农耕文化，推动地理标志农产品生产标准化、产品特色化、身份标识化、全程数字化发展。推行食用农产品达标合格证制度，推动有条件的地方实施信息化管理。指导生产者在自控自检的基础上规范开具合格证，提升合格证含金量，提高带证农产品的市场认可度。实现合格证制度与已有监管措施的融合推进，探索开证主体信用评价机制。

23. 加强乡镇农产品质量安全网格化管理的重点任务是什么？

农业农村部印发的《关于加强乡镇农产品质量安全网格化管理的意见》指出，为创新工作机制，推动乡镇农产品质量安全管理网格化、规范化、精准化，确保乡镇及村（社区）级农产品质量安全工作有效运转，提升基层农产品质量安全监管能力和水平，助力基层治理体系和治理能力现代化建设，切实保障人民群众“舌尖上的安全”。在“十四五”期间，要基本实现所有乡镇明确监管网格，所有网格明确网格监管员和农产品质量安全协管员（信息员），网格监管员年度培训全覆盖，乡镇农产品质量安全日常巡查更加规范，生产主体质量安全控制技术指导更加到位，织密监管网络、压实管理责任，实现网格化管理横向到边、纵向到底、监管服务全覆盖。重点任务有以下几项：

一是区域定格。以乡镇为单位建立健全农产品质量安全网格化管理体系，按照范围清晰、管理便捷、无缝对接、全面覆盖的原则，因地制宜划分确定农产品质量安全管理网格。网格划分可根据乡镇区域内产业

分布、主体类型、产品风险等情况确定，最小网格单元可以按照行政村（社区）划分，也可以按照农产品生产主体划分。乡镇农产品质量安全监管公共服务机构要全面掌握辖区内监管对象信息，明确各网格责任人员，根据网格划分情况形成本辖区的网格化管理图。

二是网格定人。每个网格应明确网格监管员和协管员（信息员），人员数量可根据实际情况自行确定。网格监管员应由乡镇农产品质量安全监管公共服务机构人员担任，协管员（信息员）可以由村（社区）“两委”成员、技术骨干等担任，也可以由社会选聘、购买服务等方式聘用的人员担任。鼓励有条件的地方在企业、农民合作社设置内部质量控制员，在重点地区、重点产业遴选社会监督人员等，构建多元共治的网格化管理队伍。各地农业农村部门要加强网格化管理人员培训，不断提升网格监管员、协管员（信息员）的业务能力和技术水平，打造高水平网格化管理队伍。

三是人员定责。明确网格监管员和协管员（信息员）的工作任务。网格监管员应围绕乡镇农产品质量安全监管服务职责，负责组织网格化管理工作，建立并动态管理乡镇生产主体名录，开展质量安全控制技术指导服务及培训宣传，根据《乡镇农产品质量安全监管公共服务机构日常巡查工作规范（试行）》要求开展日常巡查及抽查检测等工作。协管员（信息员）应充分掌握网格内生产主体的基本情况，根据乡镇监管公共服务机构及网格监管员要求，协助开展隐患排查、检测抽样、用药指导、信息报送等有关工作。网格监管员、协管员（信息员）工作中要聚焦禁限用药物违法违规使用、常规农药兽药残留超标和非法添加等问题，从源头上加强农产品质量安全监管服务，切实发挥作用。

四是创新机制。创新网格化管理及其配套工作机制，保障网格化管理体系常态化运转，切实提高基层监管效能。鼓励地方探索建立横向协作机制，统筹基层农业综合管理服务力量，向农产品质量安全监管倾斜；建立日常巡查与乡镇综合执法衔接机制，强化问题查处与案件查办；建立信息传递机制，及时采集更新信息、发现问题，实现信息及问题上报快速化、扁平化；建立问题会商机制，定期开展问题会商和反馈，不断优化管理方案，鼓励借助专家团队等外脑开展问题咨询。

五是公示公开。乡镇农产品质量安全监管公共服务机构要公示网格化管理图，包括网格监管员、协管员（信息员）布局安排、工作职责、联系电话等基本信息。鼓励通过信息化平台强化公示工作。各乡镇网格监管员、协管员（信息员）日常工作中要佩戴统一标识，方便群众联系，接受社会监督。要在农产品生产企业、农民合作社、家庭农场生产基地醒目位置公示生产主体基本情况、质量安全责任人、质量安全承诺书及网格监管员、协管员（信息员）信息，张贴禁限用农药兽药名录等。鼓励各地农业农村部门在公示信息中因地制宜增加生产主体农产品质量安全风险等级、信用评级等信息。

24. 如何提升农机装备研发应用水平和农机装备产业高质量发展？

2022 年中央 1 号文件指出，要全面梳理短板弱项，加强农机装备工程化协同攻关，加快大马力机械、丘陵山区和设施园艺小型机械、高端智能机械研发制造并纳入国家重点研发计划予以长期稳定支持。实施农机购置与应用补贴政策，优化补贴兑付方式。完善农机性能评价机制，推进补贴机具有进有出、优机优补，重点支持粮食烘干、履带式作业、玉米大豆带状复合种植、油菜籽收获等农机，推广大型复合智能农机。推动新生产农机排放标准升级。开展农机研发制造推广应用一体化试点。

《“十四五”农业农村现代化规划》指出，加强农机装备薄弱环节研发。加强大中型、智能化、复合型农业机械研发应用，打造农机装备一流企业和知名品牌。推进粮食作物和战略性经济作物育、耕、种、管、收、运、贮等薄弱环节先进农机装备研制。加快研发制造适合丘陵山区农业生产的高效专用农机。攻关突破制约整机综合性能提升的关键核心技术、关键材料和重要零部件。加强绿色智能畜牧水产养殖装备研发。

推进农业机械化全程全面发展。健全农作物全程机械化生产体系，加快推进品种、栽培、装备集成配套。加大对智能、高端、安全农机装备的支持力度，突出优机优补、奖优罚劣，支持探索研发制造应用一体化，提升我国农机装备水平和国际竞争力。推进机械装备与养殖工艺融合，提升畜牧水产养殖主要品种、重点环节、规模养殖场以及设施农业的机械化水平。推动绿色环保农机应用。加强机耕道、场库棚、烘干机塔等配套设施建设，发展“全程机械化＋综合农事”等农机服务新模式。

国务院印发《关于加快推进农业机械化和农机装备产业转型升级的指导意见》指出，一是完善农机装备创新体系。瞄准农业机械化需求，加快推进农机装备创新，研发适合国情、农民需要、先进适用的各类农机，既要发展适应多种形式适度规模经营的大中型农机，也要发展适应小农生产、丘陵山区作业的小型农机以及适应特色作物生产、特产养殖需要的高效专用农机。加强顶层设计与动态评估，建立健全部门协调联动、覆盖关联产业的协同创新机制，增强科研院所原始创新能力，完善以企业为主体、市场为导向的农机装备创新体系，研究部署新一代智能农业装备科研项目，支持产学研推用深度融合，推进农机装备创新中心、产业技术创新联盟建设，协同开展基础前沿、关键共性技术研究，促进种养加、粮经饲全程全面机械化创新发展。鼓励企业开展高端农机装备工程化验证，加强与新型农业经营主体对接，探索建立“企业＋合作社＋基地”的农机产品研发、生产、推广新模式，持续提升创新能力。孵化培育一批技术水平高、成长潜力大的农机高新技术企业，促进农机装备领域高新技术产业发展。

二是推进农机装备全产业链协同发展。支持农机装备产业链上下游企业加强协同，攻克基础材料、基础工艺、电子信息等“卡脖子”问题。引导零部件企业与整机企业构建成本共担、利益共享的新型合作机制，推进新型高效节能农用发动机、大马力用转向驱动桥和农机装备专用传感器等零部件研发，加快关键技术产业化。推动整机企业加强技术创新和内部管理，提升智能化制造水平和质量管控能力，探索开展个性化定制、网络精准营销、在线支持服务等新型商业模式。建立健全现代农机流通体系和售后服务网络，创新现代农机服务模式。

三是优化农机装备产业结构布局。鼓励大型企业由单机制造为主向成套装备集成为主转变，支持中小企业向“专、精、特、新”方向发展，构建大中小企业协同发展的产业格局。根据我国农业生产布局和区域地势特点等，紧密结合农业产业发展需求，以优势农机装备企业为龙头带动区域特色产业集群建设，推动农机装备均衡协调发展。支持企业加强农机装备研发生产，优化资源配置，积极培育具有国际竞争力的农机装备生产企业集团。推动先进农机技术及产品“走出去”，鼓励优势企业参与对外援助和国际合作项目，提升国际化经营能力，服务“一带一路”建设。

四是加强农机装备质量可靠性建设。加快精准农业、智能农机、绿色农机等标准制定，构建现代农机装备标准体系。加强农机装备产业计量测试技术研究，支撑农机装备产业技术创新。建立健全农机装备检验检测认证体系，支持农机装备产业重点地区建立检验检测认证公共服务平台，提升面向农机装备零部件和整机的安全性、环境适应性、设备可靠性以及可维修性等试验测试和鉴定能力。对涉及人身安全的产品依法实施强制性产品认证，大力推动农机装备产品自愿性认证，推进农机购置补贴机具资质采信农机产品认证结果。加强农机产品质量监管，强化企业质量主体责任，对重点产品实施行业规范管理。督促农机装备行业大力开展诚信自律行动和质量提升行动，强化知识产权保护，加大对质量违法和假冒品牌行为的打击和惩处力度，开展增品种、提品质、创品牌“三品”专项行动。

25. 如何补齐重点区域粮食生产全程机械化短板？

农业农村部印发的《关于做好2021年全程机械化有关工作促进粮食稳产增产的通知》指出，要围绕双季稻区水稻机械化移栽、玉米籽粒

机收、冬小麦节水灌溉、夏大豆免耕播种等薄弱环节，强化农机、农艺、品种集成配套，明确补短板技术路线，建立典型示范点，分区域开展技术培训、组织现场观摩，搞好专家指导服务，提高关键技术到位率和覆盖率。组织水稻种植机械田间测评活动，开展再生稻、西南丘陵山区玉米、南方大豆等农作物的关键机具选型，引导高适应性农机装备研发应用。组织编制主要作物育种机械化装备需求目录，开展育种机械、种子处理加工技术装备交流示范。继续深入开展主要农作物全程机械化推进行动，完善部省联动、政企（社）联动机制，以农机作业服务公司、农机合作社、种粮大户等新型农业经营主体和服务主体为主要对象，示范推广一批新技术新装备，加快应用粮食生产全程机械化生产模式，构建区域化、标准化的高效机械化生产体系，提升粮食生产效率效益。以粮食作物为重点，做好农业机械化发展指标考核有关工作，引领地方整体提升耕种收与高效植保、秸秆处理、产地烘干机械化水平，以评促建推出一批基本实现主要农作物生产全程机械化示范县。

26. 如何推进主要农作物生产全程机械化？

《关于加快推进农业机械化和农机装备产业转型升级的指导意见》指出，一是加快补齐全程机械化生产短板。聚焦薄弱环节，加大试验示范和服务支持力度，着力提升双季稻地区的水稻机械化种植、长江中下游地区的油菜机械化种植收获以及马铃薯、花生、棉花、苜蓿主产区的机械化采收水平。加快高效植保、产地烘干、秸秆处理等环节与耕种收环节机械化集成配套，探索具有区域特点的主要农作物生产全程机械化解决方案。大力发展甘蔗生产全程机械化，打造特色农产品优势区样板。按规定对新型农业经营主体开展深耕深松、机播机收等生产服务给予补助，大力推进产前产中产后全程机械化。

二是协同构建高效机械化生产体系。加快选育、推广适于机械化作业、轻简化栽培的品种。将适应机械化作为农作物品种审定、耕作制度变革、产后加工工艺改进、农田基本建设等工作的重要目标，促使良种、良法、良地、良机配套，为全程机械化作业、规模化生产创造条件。支持推进现代农业产业技术体系、科技创新联盟、协同创新中心等平台建设，充分发挥现代农业产业园、农业科技园区、返乡创业园的科技支撑引领作用，提高农业机械化科技创新能力，加强产学研推用联合攻关，推动品种栽培装备等多学科、产前产中产后各环节协同联动，加快主要农作物生产全程机械化技术集成与示范。实施主要农作物生产全程机械化推进行动，率先在粮食生产功能区、重要农产品生产保护区、特色农产品优势区、国家现代农业示范区创建一批整体推进示范县（场），引导有条件的省份、市县和垦区整建制率先基本实现主要农作物生产全程机械化。

27. 加快畜牧业机械化发展的主要任务是什么？

农业农村部印发的《关于加快畜牧业机械化发展的意见》指出，要坚持目标导向和问题导向，集中力量强科技、补短板、推全程、兴主体、保安全、稳供给，突出抓好养殖生产全程机械化，加快提升畜禽养殖废弃物处理机械化水平，积极促进畜牧业机械化转型升级。

一是推动畜牧机械装备科技创新。聚集优势资源，推进产学研结合，组织调动大专院校和科研院所力量，充分发挥大型骨干设施装备企业作用，加强畜禽健康养殖与疫病防控工艺、畜禽生理与环境控制机理、畜禽行为与养殖装备关系、新材料和信息化技术等基础研究，为突破畜牧业机械化薄弱环节奠定基础。开展畜牧业机械化技术与装备需求调查，发布市场需求目录，引导科研单位和生产企业研发适合养殖场（户）需要、先进适用的畜牧机械装备。通过遴选重大项目、主推技术等方式，积极争取财政、科技等部门的立项支持，研发高效饲草料收获加工、精准饲喂、智能环控、养殖信息监测、疫病防控、畜产品智能化采集加工、高效粪污资源化利用、病死畜禽无害化处理和种畜禽生产性能测定等先进机械装备，加快符合我国国情的绿色智能、立体高效、福利安全的养殖装备科技创新。健全完善畜牧工程与装备重点实验室和科

研基地，加强生猪、蛋鸡、肉鸡、奶牛、肉牛、肉羊等产业技术体系相关岗位专家队伍和综合试验站建设，推动建设一批产业技术创新联盟，充实全国农机化科技创新专家组畜牧养殖工程领域力量，为畜牧机械装备的科技创新提供有力支撑。加强国际交流合作，支持引进国际先进技术，引导和支持畜牧机械装备企业及产品“走出去”。

二是推进主要畜种规模化养殖全程机械化。以生猪、蛋鸡、肉鸡、奶牛、肉牛、肉羊等养殖为主要对象，制定发布规模化养殖设施装备配套技术规范，推进畜种、养殖工艺、设施装备集成配套，加强养殖全过程机械化技术指导，大力推进主要畜种养殖全程机械化。聚焦畜牧业主产区规模养殖场，巩固提高饲草料生产与加工、饲草料投喂、环境控制等环节机械化水平，加快解决疫病防控、畜产品采集加工、粪污收集处理与利用等薄弱环节机械装备应用难题，构建区域化、规模化、标准化、信息化的全程机械化生产模式。组织遴选推介一批率先基本实现养殖全程机械化的规模化养殖场和示范基地，加强典型示范引导。

三是加强绿色高效新装备新技术示范推广。大力支持工程防疫、智能饲喂、精准环控、畜产品自动化采集加工、废弃物资源化利用等健康养殖和绿色高效机械装备技术试验示范。加快优质饲草青贮、农作物秸秆制备饲料、畜禽粪污肥料化利用等机械化技术推广应用，推动构建农牧配套、种养结合的生态循环模式。积极示范推广先进适用的暖棚、冷库等设施和特产养殖需要的高效专用技术装备。推进畜牧机械装备节能降耗。支持农机试验鉴定机构改善检验检测条件，创新试验鉴定方法，完善试验鉴定大纲，有效提升畜牧机械装备试验鉴定能力，加快主要畜种生产所需机械装备的试验鉴定，及时公布结果，为畜牧业技术装备加快推广应用提供有力支撑。创新畜牧新装备新技术体验式、参与式推广方式，充分调动畜牧设施装备生产企业、养殖场（户）和科研院校、社会团体等参与技术推广的积极性，加快畜牧业机械化新技术推广应用。

四是提高重点环节社会化服务水平。大力培育发展新型畜牧机械装备经营和服务组织，支持服务组织以市场化、专业化为导向，开展优质饲草料“种、收、贮、加、送”、粪污资源化利用、病死畜禽无害化处理、畜产品贮运、安全净化防疫等环节的社会化服务。积极推进畜牧机械装备社会化服务机制创新，大力发展订单式作业、生产托管、承包服务等新模式、新业态。探索建立“龙头企业＋养殖合作社＋养殖场(户)”的畜牧机械装备租赁体系，提高畜牧机械装备的利用效率和效益。鼓励中小规模养殖场（户）集中区域，建设畜禽养殖废弃物集中收集、无害化处理和资源化利用中心，促进畜牧机械装备共享共用，支持引导中小养殖场（户）向标准化、规模化养殖方向发展。

五是推进机械化信息化融合。推进“互联网＋”畜牧业机械化，支持在畜禽养殖各环节重点装备上应用实时准确的信息采集和智能管控系统，支持鼓励养殖企业进行物联化、智能化设施与装备升级改造，促进畜牧设施装备使用、管理与信息化技术深度融合。鼓励、支持和引导畜牧养殖和装备生产骨干企业建立畜禽养殖机械化信息化融合示范场，应用畜产品全程可追溯系统。支持有条件的地方建设自动化信息化养殖示范基地，推进智能畜牧机械装备与智慧牧场建设融合发展。推动畜牧业机械化大数据开发应用，为畜牧机械装备研发、试验鉴定、推广应用和社会化服务提供支持。

28. 如何推广先进适用农机装备与机械化技术?

《关于加快推进农业机械化和农机装备产业转型升级的指导意见》指出，一是加强绿色高效新机具新技术示范推广。围绕农业结构调整，加快果菜茶、牧草、现代种业、畜牧水产、设施农业和农产品初加工等产业的农机装备和技术发展，推进农业生产全面机械化。加强薄弱环节农业机械化技术创新研究和农机装备的研发、推广与应用，攻克制约农业机械化全程全面高质高效发展的技术难题。稳定实施农机购置补贴政策，对购买国内外农机产品一视同仁，最大限度发挥政策效益，大力支持保护性耕作、秸秆还田离田、精量播种、精准施药、高效施肥、水肥一体化、节水灌溉、残膜回收利用、饲草料高效收获加

工、病死畜禽无害化处理及畜禽粪污资源化利用等绿色高效机械装备和技术的示范推广。加大农机新产品补贴试点力度，支持大马力、高性能和特色、复式农机新装备示范推广。鼓励金融机构针对权属清晰的大型农机装备开展抵押贷款，鼓励有条件的地方探索对购买大型农机装备贷款进行贴息。积极推进农机报废更新，加快淘汰老旧农机装备，促进新机具新技术推广应用。积极发展农用航空，规范和促进植保无人机推广应用。

二是推动智慧农业示范应用。促进物联网、大数据、移动互联网、智能控制、卫星定位等信息技术在农机装备和农机作业上的应用。编制高端农机装备技术路线图，引导智能高效农机装备加快发展。支持优势企业对接重点用户，形成研发生产与推广应用相互促进机制，实现智能化、绿色化、服务化转型。建设大田作物精准耕作、智慧养殖、园艺作物智能化生产等数字农业示范基地，推进智能农机与智慧农业、云农场建设等融合发展。推进“互联网＋农机作业”，加快推广应用农机作业监测、维修诊断、远程调度等信息化服务平台，实现数据信息互联共享，提高农机作业质量与效率。

三是提高农业机械化技术推广能力。强化农业机械化技术推广机构的能力建设，加大新技术试验验证力度。推行政府购买服务，鼓励农机科研推广人员与农机生产企业、新型农业经营主体开展技术合作，支持农机生产企业、科研教学单位、农机服务组织等广泛参与技术推广。运用现代信息技术，创新“田间日”等体验式、参与式推广新方式，切实提升农业机械化技术推广效果。提高农机公益性试验鉴定能力，加快新型农机产品检测鉴定，充分发挥农机试验鉴定的评价推广作用。

29. 如何做好农机社会化服务？

《关于加快推进农业机械化和农机装备产业转型升级的指导意见》指出，一是发展农机社会化服务组织。培育壮大农机大户、农机专业户以及农机合作社、农机作业公司等新型农机服务组织，支持农机服务组织开展多种形式适度规模经营，鼓励家庭农场、农业企业等新型农业经营主体从事农机作业服务。落实农机服务金融支持政策，引导金融机构加大对农机企业和新型农机服务组织的信贷投放，灵活开发各类信贷产品和提供个性化融资方案；在合规审慎的前提下，按规定程序开展面向家庭农场、农机合作社、农业企业等新型农业经营主体的农机融资租赁业务和信贷担保服务。鼓励发展农机保险，加强业务指导，鼓励有条件的农机大省选择重点农机品种，支持开展农机保险。农机融资租赁服务按规定适用增值税优惠政策，允许租赁农机等设备的实际使用人按规定享受农机购置补贴。农业机械耕作服务按规定适用增值税免征政策。

二是推进农机服务机制创新。鼓励农机服务主体通过跨区作业、订单作业、农业生产托管等多种形式，开展高效便捷的农机作业服务，促进小农户与现代农业发展有机衔接。对于促进农业绿色发展的农机服务，积极推进按规定通过政府购买服务方式提供。鼓励农机服务主体与家庭农场、种植大户、普通农户及农业企业组建农业生产联合体，实现机具共享、互利共赢。支持农机服务主体及农村集体经济组织按规划建设集中育秧、农机具存放以及农产品产地储藏、烘干、分等分级等设施和区域农机维修中心。推动农机服务业态创新，建设一批“全程机械化+综合农事”服务中心，为周边农户提供全程机械作业、农资统购、技术培训、信息咨询、农产品销售对接等“一站式”综合服务。继续落实有关规定，免收跨区作业的联合收割机、运输联合收割机和插秧机车辆的通行费。

30. 如何持续改善农机作业基础条件？

《关于加快推进农业机械化和农机装备产业转型升级的指导意见》指出，一是提高农机作业便利程度。加强高标准农田建设、农村土地综合整治等方面制度、标准、规范和实施细则的制修订，进一步明确田间道路、田块长度宽度与平整度等“宜机化”要求，加强建设监理和验收

评价。统筹中央和地方各类相关资金及社会资本积极开展高标准农田建设，推动农田地块小并大、短并长、陡变平、弯变直和互联互通，切实改善农机通行和作业条件，提高农机适应性。重点支持丘陵山区开展农田“宜机化”改造，扩展大中型农机运用空间，加快补齐丘陵山区农业机械化基础条件薄弱的短板。

二是改善农机作业配套设施条件。落实设施农用地、新型农业经营主体建设用地、农业生产用电等相关政策，支持农机合作社等农机服务组织生产条件建设。加强县级统筹规划，合理布局农机具存放和维修、农作物育秧育苗以及农产品产地烘干和初加工等农机作业服务配套设施。在年度建设用地指标中，优先安排农机合作社等新型农业经营主体用地，并按规定减免相关税费。有条件的地区可以将晒场、烘干、机具库棚等配套设施纳入高标准农田建设范围。鼓励有条件的地区建设区域农机安全应急救援中心，提高农机安全监理执法、快速救援、机具抢修和跨区作业实时监测调度等能力。

31. 推进粮食生产全程机械化的必要性是什么？

农业农村部办公厅印发的《关于做好2021年全程机械化有关工作促进粮食稳产增产的通知》指出，当前，我国农业生产进入机械化为主导的新阶段，主要粮食作物耕种收综合机械化率均超过80%，农业机械化和农机装备在粮食生产中起到的集成技术、节本增效、提质减损、推动规模经营作用越来越突出。但粮食生产全程机械化发展还不平衡不充分，双季稻栽植、高效植保、粮食产地烘干等环节的机械化和丘陵山区粮食生产机械化等方面尚有不少短板弱项，粮食全程机械化生产体系及管理服务措施还需要进一步优化完善。

32. 如何加强农机人才培养工作？

《关于加快推进农业机械化和农机装备产业转型升级的指导意见》指出，一是健全新型农业工程人才培养体系。加强农业工程学科建设，制定中国特色农业工程类专业认证标准。引导高校积极设置相关专业，培养创新型、应用型、复合型农业机械化人才。支持高等院校招收农业工程类专业学生，扩大硕士、博士研究生培养规模。加大卓越农林人才、卓越工程师教育培养计划对农机人才的支持力度，引导相关高校面向农业机械化、农机装备产业转型升级开展新工科研究与实践，构建产学合作协同育人项目实施体系。推动实施产教融合、校企合作，支持优势农机企业与学校共建共享工程创新基地、实践基地、实训基地。发挥好现代农业装备职业教育集团作用。鼓励农机人才国际交流合作，支持农机专业人才出国留学、联合培养，积极引进国际农机装备高端人才。

二是注重农机实用型人才培养。实施新型职业农民培育工程，加大对农机大户、农机合作社带头人的扶持力度。大力遴选和培养农机生产及使用一线“土专家”，弘扬工匠精神，充分发挥基层实用人才在推动技术进步和机械化生产中的重要作用。通过购买服务、项目支持等方式，支持农机生产企业、农机合作社培养农机操作、维修等实用技能型人才。加强基层农机推广人员岗位技能培养和知识更新，鼓励大中专毕业生、退伍军人、科技人员等返乡下乡创办领办新型农机服务组织，打造一支懂农业、爱农村、爱农民的一线农机人才队伍。

33. 如何发挥农机购置补贴等政策支持的引导作用？

《关于做好2021年全程机械化有关工作促进粮食稳产增产的通知》指出，要启动实施2021—2023年新一轮农机购置补贴政策，优先保障粮食生产机械购置补贴需求，将水稻、玉米、小麦和大豆等粮食作物生产所需机具全部列入补贴范围，实行应补尽补；提高重点区域水稻移栽机械、高性能免耕播种机械、玉米籽粒收获机械等薄弱环节机具补贴额，增加先进适用装备供给。加大粮食生产机械鉴定力度，实行优先鉴定。积极开展复式、高端、智能粮食生产机械创新产品专项鉴定，尽快将其列入农机购置补贴范围，促进机具升级换代。重点将水稻育秧、粮食烘干等成套设施装备纳入农机新产品补贴试点范围，加快推广应用步

伐。全面开展农机购置补贴引导植保无人飞机规范应用试点工作。推动扩大农机作业补助范围，积极支持重点区域水稻机械化移栽、插秧同步侧深施肥、玉米籽粒直收及产地烘干、小麦免耕播种等关键薄弱环节作业服务，加快绿色高效机械化生产方式应用，促进粮食生产高质量发展。

各地农业机械化主管部门要结合实际制定上述工作任务具体实施方案，推进各项工作要求落实落地、落细落小。组织动员农机试验鉴定、农机化技术推广、农机安全监理等机构，充分发挥有关专家组、行业协会、农机生产企业等方面的作用，合力推进粮食生产全程机械化，服务好全年粮食稳产增产大局。充分利用传统媒体和新媒体，推广粮食生产机械化先进适用技术装备，宣传全程机械化发展典型经验做法。注重总结工作进展成效，及时将有关情况报送农业农村部农业机械化管理司。

34. 如何加强现代农业设施建设？

2020 年中央 1 号文件指出，要提早谋划实施一批现代农业投资重大项目，支持项目及早落地，有效扩大农业投资。以粮食生产功能区和重要农产品生产保护区为重点加快推进高标准农田建设，修编建设规划，合理确定投资标准，完善工程建设、验收、监督检查机制，确保建一块成一块。如期完成大中型灌区续建配套与节水改造，提高防汛抗旱能力，加大农业节水力度。抓紧启动和开工一批重大水利工程和配套设施建设，加快开展南水北调后续工程前期工作，适时推进工程建设。启动农产品仓储保鲜冷链物流设施建设工程。加强农产品冷链物流统筹规划、分级布局和标准制定。安排中央预算内投资，支持建设一批骨干冷链物流基地。国家支持家庭农场、农民合作社、供销合作社、邮政快递企业、产业化龙头企业建设产地分拣包装、冷藏保鲜、仓储运输、初加工等设施，对其在农村建设的保鲜仓储设施用电实行农业生产用电价格。依托现有资源建设农业农村大数据中心，加快物联网、大数据、区块链、人工智能、第五代移动通信网络、智慧气象等现代信息技术在农业领域的应用。开展国家数字乡村试点。

2022 年中央 1 号文件指出，因地制宜发展塑料大棚、日光温室、连栋温室等设施。集中建设育苗工厂化设施。鼓励发展工厂化集约养殖、立体生态养殖等新型养殖设施。推动水肥一体化、饲喂自动化、环境控制智能化等设施装备技术研发应用。在保护生态环境基础上，探索利用可开发的空闲地、废弃地发展设施农业。

35. 如何加强农田灌排工程建设？

水利部印发的《2022 年水利乡村振兴工作要点》指出，规划新建大中型灌区。以粮食生产功能区、重要农产品生产保护区和特色农产品优势区为重点，在水土资源条件适宜的脱贫地区，积极推进符合条件的大中型灌区开展前期工作，力争开工建设湖北蕲水等大型灌区。加快推进云南耿马灌区、广西百色灌区、青海引大济湟西干渠等涉及脱贫地区的现代化大型灌区建设。支持脱贫地区推进实施一批中型灌区建设。

改造提升已建大中型灌区。推进涉及脱贫地区的安徽淠史杭、吉林白沙滩、新疆和田河等 32 处大型灌区和 132 处中型灌区续建配套与现代化改造。启动新一轮中型灌区续建配套与节水改造前期工作。深入推进灌区标准化规范化管理，完善灌区供水计量设施，深化农业水价综合改革，推进数字化灌区建设，推动优先将大中型灌区有效灌溉面积建成高标准农田。

36. 如何强化现代农业科技和物质装备支撑，着力发展科技农业？

2019 年中央 1 号文件指出，要加快突破农业关键核心技术，一要强化创新驱动发展，实施农业关键核心技术攻关行动，培育一批农业战略科技创新力量，推动生物种业、重型农机、智慧农业、绿色投入品等领域自主创新。二要建设农业领域国家重点实验室等科技创新平台基地，打造产学研深度融合平台，加强国家现代农业产业技术体系、科技创新联盟、产业创新中心、高新技术产业示范区、科技园区等建设。三

要强化企业技术创新主体地位，培育农业科技创新型企业，支持符合条件的企业牵头实施技术创新项目。四要继续组织实施水稻、小麦、玉米、大豆和畜禽良种联合攻关，加快选育和推广优质草种。五要支持薄弱环节适用农机研发，促进农机装备产业转型升级，加快推进农业机械化。六要加强农业领域知识产权创造与应用。加快先进实用技术集成创新与推广应用。建立健全农业科研成果产权制度，赋予科研人员科技成果所有权，完善人才评价和流动保障机制，落实兼职兼薪、成果权益分配政策。

2020 年中央 1 号文件指出，要加强农业关键核心技术攻关，部署一批重大科技项目，抢占科技制高点。加强农业生物技术研发，大力实施种业自主创新工程，实施国家农业种质资源保护利用工程，推进南繁科研育种基地建设。加快大中型、智能化、复合型农业机械研发和应用，支持丘陵山区农田宜机化改造。深入实施科技特派员制度，进一步发展壮大科技特派员队伍。采取长期稳定的支持方式，加强现代农业产业技术体系建设，扩大对特色优势农产品覆盖范围，面向农业全产业链配置科技资源。加强农业产业科技创新中心建设。加强国家农业高新技术产业示范区、国家农业科技园区等创新平台基地建设。加快现代气象为农服务体系建设。

2021 年中央 1 号文件指出，强化现代农业科技和物质装备支撑，需要实施大中型灌区续建配套和现代化改造。到 2025 年全部完成现有病险水库除险加固。需要坚持农业科技自立自强，完善农业科技领域基础研究稳定支持机制，深化体制改革，布局建设一批创新基地平台。需要深入开展乡村振兴科技支撑行动。支持高校为乡村振兴提供智力服务。需要加强农业科技社会化服务体系建设，深入推行科技特派员制度。需要打造国家热带农业科学中心。需要提高农机装备自主研制能力，支持高端智能、丘陵山区农机装备研发制造，加大购置补贴力度，开展农机作业补贴。需要强化动物防疫和农作物病虫害防治体系建设，提升防控能力。

《“十四五”农业农村现代化规划》指出，开展农业关键核心技术攻关。完善农业科技领域基础研究稳定支持机制，加强农业基础理论、科研基础设施、定位观测体系、资源生态监测系统建设。聚焦基础前沿重点领域，加快突破一批重大理论和工具方法。聚焦生物育种、耕地质量、智慧农业、农业机械设备、农业绿色投入品等关键领域，加快研发与创新一批关键核心技术及产品。加快动物疫病和农作物病虫害气象环境成因、传播机理、致病机制研究，提升农业重大风险防控和产业安全保障能力。

加强农业战略科技力量建设。加强国家现代农业产业技术体系建设。深化农业科技体制改革，推动重点领域项目、基地、人才、资金一体化配置。强化高水平农业科研院校建设，培育壮大一批农业领军企业，优化地方农业科研机构和创新团队建设。实施国家农业科研杰出人才培养计划。打造国家热带农业科学中心。

促进科技与产业深度融合。加强国家农业科技创新联盟建设，支持农业企业牵头建设农业科技创新联合体或新型研发机构，加快建设国家现代农业产业科技创新中心。开展乡村振兴科技支撑行动，加强农业科技社会化服务体系建设，完善农业科技推广服务云平台，推行科技特派员制度，强化公益性农技推广机构建设。

37. 如何重构中国特色农业农村科技创新体系？

农业农村部科技教育司负责人指出，“十四五”时期，要着力构建主体明确、层次清晰、分工协作、运行顺畅的中国特色农业农村科技创新体系，重点做好以下四方面工作：

一是打造国家农业战略科技力量。加快农业领域国家重点实验室、国家重大科学设施、国家热带农业科学中心、国家技术创新中心、行业重点实验室、地方重点实验室、企业研发中心等平台建设，形成国家地方互动联建、政府企业共享共建的平台体系，建设一批农业农村部重点实验室。在生物育种、农业水土资源利用、智能农机装备、农产品加工

贮运等领域，遴选支持一批 45 岁以下农业科研杰出人才。强化现代农业产业技术体系建设，培强企业技术创新主体力量。

二是完善农技推广体系。加快健全以农技推广机构为主体，市场化服务力量为重要补充，高等院校、科研机构等广泛参与、分工协作、充满活力的“一主多元、一性三化”农技推广体系。全面实施农业重大技术协同推广计划，示范推广一批引领性技术、主推技术。提升农技推广机构能力水平。引导农业科研院校开展科技服务。壮大社会化科技服务力量。完善提升产业顾问制度。

三是健全高素质农民培育体系。推进高素质农民制度建设，加快建设高素质农民队伍。建立现代农业农村科普体系。建立健全农业农村科普制度体系与人才体系，强化知识产权保护，加大宣传普及力度，形成社会、公众与科学相互交织、互相促进的制度文化，提高民众科学文化素质。

四是完善新型举国体制。创新“揭榜挂帅”“赛马争先”等新型科研公关组织方式。加快科创中心、科技联盟的建设，推进科企、科技与县域产业、村镇经济、科技与区域经济深度融合。

38. 如何加强农业科技创新？

《乡村振兴促进法》规定，国家采取措施加强农业科技创新，培育创新主体，构建以企业为主体、产学研协同的创新机制，强化高等学校、科研机构、农业企业创新能力，建立创新平台，加强新品种、新技术、新装备、新产品研发，加强农业知识产权保护，推进生物种业、智慧农业、设施农业、农产品加工、绿色农业投入品等领域创新，建设现代农业产业技术体系，推动农业农村创新驱动发展。国家健全农业科研项目评审、人才评价、成果产权保护制度，保障对农业科技基础性、公益性研究的投入，激发农业科技人员创新积极性。

国家加强农业技术推广体系建设，促进建立有利于农业科技成果转化推广的激励机制和利益分享机制，鼓励企业、高等学校、职业学校、科研机构、科学技术社会团体、农民专业合作社、农业专业化社会化服务组织、农业科技人员等创新推广方式，开展农业技术推广服务。

国家鼓励农业机械生产研发和推广应用，推进主要农作物生产全程机械化，提高设施农业、林草业、畜牧业、渔业和农产品初加工的装备水平，推动农机农艺融合、机械化信息化融合，促进机械化生产与农田建设相适应、服务模式与农业适度规模经营相适应。国家鼓励农业信息化建设，加强农业信息监测预警和综合服务，推进农业生产经营信息化。

39. 如何有效防范应对农业重大灾害？

2022 年中央 1 号文件指出，一要加大农业防灾减灾救灾能力建设和投入力度。修复水毁灾损农业、水利基础设施，加强沟渠疏浚以及水库、泵站建设和管护。加强防汛抗旱应急物资储备。二要强化农业农村、水利、气象灾害监测预警体系建设，增强极端天气应对能力。加强基层动植物疫病防控体系建设，落实属地责任，配齐配强专业人员，实行定责定岗定人，确保非洲猪瘟、草地贪夜蛾等动植物重大疫病防控责有人负、活有人干、事有人管。三要做好人兽共患病源头防控。加强外来入侵物种防控管理，做好普查监测、入境检疫、国内防控，对已传入并造成严重危害的，要“一种一策”精准治理、有效灭除。加强中长期气候变化对农业影响研究。

40. 如何围绕乡村防洪减灾，加大水旱灾害薄弱环节建设？

水利部印发的《2022 年水利乡村振兴工作要点》指出，一是加快河道泄洪及堤防防御能力建设。开展长江、黄河等惠及脱贫地区的大江大河干流河道整治及堤防达标建设。支持脱贫地区实施流域面积 3 000 平方千米以上主要支流防洪治理，推进脱贫地区流域面积 200～3 000 平方千米中小河流治理，促进乡村河流防洪标准达标。二是加快洪水调蓄能力建设。加快推进重庆跳蹬、陕西东庄等控制性枢纽建设。加快实施脱贫地区病险水库除险加固，及时消除安全隐患。加快长江、淮河、

海河等流域脱贫地区蓄滞洪区布局优化调整和建设，加快进退洪闸建设。三是加快山洪灾害防治能力建设。支持脱贫地区开展山洪灾害补充调查评价，继续实施重点山洪沟防洪治理。加强水文基础设施项目建设，支持脱贫地区水文规划内测站、水文监测中心建设。

深度阅读

强化现代农业基础支撑

——2022年中央1号文件述评之二

来源：《经济日报》2022年2月25日

一年之计在于春。眼下，农民备种备肥、农机排队检修、灌区开始春灌，一幅忙碌的春季农业生产画卷正由南向北渐次展开。日前发布的中央1号文件明确强化现代农业基础支撑，并对耕地、种业、农机等方面提出具体要求。这为全年农业生产指明了方向。

农业现代化的本质是生产过程的现代化。农机、种子、耕地是农业发展的物质要素，良机良种良田是现代农业的关键环节。目前，我国农作物耕种收综合机械化率达72%，农业科技进步贡献率超61%，良种在农业增产中的贡献率超45%，全国耕地质量等级较2014年提升0.35个等级，为农业生产注入源源动力，也支撑了乡村产业蓬勃发展。

不过，农业面临的各种挑战也在叠加。进口农产品挤压国内市场空间，资源环境约束带来绿色转型压力，农资、人工等要素价格攀升，小生产与大市场对接趋难。破解这些难题，必须增强供给体系对需求变化的适应性，提高农业全要素生产率。在连年丰收的高起点上，提高农业生产率，必须夯实农业基础条件和物质支撑。这是贯彻中央1号文件必须牢记的。

耕地是农业生产的根本。我国人多地少水缺，中低产田比重高，长期制约着农业发展的后劲。耕地正承受着面积减少和用途监管的巨大压力。第三次全国国土调查显示，耕地数量在 2009 年到 2019 年减少了 1.13 亿亩。近年来，部分地区出现耕地“非农化”“非粮化”倾向，为农业生产带来隐患。

“农田就是农田”，面对耕地红线退无可退的形势，迫切要采取“长牙齿”的硬措施，归纳起来是既要保数量、提质量，又要管用途、挖潜力。保数量方面，要立足严守 18 亿亩红线，做好“定线、定位、定责”，突出党政同责、终身追责。

提质量方面，突出高标准农田建设，加强耕地占补平衡全程监管。管用途方面，严格限制耕地转为建设用地，严格管控耕地转为其他农用地。区分一般耕地、永久基本农田、高标准农田不同类型，落实耕地利用优先序。挖潜力方面，将有条件的盐碱地适度有序开发为耕地。18 亿亩耕地红线要守住，5 亿亩盐碱地也要开发利用。

种业是建设现代农业的先导性工程。去年，有关部门开展了资源保护利用、创新攻关、企业扶优等种业振兴五大行动，启动了农业种质资源普查，强化了种业知识产权保护。截至目前，我国主要农作物良种基本实现全覆盖，自主选育品种面积占 95%以上。不过，不少品种同国际先进水平相比还有较大差距；种业企业总体多而不优、散而不强；与国际前沿相比，先进育种技术研发应用还处于跟跑阶段。

“必须把民族种业搞上去”，推动种业振兴，要打好组合拳，集中力量补短板、锻长板。一方面，聚焦创新攻关，加快补齐研发短板。另一方面，聚焦企业培育，加快壮大产业主体，扶持一批优势企业。

农机是农业现代化的关键抓手。当前，三大主粮生产基本实现机械化，极大解放了大田生产的人力。但是，农业机械化在区域、品种、环节上还面临许多难题。在典型丘陵山区县，农作物综合机械化率低于 50%。在园艺作物等领域，“无机可用”困扰着行业，导致生产成本居高不下。在西部地区的一些乡镇，农田建设与农机现状不适宜，有了农机却无用武之地。

"种地挑上金扁担"，今后要充分发挥农机节本增效的作用，聚焦农机化全程全面发展。在研发上，加强农机核心产品和关键零部件研发。在政策上，扩大农机购置补贴规模和范围。在推广上，鼓励种养大户发展为农机大户，鼓励农机大户开拓社会化服务，开展农机研发制造推广应用一体化试点。由此推动农机化由粮食作物向经济作物扩展，从种植业向养殖业发展，由平原地区向丘陵山区进军。

专家分析，到2025年，粮食品种有望实现一轮更新换代，高标准农田建设有望达10.75亿亩。可见，如果能够夯实农业的种子、耕地、农机基础，亩产提高是大有潜力的，地力提升也是大有可为的。

（作者：《经济日报》记者乔金亮）

第四章 打赢脱贫攻坚战 巩固拓展脱贫攻坚成果

新中国成立以来，中国共产党带领人民持续向贫困宣战。习近平总书记把脱贫攻坚摆在治国理政的突出位置，提出一系列新思想新观点，作出一系列新决策新部署，推动中国减贫事业取得了巨大成就。经过8年持续奋斗，2021年2月25日，习近平总书记在全国脱贫攻坚总结表彰大会上庄严宣告，经过全党全国各族人民共同努力，在迎来中国共产党成立一百周年的重要时刻，中国脱贫攻坚战取得了全面胜利。我国在现行标准下农村贫困人口全部脱贫，贫困县全部摘帽，消除了绝对贫困和区域性整体贫困，近1亿贫困人口实现脱贫，取得了令全世界刮目相看的重大胜利。然而，巩固拓展脱贫攻坚成果的任务依然艰巨。当前，脱贫户收入整体水平仍然不高，脱贫地区防止返贫的任务还很重。因此，我们必须坚决守住不发生规模性返贫底线，并作出完善监测帮扶机制、促进脱贫人口持续增收、加大对乡村振兴重点帮扶县和易地搬迁集中安置区支持力度、推动脱贫地区帮扶政策落地见效等具体安排。

1. 完成脱贫攻坚的重大意义是什么？

《中共中央　国务院关于实现巩固拓展脱贫攻坚成果同乡村振兴有效衔接的意见》指出，党的十八大以来，以习近平同志为核心的党中央把脱贫攻坚摆在治国理政的突出位置，作为实现第一个百年奋斗目标的重点任务，纳入“五位一体”总体布局和“四个全面”战略布局，作出一系列重大部署和安排，全面打响脱贫攻坚战，困扰中华民族几千年的绝对贫困问题即将历史性地得到解决，脱贫攻坚成果举世瞩目。到2020年我国现行标准下农村贫困人口全部实现脱贫、贫困县全部摘帽、区域性整体贫困得到解决。“两不愁”质量水平明显提升，“三保障”突出问题彻底消除。贫困人口收入水平大幅度提高，自主脱贫能力稳步增强。贫困地区生产生活条件明显改善，经济社会发展明显加快。脱贫攻坚取得全面胜利，提前10年实现《联合国2030年可持续发展议程》减贫目标，实现了全面小康路上一个都不掉队，在促进全体人民共同富裕的道路上迈出了坚实一步。完成脱贫攻坚这一伟大事业，不仅在中华民族发展史上具有重要里程碑意义，更是中国人民对人类文明和全球反贫困事业的重大贡献。脱贫攻坚的伟大实践，充分展现了我们党领导亿万人民坚持和发展中国特色社会主义创造的伟大奇迹，充分彰显了中国共产党领导和我国社会主义制度的政治优势。脱贫攻坚的伟大成就，极大增强了全党全国人民的凝聚力和向心力，极大增强了全党全国人民的道路自信、理论自信、制度自信、文化自信。

2. 脱贫攻坚伟大成就的取得来自哪里？

《中共中央　国务院关于实现巩固拓展脱贫攻坚成果同乡村振兴有效衔接的意见》指出，脱贫攻坚的成就归功于以习近平同志为核心的党中央的坚强领导，习近平总书记亲自谋划、亲自挂帅、亲自督战，推动实施精准扶贫精准脱贫基本方略；归功于全党全社会众志成城、共同努力，中央统筹、省负总责、市县抓落实，省市县乡村五级书记抓扶贫，构建起专项扶贫、行业扶贫、社会扶贫互为补充的大扶贫格局；归功于广大干部群众辛勤工作和不懈努力，数百万干部战斗在扶贫一线，亿万贫困群众依靠自己的双手和智慧摆脱贫困；归功于行之有效的政策体系、制度体系和工作体系，脱贫攻坚政策体系覆盖面广、含金量高，脱贫攻坚制度体系完备、上下贯通，脱贫攻坚工作体系目标明确、执行力强，为打赢脱贫攻坚战提供了坚强支撑，为全面推进乡村振兴提供了宝贵经验。

习近平总书记在全国脱贫攻坚总结表彰大会上的讲话指出，脱贫攻坚取得举世瞩目的成就，靠的是党的坚强领导，靠的是中华民族自力更生、艰苦奋斗的精神品质，靠的是新中国成立以来特别是改革开放以来积累的坚实物质基础，靠的是一任接着一任干的坚守执着，靠的是全党全国各族人民的团结奋斗。我们立足我国国情，把握减贫规律，出台一系列超常规政策举措，构建了一整套行之有效的政策体系、工作体系、制度体系，走出了一条中国特色减贫道路，形成了中国特色反贫困理论。

事实充分证明，精准扶贫是打赢脱贫攻坚战的制胜法宝，开发式扶贫方针是中国特色减贫道路的鲜明特征。只要我们坚持精准的科学方法、落实精准的工作要求，坚持用发展的办法解决发展不平衡不充分问题，就一定能够为经济社会发展和民生改善提供科学路径和持久动力！

——坚持调动广大贫困群众积极性、主动性、创造性，激发脱贫内生动力。“志之难也，不在胜人，在自胜。”脱贫必须摆脱思想意识上的贫困。我们注重把人民群众对美好生活的向往转化成脱贫攻坚的强大动能，实行扶贫和扶志扶智相结合，既富口袋也富脑袋，引导贫困群众依靠勤劳双手和顽强意志摆脱贫困、改变命运。我们引导贫困群众树立“宁愿苦干、不愿苦熬”的观念，鼓足“只要有信心，黄土变成金”的干劲，增强“弱鸟先飞、滴水穿石”的韧性，让他们心热起来、行动起

来。脱贫群众说："现在国家政策好了，只要我们不等待、不观望，发扬'让我来'的精神，一定能过上好日子。""生活改变了我，我也改变了生活。"

事实充分证明，人民是真正的英雄，激励人民群众自力更生、艰苦奋斗的内生动力，对人民群众创造自己的美好生活至关重要。只要我们始终坚持为了人民、依靠人民，尊重人民群众主体地位和首创精神，把人民群众中蕴藏着的智慧和力量充分激发出来，就一定能够不断创造出更多令人刮目相看的人间奇迹！

——坚持弘扬和衷共济、团结互助美德，营造全社会扶危济困的浓厚氛围。我们推动全社会践行社会主义核心价值观，传承中华民族守望相助、和衷共济、扶贫济困的传统美德，引导社会各界关爱贫困群众、关心减贫事业、投身脱贫行动。我们完善社会动员机制，搭建社会参与平台，创新社会帮扶方式，形成了人人愿为、人人可为、人人能为的社会帮扶格局。

事实充分证明，社会主义核心价值观、中华优秀传统文化是凝聚人心、汇聚民力的强大力量。只要我们坚定道德追求，不断激发全社会向上向善的正能量，就一定能够为中华民族乘风破浪、阔步前行提供不竭的精神力量！

3. 脱贫攻坚精神是什么？

习近平总书记在全国脱贫攻坚总结表彰大会上的讲话指出，伟大事业孕育伟大精神，伟大精神引领伟大事业。脱贫攻坚伟大斗争，锻造形成了"上下同心、尽锐出战、精准务实、开拓创新、攻坚克难、不负人民"的脱贫攻坚精神。脱贫攻坚精神，是中国共产党性质宗旨、中国人民意志品质、中华民族精神的生动写照，是爱国主义、集体主义、社会主义思想的集中体现，是中国精神、中国价值、中国力量的充分彰显，赓续传承了伟大民族精神和时代精神。全党全国全社会都要大力弘扬脱贫攻坚精神，团结一心，英勇奋斗，坚决战胜前进道路上的一切困难和风险，不断夺取坚持和发展中国特色社会主义新的更大的胜利！

4. 如何瞄准贫困人口精准帮扶？

2018年中央1号文件指出，要瞄准贫困人口精准帮扶：一是对有劳动能力的贫困人口，强化产业和就业扶持，着力做好产销衔接、劳务对接，实现稳定脱贫。二是有序推进易地扶贫搬迁，让搬迁群众搬得出、稳得住、能致富。三是对完全或部分丧失劳动能力的特殊贫困人口，综合实施保障性扶贫政策，确保病有所医、残有所助、生活有兜底。四是做好农村最低生活保障工作的动态化精细化管理，把符合条件的贫困人口全部纳入保障范围。

5. 如何强化到村到户到人精准帮扶举措？

《中共中央　国务院关于打赢脱贫攻坚战三年行动的指导意见》指出，要强化到村到户到人的精准帮扶举措：

（1）加大产业扶贫力度。深入实施贫困地区特色产业提升工程，因地制宜加快发展对贫困户增收带动作用明显的种植养殖业、林草业、农产品加工业、特色手工业、休闲农业和乡村旅游，积极培育和推广有市场、有品牌、有效益的特色产品。将贫困地区特色农业项目优先列入优势特色农业提质增效行动计划，加大扶持力度，建设一批特色种植养殖基地和良种繁育基地。支持有条件的贫困县创办一二三产业融合发展扶贫产业园。组织国家级龙头企业与贫困县合作创建绿色食品、有机农产品原料标准化基地。实施中药材产业扶贫行动计划，鼓励中医药企业到贫困地区建设中药材基地。多渠道拓宽农产品营销渠道，推动批发市场、电商企业、大型超市等市场主体与贫困村建立长期稳定的产销关系，支持供销、邮政及各类企业把服务网点延伸到贫困村，推广以购代捐的扶贫模式，组织开展贫困地区农产品定向直供直销学校、医院、机关食堂和交易市场活动。加快推进“快递下乡”工程，完善贫困地区农村物流配送体系，加强特色优势农产品生产基地冷链设施建设。推动邮

政与快递、交通运输企业在农村地区扩展合作范围、合作领域和服务内容。完善新型农业经营主体与贫困户联动发展的利益联结机制，推广股份合作、订单帮扶、生产托管等有效做法，实现贫困户与现代农业发展有机衔接。建立贫困户产业发展指导员制度，明确到户帮扶干部承担产业发展指导职责，帮助贫困户协调解决生产经营中的问题。鼓励各地通过政府购买服务方式向贫困户提供便利高效的农业社会化服务。实施电商扶贫，优先在贫困县建设农村电子商务服务站点。继续实施电子商务进农村综合示范项目。动员大型电商企业和电商强县对口帮扶贫困县，推进电商扶贫网络频道建设。积极推动贫困地区农村资源变资产、资金变股金、农民变股东改革，制定实施贫困地区集体经济薄弱村发展提升计划，通过盘活集体资源、入股或参股、量化资产收益等渠道增加集体经济收入。在条件适宜地区，以贫困村村级光伏电站建设为重点，有序推进光伏扶贫。支持贫困县整合财政涉农资金发展特色产业。鼓励地方从实际出发利用扶贫资金发展短期难见效、未来能够持续发挥效益的产业。规范和推动资产收益扶贫工作，确保贫困户获得稳定收益。将产业扶贫纳入贫困县扶贫成效考核和党政一把手离任审计，引导各地发展长期稳定的脱贫产业项目。

（2）全力推进就业扶贫。实施就业扶贫行动计划，推动就业意愿、就业技能与就业岗位精准对接，提高劳务组织化程度和就业脱贫覆盖面。鼓励贫困地区发展生态友好型劳动密集型产业，通过岗位补贴、场租补贴、贷款支持等方式，扶持企业在贫困乡村发展一批扶贫车间，吸纳贫困家庭劳动力就近就业。推进贫困县农民工创业园建设，加大创业担保贷款、创业服务力度，推动创业带动就业。鼓励开发多种形式的公益岗位，通过以工代赈、以奖代补、劳务补助等方式，动员更多贫困群众参与小型基础设施、农村人居环境整治等项目建设，吸纳贫困家庭劳动力参与保洁、治安、护路、管水、扶残助残、养老护理等，增加劳务收入。深入推进扶贫劳务协作，加强劳务输出服务工作，在外出劳动力就业较多的城市建立服务机构，提高劳务对接的组织化程度和就业质量。东部地区要组织企业到西部地区建设产业园区，吸纳贫困人口稳定就业。西部地区要组织贫困人口到东部地区就业。实施家政和护工服务劳务对接扶贫行动，打造贫困地区家政和护工服务品牌，完善家政和护工就业保障机制。实施技能脱贫专项行动，统筹整合各类培训资源，组织有就业培训意愿的贫困家庭劳动力参加劳动预备制培训、岗前培训、订单培训和岗位技能提升培训，按规定落实职业培训补贴政策。推进职业教育东西协作行动，实现东西部职业院校结对帮扶全覆盖，深入实施技能脱贫千校行动，支持东部地区职业院校招收对口帮扶的西部地区贫困家庭学生，帮助有在东部地区就业意愿的毕业生实现就业。在人口集中和产业发展需要的贫困地区办好一批中等职业学校（含技工学校），建设一批职业技能实习实训基地。

（3）深入推动易地扶贫搬迁。全面落实国家易地扶贫搬迁政策要求和规范标准，结合推进新型城镇化，进一步提高集中安置比例，稳妥推进分散安置并强化跟踪监管，完善安置区配套基础设施和公共服务设施，严守贫困户住房建设面积和自筹资金底线，统筹各项扶贫和保障措施，确保完成剩余 390 万左右贫困人口搬迁建设任务，确保搬迁一户、稳定脱贫一户。按照以岗定搬、以业定迁原则，加强后续产业发展和转移就业工作，确保贫困搬迁家庭至少 1 个劳动力实现稳定就业。在自然条件和发展环境异常恶劣地区，结合行政村规划布局调整，鼓励实施整村整组搬迁。今后 3 年集中力量完成“十三五”规划的建档立卡贫困人口搬迁任务，确保具备搬迁安置条件的贫困人口应搬尽搬，逐步实施同步搬迁。对目前不具备搬迁安置条件的贫困人口，优先解决其“两不愁三保障”问题，今后可结合实施乡村振兴战略压茬推进，通过实施生态宜居搬迁和有助于稳定脱贫、逐步致富的其他形式搬迁，继续稳步推进。加强安置区社区管理和服务，切实做好搬迁群众户口迁移、上学就医、社会保障、心理疏导等接续服务工作，引导搬迁群众培养良好生活习惯，尽快融入新环境新社区。强化易地扶贫搬迁督促检查，确保高质量完成易地扶贫搬迁目标任务。

（4）加强生态扶贫。创新生态扶贫机制，加大贫困地区生态保护修复力度，实现生态改善和脱贫双赢。推进生态保护扶贫行动，到2020年在有劳动能力的贫困人口中新增选聘生态护林员、草管员岗位40万个。加大对贫困地区天然林保护工程建设支持力度。探索天然林、集体公益林托管，推广“合作社＋管护＋贫困户”模式，吸纳贫困人口参与管护。建设生态扶贫专业合作社（队），吸纳贫困人口参与防沙治沙、石漠化治理、防护林建设和储备林营造。推进贫困地区低产低效林提质增效工程。加大贫困地区新一轮退耕还林还草支持力度，将新增退耕还林还草任务向贫困地区倾斜，在确保省级耕地保有量和基本农田保护任务前提下，将25°以上坡耕地、重要水源地15°～25°坡耕地、陡坡梯田、严重石漠化耕地、严重污染耕地、移民搬迁撂荒耕地纳入新一轮退耕还林还草工程范围，对符合退耕政策的贫困村、贫困户实现全覆盖。结合建立国家公园体制，多渠道筹措资金，对生态核心区内的居民实施生态搬迁，带动贫困群众脱贫。深化贫困地区集体林权制度改革，鼓励贫困人口将林地经营权入股造林合作社，增加贫困人口资产性收入。完善横向生态保护补偿机制，让保护生态的贫困县、贫困村、贫困户更多受益。鼓励纳入碳排放权交易市场的重点排放单位购买贫困地区林业碳汇。

（5）着力实施教育脱贫攻坚行动。以保障义务教育为核心，全面落实教育扶贫政策，进一步降低贫困地区特别是深度贫困地区、民族地区义务教育辍学率，稳步提升贫困地区义务教育质量。强化义务教育控辍保学联保联控责任，在辍学高发区“一县一策”制定工作方案，实施贫困学生台账化精准控辍，确保贫困家庭适龄学生不因贫失学辍学。全面推进贫困地区义务教育薄弱学校改造工作，重点加强乡镇寄宿制学校和乡村小规模学校建设，确保所有义务教育学校达到基本办学条件。实施好农村义务教育学生营养改善计划。在贫困地区优先实施教育信息化2.0行动计划，加强学校网络教学环境建设，共享优质教育资源。改善贫困地区乡村教师待遇，落实教师生活补助政策，均衡配置城乡教师资源。加大贫困地区教师特岗计划实施力度，深入推进义务教育阶段教师校长交流轮岗和对口帮扶工作，国培计划、公费师范生培养、中小学教师信息技术应用能力提升工程等重点支持贫困地区。鼓励通过公益捐赠等方式，设立贫困地区优秀教师奖励基金，用于表彰长期扎根基层的优秀乡村教师。健全覆盖各级各类教育的资助政策体系，学生资助政策实现应助尽助。加大贫困地区推广普及国家通用语言文字工作力度。开展民族地区学前儿童学习普通话行动。

（6）深入实施健康扶贫工程。将贫困人口全部纳入城乡居民基本医疗保险、大病保险和医疗救助保障范围。落实贫困人口参加城乡居民基本医疗保险个人缴费财政补贴政策，实施扶贫医疗救助。切实降低贫困人口就医负担，在严格费用管控、确定诊疗方案、确定单病种收费标准、规范转诊和集中定点救治的基础上，对城乡居民基本医疗保险和大病保险支付后自负费用仍有困难的患者，加大医疗救助和其他保障政策的帮扶力度。全面落实农村贫困人口县域内定点医疗机构住院治疗先诊疗后付费，在定点医院设立综合服务窗口，实现各项医疗保障政策“一站式”信息交换和即时结算。在贫困地区加快推进县乡村三级卫生服务标准化建设，确保每个贫困县建好1～2所县级公立医院（含中医院），加强贫困地区乡镇卫生院和村卫生室能力建设。深入实施医院对口帮扶，全国963家三级医院与832个贫困县的1 180家县级医院结对帮扶，为贫困县医院配置远程医疗设施设备，全面建成从三级医院到县医院互联互通的远程医疗服务网络。贫困地区每个乡镇卫生院至少设立1个全科医生特岗。支持地方免费培养农村高职（专科）医学生，经助理全科医生培训合格后，补充到贫困地区村卫生室和乡镇卫生院。贫困地区可在现有编制总量内直接面向人才市场选拔录用医技人员，选拔录用时优先考虑当地医疗卫生事业紧缺人才。全面实施贫困地区县乡村医疗卫生机构一体化管理，构建三级联动的医疗服务和健康管理平台，为贫困群众提供基本健康服务。加强对贫困地区慢性病、常见病的防治，开展专项行动，降低因病致贫返贫风险。开展地方病和重大传染病攻坚行

动，实施预防、筛查、治疗、康复、管理的全过程综合防治。贫困地区妇女宫颈癌、乳腺癌检查和儿童营养改善、新生儿疾病筛查项目扩大到所有贫困县。开展和规范家庭医生（乡村医生）签约服务，落实签约服务政策，优先为妇幼、老人、残疾人等重点人群开展健康服务和慢性病综合防控，做好高血压、糖尿病、结核病、严重精神障碍等慢性病规范管理。实施贫困地区健康促进三年行动计划。将脱贫攻坚与落实生育政策紧密结合，倡导优生优育，利用基层计划生育服务力量，加强出生缺陷综合防治宣传教育。

（7）加快推进农村危房改造。允许各省（自治区、直辖市）根据国务院主管部门制定的原则，结合各自实际推广简便易行的危房鉴定程序，规范对象认定程序，建立危房台账并实施精准管理，改造一户、销档一户，确保完成建档立卡贫困户等4类重点对象危房改造任务。明确农村危房改造基本安全要求，保证正常使用安全和基本使用功能。因地制宜推广农房加固改造，在危房改造任务较重的省份开展农房加固改造示范，结合地方实际推广现代生土农房等改良型传统民居，鼓励通过闲置农房置换或长期租赁等方式，兜底解决特殊贫困群体基本住房安全问题。落实各级补助资金，完善分类分级补助标准。加强补助资金使用管理和监督检查，支付给农户的资金要及时足额直接拨付到户。建立完善危房改造信息公示制度。

（8）强化综合保障性扶贫。统筹各类保障措施，建立以社会保险、社会救助、社会福利制度为主体，以社会帮扶、社工助力为辅助的综合保障体系，为完全丧失劳动能力和部分丧失劳动能力且无法依靠产业就业帮扶脱贫的贫困人口提供兜底保障。完善城乡居民基本养老保险制度，对符合条件的贫困人口由地方政府代缴城乡居民养老保险费。继续实施社会服务兜底工程，加快建设为老年人、残疾人、精神障碍患者等特殊群体提供服务的设施。鼓励各地通过互助养老、设立孝善基金等途径，创新家庭养老方式。加快建立贫困家庭“三留守”关爱服务体系，落实家庭赡养、监护照料法定义务，探索建立信息台账和定期探访制度。完善农村低保制度，健全低保对象认定方法，将完全丧失劳动能力和部分丧失劳动能力且无法依靠产业就业帮扶脱贫的贫困人口纳入低保范围。对地广人稀的贫困地区适度降低国家救灾应急响应启动条件。加大临时救助力度，及时将符合条件的返贫人口纳入救助范围。

（9）开展贫困残疾人脱贫行动。将符合条件的建档立卡贫困残疾人纳入农村低保和城乡医疗救助范围。完善困难残疾人生活补贴和重度残疾人护理补贴制度，有条件的地方逐步扩大政策覆盖面。深入实施"福康工程"等残疾人精准康复服务项目，优先为贫困家庭有康复需求的残疾人提供基本康复服务和辅助器具适配服务。对16周岁以上有长期照料护理需求的贫困重度残疾人，符合特困人员救助供养条件的纳入特困人员救助供养；不符合救助供养条件的，鼓励地方通过政府补贴、购买服务、设立公益岗位、集中托养等多种方式，为贫困重度残疾人提供集中照料或日间照料、邻里照护服务。逐步推进农村贫困重度残疾人家庭无障碍改造。实施第二期特殊教育提升计划，帮助贫困家庭残疾儿童多种形式接受义务教育，加快发展非义务教育阶段特殊教育。资产收益扶贫项目要优先安排贫困残疾人家庭。

（10）开展扶贫扶志行动。加强教育引导，开展扶志教育活动，创办脱贫攻坚"农民夜校""讲习所"等，加强思想、文化、道德、法律、感恩教育，弘扬自尊、自爱、自强精神，防止政策养懒汉、助长不劳而获和"等靠要"等不良习气。加大以工代赈实施力度，动员更多贫困群众投工投劳。推广以表现换积分、以积分换物品的"爱心公益超市"等自助式帮扶做法，实现社会爱心捐赠与贫困群众个性化需求的精准对接。鼓励各地总结推广脱贫典型，宣传表彰自强不息、自力更生脱贫致富的先进事迹和先进典型，用身边人身边事示范带动贫困群众。大力开展移风易俗活动，选树一批文明村镇和星级文明户，推广"星级评比"等做法，引导贫困村修订完善村规民约，发挥村民议事会、道德评议会、红白理事会、禁毒禁赌会等群众组织作用，坚持自治、法治、德治相结合，教育引导贫困群众弘扬传统美德、树立文明新风。加强对高额

彩礼、薄养厚葬、子女不赡养老人等问题的专项治理。深入推进文化扶贫工作，提升贫困群众的公共文化服务获得感。把扶贫领域诚信纳入国家信用监管体系，将不履行赡养义务、虚报冒领扶贫资金、严重违反公序良俗等行为人列入失信人员名单。

6. 如何激发贫困人口内生动力？

2018 年中央 1 号文件指出，要激发贫困人口内生动力：一是把扶贫同扶志扶智结合起来，把救急纾困和内生脱贫结合起来，提升贫困群众发展生产和务工经商的基本技能，实现可持续稳固脱贫。二是引导贫困群众克服等靠要思想，逐步消除精神贫困。三是要打破贫困均衡，促进形成自强自立、争先脱贫的精神风貌。四是改进帮扶方式方法，更多采用生产奖补、劳务补助、以工代赈等机制，推动贫困群众通过自己的辛勤劳动脱贫致富。

7. 如何着力解决扶贫攻坚突出问题，提升脱贫攻坚质量水平？

2019 年中央 1 号文件指出，着力解决扶贫攻坚突出问题，一要注重发展长效扶贫产业，着力解决产销脱节、风险保障不足等问题，提高贫困人口参与度和直接受益水平。二要强化易地扶贫搬迁后续措施，着力解决重搬迁、轻后续帮扶问题，确保搬迁一户、稳定脱贫一户。三要加强贫困地区义务教育控辍保学，避免因贫失学辍学。四要落实基本医疗保险、大病保险、医疗救助等多重保障措施，筑牢乡村卫生服务网底，保障贫困人口基本医疗需求。五要扎实推进生态扶贫，促进扶贫开发与生态保护相协调。六要坚持扶贫与扶志扶智相结合，加强贫困地区职业教育和技能培训，加强开发式扶贫与保障性扶贫统筹衔接，着力解决“一兜了之”和部分贫困人口等靠要问题，增强贫困群众内生动力和自我发展能力。七要切实加强一线精准帮扶力量，选优配强驻村工作队伍。关心关爱扶贫干部，加大工作支持力度，帮助解决实际困难，解除后顾之忧。八要持续开展扶贫领域腐败和作风问题专项治理，严厉查处虚报冒领、贪占挪用和优亲厚友、吃拿卡要等问题。

8. 如何加快补齐贫困地区基础设施短板?

《中共中央　国务院关于打赢脱贫攻坚战三年行动的指导意见》指出，要加快补齐贫困地区基础设施短板。

（1）加快实施交通扶贫行动。在贫困地区加快建成外通内联、通村畅乡、客车到村、安全便捷的交通运输网络。尽快实现具备条件的乡镇、建制村通硬化路。以示范县为载体，推进贫困地区“四好农村路”建设。扩大农村客运覆盖范围，到2020年实现具备条件的建制村通客车目标。加快贫困地区农村公路安全生命防护工程建设，基本完成乡道及以上行政等级公路安全隐患治理。推进窄路基路面农村公路合理加宽改造和危桥改造。改造建设一批贫困乡村旅游路、产业路、资源路，优先改善自然人文、少数民族特色村寨和风情小镇等旅游景点景区交通设施。加大成品油税费改革转移支付用于贫困地区农村公路养护力度。推进国家铁路网、国家高速公路网连接贫困地区项目建设，加快贫困地区普通国省道改造和支线机场、通用机场、内河航道建设。

（2）大力推进水利扶贫行动。加快实施贫困地区农村饮水安全巩固提升工程，落实工程建设和管护责任，强化水源保护和水质保障，因地制宜加强供水工程建设与改造，显著提高农村集中供水率、自来水普及率、供水保证率和水质达标率，到2020年全面解决贫困人口饮水安全问题。加快贫困地区大中型灌区续建配套与节水改造、小型农田水利工程建设，实现灌溉水源、灌排骨干工程与田间工程协调配套。切实加强贫困地区防洪工程建设和运行管理。继续推进贫困地区水土保持和水生态建设工程。

（3）大力实施电力和网络扶贫行动。实施贫困地区农网改造升级，加强电力基础设施建设，建立贫困地区电力普遍服务监测评价体系，引导电网企业做好贫困地区农村电力建设管理和供电服务，到2020年实

现大电网延伸覆盖至全部县城。大力推进贫困地区农村可再生能源开发利用。

深入实施网络扶贫行动，统筹推进网络覆盖、农村电商、网络扶智、信息服务、网络公益5大工程向纵深发展，创新“互联网＋”扶贫模式。完善电信普遍服务补偿机制，引导基础电信企业加大投资力度，实现90%以上贫困村宽带网络覆盖。鼓励基础电信企业针对贫困地区和贫困群众推出资费优惠举措，鼓励企业开发有助精准脱贫的移动应用软件、智能终端。

（4）大力推进贫困地区农村人居环境整治。开展贫困地区农村人居环境整治三年行动，因地制宜确定贫困地区村庄人居环境整治目标，重点推进农村生活垃圾治理、卫生厕所改造。开展贫困地区农村生活垃圾治理专项行动，有条件的地方探索建立村庄保洁制度。因地制宜普及不同类型的卫生厕所，同步开展厕所粪污治理。有条件的地方逐步开展生活污水治理。加快推进通村组道路建设，基本解决村内道路泥泞、村民出行不便等问题。

9. 如何动员全社会力量参与脱贫攻坚？

《中共中央　国务院关于打赢脱贫攻坚战三年行动的指导意见》指出，要动员全社会力量参与脱贫攻坚。

（1）加大东西部扶贫协作和对口支援力度。把人才支持、市场对接、劳务协作、资金支持等作为协作重点，深化东西部扶贫协作，推进携手奔小康行动贫困县全覆盖，并向贫困村延伸。强化东西部扶贫协作责任落实，加强组织协调、工作指导和督导检查，建立扶贫协作台账制度，每年对账考核。优化结对协作关系，实化细化县之间、乡镇之间、行政村之间结对帮扶措施，推广“闽宁示范村”模式。突出产业帮扶，鼓励合作建设承接产业转移的基地，引导企业精准结对帮扶。突出劳务协作，有组织地开展人岗对接，提高协作规模和质量。突出人才支援，加大力度推进干部双向挂职、人才双向交流，提高干部人才支持和培训培养精准性。突出资金支持，切实加强资金监管，确保东西部扶贫协作资金精准使用。将帮扶贫困残疾人脱贫纳入东西部扶贫协作范围。

实施好“十三五”对口支援新疆、西藏和四省藏区经济社会发展规划，严格落实中央确定的80%以上资金用于保障和改善民生、用于县及县以下基层的要求，进一步聚焦脱贫攻坚的重点和难点，确保更多资金、项目和工作精力投向贫困人口。

(2) 深入开展定点扶贫工作。落实定点扶贫工作责任，把定点扶贫县脱贫工作纳入本单位工作重点，加强工作力量，出台具体帮扶措施。定点扶贫单位主要负责同志要承担第一责任人职责，定期研究帮扶工作。强化定点扶贫牵头单位责任。加强对定点扶贫县脱贫攻坚工作指导，督促落实脱贫主体责任。把定点扶贫县作为转变作风、调查研究的基地，通过解剖麻雀，总结定点扶贫县脱贫经验，完善本部门扶贫政策，推动脱贫攻坚工作。选派优秀中青年干部、后备干部到贫困地区挂职，落实艰苦地区挂职干部生活补助政策。

(3) 扎实做好军队帮扶工作。加强军地脱贫攻坚工作协调，驻地部队要积极承担帮扶任务，参与扶贫行动，广泛开展扶贫济困活动。接续做好“八一爱民学校”援建工作，组织开展多种形式的结对助学活动。组织军队系统医院对口帮扶贫困县县级医院，深入贫困村送医送药、巡诊治病。帮助革命老区加强红色资源开发，培育壮大红色旅游产业，带动贫困人口脱贫。帮助培育退役军人和民兵预备役人员脱贫致富带头人。

(4) 激励各类企业、社会组织扶贫。落实国有企业精准扶贫责任，通过发展产业、对接市场、安置就业等多种方式帮助贫困户脱贫。深入推进“万企帮万村”精准扶贫行动，引导民营企业积极开展产业扶贫、就业扶贫、公益扶贫，鼓励有条件的大型民营企业通过设立扶贫产业投资基金等方式参与脱贫攻坚。持续开展“光彩行”活动，提高精准扶贫成效。

支持社会组织参与脱贫攻坚，加快建立社会组织帮扶项目与贫困地区需求信息对接机制，确保贫困人口发展需求与社会帮扶有效对接。鼓励引导社会各界使用贫困地区产品和服务，推动贫困地区和贫困户融入大市场。实施全国性社会组织参与“三区三州”深度贫困地区脱贫攻坚行动。实施社会工作“专业人才服务三区计划”“服务机构牵手计划”“教育对口扶贫计划”，为贫困人口提供生计发展、能力提升、心理支持等专业服务。加强对社会组织扶贫的引导和管理，优化环境、整合力量、创新方式，提高扶贫效能。落实社会扶贫资金所得税税前扣除政策。

（5）大力开展扶贫志愿服务活动。动员组织各类志愿服务团队、社会各界爱心人士开展扶贫志愿服务。实施社会工作专业人才服务贫困地区系列行动计划，支持引导专业社会工作和志愿服务力量积极参与精准扶贫。推进扶贫志愿服务制度化，建立扶贫志愿服务人员库，鼓励国家机关、企事业单位、人民团体、社会组织等组建常态化、专业化服务团队。制定落实扶贫志愿服务支持政策。

10. 如何保持脱贫攻坚政策总体稳定？

2020 年中央 1 号文件指出，坚持贫困县摘帽不摘责任、不摘政策、不摘帮扶、不摘监管。强化脱贫攻坚责任落实，继续执行对贫困县的主要扶持政策，进一步加大东西部扶贫协作、对口支援、定点扶贫、社会扶贫力度，稳定扶贫工作队伍，强化基层帮扶力量。持续开展扶贫领域腐败和作风问题专项治理。对已实现稳定脱贫的县，各省（自治区、直辖市）可以根据实际情况统筹安排专项扶贫资金，支持非贫困县、非贫困村贫困人口脱贫。

11. 如何巩固和扩大脱贫攻坚成果防止返贫？

2019 年中央 1 号文件指出，要想巩固和扩大脱贫攻坚成果，就要在攻坚期内贫困县、贫困村、贫困人口退出后，相关扶贫政策保持稳定，减少和防止贫困人口返贫。就要研究解决收入水平略高于建档立卡贫困户的群众缺乏政策支持等新问题。就要坚持和推广脱贫攻坚中的好经验好做法好路子。就要做好脱贫攻坚与乡村振兴的衔接，对摘帽后的贫困县要通过实施乡村振兴战略巩固发展成果，接续推动经济社会发展和群众生活改善。就要总结脱贫攻坚的实践创造和伟大精神。及早谋划脱贫攻坚目标任务2020年完成后的战略思路。

2020年中央1号文件指出，各地要对已脱贫人口开展全面排查，认真查找漏洞缺项，一项一项整改清零，一户一户对账销号。总结推广各地经验做法，健全监测预警机制，加强对不稳定脱贫户、边缘户的动态监测，将返贫人口和新发生贫困人口及时纳入帮扶，为巩固脱贫成果提供制度保障。强化产业扶贫、就业扶贫，深入开展消费扶贫，加大易地扶贫搬迁后续扶持力度。扩大贫困地区退耕还林还草规模。深化扶志扶智，激发贫困人口内生动力。

12. 如何坚决守住不发生规模性返贫底线？河北省2022年如何做？

2020年中央1号文件指出，各地要对已脱贫人口开展全面排查，认真查找漏洞缺项，一项一项整改清零，一户一户对账销号。总结推广各地经验做法，健全监测预警机制，加强对不稳定脱贫户、边缘户的动态监测，将返贫人口和新发生贫困人口及时纳入帮扶，为巩固脱贫成果提供制度保障。强化产业扶贫、就业扶贫，深入开展消费扶贫，加大易地扶贫搬迁后续扶持力度。扩大贫困地区退耕还林还草规模。深化扶志扶智，激发贫困人口内生动力。

《论“三农”工作》一书收纳了习近平同志于2021年2月25日在全国脱贫攻坚总结表彰大会上的讲话。习近平总书记指出，“胜非其难也，持之者其难也。”我们要切实做好巩固拓展脱贫攻坚成果同乡村振兴有效衔接各项工作，让脱贫基础更加稳固、成效更可持续。对易返贫致贫人口要加强监测，做到早发现、早干预、早帮扶。对脱贫地区产业

要长期培育和支持，促进内生可持续发展。对异地扶贫搬迁群众要搞好后续扶持，多渠道促进就业，强化社会管理，促进社会融入。对脱贫县要扶上马送一程，设立过渡期，保持主要帮扶政策总体稳定。要坚持和完善驻村第一书记和工作队、东西部协作、对口支援、社会帮扶等制度，并根据形势和任务变化进行完善。党中央决定，适时组织开展巩固脱贫成果后评估工作，压紧压实各级党委和政府巩固脱贫攻坚成果责任，坚决守住不发生规模性返贫的底线。

2022 年中央 1 号文件指出，坚决守住不发生规模性返贫底线，一是要完善监测帮扶机制。精准确定监测对象，将有返贫致贫风险和突发严重困难的农户纳入监测范围，简化工作流程，缩短认定时间。针对发现的因灾因病因疫等苗头性问题，及时落实社会救助、医疗保障等帮扶措施。强化监测帮扶责任落实，确保工作不留空档、政策不留空白。继续开展巩固脱贫成果后评估工作。二是要促进脱贫人口持续增收。推动脱贫地区更多依靠发展来巩固拓展脱贫攻坚成果，让脱贫群众生活更上一层楼。巩固提升脱贫地区特色产业，完善联农带农机制，提高脱贫人口家庭经营性收入。逐步提高中央财政衔接推进乡村振兴补助资金用于产业发展的比重，重点支持帮扶产业补上技术、设施、营销等短板，强化龙头带动作用，促进产业提档升级。巩固光伏扶贫工程成效，在有条件的脱贫地区发展光伏产业。压实就业帮扶责任，确保脱贫劳动力就业规模稳定。深化东西部劳务协作，做好省内转移就业工作。延续支持帮扶车间发展优惠政策。发挥以工代赈作用，具备条件的可提高劳务报酬发放比例。统筹用好乡村公益岗位，实行动态管理。逐步调整优化生态护林员政策。三是要加大对乡村振兴重点帮扶县和易地搬迁集中安置区支持力度。在乡村振兴重点帮扶县实施一批补短板促发展项目。编制国家乡村振兴重点帮扶县巩固拓展脱贫攻坚成果同乡村振兴有效衔接实施方案。做好国家乡村振兴重点帮扶县科技特派团选派，实行产业技术顾问制度，有计划开展教育、医疗干部人才组团式帮扶。建立健全国家乡村振兴重点帮扶县发展监测评价机制。加大对国家乡村振兴重点帮扶县信贷资金投入和保险保障力度。完善易地搬迁集中安置区配套设施和公共服务，持续加大安置区产业培育力度，开展搬迁群众就业帮扶专项行动。落实搬迁群众户籍管理、合法权益保障、社会融入等工作举措，提升安置社区治理水平。四是要推动脱贫地区帮扶政策落地见效。保持主要帮扶政策总体稳定，细化落实过渡期各项帮扶政策，开展政策效果评估。拓展东西部协作工作领域，深化区县、村企、学校、医院等结对帮扶。在东西部协作和对口支援框架下，继续开展城乡建设用地增减挂钩节余指标跨省域调剂。持续做好中央单位定点帮扶工作。扎实做好脱贫人口小额信贷工作。创建消费帮扶示范城市和产地示范区，发挥脱贫地区农副产品网络销售平台作用。

2022 年河北省 1 号文件指出，坚决守住不发生规模性返贫底线，一是要完善落实监测帮扶机制。统筹用好农户申报、基层排查和部门预警三种监测方式，将有返贫致贫风险的农户纳入监测范围，精准确定监测对象。持续跟踪“两不愁三保障”及饮水安全情况和收入水平变化，发现问题及时预警处置、精准帮扶。建立农村大病人员信息化台账。强化监测帮扶责任落实，确保工作不留空档、政策不留空白。继续开展巩固脱贫成果后评估工作。二是要促进脱贫人口持续增收。把脱贫县主导产业纳入全省农业特色优势产业集群一体推进，强化项目增收、科技支撑、龙头培育、帮扶助力，完善联农带农机制。逐步提高财政衔接推进乡村振兴补助资金用于产业发展比重，重点支持帮扶产业补上技术、设施、营销等短板。创建消费帮扶示范城市和产地示范区，发挥脱贫地区农副产品网络销售平台作用。巩固光伏扶贫工作成效，在有条件的脱贫地区发展光伏产业。统筹用好乡村公益岗位，支持农村中小型公益性基础设施建设，扩大以工代赈实施范围，具备条件的可提高劳务报酬发放比例。调整优化生态护林员政策。对脱贫人口就业实行信息化动态管理，抓好职业技能培训和劳务输出，叫响燕赵家政·河北福嫂品牌。延续支持帮扶车间发展优惠政策，优先安置脱贫人口特别是弱劳力、半劳力。压实就业帮扶责任，确保脱贫劳动力就业规模稳定。三是要推动脱

贫地区帮扶政策落地见效。保持主要帮扶政策总体稳定，细化过渡期各项帮扶政策，对省级乡村振兴重点帮扶县集中支持。落实脱贫家庭子女免费就读省内公办职业院校政策。完善易地搬迁集中安置区配套设施和公共服务，持续加大安置区产业培育力度，开展搬迁群众就业帮扶专项行动，提升安置社区治理水平。继续做好中央单位定点帮扶和省内帮扶工作。扎实做好脱贫人口小额信贷工作，依法依规实施“政银企户保”金融扶贫政策。

13. 如何实现巩固拓展脱贫攻坚成果同乡村振兴有效衔接?

2021 年中央 1 号文件指出，实现巩固拓展脱贫攻坚成果同乡村振兴有效衔接，一要设立衔接过渡期。脱贫攻坚目标任务完成后，对摆脱贫困的县，从脱贫之日起设立 5 年过渡期，做到扶上马送一程。过渡期内保持现有主要帮扶政策总体稳定，并逐项分类优化调整，合理把握节奏、力度和时限，逐步实现由集中资源支持脱贫攻坚向全面推进乡村振兴平稳过渡，推动“三农”工作重心历史性转移。抓紧出台各项政策完善优化的具体实施办法，确保工作不留空档、政策不留空白。二要持续巩固拓展脱贫攻坚成果。健全防止返贫动态监测和帮扶机制，对易返贫致贫人口及时发现、及时帮扶，守住防止规模性返贫底线。以大中型集中安置区为重点，扎实做好易地搬迁后续帮扶工作，持续加大就业和产业扶持力度，继续完善安置区配套基础设施、产业园区配套设施、公共服务设施，切实提升社区治理能力。加强扶贫项目资产管理和监督。三要接续推进脱贫地区乡村振兴。实施脱贫地区特色种养业提升行动，广泛开展农产品产销对接活动，深化拓展消费帮扶。持续做好有组织劳务输出工作。统筹用好公益岗位，对符合条件的就业困难人员进行就业援助。在农业农村基础设施建设领域推广以工代赈方式，吸纳更多脱贫人口和低收入人口就地就近就业。在脱贫地区重点建设一批区域性和跨区域重大基础设施工程。加大对脱贫县乡村振兴支持力度。在西部地区脱贫县中确定一批国家乡村振兴重点帮扶县集中支持。支持各地自主选择部分脱贫县作为乡村振兴重点帮扶县。坚持和完善东西部协作和对口支援、社会力量参与帮扶等机制。四要加强农村低收入人口常态化帮扶。开展农村低收入人口动态监测，实行分层分类帮扶。对有劳动能力的农村低收入人口，坚持开发式帮扶，帮助其提高内生发展能力，发展产业、参与就业，依靠双手勤劳致富。对脱贫人口中丧失劳动能力且无法通过产业就业获得稳定收入的人口，以现有社会保障体系为基础，按规定纳入农村低保或特困人员救助供养范围，并按困难类型及时给予专项救助、临时救助。

14. 如何聚力做好脱贫地区巩固拓展脱贫攻坚成果同乡村振兴有效衔接重点工作？

《中共中央　国务院关于实现巩固拓展脱贫攻坚成果同乡村振兴有效衔接的意见》指出，第一，支持脱贫地区乡村特色产业发展壮大。注重产业后续长期培育，尊重市场规律和产业发展规律，提高产业市场竞争力和抗风险能力。以脱贫县为单位规划发展乡村特色产业，实施特色种养业提升行动，完善全产业链支持措施。加快脱贫地区农产品和食品仓储保鲜、冷链物流设施建设，支持农产品流通企业、电商、批发市场与区域特色产业精准对接。现代农业产业园、科技园、产业融合发展示范园继续优先支持脱贫县。支持脱贫地区培育绿色食品、有机农产品、地理标志农产品，打造区域公用品牌。继续大力实施消费帮扶。

第二，促进脱贫人口稳定就业。搭建用工信息平台，培育区域劳务品牌，加大脱贫人口有组织劳务输出力度。支持脱贫地区在农村人居环境、小型水利、乡村道路、农田整治、水土保持、产业园区、林业草原基础设施等涉农项目建设和管护时广泛采取以工代赈方式。延续支持扶贫车间的优惠政策。过渡期内逐步调整优化生态护林员政策。统筹用好乡村公益岗位，健全按需设岗、以岗聘任、在岗领补、有序退岗的管理机制，过渡期内逐步调整优化公益岗位政策。

第三，持续改善脱贫地区基础设施条件。继续加大对脱贫地区基础

设施建设的支持力度，重点谋划建设一批高速公路、客货共线铁路、水利、电力、机场、通信网络等区域性和跨区域重大基础设施建设工程。按照实施乡村建设行动统一部署，支持脱贫地区因地制宜推进农村厕所革命、生活垃圾和污水治理、村容村貌提升。推进脱贫县“四好农村路”建设，推动交通项目更多向进村入户倾斜，因地制宜推进较大人口规模自然村（组）通硬化路，加强通村公路和村内主干道连接，加大农村产业路、旅游路建设力度。加强脱贫地区农村防洪、灌溉等中小型水利工程建设。统筹推进脱贫地区县乡村三级物流体系建设，实施“快递进村”工程。支持脱贫地区电网建设和乡村电气化提升工程实施。

第四，进一步提升脱贫地区公共服务水平。继续改善义务教育办学条件，加强乡村寄宿制学校和乡村小规模学校建设。加强脱贫地区职业院校（含技工院校）基础能力建设。继续实施家庭经济困难学生资助政策和农村义务教育学生营养改善计划。在脱贫地区普遍增加公费师范生培养供给，加强城乡教师合理流动和对口支援。过渡期内保持现有健康帮扶政策基本稳定，完善大病专项救治政策，优化高血压等主要慢病签约服务，调整完善县域内先诊疗后付费政策。继续开展三级医院对口帮扶并建立长效机制，持续提升县级医院诊疗能力。加大中央倾斜支持脱贫地区医疗卫生机构基础设施建设和设备配备力度，继续改善疾病预防控制机构条件。继续实施农村危房改造和地震高烈度设防地区农房抗震改造，逐步建立农村低收入人口住房安全保障长效机制。继续加强脱贫地区村级综合服务设施建设，提升为民服务能力和水平。

15. 如何着力提升脱贫地区整体发展水平？

《中共中央　国务院关于实现巩固拓展脱贫攻坚成果同乡村振兴有效衔接的意见》指出，在西部地区脱贫县中集中支持一批乡村振兴重点帮扶县。按照应减尽减原则，在西部地区处于边远或高海拔、自然环境相对恶劣、经济发展基础薄弱、社会事业发展相对滞后的脱贫县中，确定一批国家乡村振兴重点帮扶县，从财政、金融、土地、人才、基础设施建设、公共服务等方面给予集中支持，增强其区域发展能力。支持各地在脱贫县中自主选择一部分县作为乡村振兴重点帮扶县。支持革命老区、民族地区、边疆地区巩固脱贫攻坚成果和乡村振兴。建立跟踪监测机制，对乡村振兴重点帮扶县进行定期监测评估。

坚持和完善东西部协作和对口支援、社会力量参与帮扶机制。继续坚持并完善东西部协作机制，在保持现有结对关系基本稳定和加强现有经济联系的基础上，调整优化结对帮扶关系，将现行一对多、多对一的帮扶办法，调整为原则上一个东部地区省份帮扶一个西部地区省份的长期固定结对帮扶关系。省际间要做好帮扶关系的衔接，防止出现工作断档、力量弱化。中部地区不再实施省际间结对帮扶。优化协作帮扶方式，在继续给予资金支持、援建项目基础上，进一步加强产业合作、劳务协作、人才支援，推进产业梯度转移，鼓励东西部共建产业园区。教育、文化、医疗卫生、科技等行业对口支援原则上纳入新的东西部协作结对关系。更加注重发挥市场作用，强化以企业合作为载体的帮扶协作。继续坚持定点帮扶机制，适当予以调整优化，安排有能力的部门、单位和企业承担更多责任。军队持续推进定点帮扶工作，健全完善长效机制，巩固提升帮扶成效。继续实施“万企帮万村”行动。定期对东西部协作和定点帮扶成效进行考核评价。

16. 如何加强脱贫攻坚与乡村振兴政策有效衔接？

《中共中央　国务院关于实现巩固拓展脱贫攻坚成果同乡村振兴有效衔接的意见》指出，第一，做好财政投入政策衔接。过渡期内在保持财政支持政策总体稳定的前提下，根据巩固拓展脱贫攻坚成果同乡村振兴有效衔接的需要和财力状况，合理安排财政投入规模，优化支出结构，调整支持重点。保留并调整优化原财政专项扶贫资金，聚焦支持脱贫地区巩固拓展脱贫攻坚成果和乡村振兴，适当向国家乡村振

兴重点帮扶县倾斜，并逐步提高用于产业发展的比例。各地要用好城乡建设用地增减挂钩政策，统筹地方可支配财力，支持“十三五”易地扶贫搬迁融资资金偿还。对农村低收入人口的救助帮扶，通过现有资金支出渠道支持。过渡期前3年脱贫县继续实行涉农资金统筹整合试点政策，此后调整至国家乡村振兴重点帮扶县实施，其他地区探索建立涉农资金整合长效机制。确保以工代赈中央预算内投资落实到项目，及时足额发放劳务报酬。现有财政相关转移支付继续倾斜支持脱贫地区。对支持脱贫地区产业发展效果明显的贷款贴息、政府采购等政策，在调整优化基础上继续实施。过渡期内延续脱贫攻坚相关税收优惠政策。

第二，做好金融服务政策衔接。继续发挥再贷款作用，现有再贷款帮扶政策在展期期间保持不变。进一步完善针对脱贫人口的小额信贷政策。对有较大贷款资金需求、符合贷款条件的对象，鼓励其申请创业担保贷款政策支持。加大对脱贫地区优势特色产业信贷和保险支持力度。鼓励各地因地制宜开发优势特色农产品保险。对脱贫地区继续实施企业上市“绿色通道”政策。探索农产品期货期权和农业保险联动。

第三，做好土地支持政策衔接。坚持最严格的耕地保护制度，强化耕地保护主体责任，严格控制非农建设占用耕地，坚决守住18亿亩耕地红线。以国土空间规划为依据，按照应保尽保原则，新增建设用地计划指标优先保障巩固拓展脱贫攻坚成果和乡村振兴用地需要，过渡期内专项安排脱贫县年度新增建设用地计划指标，专项指标不得挪用；原深度贫困地区计划指标不足的，由所在省份协调解决。过渡期内，对脱贫地区继续实施城乡建设用地增减挂钩节余指标省内交易政策；在东西部协作和对口支援框架下，对现行政策进行调整完善，继续开展增减挂钩节余指标跨省域调剂。

第四，做好人才智力支持政策衔接。延续脱贫攻坚期间各项人才智力支持政策，建立健全引导各类人才服务乡村振兴长效机制。继续实施农村义务教育阶段教师特岗计划、中小学幼儿园教师国家级培训计划、银龄讲学计划、乡村教师生活补助政策，优先满足脱贫地区对高素质教师的补充需求。继续实施高校毕业生“三支一扶”计划，继续实施重点高校定向招生专项计划。全科医生特岗和农村订单定向医学生免费培养计划优先向中西部地区倾斜。在国家乡村振兴重点帮扶县对农业科技推广人员探索“县管乡用、下沉到村”的新机制。继续支持脱贫户“两后生”接受职业教育，并按规定给予相应资助。鼓励和引导各方面人才向国家乡村振兴重点帮扶县基层流动。

17. 如何建立健全巩固拓展脱贫攻坚成果长效机制？

《中共中央　国务院关于实现巩固拓展脱贫攻坚成果同乡村振兴有效衔接的意见》指出，第一，保持主要帮扶政策总体稳定。过渡期内严格落实“四个不摘”要求，摘帽不摘责任，防止松劲懈怠；摘帽不摘政策，防止急刹车；摘帽不摘帮扶，防止一撤了之；摘帽不摘监管，防止贫困反弹。现有帮扶政策该延续的延续、该优化的优化、该调整的调整，确保政策连续性。兜底救助类政策要继续保持稳定。落实好教育、医疗、住房、饮水等民生保障普惠性政策，并根据脱贫人口实际困难给予适度倾斜。优化产业就业等发展类政策。

第二，健全防止返贫动态监测和帮扶机制。对脱贫不稳定户、边缘易致贫户，以及因病因灾因意外事故等刚性支出较大或收入大幅缩减导致基本生活出现严重困难户，开展定期检查、动态管理，重点监测其收入支出状况、“两不愁三保障”及饮水安全状况，合理确定监测标准。建立健全易返贫致贫人口快速发现和响应机制，分层分类及时纳入帮扶政策范围，实行动态清零。健全防止返贫大数据监测平台，加强相关部门、单位数据共享和对接，充分利用先进技术手段提升监测准确性，以国家脱贫攻坚普查结果为依据，进一步完善基础数据库。建立农户主动申请、部门信息比对、基层干部定期跟踪回访相结合的易返贫致贫人口发现和核查机制，实施帮扶对象动态管理。坚持预防

性措施和事后帮扶相结合，精准分析返贫致贫原因，采取有针对性的帮扶措施。

第三，巩固“两不愁三保障”成果。落实行业主管部门工作责任。健全控辍保学工作机制，确保除身体原因不具备学习条件外脱贫家庭义务教育阶段适龄儿童少年不失学辍学。有效防范因病返贫致贫风险，落实分类资助参保政策，做好脱贫人口参保动员工作。建立农村脱贫人口住房安全动态监测机制，通过农村危房改造等多种方式保障低收入人口基本住房安全。巩固维护好已建农村供水工程成果，不断提升农村供水保障水平。

第四，做好易地扶贫搬迁后续扶持工作。聚焦原深度贫困地区、大型特大型安置区，从就业需要、产业发展和后续配套设施建设提升完善等方面加大扶持力度，完善后续扶持政策体系，持续巩固易地搬迁脱贫成果，确保搬迁群众稳得住、有就业、逐步能致富。提升安置区社区管理服务水平，建立关爱机制，促进社会融入。

第五，加强扶贫项目资产管理和监督。分类摸清各类扶贫项目形成的资产底数。公益性资产要落实管护主体，明确管护责任，确保继续发挥作用。经营性资产要明晰产权关系，防止资产流失和被侵占，资产收益重点用于项目运行管护、巩固拓展脱贫攻坚成果、村级公益事业等。确权到农户或其他经营主体的扶贫资产，依法维护其财产权利，由其自主管理和运营。

18. 如何大力拓宽贫困地区农产品流通和销售渠道?

国务院办公厅印发的《关于深入开展消费扶贫助力打赢脱贫攻坚战的指导意见》指出：第一，打通供应链条。支持大中城市和贫困地区引导和扶持一批消费扶贫示范企业，重点开展流通基础设施建设、供应链服务、生产基地建设。发挥示范企业引领作用，带动产地和消费地以骨干企业为平台，以县乡村三级物流配送体系为载体，形成农产品从田间到餐桌的全链条联动。

第二，拓展销售途径。支持贫困地区完善网络基础设施和公共服务平台，为农村电商经营者提供产品开发、包装设计、网店运营、产品追溯、人才培训等专业服务，不断提高贫困人口使用网络和用户终端等能力。扩大电子商务进农村综合示范覆盖面。在有条件的贫困地区设立电商产业孵化园，培育规模化电商企业。鼓励大型电商企业为贫困地区设立扶贫专卖店、电商扶贫馆和扶贫频道，并给予流量等支持。依托粮食、肉类等储备制度，探索优先收储贫困地区符合条件的农产品，在贫困地区建设农产品收储基地。鼓励大中城市与贫困地区联合举办形式多样的农产品产销对接活动，建立长期稳定的产销关系。支持贫困地区参加农博会、农贸会、展销会，专设消费扶贫展区，集中推介、展示、销售特色农产品。指导贫困地区供销合作组织与农产品加工、流通企业建立长期稳定的产销联系，积极开展购销活动。鼓励贫困地区在景区景点、宾馆饭店、游客集散中心、高速公路服务区开设农产品销售专区，集中销售特色优势农产品。建立贫困地区农产品滞销预警机制，制定应急处置预案，组织大型电商企业、商贸流通企业和农产品批发市场到贫困地区集中采购滞销农产品。

第三，加快流通服务网点建设。鼓励贫困地区因地制宜新建或改建一批产地仓、气调库、冷藏冷冻保鲜库等设施，以租赁、共享等方式降低参与消费扶贫企业的运营成本。鼓励供销合作社、邮政和大型电商企业、商贸流通企业、农产品批发市场等，整合产地物流设施资源，推动产地仓升级，增强仓储、分拣、包装、初加工、运输等综合服务能力，探索建立从产地到餐桌的冷链物流服务体系。深入实施快递下乡工程，完善贫困地区快递服务网络，支持快递企业与农业、供销、商贸企业加强合作。

19. 如何全面提升贫困地区农产品供给水平和质量?

国务院办公厅印发的《关于深入开展消费扶贫助力打赢脱贫攻坚战的指导意见》指出：第一，加快农产品标准化体系建设。以优质、安

全、绿色为导向，加强贫困地区农产品原产地保护，支持开展标准化生产示范。鼓励和引导农业院校、科研院所、龙头企业依托贫困地区资源禀赋，培育和研发适合不同贫困地区的农产品品种，因地制宜推广先进适用种养技术。开辟贫困地区绿色食品、有机食品、地理标志农产品认证或登记的绿色通道，鼓励贫困地区制定特色农产品地方标准，开展标准化生产。在贫困地区推广食用农产品安全控制规范和技术规程，推广应用国家农产品质量安全追溯平台，扩大贫困地区特色农产品质量安全追溯覆盖面。加强贫困地区农产品质量安全监管，强化产地与消费地监管信息共享、协调对接。

第二，提升农产品规模化供给水平。支持贫困地区深入挖掘特色农产品品种资源，优化农产品品种和区域布局，做大做强产业规模。鼓励龙头企业、农产品批发市场、电商企业、大型超市采取“农户＋合作社＋企业”等模式，在贫困地区建立生产基地，大力发展订单农业，提高农产品供给的规模化组织化水平，增强农产品持续供给能力。落实农产品产地初加工补助政策，扶持贫困地区提升农产品储藏保鲜、分拣分级等能力，提高贫困地区农产品初加工率。引导农产品加工企业向贫困地区县域、重点乡镇、易地扶贫搬迁集中安置点和产业园区集聚。

第三，打造区域性特色农产品品牌。指导贫困地区以省、地级市或集中连片特殊困难地区为单元统一制定区域性扶贫产品标识，采取共享共用共推等方式，合力打造区域性特色农产品品牌，提高贫困地区特色农产品的辨识度。组织各类媒体通过新闻报道、公益广告等多种方式，运用新媒体平台资源，广泛宣传贫困地区发展特色农产品的经验做法，推介农产品品牌。依托全国“质量月”“中国品牌日”等专项活动，鼓励贫困地区开展特色农产品、民族手工艺品等品牌展示和推介。加强对贫困地区农产品生产、加工、流通企业和相关合作社的信用监管，对市场主体实行守信激励、失信惩戒。

20. 深入开展政府采购脱贫地区农副产品工作推进乡村产业振兴的要求有哪些？

财政部印发的《关于深入开展政府采购脱贫地区农副产品工作推进乡村产业振兴的实施意见》指出，要求聚焦重点，精准施策。严格农副产品产地认定，将政策支持范围聚焦在832个脱贫县，通过预留份额、搭建平台等方式促进脱贫地区农副产品销售，带动脱贫人口稳定增收。

要求创新驱动，融合发展。将政府采购脱贫地区农副产品工作与打造农业特色品牌、提升产品品质相结合，根据预算单位采购需求优化创新农副产品产销模式，促进脱贫地区特色产业发展。

要求政府引导，市场协同。坚持政府引导与市场机制结合，发挥政府采购需求牵引作用，助力打通脱贫地区农副产品生产、流通的难点和堵点，激发脱贫地区发展生产的内生动力。

21. 如何做好加强脱贫地区农副产品产销对接工作？

《关于深入开展政府采购脱贫地区农副产品工作推进乡村产业振兴的实施意见》指出，一是加强脱贫地区农副产品货源组织。脱贫地区县级农业农村部门会同乡村振兴部门建立“832平台”供应商审核推荐机制，积极推荐832个脱贫县产业带动能力强、增收效果好的农副产品供应商入驻“832平台”，优先从农业产业化龙头企业、“一村一品”示范村镇经营主体以及使用食用农产品达标合格证、取得绿色有机地理标志认证的供应商中推荐。对已入驻“832平台”的供应商重新核查，保留产品产地、增收效果符合要求供应商的平台销售资格。要依据供应商产量核定上架产品供应量，督促供应商按照平台要求进行产品包装和标识并加强自控自检，协调有关部门按照国家农产品和食品质量安全标准对平台在售产品开展质量安全检测，推动实现“832平台”农副产品带证销售和质量可追溯。

二是组织预算单位采购。自2021年起，各级财政部门组织本地区

所属预算单位做好预留份额填报和脱贫地区农副产品采购工作，并对采购情况进行考核。各中央主管预算单位组织做好本部门所属预算单位预留份额填报和脱贫地区农副产品采购工作。各级预算单位要按照不低于10%的预留比例在“832 平台”填报预留份额，并遵循质优价廉、竞争择优的原则，通过“832 平台”在全国 832 个脱贫县范围内采购农副产品，及时在线支付货款，不得拖欠。鼓励各级预算单位工会组织通过“832 平台”采购工会福利、慰问品等，有关采购金额计入本单位年度采购总额。

22. 如何加强网络销售平台运营管理？

《关于深入开展政府采购脱贫地区农副产品工作推进乡村产业振兴的实施意见》指出，一是优化平台运营模式。“832 平台”结合预算单位食堂食材需求特点，设置需求订制、电子反拍、统采分送等交易模式，优化线上交易、支付、结算流程。丰富农副产品展示维度，对拥有食用农产品达标合格证、绿色有机地理标志认证等资质的产品优先展示，培育脱贫地区优质特色品牌。加强供销全流程数据收集分析，将预算单位需求反馈脱贫地区，推广“农户＋合作社＋平台”的产销对接模式，促进脱贫地区产业优化升级。通过开设助销专区、发布滞销信息等方式，积极协助销售脱贫地区滞销农副产品。进一步完善平台服务功能，为企业、工会组织、个人采购脱贫地区农副产品提供便利条件，拓展销售渠道，提升社会参与度。

二是严格供应商管理。“832 平台”应发布操作指引明确产品上架标准，制定完善产品价格、质量安全等管理办法，严格供应商管理，建立价格监测、质量监督、履约评价机制，配合有关部门加强质量检测，及时向社会公开产品成交价格、质检报告、承诺函、用户评价等信息，接受社会监督。对价格虚高、质量不达标和不履行承诺的供应商，由“832 平台”通过约谈、产品下架等措施督促整改；对情节严重或拒不改正的，由“832 平台”提请有关地区农业农村部门、乡村振兴部门取消供应商资格。

三是加强平台物流建设。“832平台”依托产（销）地仓，积极探索建立定时、定点、定线的物流配送机制，促进平台在售农副产品分拣、包装、仓储、物流、质检等环节标准化和规范化。脱贫地区农业农村部门、乡村振兴部门和供销合作社要加强与有关部门协调配合，积极支持相关物流基础设施与“832平台”对接，降低物流成本、提高物流效率。

四是提升平台服务能力。“832平台”除按市场通行规则收取必要的产品检测费、支付通道费以及履约保证金外，不向供应商、预算单位收取交易费、平台使用费。编制操作手册，指引预算单位开展采购活动，并提供工会福利发放等个性化服务，提升平台用户体验。根据供应商需求，提供产品开发、包装设计、仓储物流等服务，提升供应商线上运营能力。基于农副产品信息流、物流、资金流等信息，支持金融机构在线开展脱贫地区供应商融资、增信等服务。认真做好交易信息统计工作，为各级预算单位和各有关部门加强管理提供服务保障。

23. 如何大力促进贫困地区休闲农业和乡村旅游提质升级？

国务院办公厅印发的《关于深入开展消费扶贫助力打赢脱贫攻坚战的指导意见》指出：第一，加大基础设施建设力度。改造提升贫困地区休闲农业和乡村旅游道路、通村公路、景区景点连接线通行能力，提升交通通达性和游客便利度。结合推进农村人居环境整治，提升休闲农业、乡村旅游基础设施和公共服务设施水平，对从事休闲农业和乡村旅游的贫困户实施改厨、改厕、改客房、整理院落“三改一整”工程，优化消费环境。加大对休闲农业和乡村旅游基础设施建设的用地倾斜。依托贫困地区自然生态、民俗文化、农耕文化等资源禀赋，扶持建设一批设施齐备、特色突出的美丽休闲乡村（镇）和乡村旅游精品景区等，满足消费者多样化需求。

第二，提升服务能力。依托东西部扶贫协作和对口支援、中央单位定点扶贫等机制，动员相关科研机构和高等院校，通过“请进来”“走出去”等方式，帮助贫困地区培训休闲农业和乡村旅游人才，提供营销、服务、管理指导。支持贫困人口参加相关专业技能和业务培训，提升服务规范化和标准化水平。鼓励贫困地区组建休闲农业和乡村旅游协会、产业及区域品牌联盟等组织，形成经营主体自我管理、自我监督、自我服务的管理服务体系。

第三，做好规划设计。加强对贫困地区休闲农业和乡村旅游资源调查，深入挖掘贫困地区自然生态、历史文化、地域特色文化、民族民俗文化、传统农耕文化等资源，因地制宜明确重点发展方向和区域。动员旅游规划设计单位开展扶贫公益行动，为贫困地区编制休闲农业和乡村旅游规划，鼓励旅游院校和旅游企业为贫困地区提供旅游线路设计、产品开发、品牌宣传等指导。

第四，加强宣传推介。支持贫困地区组织开展休闲农业和乡村旅游相关主题活动。组织各类媒体安排版面时段，运用新媒体平台，分时分类免费向社会推介贫困地区精品景点线路。大力发展“乡村旅游＋互联网”模式，依托电商企业等载体，开展多种形式的旅游扶贫公益宣传，集中推介一批贫困地区休闲农业和乡村旅游精品目的地。

深度阅读

脱贫地区全面推进乡村振兴的政策指引

来源：《人民论坛》2022 年 03（上）（中）合并版，总第 732 期

近日，《关于做好 2022 年全面推进乡村振兴重点工作的意见》（即 2022 年中央 1 号文件）发布，这是我国脱贫攻坚战取得全面胜利后的第一份中央 1 号文件。2022 年中央 1 号文件以“稳”字当头，将不发生规模性返贫作为“两条底线”之一，同时聚焦做好乡村发展、乡村建

设、乡村治理三项重点工作，是做好乡村振兴工作的政策指引和行动指南。

2021 年脱贫地区巩固拓展脱贫攻坚成果取得明显成效，但仍然存在不足和挑战

2021 年以来，广大脱贫地区克服新冠肺炎疫情和自然灾害等不利影响，坚决贯彻执行《关于全面推进乡村振兴加快农业农村现代化的意见》(即 2021 年中央 1 号文件)，乡村振兴各项工作取得了显著成效。

一是帮扶政策加速调整优化。按照 2021 年中央 1 号文件要求，坚持“扶上马送一程”。在保持脱贫地区主要帮扶政策总体稳定的同时，国家和地方政府合理把握节奏、力度和时限，推动帮扶政策逐项分类优化调整，推动“三农”工作重心历史性转移。目前，各部门已出台衔接政策 33 项，确定 160 个国家乡村振兴重点帮扶县并出台 14 个方面倾斜支持政策，确保了巩固拓展脱贫攻坚成果同乡村振兴有效衔接工作不留空档、政策不留空白。

二是防止返贫动态监测帮扶机制全面建立。通过建立防止返贫动态监测和帮扶跨部门会商工作机制，明确部门分工，形成工作合力；通过建立完善监测对象主动发现快速响应机制，实现返贫致贫风险点、风险因素、风险群体及时排查、及时发现；通过构建完善考核评估机制，实现防止返贫动态监测和帮扶工作政策执行顺畅、资源调度合理有效、人力物力及时动员。

三是脱贫地区乡村产业加快培育，脱贫人口收入显著增长。脱贫地区特色主导产业规模稳步增大，产品品质显著提升，品牌溢价能力明显增强，联农带农能力普遍改善。2021 年，脱贫地区特色主导产业产值超过 1.5 万亿元，累计发展市级以上龙头企业 1.5 万家、农民合作社 72 万家、家庭农场 80 多万个，辐射带动脱贫人口近 3 000 万人，人均实现产业增收 2 200 元以上。同时，脱贫人口发展能力显著提升，3 145 万贫困劳动力实现务工就业，同比增长 4.2%。脱贫人口人均纯收入达到

12 550元，同比增长16.9%，显著高于同期农村全体居民收入增速。

四是乡村建设行动全面启动。村庄规划工作扎实有序推进，县级国土空间规划编制工作基本完成，农村危房改造和地震高烈度设防地区农房抗震改造接续实施。乡村公共基础设施进村入户，脱贫地区水、路、电、讯、能源等基础设施建设水平进一步提升。公共服务短板加快补齐，农村基本公共服务供给县乡村统筹得到强化。农村人居环境整治提升五年行动启动实施，村庄清洁和绿化行动接续推进，美丽宜居村庄和美丽庭院示范创建活动全面开展。第二轮土地承包到期后再延长30年试点工作稳妥开展，农村宅基地制度改革试点稳慎推进，城乡融合发展水平不断提高。

尽管2021年脱贫地区巩固拓展脱贫攻坚成果取得全面进步，乡村振兴工作稳步推进，没有出现规模性返贫，但还存在着明显的不足和问题：一是脱贫地区防止出现规模性返贫的基础还不牢固。一方面，政策制度的实施效果还需要一段时间来巩固，以推动持续性目标实现。另一方面，脱贫地区目前的乡村振兴管理体制机制仍处于磨合阶段，乡村振兴局、农业农村局等的职责分工在不同地区仍存在差异，体制机制的转换和有效运行还需要不断优化调整。二是持续推进乡村振兴仍在不断探索中，推进的动力仍存在不足。脱贫地区虽然实现了乡村产业基本全覆盖，基础设施和公共服务逐步完善，以基层党组织为核心的乡村现代化治理体系逐步建立。但由于经济社会发展基础相对薄弱，乡村产业发展、乡村建设和乡村治理问题仍较为突出。乡村产业发展方面，脱贫地区由于起步较晚，产业体系不健全，产品结构同质化严重，加之缺乏龙头企业带动，滞销卖难问题突出。此外，部分脱贫地区生态环境相对脆弱，大量重复性、无序性产业建设导致生态环境进一步恶化，难以为脱贫地区乡村振兴提供产业基础保障。乡村建设方面，脱贫地区以通报式参与为主，难以调动广大农民的参与积极性。此外，脱贫地区基础设施建设和公共服务改善更多的是解决从无到有的问题。乡村治理方面，“四议两公开”制度没有全面落实，广大农民的参与权、知情权难以保障。

坚决守住不发生规模性返贫底线，是 2022 年全面推进乡村振兴的前提和基础

2022 年中央 1 号文件将守住不发生规模性返贫作为“两大底线”之一。对于脱贫地区而言，防止规模性返贫是全面推进乡村振兴战略的基础和前提，需要突出重点、精密安排，决不可掉以轻心。

首先，继续完善监测帮扶机制，推动监测帮扶对象精准化、流程简便化、效果可持续。防止返贫的关键是要加快建立完善防止返贫动态监测帮扶机制，对脱贫不稳定户、边缘易致贫户以及因疫情或其他原因收入骤减或支出骤增户加强监测，提前采取针对性的帮扶措施。经过一年多的实践，我国防止返贫监测帮扶工作取得了一系列成效，也暴露出了一些不足。如监测对象“体外循环”现象凸显；返贫对象纳入监测程序复杂、时间冗长；消除风险与纳入监测持续反复；等等。为此，一要推动监测帮扶对象精准化，完善监测标准动态调整机制，精准确定监测对象。二要推动监测流程简便化，在保证精准性的前提下最大程度缩短识别时间。三要实现帮扶效果可持续，依据监测对象风险类别、发展需求精准施策，同时做好“扶智”“扶志”。

其次，做强产业、扩大就业，促进脱贫人口持续增收。统计数据显示，目前 80%以上的脱贫人口主要通过发展产业和外出务工来实现增收致富。脱贫地区的乡村振兴要始终将产业发展和扩大就业作为着力点，促进脱贫人口持续增收。针对脱贫地区当前产业发展难题，要将乡村振兴战略的思想和原则融入产业发展，牢牢把握产业选择、资金筹措、技术服务、农民培训等方面的内容；鼓励多元产业发展，在原有产业的基础上，推动三产融合。针对脱贫人口文化水平较低、劳动技能培训不足、收入渠道相对单一难题，要用好资金奖补政策，对吸纳脱贫人口就业的企业和单位按照规定及时给予培训补贴、一次性资金奖补；通过提供生活费补贴、求职创业补贴，鼓励脱贫人口参与就业创业培训活

动；统筹用好乡村公益岗位，实行动态管理、优化调整。

再次，持续加大对乡村振兴重点帮扶县和易地搬迁集中安置区支持力度。2021 年确定的 160 个国家乡村振兴重点帮扶县大多是原深度贫困县，自然条件相对恶劣，环境承载能力低，基础设施和公共服务存在短板，产业发展起步晚，同质化问题严重。在重点监测的易返贫致贫人口中，重点帮扶县占比最大，防止返贫任务十分艰巨。此外，由于一些迁入地产业基础相对薄弱，脱贫户在“洗脚上楼”后并未获得稳定就业；部分地区只重搬迁、不重配套，导致与脱贫户生活息息相关的基础设施和公共服务建设滞后；还有一些迁入地社区管理服务滞后、社会保障政策衔接不畅，导致搬迁脱贫户生活融入缓慢。因此，要不断加强对易地搬迁集中安置区基础设施、公共服务和产业就业的支持力度。

最后，完善帮扶政策体系，推动脱贫地区帮扶政策落地见效。推动帮扶政策落地见效是脱贫地区乡村振兴工作需要关注的重点内容。一方面，巩固拓展脱贫攻坚成果是脱贫地区乡村振兴的首要任务，要求在五年过渡期内保持主要帮扶政策总体稳定，做到“四个不摘”，推动各种资源要素继续向脱贫人口倾斜，做到政策投入不降低、项目安排不脱钩。另一方面，乡村振兴战略任务的长期性要求脱贫地区要不断细化、优化过渡期内各项帮扶政策，逐步实现帮扶政策由特惠性、临时性、超常规性向普惠性、长期性的转变，实现对脱贫成效的全方位提升。因此，要继续发挥好新型举国体制优势，根据脱贫地区经济社会现实对东西部协作、对口支援和定点帮扶等社会帮扶举措进行优化拓展，汇聚起推动脱贫地区乡村振兴的强大合力。

努力做好三项重点工作，为全面推进乡村振兴创造不竭动力

聚焦产业促进乡村发展，重点在于“稳”和“可持续”。脱贫地区乡村产业发展的关键是稳步培育，要重点做好农村三产融合，推动县域富民产业、县域商业体系建设，推进农业农村绿色发展。

一是持续推进农村三产融合。对于脱贫地区而言，要聚焦比较优势，在三产融合上下功夫，深度拓展和发挥脱贫地区农业的食品保障、生态涵养、休闲体验、科普教育、文化传承等多种功能和经济、社会、生态、文化等多元价值。推动脱贫地区“一产”转型升级，开展“三品一标”提升行动，完善全产业链质量安全追溯体系，推动农业可持续化发展。推动脱贫地区“二产”做大做强，重点推进现代农业产业园和农业产业强镇建设，构建区域性产业集群，形成规模效益和品牌效益。做活“三产”，以乡村为单位开发旅游资源，做好旅游基础设施建设，完善乡村旅游市场秩序，确保游客愿意来、能够来、还想来。

二是发展县域富民产业，加强县域商业体系建设。相比发达地区，脱贫地区农村产业基础薄弱，“单打独斗”难以获得长远、持久的发展，需要以县域为单位建设产业体系，组团取暖，发挥好县城、中心镇产业的辐射带动作用。同时，脱贫地区商业体系尚不健全，需要通过商业体系建设打通生产和消费的“最后一公里”，盘活县域经济活力。脱贫地区乡村振兴要以县域为单位，以县城为中心节点，大力发展比较优势明显、带动能力强、就业容量大的产业，加快形成县城、中心镇、乡村三级梯度的县域产业发展体系。

三是推进农业农村绿色发展，破解脱贫地区生态环境难题。生态环境问题与乡村贫困问题相互交织、紧密相连，生态环境脆弱引发贫困，贫困又加速生态环境恶化，最终形成“生态环境脆弱—贫困—生态环境恶化”的恶性循环。因此，对于脱贫地区而言，要在“两山”理念的指导下，通过加强农业面源污染综合治理、实施生态保护修复重大工程等方式实现产业绿色化、绿色产业化，破解脱贫地区生态保护与发展难题，同步实现乡村环境优美和脱贫家庭生活富裕。

扎实稳妥推进乡村建设，关键在于“实”和“有效化”。建设宜居宜业美丽乡村，能够让脱贫地区广大农民在乡村振兴中得到更多的获得感、幸福感，激发农民参与乡村振兴的热情。

一是健全乡村建设实施机制，确保乡村建设科学化、精细化、规范

化开展，在“实”上下功夫。农民是乡村建设的直接受益者，也是乡村建设的主力军。脱贫地区乡村建设要坚持为农民而建，尊重农民的意愿，为农民参与乡村建设创造途径，确保农民愿意持续参与，出智出力。同时，立足经济社会发展水平和实际需要，尊重乡村发展自身规律，既避免超前建设造成资源浪费，又避免建设滞后、不作为。

二是接续实施农村人居环境整治提升五年行动，推动脱贫地区农村环境持续向好，重在“有效化”。生态环境的全方位治理，是实现生产生活绿色化，进而实现农村经济社会发展转型的必由之路。接续实施农村人居环境整治提升五年行动，要聚焦农村改厕、污水处理和生活垃圾处理三大工作，从农民实际需求出发推进农村改厕，分区分类推进农村生活污水治理，推进生活垃圾源头分类减量。

三是开展重点领域农村基础设施建设，加强基本公共服务县域统筹。基础设施和基本公共服务建设是满足脱贫地区广大农民群众基本生产生活需要的必需品。基础设施建设方面，脱贫地区要将加强农村普惠性、基础性、兜底性民生建设作为工作重点，按照缺什么补什么的原则，重点做好农村水、路、电、能源和住房建设与升级，打牢脱贫地区乡村振兴的“硬件”基础。基本公共服务建设方面，以县域为单位，推动基本公共服务县域一体化，重点推动教育、医疗和养老等公共服务县域内统筹，构筑脱贫地区乡村振兴的“软件”体系。

四是大力推进数字乡村建设，缩小城乡数字鸿沟。数字乡村是乡村振兴的战略方向，能够为乡村发展带来无限美好期待。脱贫地区要以数字化促“智”，重点推动智慧农业发展，提升农民数字素养；要以数字化赋“能”，推动“互联网＋政务服务”向乡村地区延伸覆盖，提升乡村治理能力；要以数字化强“基”，加强农村信息基础设施建设，拓展农业农村大数据应用场景。

突出实效改进乡村治理，核心是“善治”和“现代化”。改进乡村治理不仅能够增强脱贫地区广大农民的获得感、幸福感、安全感，更有助于实现国家治理体系和治理能力现代化。没有乡村治理体系和治理能力现代化，就没有国家治理体系和治理能力现代化，而脱贫地区的乡村治理体系和治理能力现代化是重中之重。

一是加强农村基层组织建设，完善乡村治理体系，稳步提升基层治理综合能力。农村基层组织作为农村政治中心、组织中心、资源中心和治理中心，在脱贫地区乡村振兴中具有巨大的组织性优势和制度性优势。加强农村基层组织建设，是发挥其组织性优势和制度性优势的重要保证，是推动乡村振兴的固本之策。加强农村基层组织建设，要重点加强基层党组织工作队伍建设，全面落实“四议两公开”制度，健全党组织领导的自治、法治、德治相结合的乡村治理体系，以网格化管理、数字化赋能、精细化服务提升乡村治理水平。

二是创新农村精神文明建设有效平台载体，推进善治乡村建设，体现中国特色社会主义乡村文明。农村精神文明建设是提振农民精气神、增强农民凝聚力、培育乡村文明的重要途径，是改变脱贫地区农村面貌、促进农民致富、推动农业发展的有效手段。推动脱贫地区乡村振兴，要全力做好“农民精神富足”大文章。可以通过依托新时代文明实践中心、县级融媒体中心开展对象化分众化宣传教育等方式，弘扬和践行社会主义核心价值观；通过举办具有农耕农趣农味的文化体育活动、开展农耕文化传承保护、推进农村婚俗改革试点和殡葬习俗改革等方式，推动脱贫地区优秀文化建设。

三是切实维护农村社会平安稳定，确保脱贫地区长治久安。农村社会平安稳定事关广大农民的切身利益，事关脱贫地区的发展前途。要将解决影响农村社会平安稳定问题作为提升脱贫地区乡村治理水平的重中之重，对重要问题持续强调，对取得的成果巩固拓展。如推进更高水平的平安法治乡村建设，常态化开展扫黑除恶斗争，开展农村交通、消防等领域风险隐患排查和专项治理等。同时，针对农村社会出现的新问题、新情况要及时做出部署，如要求防范黑恶势力、家族宗族势力等对农村基层政权的侵蚀和影响等。

乡村振兴东风劲，农村大地万木春。乡村振兴的美丽画卷正徐徐展

开，我们要充分认识到脱贫地区全面推进乡村振兴的难度与挑战，守住“两条底线”，做好“三项重点”，乘势而上、埋头苦干，奋力谱写“农业强、农村美、农民富”的新篇章。

（作者：北京师范大学中国扶贫研究院教授张琦；北京师范大学中国乡村振兴与发展研究中心研究员薛亚硕对此文亦有贡献）

第五章 聚焦产业促进乡村发展

产业发展是实现乡村发展进步的动力，产业振兴是乡村振兴的重要支柱。通过发展乡村产业，推动乡村振兴，让更多农民分享产业增值效益，从而促进共同富裕。乡村振兴战略的最终目标是要让农业成为有奔头的产业，让农民成为有吸引力的职业，让农村成为安居乐业的美丽家园。特别是要不断提高农民在产业发展中的参与度和受益面，彻底解决农村产业和农民就业问题，确保当地群众长期稳定增收和安居乐业。而现阶段我国农村产业虽有长足进步，但仍存在发展过程中整体规划不完备，基础设施薄弱，缺少特色农业的产业化经营，核心竞争力不强；缺少专业科研人员，劳动力结构性短缺等问题，这些问题阻碍乡村振兴以及农村产业的发展。为改善农村产业发展现状，应做到持续推进农村一二三产业融合发展，大力发展县域富民产业，加强县域商业体系建设，促进农民就地就近就业创业，推进农业农村绿色发展。

1. 如何构建现代乡村产业体系?

2021 年中央 1 号文件指出，构建现代乡村产业体系，一要依托乡村特色优势资源，打造农业全产业链，把产业链主体留在县城，让农民更多分享产业增值收益。二要加快健全现代农业全产业链标准体系，推动新型农业经营主体按标生产，培育农业龙头企业标准“领跑者”。三要立足县域布局特色农产品产地初加工和精深加工，建设现代农业产业园、农业产业强镇、优势特色产业集群。四要推进公益性农产品市场和农产品流通骨干网络建设。五要开发休闲农业和乡村旅游精品线路，完善配套设施。六要推进农村一二三产业融合发展示范园和科技示范园区建设。把农业现代化示范区作为推进农业现代化的重要抓手，围绕提高农业产业体系、生产体系、经营体系现代化水平，建立指标体系，加强资源整合、政策集成，以县（市、区）为单位开展创建，到 2025 年创建 500 个左右示范区，形成梯次推进农业现代化的格局。创建现代林业产业示范区。七要组织开展“万企兴万村”行动。八要稳步推进反映全产业链价值的农业及相关产业统计核算。

2. 如何构建农村一二三产业融合发展体系?

2018 年中央 1 号文件指出，要构建农村一二三产业融合发展体系：一是大力开发农业多种功能，延长产业链、提升价值链、完善利益链，通过保底分红、股份合作、利润返还等多种形式，让农民合理分享全产业链增值收益。二是实施农产品加工业提升行动，鼓励企业兼并重组，淘汰落后产能，支持主产区农产品就地加工转化增值。三是重点解决农产品销售中的突出问题，加强农产品产后分级、包装、营销，建设现代化农产品冷链仓储物流体系，打造农产品销售公共服务平台，支持供销、邮政及各类企业把服务网点延伸到乡村，健全农产品产销稳定衔接机制，大力建设具有广泛性的促进农村电子商务发展的基础设施，鼓励支持各类市场主体创新发展基于互联网的新型农业产业模式，深入实施电子商务进农村综合示范，加快推进农村流通现代化。四是实施休闲农业和乡村旅游精品工程，建设一批设施完备、功能多样的休闲观光园区、森林人家、康养基地、乡村民宿、特色小镇。五是对利用闲置农房发展民宿、养老等项目，研究出台消防、特种行业经营等领域便利市场准入、加强事中事后监管的管理办法。六是发展乡村共享经济、创意农业、特色文化产业。

2021 年河北省 1 号文件指出，推进一二三产业融合发展，一要继续开展农业大招商，全年签约亿元以上大项目 100 个以上，完成招商引资额 800 亿元以上。二要大力发展农产品产地初加工，提升主食加工业发展水平，在环京津地区建设主食加工（中央厨房）示范园区，在大中城市周边重点支持一批主食加工（中央厨房）示范企业发展壮大。三要推进农产品精深加工向集群（园区）集中，培育 100 家年产值 10 亿元以上的农产品加工产业集群。推进公益性农产品市场提档升级，构建农产品流通骨干网络。四要实施农产品仓储保鲜冷链物流设施建设工程，加大鲜活农产品仓储保鲜和产后商品化处理设施补贴力度，推进田头小型仓储保鲜冷链设施、产地低温直销配送中心、骨干冷链物流基地建设。五要实施休闲农业和乡村旅游提升工程，重点推出 10 条乡村休闲旅游精品线路，全年休闲农业和乡村旅游综合收入达到 100 亿元。六要推进农村一二三产业融合发展示范园和科技示范园区建设。稳步推进反映全产业链价值的农业。

2022 年中央 1 号文件指出，鼓励各地拓展农业多种功能、挖掘乡村多元价值，重点发展农产品加工、乡村休闲旅游、农村电商等产业。支持农业大县聚焦农产品加工业，引导企业到产地发展粮油加工、食品制造。推进现代农业产业园和农业产业强镇建设，培育优势特色产业集群，继续支持创建一批国家农村产业融合发展示范园。实施乡村休闲旅游提升计划。支持农民直接经营或参与经营的乡村民宿、农家乐特色村

（点）发展。将符合要求的乡村休闲旅游项目纳入科普基地和中小学学农劳动实践基地范围。实施“数商兴农”工程，推进电子商务进乡村。促进农副产品直播带货规范健康发展。开展农业品种培优、品质提升、品牌打造和标准化生产提升行动，推进食用农产品承诺达标合格证制度，完善全产业链质量安全追溯体系。加快落实保障和规范农村一二三产业融合发展用地政策。

3. 河北省2022年如何推动乡村产业高质量发展？

2022年河北省1号文件指出，推动乡村产业高质量发展，一是要加快发展现代都市型农业。瞄准京津冀市场需求，集中力量打造15个特色优势产业集群，全面推进“一县一业”“一村一品”，新增优质专用粮食100万亩、高效特色作物100万亩。实施重点园区崛起工程，省级重点支持30个园区，市级重点提升100个园区，县级重点建设230个园区。支持雄安新区调整农业结构，打造现代都市型农业发展高地。二是要实施农业产业项目突破年行动。持续开展农业大招商，实行招商项目、在建项目“双目录”“双包联”，引进一批产业链头部企业及上下游配套企业，新建一批规模种养、精深加工、中央厨房、商贸物流、智慧农业等重大项目。培育壮大农业产业化龙头企业。三是要打造农业特色高端精品。开展品种培优、品质提升、品牌打造和标准化生产提升行动，布局建设京津“菜篮子”产品生产供应基地、粤港澳大湾区绿色优质农产品生产基地、农业国际贸易高质量发展基地。制修订省级农业农村地方标准30项以上。全面实施食用农产品承诺达标合格证制度，完善农产品质量安全追溯体系。实施系列“河北品牌”培育行动，省级以上区域公用品牌达到120个以上，行业领军企业品牌达到100个以上。四是要推进农村一二三产业融合发展。推动农产品加工企业向产地下沉、向园区集中，新增年产值超10亿元农产品加工集群13个。在京津、雄安新区和大中城市周边布局中央厨房项目。支持新型农业经营主体建设分拣包装、冷藏保鲜等初加工设施。推进现代农业园区和农业产业强镇建设，创建农业现代化示范区和农村产业融合发展示范园。实施乡村休闲旅游提升计划，支持农民直接经营或参与经营的乡村民宿、农家乐特色村（点）发展。将符合要求的乡村休闲旅游项目纳入科普基地和中小学劳动实践基地范围。乡村休闲旅游接待人次达到 8 000 万以上，综合收入达到150 亿元。五是要完善县域流通服务体系。整县推进农产品产地仓储保鲜冷链物流设施建设，布局建设一批大型冷链物流仓储基地，发展“生鲜电商＋冷链配送”“中央厨房＋食材冷链配送”等冷链物流新模式。实施“快递进村”工程，鼓励发展“多站合一”的乡镇客货邮综合服务站、“一点多能”的村级寄递物流综合服务点。支持大型流通企业以县城和中心镇为重点下沉供应链。支持供销社开展县域流通服务网络建设提升行动，建设县域集采集配中心。加快实施“互联网＋”农产品出村进城工程，推动建立长期稳定的产销对接关系。实施“数商兴农”工程，推动农村电商基础设施数字化改造和智能化升级，促进农副产品直播带货规范健康发展。六是要促进农民就业创业。落实各类农民工稳岗就业政策。实施县域农民工市民化质量提升行动。向农村劳动力发放免费职业培训券，精准开展“菜单”式培训和定岗定向培训。加强与京津等地区域劳务协作，打造“一县一品”特色劳务品牌。开展“春风行动”“民营企业招聘月”等就业帮扶专项活动。挖掘当地重大工程和项目用工潜力，带动农村劳动力就地就近就业。实施农民工返乡创业行动，每市整合创建 1 个以上返乡创业园。合理引导灵活就业农民工按规定参加职工基本医疗保险和城镇职工基本养老保险。七是要加快农业绿色发展。大力发展节水农业，稳定黑龙港地区季节性休耕，扩大旱作雨养种植规模，发展高效节水灌溉，鼓励发展果蔬滴灌喷灌，支持供销社开展节水托管服务。深入实施化肥农药减量增效行动，化肥、农药使用量继续保持负增长。白洋淀流域规模养殖场粪污处理设施全部达到二级以上水平，全省畜禽粪污综合利用率达到 81%，秸秆综合利用率、农膜回收率分别保持在 97%、90%以上。持续推进受污染耕地分类管理，加强受污染耕地安全利用，受污染耕地风险管控和治理

修复措施覆盖率达到100%。加强国家农业绿色发展先行区建设。

4. 如何加快发展乡村特色产业？

2019年中央1号文件指出，一是因地制宜发展多样性特色农业，倡导“一村一品”“一县一业”。二是积极发展果菜茶、食用菌、杂粮杂豆、薯类、中药材、特色养殖、林特花卉苗木等产业。三是支持建设一批特色农产品优势区。创新发展具有民族和地域特色的乡村手工业，大力挖掘农村能工巧匠，培育一批家庭工场、手工作坊、乡村车间。四是健全特色农产品质量标准体系，强化农产品地理标志和商标保护，创响一批“土字号”“乡字号”特色产品品牌。

5. 如何发展富民乡村产业？

2020年中央1号文件指出，要支持各地立足资源优势打造各具特色的农业全产业链，建立健全农民分享产业链增值收益机制，形成有竞争力的产业集群，推动农村一二三产业融合发展。加快建设国家、省、市、县现代农业产业园，支持农村产业融合发展示范园建设，办好农村“双创”基地。重点培育家庭农场、农民合作社等新型农业经营主体，培育农业产业化联合体，通过订单农业、入股分红、托管服务等方式，将小农户融入农业产业链。继续调整优化农业结构，加强绿色食品、有机农产品、地理标志农产品认证和管理，打造地方知名农产品品牌，增加优质绿色农产品供给。有效开发农村市场，扩大电子商务进农村覆盖面，支持供销合作社、邮政快递企业等延伸乡村物流服务网络，加强村级电商服务站点建设，推动农产品进城、工业品下乡双向流通。强化全过程农产品质量安全和食品安全监管，建立健全追溯体系，确保人民群众“舌尖上的安全”。引导和鼓励工商资本下乡，切实保护好企业家合法权益。制定农业及相关产业统计分类并加强统计核算，全面准确反映农业生产、加工、物流、营销、服务等全产业链价值。

2022年中央1号文件指出，支持大中城市疏解产业向县域延伸，引导产业有序梯度转移。大力发展县域范围内比较优势明显、带动农业农村能力强、就业容量大的产业，推动形成“一县一业”发展格局。加强县域基层创新，强化产业链与创新链融合。加快完善县城产业服务功能，促进产业向园区集中、龙头企业做强做大。引导具备条件的中心镇发展专业化中小微企业集聚区，推动重点村发展乡村作坊、家庭工场。

6. 如何大力发展现代农产品加工业？

2019 年中央 1 号文件指出，一要以“粮头食尾”“农头工尾”为抓手，支持主产区依托县域形成农产品加工产业集群，尽可能把产业链留在县域，改变农村卖原料、城市搞加工的格局。二要支持发展适合家庭农场和农民合作社经营的农产品初加工，支持县域发展农产品精深加工，建成一批农产品专业村镇和加工强县。三要统筹农产品产地、集散地、销地批发市场建设，加强农产品物流骨干网络和冷链物流体系建设。四要培育农业产业化龙头企业和联合体，推进现代农业产业园、农村产业融合发展示范园、农业产业强镇建设。五要健全农村一二三产业融合发展利益联结机制，让农民更多分享产业增值收益。

农业农村部印发的《关于拓展农业多种功能　促进乡村产业高质量发展的指导意见》指出，发挥县域农产品加工业在纵向贯通产加销中的中心点作用，打造创新能力强、产业链条全、绿色底色足、安全可控制、联农带农紧的农业全产业链，促进一产往后延、二产两头连、三产走高端，引导农产品加工重心下沉县城、中心镇和物流节点，推动生产与加工、产品与市场、企业与农户协同发展，实现农产品多元化开发、多层次利用、多环节增值。

建设标准原料基地。鼓励农产品加工企业特别是食品加工企业与种业企业、农民合作社、家庭农场、种养大户等协调合作，围绕市场需求，按照适区适种、适品适种、适时采收要求，加大农作物、畜禽和水产种质资源保护开发力度，培育推广适合加工的专用品种，引导各类市场主体按照品种培优、品质提升、品牌打造和标准化生产要求合理安排

生产经营，打造优质绿色安全农产品生产基地。

构建高效加工体系。扶持农民合作社和家庭农场发展冷藏保鲜、原料处理、杀菌、储藏、分级、包装等延时类初加工，以及干制、腌制、熟制、分级分割、速冻等食品类初加工。引导大型农业企业、食品企业开发类别多样、营养均衡、养生保健、方便快捷的系列化产品，发展食材预处理、面制、米制、带馅、调理等主食加工，培育原料基地＋中央厨房＋物流配送（餐饮门店、商超销售）以及中央厨房＋餐饮门店（连锁店、社区网点、终端客户）等模式，进一步延长加工链条。推进农产品加工循环、高值、梯次利用和减损增效取得实质性进展。

集成加工技术成果。围绕产业链部署创新链、围绕创新链部署资金链和资源链，引导农产品加工企业牵头开展“产学研用”联合攻关，攻克食品预处理、分离提取、混合均质、灌装包装、减损增效等技术瓶颈。组织加工企业、研发团队和装备企业，打造共性技术研发平台和创新联合体，创制信息化、智能化、工程化加工装备，建设一批集成度高、系统性强、能应用、可复制的农产品加工技术集成基地，打造一批中国农业食品创新产业园。

打造农业全产业链。围绕县域农业主导产业，引导县域农业产业化龙头企业牵头组建农业产业化联合体，前端联结农业研发、育种、生产等环节，后端延展加工、储运、销售、品牌、体验、消费、服务等环节，优化提升产业链供应链水平，实现全环节提升、全链条增值、全产业融合。引导有条件的头部企业，搭建全产业链数字平台，将上、中、下游经营主体纳入平台，打通全产业链上、中、下游环节，实现信息共享、品牌共创、渠道共建和质量安全可追溯。

创响知名农业品牌。按照“有标采标、低标提标、无标创标”要求，培育标准“领跑者”。塑强区域公用品牌，加强农产品地理标志管理和品牌保护，深入实施地理标志农产品保护工程，推进现代农业全产业链标准化试点。引育一批有自主知识产权和品牌效应的龙头企业，引导企业与农户等共创企业品牌。培育一批“独一份、特别特、好中优”

的“土字号”“乡字号”产品品牌。加大品牌推介力度，讲好品牌故事，提升品牌公信力和品牌溢价能力。

7. 如何构建三级农产品产地市场体系？

农业农村部印发的《“十四五”全国农产品产地市场体系发展规划》指出，根据国家区域发展战略和国土空间规划，立足农业产业布局，结合农产品消费区域以及交通运输发展特点，统筹推进农产品产地市场体系发展。在全国农产品优势产区，对接京津冀、长三角、粤港澳、成渝等城市群消费需求，进一步完善以国家级农产品产地市场为龙头、区域性农产品产地市场为节点、田头市场为基础的三级农产品产地市场体系，优化不同层级市场的空间分布和功能作用，实现公益性与市场化相结合、线下物流与线上营销相结合、产地市场与城镇流通体系相结合。

国家级农产品产地市场。在农产品优势产区，由农业农村部和省级人民政府共同支持建设能够辐射带动本区域乃至全国优势产业发展的大型农产品专业批发市场。国家级农产品产地市场主要为农业高质量发展、全国农产品流通和城市大规模消费，提供集聚分拨、仓储物流、产业信息、会展贸易、应急保供等服务，打造国家级农产品产销对接和品牌培育平台，成为农产品流通体系的主导力量。

区域性农产品产地市场。在农产品优势产区建设能够辐射带动市场所在县及周边县（农场）优势产业发展的农产品专业批发市场。区域性农产品产地市场是引领区域主导产业发展的“桥头堡”，主要提供交易结算、分拣包装、仓储保鲜、物流配送和品牌增值等服务，成为畅通产销渠道的农产品区域流通节点。

田头市场。在农产品生产基地，依托家庭农场、农民合作社、农业企业等农业经营主体建设能够辐射带动市场所在村镇及周边村镇（农场）农产品流通的小型农产品专业市场。田头市场是农民家门口的市场，具有很强的公益性，主要提供交易、预冷、分级、包装、暂存等服务，保持产品品质，增加产品价值，成为农产品流通的重要基点。

8. 如何重点培育农产品产地市场?

《"十四五"全国农产品产地市场体系发展规划》指出,在农产品优势产区,遵循市场规律,尊重市场选择,以市场自发形成的农产品产地市场为基础,进行重点培育。

国家级农产品产地市场建设条件。特色优势鲜明。主营农产品产量位居全国前列,在国内外具有较高品牌知名度,有一批带动能力强的新型农业经营主体,产业发展空间广、潜力大。物流条件优越。交通便利、路网发达,毗邻铁路公路运输干线、全国主要港口或者航空枢纽机场,有效衔接国家综合立体交通网、"四横四纵"国家冷链物流骨干通道网络。立足已建市场。完善提升已建成的特色明显、优势突出、辐射带动能力强的农产品产地市场,必要情况下可结合产业发展、消费变化等适当整合或迁移。已成为全国性乃至全球性农产品集散交易场所的专业批发市场可不在优势产区共建。服务功能完善。具备国家级农产品产地市场主要功能,辐射带动主营农产品产业发展,市场年交易额在30亿元以上。运营管理规范。市场管理机构健全、制度完善,交易行为监管有力。市场准入制度严格。建有物流和交易信息管理平台的优先发展。联农带农显著。市场辐射带动能力强,有效促进农业生产技术提升、农产品加工企业集聚、农民和新型农业经营主体收入提高。脱贫地区建设条件适当放宽。

区域性农产品产地市场建设条件。产业地位突出。产业规模位居区域前列,主营农产品生产相对集中连片、标准化水平高,产业链条完整,具有一批带动能力强的新型农业经营主体。交通运输便利。毗邻高速路网、铁路场站、水运码头等重要交通基础设施,靠近国家综合立体交通网。服务管理规范。能够充分发挥交易结算、物流集散、信息服务等功能,带动产业发展效果明显,年交易额10亿元以上。管理机构运转有效,规章制度完善,农产品质量安全有保证。利益联结紧密。与农民、新型农业经营主体形成了稳定的利益联结机制,各市场主体能够平等分享产业增值收益。

田头市场建设条件。产业基础牢固。市场所在地为主营农产品专业村镇（农场），“一村一品”示范村镇及农业产业强镇优先布局。交通条件良好。毗邻省道，靠近高速路网、铁路场站、水运码头等重要交通基础设施。为农服务突出。提供代购代销、交易结算、商品化处理、质量速测等服务，明显提高农户营销能力，实现农产品产后“存得住、运得出、卖得掉”，促进农民持续增收，年交易额500万元以上。

9. 如何统筹农产品产地市场布局？

《“十四五”全国农产品产地市场体系发展规划》指出，统筹考虑产业基础、消费导向、市场潜力及交通设施等因素，按照强调“专业”、突出“优势”的原则，聚焦粮油类、果蔬类、畜产品类、水产品类及特色农产品类中的26个重点品类布局国家级农产品产地市场。区域性农产品产地市场和田头市场不限于26个品类，各地结合实际自行确定。

一是国家级粮油类产地市场。主要在玉米、水稻、小麦、大豆、马铃薯、杂粮杂豆、特色油料等粮经类农产品优势产区，布局国家级玉米产地市场、国家级水稻产地市场、国家级小麦产地市场、国家级大豆产地市场、国家级马铃薯产地市场、国家级杂粮杂豆产地市场和国家级特色油料产地市场，建设规模化浅圆仓、平房仓、筒仓工作塔等大型粮油仓储设施或窖群、大型通风库等马铃薯贮藏设施，依法合规开展现货、期货等交易，为农民、新型农业经营主体、国有农场、收储企业、加工企业等提供仓储、交易、集散、融资等服务，优化产业结构，满足多样化消费需求。

二是国家级果蔬类产地市场。主要在蔬菜、水果等农产品优势产区，布局国家级蔬菜产地市场、国家级食用菌产地市场、国家级苹果产地市场、国家级柑橘产地市场、国家级梨产地市场、国家级葡萄产地市场、国家级猕猴桃产地市场和国家级热带水果产地市场，建设大型预冷、冷藏保鲜、交易设施以及自动化、智能化初加工生产线，为农民、

新型农业经营主体及有关企业提供仓储保鲜、加工处理、干支联运、分拨配送和市场交易等服务，带动产业发展，提供跨区周年供给，促进国内国际农产品流通，满足城市大规模消费需求，提升国际竞争优势。

三是国家级畜产品类产地市场。主要在牛、羊、禽优势产区，布局国家级牛羊肉产地市场、国家级禽肉产地市场、国家级禽蛋产地市场，建设贮藏保鲜、市场交易、加工物流等设施，为农牧民、新型农业经营主体、经销商等提供仓储保鲜、物流组织、区域分拨及金融结算、供应链管理等增值服务，增强市场流通能力，带动标准化、规模化养殖、屠宰，打造优质安全绿色的品牌，提升产业化水平。

四是国家级水产品类产地市场。主要在淡水产品、海水产品优势产区，布局国家级淡水产品产地市场和国家级海水产品产地市场，建设大型冻结、冷藏、暂养、净化、制（贮）冰以及交易等设施，主要为渔民、新型农业经营主体、经销商等提供市场交易、加工处理、仓储保鲜、物流配送、货物集散及消杀防疫等服务，提升我国水产品流通效率，提高产品品质，延长产业链，提升价值链，促进水产养殖业发展。

五是国家级特色农产品类产地市场。主要在茶叶、中药材、花卉、桑蚕、香辛料、干果等特色农产品优势产区，布局国家级茶叶产地市场、国家级中药材产地市场、国家级鲜切花产地市场、国家级桑蚕产地市场、国家级香辛料产地市场和国家级干果产地市场，建设特色农产品交易、仓储、商品化处理、装卸包装等设施设备，积极推广现代交易方式，为农民、新型农业经营主体及有关企业提供交易平台、流通渠道、物流组织、配送分销等一体化的现代供应链服务，带动特色农产品区域化、规范化、绿色化生产，培育一批品牌产品，提升质量效益和竞争力。

六是区域性农产品产地市场和田头市场。各地依据农产品优势产区，结合国家级农产品产地市场布局以及区域人口分布、消费能力等因素，统筹规划建设一批区域性农产品产地市场。在本地农产品生产集中度高、集散基础好、生产组织化强、商品化处理需求多的村镇，规划发展一批田头市场。

10. 如何提高农产品仓储物流能力？

《“十四五”全国农产品产地市场体系发展规划》指出，加快仓储设施建设。根据经营农产品种类和规模，充分利用现有仓储设施，按照适度超前原则，高起点高标准规划新建或改扩建粮油自动通风筒仓、果蔬精准控温保鲜库、畜产品和水产品高效节能冷藏库等仓储设施。配备标准托盘、立体货架、自动传输、装卸提升、吊装搬运等设备，建立协调统一、信息共享、上下联动的管理系统。

完善商品化处理设施。建设农产品商品化处理专区或车间，结合市场主营产品特点，安装预冷、清洗、分级、打蜡、包装等果蔬商品化处理设备，以及冷却、分等、分割、冻结等肉类和水产品初加工设备，鼓励配备技术先进、性能可靠、经济实用的农产品加工生产线，最大限度减少农产品产后损失。支持有条件的市场建设农产品产地集配中心，提高规模化、标准化加工配送能力，将更多增值收益留在产地。

健全产地冷链物流体系。鼓励农产品产地市场加强冷链物流设施建设，中西部地区重点提高冷藏保鲜能力，东部地区着重提升冷链物流设施技术装备水平和运行效率。支持农产品产地市场发展冷链运输，提供专业化、社会化第三方冷链物流服务。鼓励国家级、区域性农产品产地市场和田头市场加强冷藏保鲜设施共建共享。

11. 如何促进集群式发展，提升农产品产地市场运营效率？

《“十四五”全国农产品产地市场体系发展规划》指出，加快三级市场联动发展。支持国家级农产品产地市场与区域性农产品产地市场、田头市场，通过股份合作、委托经营等多种方式，增强业务联动，促进农产品产地市场集群式发展。引导仓储保鲜、商品化处理和物流配送等流通资源集聚，促进农产品产地市场联建联营、融合互用、上下游有机链接，提升流通组织发展水平和服务效能。鼓励成立农产品产地市场协

会，推动市场有序竞争、分工合作和功能互补。

加强跨区域协同发展。鼓励国家级农产品产地市场打破地域界限，建设区域性农产品产地市场和田头市场，形成网络化布局、集团化经营。引导各级农产品产地市场通过平台对接、资源共享等方式，打造优势互补、利益一致的市场共同体，开展符合产业链、供应链要求的流通和配送服务，促进产品空间对接和产业协同发展。

推动产销市场融合发展。鼓励农产品产地市场发展电子商务、配货配送、连锁门店，引导产地市场和销地市场经销商开展摊位共享、代购代销等合作，推动农产品产地直供与销地直采双向融合。支持农产品产地市场发展共同配送，推进农产品上行与工业品下行设施设备共享共用、网络互联互通，提供日用消费品、农资下乡和农产品进城双向服务。

12. 如何加快融入现代供应链体系？

《"十四五"全国农产品产地市场体系发展规划》指出，提高农业生产组织效率。发挥农产品产地市场在供应链中的关键作用，对接新型农业经营主体、农业社会化服务组织、国有农场等主体，发展种养加、产供销和内外贸联动的现代农业。构建产销协同机制，实时共享生产、需求、库存和流通信息，实现按需组织生产，合理安排仓储物流。

提升产地流通服务水平。应用供应链理念和技术，改造提升农产品产地市场，培育形成新型供应链服务平台。推动国家级农产品产地市场整合资源，拓展质量管理、追踪服务、金融支持、品牌培育等功能，提供采购执行、分拨物流、信息处理、融资结算等服务，建立与中间渠道、消费终端经营主体紧密合作机制，构建采购、分销、仓储、配送统一体系。

增强质量安全追溯能力。推行承诺达标合格证制度，引导生产主体在自控自检的基础上开具使用，推动经销商验证采购。鼓励农产品产地市场建立基于供应链的质量安全追溯机制，逐步构建来源可查、去向可追、责任可究的全链条可追溯体系。鼓励有条件的农产品产地市场建立信息化准入准出管理系统，并与农业农村部门农产品追溯平台对接，定期开展信息比对与查验。

13. 如何主动嵌入国际消费市场?

《“十四五”全国农产品产地市场体系发展规划》指出，培育国际市场竞争优势。鼓励农产品产地市场加强与贸易企业、出口企业发展战略合作，积极开展跨境物流，开拓农产品对外贸易业务。打造一批农业国际贸易高质量发展基地，构建国内农产品抱团出海、国外农产品批量进口的高效枢纽平台，促进国内市场与国际市场对接。

融入国际农产品物流通道。鼓励国家级农产品产地市场开展国际物流业务，完善铁路专用线、水运港口、多式联运转运、通关保税等配套设施，对接国家物流枢纽等重大物流基础设施及中欧班列、水路航道等运力资源。支持国家级农产品产地市场开展海外仓、分销网络建设，开展或参与“一带一路”国家农产品批发市场或销售终端建设。

提高国际贸易服务能力。深化与自由贸易试验区、综合保税区、农业对外开放合作试验区合作，将农产品贸易政策引入市场落地实施，为农产品进出口企业提供贸易便利化、国际认证等服务。参与国际标准研编，推进农产品贸易国内外标准对接，推动内外贸农产品“同线同质同标”。

14. 如何通过促进乡村产业发展拓展农产品产地市场多种功能?

《“十四五”全国农产品产地市场体系发展规划》指出，引导生产方式转型升级。鼓励农产品产地市场向生产端延伸，建立生产示范性基地，带动生产主体适应消费结构和消费方式变化，推进品种培优、品质提升、品牌打造和标准化生产。发挥农产品产地市场信息集聚、需求反馈、产销对接的作用，带动发展一批现代农业产业园、产业强镇、产业

集群、农业现代化示范区，促进产业高质量发展。

促进产业融合集聚发展。实施农产品产地市场融合发展行动，建立以农产品产地市场为依托、家庭农场和农民合作社为支撑、广大农户参与的农产品供应集散平台，促进农产品仓储物流、精深加工、副产物综合利用集聚发展。拓展农产品产地市场功能，带动企业就近发展中央厨房、主食加工、净菜加工等业务，实现生产、加工与物流配送高效对接，降低经营成本。

打造乡村文化传承载体。深入挖掘农产品产地市场文化传承功能，鼓励农产品产地市场建设产业展览馆、博物馆、民俗街、文化长廊，发展农事体验、科普教育、观光游览、美食品鉴等业态，开发“后备箱”“伴手礼”等特色产品。结合中国农民丰收节及传统农事节庆，举办展示展销、趣味比赛、文化研学等活动，弘扬传承中华农耕文明。

15. 如何挖掘市场服务新潜力？

《“十四五”全国农产品产地市场体系发展规划》指出，发展产地流通新模式。聚集技术、人才等资源，发展农产品电商、宅配、前置仓、产地仓等新兴流通业态，促进行业上下游紧密衔接。创新发展“产地市场＋种养”“产地市场＋食品加工”“产地市场＋直销配送”“产地市场＋新零售”等新业态，提升农产品产地市场综合竞争优势和规模经济效应。

建立全产业链服务新平台。适应现代农业生产规模化、标准化发展趋势，支持农产品产地市场拓展农资供应、农机销售及维修等业务。结合农业全产业链发展，提供农技推广、农机作业、代耕代种、烘干仓储、市场营销等社会化服务。鼓励有条件的农产品产地市场，加强信息信用管理，推动金融机构开展农业保险、信贷等服务。

提升农业品牌新价值。引导农产品产地市场实施品牌战略，发挥平台渠道优势，打造企业品牌。依托国家级农产品产地市场，塑强一批农产品区域公用品牌，孵化一批农业企业品牌和农产品品牌。创新品牌营销管理，发展体验式、网络化营销方式，设立销售专馆专区专柜，建立健全品牌保护机制，促进品牌农产品消费。

16. 如何提高农产品应急保供能力？

《“十四五”全国农产品产地市场体系发展规划》指出，统筹推进应急保供体系建设。强化农产品产地市场应急保供功能，打造应急储备关键节点和应急转运主要渠道相结合的农产品应急保供体系。加强蔬菜、畜产品、水产品等国家级农产品产地市场储备转运设施建设，促进相互匹配和有机衔接，提高紧急调运能力。蔬菜产地市场重点加强保鲜库、通风库等设施建设，畜产品、水产品产地市场重点加强冷冻库、冷藏车等设施设备配置。

建立健全应急保供机制。加强应急预案管理，促进应急信息共享共用，形成“平时服务、急时应急”的长效运行机制。结合城市群分布，分区域建立应急保供市场名录，分产品做好产销应急对接机制。鼓励国家级农产品产地市场建立应急保供生产基地，积极发挥新型农业经营主体、农垦企业保障重要农产品供给作用，加强与国家储备体系对接，强化与第三方物流企业、大型商超企业以及销地批发市场合作，提升跨区域、大规模调运的组织能力。

17. 如何培育充满活力的产地流通主体？

《“十四五”全国农产品产地市场体系发展规划》指出，提高生产主体营销能力。开展农村实用人才培训，实施高素质农民培育计划和学历提升行动，提高种养大户、家庭农场、农民合作社等新型农业经营主体产销对接能力。加强农村经纪人培育，引导经纪人向规范化、职业化、专业化方向发展。鼓励支持农业产业化龙头企业与新型农业经营主体开展多种形式合作，组建流通协会、产销联盟或产销集团，形成集中流通、集约营销的格局。

提升经销商市场竞争力。规范市场内个体工商户经营行为，做好登

记注册和财务管理，逐步向现代企业法人转变。推动经销企业建立“产权清晰、行为规范、运营高效”的现代企业制度，做精做专服务。鼓励经销企业通过兼并、联盟、合作等方式，扩大产后加工、仓储物流、城乡配送等服务范围。引导返乡农民工、大中专毕业生、退伍军人等参与农产品产地市场建设，为农产品产地流通注入“新鲜血液”。

18. 如何强化创新实用的技术人才保障，构建农产品产地市场支撑体系？

《“十四五”全国农产品产地市场体系发展规划》指出，加强产地流通技术研发推广。支持各类大专院校、科研院所以及有关企业开展农产品产地流通技术装备研究创制、联合攻关和推广应用。推动国家级农产品流通学科群建设，建设一批农业农村部农产品流通重点实验室和试验基地，推动增补一批现代农业产业技术体系农产品流通岗位科学家。鼓励科研机构与国家级农产品产地市场设立产学研相结合的农产品流通创新中心、市场研究中心或创新联盟，开展共性技术研究推广和人才培训。

建设产地流通人才队伍。通过引进、教育、培训等多种方式，建立一支由创新型、技术型、实用型人才构成的多层次农产品产地流通人才队伍。完善人才培养、使用、评价和激励制度，推动专业技术职称评定、农业技能人才评价向农产品流通领域倾斜。鼓励各类农业高等院校提升物流学科建设水平，加强农业产业、商贸流通复合型人才培养。

19. 如何打造权威精准的信息服务窗口？

《“十四五”全国农产品产地市场体系发展规划》指出，健全产地流通信息监测体系。研究制定反映农产品产地流通重点领域、重点环节的监测指标体系。加强与发展改革、统计、商务、市场监管等部门以及有关行业协会协调联动，建立畅通高效的信息交换机制。完善农业农村部重点农产品市场信息平台建设，开展农产品产地市场发展情况监测试点，掌握农产品产地市场流通品类、数量、价格等情况。

增强产地市场信息服务能力。加强农产品产地市场信息采集、分析，建立信息发布长效机制，充分利用网站、电子显示屏以及新媒体平台等载体，及时准确传递生产、供求、价格等方面的信息。鼓励支持国家级农产品产地市场应用大数据分析、数据挖掘等新技术，研判全球进出口贸易发展趋势，编制主营农产品产地价格、行业景气等指数，逐步成为主营农产品价格形成中心。

20. 如何构建务实有效的标准规范体系？

《“十四五”全国农产品产地市场体系发展规划》指出，完善产地市场标准体系。加快推进现行标准评估复审，提高现行标准规范的系统性和有效性。按照先进实用、统一协调、绿色智能原则，制修订一批农产品产地市场设施工程、工艺技术、管理服务等标准，引导对接国际标准，逐步形成以国家标准为基础，行业标准为补充，团体标准、地方标准及企业标准相配套的农产品产地市场标准体系。

加强产地市场标准宣贯推广。用好传统媒体和新媒体，大力开展标准宣传、解读、培训等工作。建立政府引导、行业协会推动、生产经营主体示范应用的标准实施推广机制，结合现代农业全产业链标准化基地建设和农产品产地市场标准化提升行动，深入开展标准示范推广，提升农产品产地市场标准化水平。

21. “十四五”时期推进产业园建设有哪些计划？

农业农村部和财政部有关司局负责人指出，“十四五”时期，是全面推进乡村振兴、加快农业农村现代化的关键时期。党的十九届五中全会对优先发展农业农村、全面推进乡村振兴作出了部署。“十四五”时期，农业农村部和财政部将按照党中央、国务院的部署要求，对标新目标，推动县域农业主导产业向园区集中，促进农业生产、加工、物流、

研发、示范、服务等相互融合和全产业链开发，加快数字技术向农业各领域渗透，提升乡村产业园区化、融合化、数字化水平，推动现代农业产业园建设取得新进展，为全面推进乡村振兴、加快农业农村现代化提供支撑。工作推进上，可以概括为“提质、扩面、强基”3个关键词。一是“提质”，即提升产业链供应链现代化水平。推动每县选准1～2个农业主导产业，推进“生产＋加工＋科技”一体化发展，延伸产业链条，贯通供应链，提升价值链，培育知名品牌，促进全产业链开发、全链条增值，实现“一县一特、一特一园、一园一牌”，提高农业质量效益和竞争力。二是“扩面”，即提高产业园覆盖面。按照普惠性、竞争性、政策性相结合的原则，继续支持创建和认定一批国家现代农业产业园。指导各地全面推动省市县级产业园建设，实现涉农县产业园全覆盖。三是“强基”，即加强产业园建设管理。研究制定建设现代农业产业园的指导意见和国家现代农业产业园管理办法，推动更多的金融资本、政府专项债用于符合条件的现代农业产业园建设，加强监测评价和绩效考核，发挥好产业园对乡村产业振兴的引领示范作用。

22. 如何发展乡村新型服务业？

2019年中央1号文件指出，一要支持供销、邮政、农业服务公司、农民合作社等开展农技推广、土地托管、代耕代种、统防统治、烘干收储等农业生产性服务。二要充分发挥乡村资源、生态和文化优势，发展适应城乡居民需要的休闲旅游、餐饮民宿、文化体验、健康养生、养老服务等产业。三要加强乡村旅游基础设施建设，改善卫生、交通、信息、邮政等公共服务设施。

23. 如何做精做优乡村休闲旅游业？

农业农村部印发的《关于拓展农业多种功能　促进乡村产业高质量发展的指导意见》指出，发挥乡村休闲旅游业在横向融合农文旅中的连接点作用，以农民和农村集体经济组织为主体，联合大型农业企业、文旅企业等经营主体，大力推进"休闲农业＋"，突出绿水青山特色、做亮生态田园底色、守住乡土文化本色，彰显农村的"土气"、巧用乡村的"老气"、焕发农民的"生气"、融入时代的"朝气"，推动乡村休闲旅游业高质量发展。

一是保护生态资源和乡土文化。坚持生态优先、绿色发展，实现保护与开发并举、生产与生态并重。保护好森林、山丘、湖泊、溪流、草原、湿地等自然资源，利用好稻田、茶园、花海、牧场、养殖池塘、湖泊水库等田园风光，发挥好农业的涵养水源、保持水土、防风固沙、调节气候、净化空气、消除污染等重要作用；保护好传统村落、民族村寨、传统建筑、文物古迹、农业遗迹、灌溉工程等农业物质遗产，传承好民族民俗文化、传统手工艺、戏曲曲艺、渔歌、渔港文化等非物质遗产，形成以资源可持续利用、文化可接续传承为基础的乡村休闲旅游发展模式。

二是发掘生态涵养产品。注重人与自然和谐共生，依托山水林田湖草沙等自然资源，结合农业资源保护利用、农村生态文明建设、农耕文化传承和节能减排固碳，发展生态观光、农事体验、户外拓展、自驾旅居等业态，开发森林人家、林间步道、健康氧吧、温泉水疗、水上漂流、滑草滑沙、星空露营等产品，打造一批循环农业、生态农牧、稻渔共生等生态样板，建设一批学农劳动、研学实践、科普教育等实训基地，创设一批农事生产、节气物候、自然课堂、健康养生等科普教程。

三是培育乡村文化产品。将乡村民俗文化、人文精神与现代要素、时尚元素和美学艺术相结合，深入发掘民间艺术、戏曲曲艺、手工技艺、民族服饰、民俗活动等活态文化，打造具有农耕特质、民族特色、地域特点的乡村文化项目，发展历史赋能、独具特色、还原传统的乡村民宿经济，制作乡村戏剧曲艺、杂技杂耍等文创产品，创响"珍稀牌""工艺牌""文化牌"的乡土品牌。大力弘扬以爱国主义为核心的民族精

神和以改革创新为核心的时代精神，打造文化乡村，培育文明乡风，弘扬革命文化，赓续红色血脉。

四是打造乡村休闲体验产品。依托乡村资源，围绕多功能拓展、多业态聚集、多场景应用，开发乡宿、乡游、乡食、乡购、乡娱等综合体验项目。开发“看乡景”产品，建设采摘园、垂钓园、风情街、民俗村、农业主题公园等景点，发展景观农业、观光采摘、休闲垂钓、特色动植物观赏等业态，打造一批田园康养基地和田园式花园式乡景基地。开发“品乡味”产品，鼓励优质特色农产品实现地产地销、就地加工，发展乡味食堂、风味小吃、特色食品，培育精品农家菜和厨艺达人，举办乡土菜、农家宴推介和大赛。开发“享乡俗”产品，发展民族风情游、民俗体验游、村落风光游等业态，创设村歌、村晚、旅游演艺、节庆展会等节目，开发传统工艺、民族服饰等民族民俗特色产品。开发“忆乡愁”产品，发展文化体验、教育农园、亲子体验、研学示范等业态，开展“体验乡村休闲、感悟乡土文化”“乡味从未散去、回首已是千年”等活动，讲好乡村故事，吸引居民望山见水忆乡愁。

五是提升乡村休闲旅游水平。以“绣花”功夫抓好乡村环境治理，以“标兵”姿态抓实乡村生活垃圾分类，以“园丁”精神抓好美丽庭院、美丽田园、美丽山水建设，改善餐饮、住宿、停车、厕所等设施条件，因地制宜加快推进农村生活污水治理。将先进的管理模式和理念引入乡村，制修订乡村休闲旅游服务规程和标准，用标准创响品牌，用品牌汇聚资源，让消费者体验乡村品质。

六是实施乡村休闲旅游精品工程。推动资源适度集聚，强化典型引领带动，构建“点线面”结合的乡村休闲旅游发展格局。培育 1 500 个美丽宜人、业兴人和的美丽休闲乡村，推动产村融合发展，带动乡村生产生活生态价值提升。推介 1 000 条运营成熟、体验美好的乡村休闲旅游精品景点线路，促进产业提质增效，打造一批乡村休闲旅游优势品牌和城乡居民休闲旅游“打卡地”。建设 300 个资源独特、设施完备、业态丰富、创新活跃的休闲农业重点县，推动县域统筹规划、整体推进、

集成创新，打造一批乡村休闲旅游先行区。

24. 如何全面促进农村消费？

2021年中央1号文件指出，要想全面促进农村消费，就要加快完善县乡村三级农村物流体系，改造提升农村寄递物流基础设施，深入推进电子商务进农村和农产品出村进城，推动城乡生产与消费有效对接。就要促进农村居民耐用消费品更新换代。就要加快实施农产品仓储保鲜冷链物流设施建设工程，推进田头小型仓储保鲜冷链设施、产地低温直销配送中心、国家骨干冷链物流基地建设。就要完善农村生活性服务业支持政策，发展线上线下相结合的服务网点，推动便利化、精细化、品质化发展，满足农村居民消费升级需要，吸引城市居民下乡消费。

25. 如何加强县域商业体系建设？

2022年中央1号文件指出，实施县域商业建设行动，促进农村消费扩容提质升级。加快农村物流快递网点布局，实施“快递进村”工程，鼓励发展“多站合一”的乡镇客货邮综合服务站、“一点多能”的村级寄递物流综合服务点，推进县乡村物流共同配送，促进农村客货邮融合发展。支持大型流通企业以县城和中心镇为重点下沉供应链。加快实施“互联网+”农产品出村进城工程，推动建立长期稳定的产销对接关系。推动冷链物流服务网络向农村延伸，整县推进农产品产地仓储保鲜冷链物流设施建设，促进合作联营、成网配套。支持供销合作社开展县域流通服务网络建设提升行动，建设县域集采集配中心。

26. 实施“互联网+”农产品出村进城工程的重点任务是什么？

农业农村部、国家发展改革委、财政部和商务部联合印发的《关于实施“互联网+”农产品出村进城工程的指导意见》指出，一是建立市场导向的农产品生产体系。建立健全市场信息反馈机制，针对农产品市

场运行趋势和消费需求特点，强化数据分析挖掘，引导各类市场主体合理制定销售计划，精准安排生产经营，生产适销对路的优质特色农产品。扩大农业物联网区域试验范围、规模和内容，利用现代信息技术，提高良种繁育、种养业生产管理、病虫害防治、动物疫病防控、产地环境监测等环节管理效能，推动网络化、绿色化、标准化生产。强化大数据建设，加强优质特色农产品全产业链数据监测、分析和应用，推动以数据信息指导生产、引导市场和服务决策。

二是加强产地基础设施建设。因地制宜采用宽带、光纤、移动网络、卫星网络等多种形式，覆盖农业生产、加工区域，满足农业用网需求。加强产地预冷、分等分级、初深加工、包装仓储等基础设施建设，推进共享共用，提升产地农产品商品化处理能力和设施设备使用效率。大力推进果蔬标准化基地、规模化种植养殖场（站）等生产条件建设，切实提升优质特色农产品持续供给能力。

三是加强农产品物流体系建设。充分利用快递物流、邮政、供销合作社、益农信息社、电商服务站点等现有条件，完善县乡村三级物流体系，提高农村物流网络连通率和覆盖率。加强冷链物流集散中心建设，完善低温分拣加工、冷藏运输、冷库等设施设备，强化城市社区配送终端冷藏条件建设，做好销地与产地冷链衔接，构建覆盖农产品生产、加工、运输、储存、销售等环节的全程冷链物流体系。推动菜市场、社区菜店等农产品零售市场建设改造，完善末端销售网络。鼓励农产品物流技术创新，推广可循环使用的标准化包装，提高农产品包装保鲜技术水平。

四是完善农产品网络销售体系。建立健全县级农产品产业化运营主体，引导其牵头联合全产业链各环节市场主体、带动小农户，统筹组织开展优质特色农产品生产、加工、仓储、物流、品牌、认证等服务，加强供应链管理和品质把控，对接网络销售平台，积极开拓网络市场，提高优质特色农产品的市场竞争能力。统筹建立县乡村三级农产品网络销售服务体系，满足小农户和新型农业经营主体需求，有针对性地提供电商培训、加工包装、物流仓储、网店运营、商标注册、营销推广、小额信贷等服务。综合利用线上线下渠道，大力发展多样化多层次的农产品网络销售模式，鼓励农产品上网经营，推动传统批发零售渠道网络化，构建优质特色农产品网络展销平台，推动在县城、市区设立优质特色农产品直销中心，探索创新农产品优质优价销售新模式。

五是强化网络销售农产品质量安全监管。督促农产品生产经营者严格落实质量安全主体责任，加强对产地农产品质量安全检测和监督管理。（农业农村部牵头负责）督促网络食品交易第三方平台建立实施入网食品生产经营者审查登记、食品安全自查、食品安全违法行为制止及报告、严重违法行为平台服务停止、食品安全投诉举报处理等制度，督促入网食用农产品销售者严格落实质量安全主体责任，依法查处网络销售不符合食品安全标准的违法违规行为。

六是加强农产品品牌建设。结合特色农产品优势区等建设，积极探索利用网络传播新渠道，大力发展农产品区域公用品牌，培育一批知名的企业品牌、产品品牌，以品牌化引领规模化生产、标准化管理和产业化经营，提高农业质量效益和市场竞争力。加强品牌监督管理，强化证后监管，提升优质特色农产品品牌影响力和市场占有率。

七是加强农产品标准体系建设。加快优质特色农产品田间管理、采后处理、分等分级、包装储运、产品追溯、信息采集等各环节标准研制，鼓励电商企业、龙头企业等市场主体参与标准制定，形成多层次的标准体系。大力推进相关法律法规和标准宣贯实施，细化标准化生产和流通操作规程，提高农产品品质和一致性。

八是加强网络应用技能培训。充分利用农村实用人才培训等现有培训资源，加大互联网、电子商务等公益培训力度。鼓励各类企业和服务机构建立专业培训基地和师资队伍，开展市场化专业培训，培养一批农产品网络销售实用人才。支持各类企业开发服务“三农”的手机应用，持续开展农民手机应用技能培训，提高农民获取信息、管理生产、网络销售等能力。

九是运用互联网发展新业态新模式。鼓励支持各类市场主体和人才返乡入乡创业创新，利用现代信息技术和互联网平台，发展创意农业、观光农业、认养农业、都市农业、分享农业等新业态新模式，满足“三农”发展和城乡居民消费升级需求。鼓励支持各地建设一批农村互联网创业创新实训基地、孵化基地、创客空间、星创天地、创业园区，建立健全市场化促进机制，提供保障条件，全面降低成本，营造良好环境。

十是发挥多元市场主体带动作用。充分发挥市场机制作用，鼓励电商企业、互联网企业等各类市场主体开拓农业农村业务，推动传统农业生产加工流通企业拓展线上业务，健全完善配套服务。更好发挥政府引导作用，因地制宜出台引导政策，培育引进一批运营水平高、创新意识强、带动作用大的市场主体，引领带动产业链上下游企业。充分发挥广大农民群众的首创精神，建立健全利益联结机制，切实提高小农户特别是贫困户的参与度，引导和支持农民群众生产适合网络销售的优质特色农产品，通过多种形式上网销售。

27. 如何做活做新农村电商?

《关于拓展农业多种功能　促进乡村产业高质量发展的指导意见》指出，发挥农村电商在对接科工贸的结合点作用，实施“互联网+”农产品出村进城工程，利用5G、云计算、物联网、区块链等技术，加快网络体系、前端仓库和物流设施建设，把现代信息技术引入农业产加销各个环节，建立县域农产品大数据，培育农村电商实体及网络直播等业态。

一是培育农村电商主体。引导平台企业、物流、商贸、金融、供销、邮政、快递等各类主体到乡村布局，完善农村商贸服务体系。坚持共建共享、互联互通原则，在促进工业品下乡的同时更加聚焦服务农产品上行，依托益农信息社、农村综合服务社、村邮站、快递网点、农产品购销代办站、农家店等经营主体发展电商末端服务网点。依托信息进村入户运营商、优质电商直播平台、直播机构和经纪公司，发展直播卖货、助农直播间、移动菜篮子等，培育农民直播销售员。

二是打造农产品供应链。建设产地仓储保鲜冷链基础设施，集中打造农产品生产供应基地，配备智能化设施设备和质量追溯设备，鼓励使用“一品一码”“一捆一码”“一筐一码”等追溯技术设备。提升农产品产地流通效率，创新农产品产地市场建设模式和运营机制，鼓励电商企业在产地建设一批田头市场，推动国家级、区域性农产品产地市场开展农产品线上批发、零售和产销对接等活动，进一步拓宽农产品流通渠道。建设农产品县级集散配送中心，打造出村进城枢纽，提升集中采购和跨区域配送能力，完善网销农产品商品化处理、品控分拣、打包配送、统配统送等功能。建设产地初加工服务站点，开展农产品分等分级、预冷仓储、包装等服务，整合快递物流等现有条件，完善县乡村三级物流体系。构建农产品供应链体系，实施“数商兴农”，打造农产品网络品牌，支持运营主体带动农户统一标准、统一生产、统一采购、统一品牌、统一销售，构建基于互联网的供应链管理模式，形成协同高效、利益共享的优质特色农产品供应链体系。

三是建立运营服务体系。提升电商服务功能，充分利用乡村网络站点优势，以低成本、简便易行的方式，与县级仓储物流节点有效衔接，构建网销服务体系。培育网络新零售，在大型电商平台开设旗舰店，培育零售电商、批发电商、分销电商以及社交电商、直播电商等新模式，形成多样化多层次的全网营销体系。注重线下渠道维护，与休闲体验相结合，建设优质特色农产品直营店、体验区，用网络营销带来的知名度促进线下销售。

四是强化农产品质量监管。强化农产品质量安全监测预警，稳定和加强基层农产品质量安全检验检测体系。加强乡镇农产品质量安全网格化管理，严查种植养殖屠宰环节使用禁限用药物行为，管控上市农产品常规农兽药残留超标问题，让生产者牢固树立“不合格不上市”的意识。推行食用农产品达标合格证制度，规范生产主体开具、使用合格证。积极探索利用现代信息技术的“阳光农安”智慧管理模式。支持产

业化运营主体加强自我检测、全过程追溯。加快农产品田间管理、采后处理、分等分级、包装储运、产品追溯、信息采集等各环节标准研制。

28. 如何加快农村寄递物流体系建设?

《国务院办公厅关于加快农村寄递物流体系建设的意见》指出，一要强化农村邮政体系作用。在保证邮政普遍服务和特殊服务质量的前提下，加强农村邮政基础设施和服务网络共享，强化邮政网络节点重要作用。创新乡镇邮政网点运营模式，承接代收代办代缴等各类农村公共服务，实现“一点多能”，提升农村邮政基本公共服务能力。发挥邮政网络在边远地区的基础支撑作用，鼓励邮政快递企业整合末端投递资源，满足边远地区群众基本寄递需求。支持邮政企业公平参与农村寄递服务市场竞争，以市场化方式为农村电商提供寄递、仓储、金融一体化服务。

二要健全末端共同配送体系。统筹农村地区寄递物流资源，鼓励邮政、快递、交通、供销、商贸流通等物流平台采取多种方式合作共用末端配送网络，加快推广农村寄递物流共同配送模式，有效降低农村末端寄递成本。推进不同主体之间标准互认和服务互补，在设施建设、运营维护、安全责任等方面实现有效衔接，探索相应的投资方式、服务规范和收益分配机制。鼓励企业通过数据共享、信息互联互通，提升农村寄递物流体系信息化服务能力。

三要优化协同发展体系。强化农村寄递物流与农村电商、交通运输等融合发展。继续发挥邮政快递服务农村电商的主渠道作用，推动运输集约化、设备标准化和流程信息化，2022 年 6 月底前在全国建设 100 个农村电商快递协同发展示范区，带动提升寄递物流对农村电商的定制化服务能力。鼓励各地区深入推进“四好农村路”和城乡交通运输一体化建设，合理配置城乡交通资源，完善农村客运班车代运邮件快件合作机制，宣传推广农村物流服务品牌。

四要构建冷链寄递体系。鼓励邮政快递企业、供销合作社和其他社会资本在农产品田头市场合作建设预冷保鲜、低温分拣、冷藏仓储等设施，缩短流通时间，减少产品损耗，提升农产品流通效率和效益。引导支持邮政快递企业依托快递物流园区建设冷链仓储设施，增加冷链运输车辆，提升末端冷链配送能力，逐步建立覆盖生产流通各环节的冷链寄递物流体系。支持行业协会制定推广电商快递冷链服务标准规范，提升冷链寄递安全监管水平。邮政快递企业参与冷链物流基地建设，可按规定享受相关支持政策。

29. 加快农村寄递物流体系建设的重点任务是什么？

《国务院办公厅关于加快农村寄递物流体系建设的意见》指出，一是分类推进“快递进村”工程。在东中部农村地区，更好发挥市场配置资源的决定性作用，引导企业通过驻村设点、企业合作等方式，提升“快递进村”服务水平。在西部农村地区，更好发挥政府推动作用，引导、鼓励企业利用邮政和交通基础设施网络优势，重点开展邮政与快递、交通、供销多方合作，发挥邮政服务在农村末端寄递中的基础性作用，扩大“快递进村”覆盖范围。引导快递企业完善符合农村实际的分配激励机制，落实快递企业总部责任，保护从业人员合法权益，保障农村快递网络可持续运行。

二是完善农产品上行发展机制。鼓励支持农村寄递物流企业立足县域特色农产品和现代农业发展需要，主动对接家庭农场、农民合作社、农业产业化龙头企业，为农产品上行提供专业化供应链寄递服务，推动“互联网＋”农产品出村进城。发挥农村邮政快递网（站）点辐射带动作用，2022 年 6 月底前建设 300 个快递服务现代农业示范项目，重点支持脱贫地区乡村特色产业发展壮大，助力当地农产品外销，巩固拓展脱贫攻坚成果。

三是加快农村寄递物流基础设施补短板。各地区依托县域邮件快件处理场地、客运站、货运站、电商仓储场地、供销合作社仓储物流设施等建设县级寄递公共配送中心；整合在村邮政、快递、供销、电商等资

源，利用村内现有公共设施，建设村级寄递物流综合服务站。鼓励有条件的县、乡、村布设智能快件（信包）箱。推进乡镇邮政局（所）改造，加快农村邮路汽车化。引导快递企业总部加大农村寄递网络投资，规范管理农村寄递网点，保障网点稳定运行。统筹用好现有资金渠道或专项政策，支持农村寄递物流基础设施改造提升。

四是继续深化寄递领域“放管服”改革。简化农村快递末端网点备案手续，取消不合理、不必要限制，鼓励发展农村快递末端服务。修订《快递市场管理办法》和《快递服务》等标准，规范农村快递经营行为，鼓励探索符合农村实际的业务模式。鼓励电商企业、寄递企业和社会资本参与村级寄递物流综合服务站建设，吸纳农村劳动力就业创业。加强寄递物流服务监管和运输安全管理，完善消费者投诉申诉机制，依法查处未按约定地址投递、违规收费等行为，促进公平竞争，保障群众合法权益。支持有条件的地区健全县级邮政快递监管工作机制和电商、快递协会组织，加强行业监管和自律。

30. 如何促进农村劳动力转移就业和农民增收？

2018 年中央 1 号文件指出，要促进农村劳动力转移就业和农民增收：一是健全覆盖城乡的公共就业服务体系，大规模开展职业技能培训，促进农民工多渠道转移就业，提高就业质量。二是深化户籍制度改革，促进有条件、有意愿、在城镇有稳定就业和住所的农业转移人口在城镇有序落户，依法平等享受城镇公共服务。三是加强扶持引导服务，实施乡村就业创业促进行动，大力发展文化、科技、旅游、生态等乡村特色产业，振兴传统工艺。四是培育一批家庭工场、手工作坊、乡村车间，鼓励在乡村地区兴办环境友好型企业，实现乡村经济多元化，提供更多就业岗位。五是拓宽农民增收渠道，鼓励农民勤劳守法致富，增加农村低收入者收入，扩大农村中等收入群体，保持农村居民收入增速快于城镇居民。

2019 年中央 1 号文件指出，一要落实更加积极的就业政策，加强就业服务和职业技能培训，促进农村劳动力多渠道转移就业和增收。二要发展壮大县域经济，引导产业有序梯度转移，支持适宜产业向小城镇集聚发展，扶持发展吸纳就业能力强的乡村企业，支持企业在乡村兴办生产车间、就业基地，增加农民就地就近就业岗位。三要稳定农民工就业，保障工资及时足额发放。加快农业转移人口市民化，推进城镇基本公共服务常住人口全覆盖。

31. 如何稳定农民工就业？

2020年中央1号文件指出，要落实涉企减税降费等支持政策，加大援企稳岗工作力度，放宽失业保险稳岗返还申领条件，提高农民工技能提升补贴标准。农民工失业后，可在常住地进行失业登记，享受均等化公共就业服务。出台并落实保障农民工工资支付条例。以政府投资项目和工程建设领域为重点，开展农民工工资支付情况排查整顿，执行拖欠农民工工资“黑名单”制度，落实根治欠薪各项举措。实施家政服务、养老护理、医院看护、餐饮烹饪、电子商务等技能培训，打造区域性劳务品牌。鼓励地方设立乡村保洁员、水管员、护路员、生态护林员等公益性岗位。开展新业态从业人员职业伤害保障试点。深入实施农村创新创业带头人培育行动，将符合条件的返乡创业农民工纳入一次性创业补贴范围。

32. 如何支持就地就近就业？

人社部、国家发展改革委、财政部、农业农村部和国家乡村振兴局等五部门印发的《关于切实加强就业帮扶巩固拓展脱贫攻坚成果助力乡村振兴的指导意见》指出，要支持产业发展促进就业。支持脱贫地区大力发展县域经济，建设一批卫星城镇，发展一批当地优势特色产业项目，提高就业承载力。依托乡村特色优势资源，发展壮大乡村特色产业，打造农业全产业链，鼓励发展家庭农场、农民专业合作社，增加就业岗位。加强乡村公共基础设施建设，在脱贫地区重点建设一批区域性

和跨区域重大基础设施工程，在农业农村基础设施建设领域积极推广以工代赈方式，尽最大幅度提高劳务报酬发放比例，带动更多脱贫人口等农村低收入群体参与乡村建设，充分发挥以工代赈促进就业作用。在农村人居环境整治提升五年行动和提升农村基本公共服务水平过程中，优先安排脱贫人口从事相关工作。

发展就业帮扶车间等就业载体。继续发挥就业帮扶车间、社区工厂、卫星工厂等就业载体作用，在脱贫地区创造更多就地就近就业机会。拓展丰富载体功能，打造集工作车间、公共就业服务中心、公共活动场所等功能为一体的综合性服务机构。延续支持就业帮扶车间等各类就业载体的费用减免以及地方实施的各项优惠政策。对企业、就业帮扶车间等各类生产经营主体吸纳脱贫人口（已享受过以工代训职业培训补贴政策人员除外）就业并开展以工代训的，根据吸纳人数给予最长不超过6个月的职业培训补贴，政策执行时间至2021年底。

鼓励返乡入乡创业。引导农民工等人员返乡入乡创业、乡村能人就地创业，帮助有条件的脱贫人口自主创业，按规定落实税费减免、场地安排、创业担保贷款及贴息、一次性创业补贴和创业培训等政策支持。加强返乡创业载体建设，充分利用现有园区等资源在脱贫地区建设一批返乡入乡创业园、创业孵化基地，有条件的地方可根据入驻实体数量、孵化效果和带动就业成效给予创业孵化基地奖补。支持各地设立一批特色鲜明、带动就业作用明显的非遗扶贫就业工坊。

扶持多渠道灵活就业。鼓励脱贫地区发展“小店经济”“夜市经济”，支持脱贫人口在县域城镇地区从事个体经营，创办投资小、见效快、易转型、风险小的小规模经济实体，支持脱贫人口通过非全日制、新就业形态等多种形式灵活就业，按照有关规定给予税费减免、场地支持、社会保险补贴等政策。设立一批劳务市场或零工市场，探索组建国有劳务公司，为脱贫人口提供更多家门口的就业机会。因地制宜引进一批特色产业，引导脱贫人口居家从事传统手工艺制作、来料加工。

用好乡村公益性岗位。保持乡村公益性岗位规模总体稳定，加大各类岗位统筹使用力度，优先安置符合条件的脱贫人口特别是其中的弱劳力、半劳力，动态调整安置对象条件。健全“按需设岗、以岗聘任、在岗领补、有序退岗”管理机制，进一步规范乡村公益性岗位开发管理，及时纠正查处安置不符合条件人员、违规发放补贴等行为。加强岗位统筹管理，保持同一区域内类似岗位间聘任标准、待遇保障水平等基本统一。对乡村公益性岗位安置人员按规定给予岗位补贴，购买意外伤害商业保险，依法签订劳动合同或劳务协议，每次签订期限不超过 1 年。

2022 年中央 1 号文件指出，促进农民就地就近就业创业，要落实各类农民工稳岗就业政策。发挥大中城市就业带动作用。实施县域农民工市民化质量提升行动。鼓励发展共享用工、多渠道灵活就业，规范发展新就业形态，培育发展家政服务、物流配送、养老托育等生活性服务业。推进返乡入乡创业园建设，落实各项扶持政策。大力开展适合农民工就业的技能培训和新职业新业态培训。合理引导灵活就业农民工按规定参加职工基本医疗保险和城镇职工基本养老保险。

33. 如何支持乡村创新创业？

2019 年中央 1 号文件指出，一要鼓励外出农民工、高校毕业生、退伍军人、城市各类人才返乡下乡创新创业，支持建立多种形式的创业支撑服务平台，完善乡村创新创业支持服务体系。二要落实好减税降费政策，鼓励地方设立乡村就业创业引导基金，加快解决用地、信贷等困难。三要加强创新创业孵化平台建设，支持创建一批返乡创业园，支持发展小微企业。

34. 如何加大对进一步推动返乡入乡创业工作的政策支持？

人力资源社会保障部、财政部和农业农村部联合印发的《关于进一步推动返乡入乡创业工作的意见》指出，推动返乡入乡创业工作有以下两点政策支持。

一是落实创业扶持政策。返乡入乡创业人员可在创业地享受与当地

劳动者同等的创业扶持政策。对返乡入乡创业人员符合条件的，及时落实税费减免、场地安排等政策。对首次创业、正常经营1年以上的返乡入乡创业人员，可给予一次性创业补贴。对返乡入乡创业企业吸纳就业困难人员、农村建档立卡贫困人员就业的，按规定给予社会保险补贴，符合条件的可参照新型农业经营主体支持政策给予支持。

二是落实创业担保贷款政策。加大对符合条件的返乡入乡创业人员创业担保贷款贴息支持力度。建立诚信台账和信息库，探索建立信用乡村、信用园区、创业孵化示范基地、创业孵化实训基地推荐免担保机制。落实创业担保贷款奖补政策，合理安排贴息资金。鼓励创业担保贷款担保基金运营管理机构等单位多渠道筹集资金，更好服务创业就业。开启“互联网＋返乡入乡创业企业＋信贷”新路径，将“政府＋银行＋保险”融资模式推广到返乡入乡创业。

35. 如何提升针对返乡入乡创业的创业培训?

《关于进一步推动返乡入乡创业工作的意见》指出，提升创业培训要做好以下三点。

一是扩大培训规模。将有培训需求的返乡入乡创业人员全部纳入创业培训范围，依托普通高校、职业院校、教育培训机构等各类优质培训资源，根据创业意向、区域经济特色和重点产业需求，开展有针对性的返乡入乡创业培训。对返乡入乡创业带头人开展创业能力提升培训，充分发挥辐射和带动作用。

二是提升培训质量。积极探索创业培训＋技能培训，创业培训与区域产业相结合的培训模式，根据返乡入乡创业人员特点，开发一批特色专业和示范性培训课程。实施培训下乡“直通车”、农民夜校、远程培训、网络培训，推动优质培训资源城乡共享，提高培训的针对性、实用性和便捷度。探索组建专业化、规模化、制度化的创业导师队伍，发挥“师带徒”效应。

三是落实培训补贴。对参加返乡入乡创业培训的农民工、建档立卡贫困人口、大学生和退役士兵等人员，按规定落实培训补贴。有条件的地方可按规定通过项目制方式购买培训项目，为符合条件的返乡入乡创业人员提供培训。各地可结合实际需要，对师资培训、管理人员培训、管理平台开发等基础工作给予支持。

36. 如何优化针对返乡入乡创业的创业服务？

《关于进一步推动返乡入乡创业工作的意见》指出，优化创业服务要做好以下三点：

一是提升服务能力。依托县乡政务服务中心办事大厅设立创业服务专门窗口，为返乡入乡创业人员就地就近提供政策申请、社保接续等服务。提升基层创业服务能力，完善县以下公共就业服务机构创业服务功能，建立基层服务人员管理和培训机制。组建企业家、创业成功人士、专业技术人员等组成的专家团，向返乡入乡创业人员提供咨询指导。支持运用就业创业服务补助，向社会购买基本就业创业服务成果，引导各类市场化服务机构为返乡入乡创业提供服务，加强绩效管理。

二是强化载体服务。加强返乡入乡创业园、创业孵化基地、农村创新创业孵化实训基地等各类返乡入乡创业载体建设，为返乡入乡创业人员提供低成本、全要素、便利化的创业服务。构建“生产＋加工＋科技＋营销＋品牌＋体验”多位一体、上下游产业衔接的创业格局，打造‘预孵化＋孵化器＋加速器＋稳定器’的全产业链孵化体系，力争5～10年农村创新创业孵化实训基地覆盖全国所有县（市、区）。落实房租物业费减免、水电暖费定额补贴等优惠政策，降低入驻企业和创业者经营成本。鼓励有条件的地方，在符合条件的乡村开辟延伸寄递物流线路及网点，降低返乡入乡创业企业生产经营成本。引入天使投资、创业投资、风险投资基金等，缓解入驻企业和创业者融资难题。有条件的地区可根据入驻实体数量、孵化效果和带动就业成效，给予一定奖补。

三是健全社会保险和社会救助机制。推进扶贫车间、卫星工厂、返乡入乡创业小微企业等按规定参加工伤保险。开展新业态从业人员职业

伤害保障试点。对返乡入乡创业失败的劳动者，按规定提供就业服务、就业援助和社会救助。

37. 如何加强针对返乡入乡创业的人才支撑？

《关于进一步推动返乡入乡创业工作的意见》指出，加强人才支撑要做好以下两点：

一是做好用工服务。建立返乡入乡创业企业用工需求信息采集制度，提供信息发布、用工指导等服务。引导返乡入乡创业企业对技能岗位招用人员积极开展培训。对返乡入乡创业的农民专业合作社、专业技术协会、手工艺传承人等机构或个人作为主体提供培训的，可按规定给予培训补贴。实施专业技术人才知识更新工程，对返乡入乡创业专业技术人才给予倾斜支持。

二是深化招才引智。建立本地外出人员联络机制，引进一批返乡入乡人才，发掘一批“田秀才”“土专家”“乡创客”和能工巧匠，以乡情亲情吸引企业家、专家学者、技术技能人才等回乡创业创新，按规定为返乡入乡创业人员和引进人才及其家庭提供配套公共服务。返乡入乡创业企业招用的技术技能人才、经营管理人才，要纳入当地人才引进政策支持范围，按规定在项目申报、职称评审以及各类重点人才选拔培养奖励项目等方面予以倾斜。返乡入乡创业集中地区可设立专家服务基地。继续开展返乡入乡创业急需紧缺专业技术人才培养、技术维护培训等活动。

38. 扩大返乡留乡农民工就地就近就业规模的重点措施有哪些？

农业农村部和人力资源社会保障部两部门印发的《扩大返乡留乡农民工就地就近就业规模实施方案》规定，扩大返乡留乡农民工就地就近就业规模的重点措施如下：

一是落实就业扶持政策。落实吸纳农民工就业的财政、税收、信贷等援企稳岗政策。按照稳就业和返乡入乡创业工作要求，对首次创业、正常经营1年以上的返乡留乡创业农民工，给予一次性创业补贴。按照普惠金融发展专项资金管理办法，对符合条件的返乡留乡农民工创业担保贷款予以贴息。

二是引导企业扩大岗位。支持企业特别是农业产业化龙头企业通过临时性、季节性、弹性用工等形式，吸引返乡留乡农民工灵活就业。鼓励企业间开展用工调剂，采取借调代岗形式，增加就业机会，实现返乡留乡农民工共享就业。支持企业延伸产业链和服务外包，吸引返乡留乡农民工在加工、包装、运输等环节交替上岗，实现返乡留乡农民工临时兼业。有序推进乡村劳动密集型制造业、服务业企业和中小微企业复工复产，实现返乡留乡农民工到岗就业。

三是开发更多新型业态。积极发展生产性服务业，吸引返乡留乡农民工在农资供应、统防统治、代耕代种、农机维修等农业前端行业就业。积极发展农产品初加工，吸引农民工在农产品储藏保鲜、分等分级、清洗包装等后端行业就业。跨界配置农业和现代产业要素，吸引返乡留乡农民工在休闲旅游、健康养生、共享农庄、农村电商等新业态就业。鼓励返乡留乡农民工发展乡村养老育幼、家政服务、资源回收等生活性服务业。

四是加强基础设施建设。加快实施高标准农田建设、水利设施建设、乡村道路改造、小流域治理、农村危房改造、人居环境整治等工程，吸纳返乡留乡农民工就业。通过现代农业产业园、农业产业强镇、优势特色产业集群等农业项目的实施，优先安排返乡留乡农民工就业。引导社会资本下乡，建设原料基地，下沉加工产能，兴办商贸物流，增加返乡留乡农民工就业岗位。

五是优化就业创业服务。及时向社会公布政策清单、申办流程、补贴标准，确保政策和服务落实到位。组织开展线上线下多元化就业指导，健全岗位信息公共发布平台，实现岗位信息在线发布和跨地区共享。加强返乡留乡农民工定期联系和分级分类服务。在县乡行政服务大

厅设立服务窗口，为返乡留乡农民工就业创业提供“一站式”服务。

六是开展职业技能培训。实施返乡留乡职业技能提升行动，运用互联网＋职业技能培训模式，按照就业意向、区域特点和产业需求，开发一批特色专业和示范培训线上培训课程资源。加强返乡留乡农民工专项培训，开展返乡留乡农民工技能提升培训或转岗转业培训。加强就业见习实习、创业孵化实训基地建设，鼓励培训机构与企业联合开展定向、定岗、订单式就业创业技能培训。组建创业导师队伍和专家顾问团，建立专业化、规模化、制度化培养机制。

39. 如何健全就业帮扶长效机制？

人社部、国家发展改革委、财政部、农业农村部和国家乡村振兴局五部门印发的《关于切实加强就业帮扶巩固拓展脱贫攻坚成果助力乡村振兴的指导意见》指出，要优化提升就业服务。依托全国扶贫开发信息系统对脱贫人口、农村低收入人口、易地扶贫搬迁群众等重点人群就业状态分类实施动态监测，加强大数据比对分析和部门信息共享，完善基层主动发现预警机制，对就业转失业的及时提供职业指导、职业介绍等服务。动态调整就业困难人员认定标准，将符合条件的脱贫人口、农村低收入人口纳入就业援助对象范围。推进公共就业服务向乡村地区延伸，把就业服务功能作为村级综合服务设施建设工程重要内容，将公共就业服务纳入政府购买服务指导性目录，支持经营性人力资源服务机构、社会组织提供专业化服务。扩大失业保险保障范围，支持脱贫人口、农村低收入人口更好就业创业。

精准实施技能提升。实施欠发达地区劳动力职业技能提升工程，加大脱贫人口、农村低收入人口职业技能培训力度，在培训期间按规定给予生活费补贴。支持脱贫地区、乡村振兴重点帮扶县建设一批培训基地和技工院校。继续实施“雨露计划”，按规定给予相应补助。扩大技工院校招生和职业培训规模，支持脱贫户、农村低收入人口所在家庭“两后生”就读技工院校，按规定享受国家免学费和奖助学金政策。定期举办全国乡村振兴技能大赛，打造一批靠技能就业、靠就业致富的先进典型，激发劳动致富内生动力。

倾斜支持重点地区。将乡村振兴重点帮扶县、易地扶贫搬迁安置区作为重点地区，积极引进适合当地群众就业需求的劳动密集型、生态友好型项目或企业，扩大当地就业机会，组织专项就业服务活动实施集中帮扶。完善易地扶贫搬迁安置区按比例安排就业机制，政府投资建设项目、以工代赈项目、基层社会管理和公共服务项目要安排一定比例的岗位用于吸纳搬迁群众就业。支持乡村振兴重点帮扶县根据巩固拓展脱贫攻坚成果需要，适当加大乡村公益性岗位开发力度。鼓励乡村振兴重点帮扶县立足本地人力资源和传统文化优势，努力打造“一县一品”区域劳务品牌。

40. 如何加强农村突出环境问题综合治理和生态环境保护？

2018 年中央 1 号文件指出，要加强对农村突出环境问题的综合治理：一是加强农业面源污染防治，开展农业绿色发展行动，实现投入品减量化、生产清洁化、废弃物资源化、产业模式生态化。二是推进有机肥替代化肥、畜禽粪污处理、农作物秸秆综合利用、废弃农膜回收、病虫害绿色防控。三是加强农村水环境治理和农村饮用水水源保护，实施农村生态清洁小流域建设。四是扩大华北地下水超采区综合治理范围。五是推进重金属污染耕地防控和修复，开展土壤污染治理与修复技术应用试点，加大东北黑土地保护力度。六是实施流域环境和近岸海域综合治理。七是严禁工业和城镇污染向农业农村转移。八是加强农村环境监管能力建设，落实县乡两级农村环境保护主体责任。

2019 年中央 1 号文件指出，要统筹推进山水林田湖草系统治理，推动农业农村绿色发展。一要加大农业面源污染治理力度，开展农业节肥节药行动，实现化肥农药使用量负增长。二要发展生态循环农业，推进畜禽粪污、秸秆、农膜等农业废弃物资源化利用，实现畜牧养殖大县粪污资源化利用整县治理全覆盖，下大力气治理白色污染。三要扩大轮

作休耕制度试点。四要创建农业绿色发展先行区。五要实施乡村绿化美化行动，建设一批森林乡村，保护古树名木，开展湿地生态效益补偿和退耕还湿。六要全面保护天然林。加强“三北”地区退化防护林修复。七要扩大退耕还林还草，稳步实施退牧还草。实施新一轮草原生态保护补助奖励政策。八要落实河长制、湖长制，推进农村水环境治理，严格乡村河湖水域岸线等水生态空间管理。

2020 年中央 1 号文件指出，要大力推进畜禽粪污资源化利用，基本完成大规模养殖场粪污治理设施建设。深入开展农药化肥减量行动，加强农膜污染治理，推进秸秆综合利用。在长江流域重点水域实行常年禁捕，做好渔民退捕工作。推广黑土地保护有效治理模式，推进侵蚀沟治理，启动实施东北黑土地保护性耕作行动计划。稳步推进农用地土壤污染管控和修复利用。继续实施华北地区地下水超采综合治理。启动农村水系综合整治试点。

41. 如何推进农业绿色发展?

2021 年中央 1 号文件指出，推进农业绿色发展，要实施国家黑土地保护工程，推广保护性耕作模式。要健全耕地休耕轮作制度。要持续推进化肥农药减量增效，推广农作物病虫害绿色防控产品和技术。要加强畜禽粪污资源化利用。要全面实施秸秆综合利用和农膜、农药包装物回收行动，加强可降解农膜研发推广。要在长江经济带、黄河流域建设一批农业面源污染综合治理示范县。要支持国家农业绿色发展先行区建设。要加强农产品质量和食品安全监管，发展绿色农产品、有机农产品和地理标志农产品，试行食用农产品达标合格证制度，推进国家农产品质量安全县创建。要加强水生生物资源养护，推进以长江为重点的渔政执法能力建设，确保十年禁渔令有效落实，做好退捕渔民安置保障工作。要发展节水农业和旱作农业。推进荒漠化、石漠化、坡耕地水土流失综合治理和土壤污染防治、重点区域地下水保护与超采治理。要实施水系连通及农村水系综合整治，强化河湖长制。要巩固退耕还林还草成果，完善政策、有序推进。实行林长制。要科学开展大规模国土绿化行动。完善草原生态保护补助奖励政策，全面推进草原禁牧轮牧休牧，加强草原鼠害防治，稳步恢复草原生态环境。

农业农村部和财政部印发的《关于做好 2021 年农业生产发展等项目实施工作的通知》指出，持续推进农业绿色发展有如下举措：①推进实施重点作物绿色高质高效行动。以巩固提升粮食等重要农产品供给保障能力为目标，聚焦稳口粮提品质、扩玉米稳大豆提单产、扩油料稳棉糖提产能以及推进“三品一标”增效益等重点任务，集成组装推广区域性、标准化高产高效技术模式。因地制宜推广测墒节灌、水肥一体化、集雨补灌、蓄水保墒等旱作节水农业技术，推广农作物病虫害绿色防控产品和技术，在更大规模、更高层次上提升优良食味稻米、优质专用小麦、高油高蛋白大豆、双低双高油菜等粮棉油糖果菜茶生产能力，促进稳产高产、提质增效，示范带动大面积区域性均衡发展。支持山西实施有机旱作农业示范，继续支持辽宁、福建等省份 2020 年启动的有机肥替代化肥试点县完成试点任务。②实施农机深松整地。以提高土壤蓄水保墒能力为目标，支持适宜地区开展农机深松整地作业，促进耕地质量改善和农业可持续发展。深松整地作业一般要求达到 25 厘米以上。每亩作业补助原则上不超过 30 元，具体补助标准和作业周期由各地因地制宜确定。充分利用信息化监测手段保证深松作业质量，提高监管工作效率。③深化基层农技推广体系改革。以国家现代农业科技示范展示基地和区域示范基地等为平台，示范推广重大引领性技术和农业主推技术。在山西、内蒙古等 12 个省份实施重大技术协同推广任务，熟化一批先进技术，组建技术团队开展试验示范和观摩活动，加快产学研推多方协作的技术集成创新推广。继续实施农技推广特聘计划，通过政府购买服务等方式，从乡土专家、新型农业经营主体、种养能手中招募特聘农技员。

2022 年中央 1 号文件指出，要加强农业面源污染综合治理，深入推进农业投入品减量化，加强畜禽粪污资源化利用，推进农膜科学使用

回收，支持秸秆综合利用。建设国家农业绿色发展先行区。开展农业绿色发展情况评价。开展水系连通及水美乡村建设。实施生态保护修复重大工程，复苏河湖生态环境，加强天然林保护修复、草原休养生息。科学推进国土绿化。支持牧区发展和牧民增收，落实第三轮草原生态保护补助奖励政策。研发应用减碳增汇型农业技术，探索建立碳汇产品价值实现机制。实施生物多样性保护重大工程。巩固长江禁渔成果，强化退捕渔民安置保障，加强常态化执法监管。强化水生生物养护，规范增殖放流。构建以国家公园为主体的自然保护地体系。出台推进乡村生态振兴的指导意见。

42. 如何大力推广绿色生产方式？

《2020年种植业工作要点》指出，大力推广绿色生产方式要做好以下几点工作：

一是持续推进化肥减量增效。深入开展化肥减量增效行动，确保化肥利用率提高到40%以上，保持化肥使用量负增长。夯实测土配方施肥基础，继续开展测土化验、肥效试验和化肥利用率田间试验，运用区块链、云计算等信息化技术，系统挖掘测土配方施肥十五年大数据，分区域、分作物提出科学施肥意见。推动农企合作，科学制定大配方，推进配方肥落地。选择300个粮棉油生产大县开展化肥减量增效试点，集成推广水稻侧深施肥、玉米种肥同播、小麦一次性施肥等高效施肥技术和新型肥料产品，示范带动全国化肥减量增效。系统总结“十三五”化肥使用量零增长行动经验做法，探索形成化肥减量增效可复制、可推广的技术模式和工作机制，实现更大范围推广应用。

二是深入开展有机肥替代化肥。果菜茶有机肥替代化肥试点实施范围向长江经济带、黄河流域等区域倾斜，试点作物从苹果、柑橘、蔬菜、茶叶向其他具有地方特色、节肥潜力大的园艺作物拓展。积极探索与畜禽粪污资源化利用有机结合，在果菜茶优势产区内的畜禽养殖大市开展替代试点。创新工作机制，推动试点省完善先建后补、考评结合、奖惩并用等制度。通过政府购买服务，引导社会化服务组织和企业开展有机肥积造施用全过程、托管式、专业化服务，优化肥料结构，增加有机肥施用。加快修订有机肥料农业行业标准，开展施用风险评估，探索建立有机肥原料正面清单制度。

三是持续推进农药减量增效。深入开展农药减量增效行动，确保农药利用率提高到40%以上，保持农药使用量负增长。实施绿色防控替代化学防治行动，继续创建100个绿色防控示范县，重点推广生态控制、生物防治、理化诱控、蜜蜂授粉等绿色增产技术和新型植保机械，扶持发展植保专业服务组织，推行统防统治与绿色防控融合。开展“百万农民科学安全用药培训”活动，加强技术指导，推广精准高效施药、轮换用药等科学用药技术，着力提升科学安全用药水平。

四是大力发展旱作节水农业。按照控制农业灌溉用水总量、提升用水效率的要求，集成推广旱作节水农业技术。根据水资源禀赋，调整种植结构，推行适水种植，示范推广蓄水保墒、集雨补灌、垄作沟灌、测墒节灌、水肥一体化、抗旱抗逆等旱作节水技术，提高水资源利用效率。在华北、西北等旱作区建立220个高标准旱作节水农业示范区，辐射带动旱作节水技术大面积应用，示范区水分生产力提高10%以上。

五是探索开展农药肥料包装废弃物回收。会同生态环境部制定印发《农药包装废弃物回收处理管理办法》。开展农药包装废弃物回收情况监测调查。推进农药包装废弃物回收工作，因地制宜探索回收模式，划分生产企业、经营单位和使用者的回收义务，鼓励使用者自发回收农药包装废弃物，引导专业化统防统治组织开展农药包装废弃物回收服务。落实《肥料包装废弃物回收处理指导意见》，探索开展肥料包装废弃物回收处理试点。加强试点经验总结，宣传推广各地好经验好做法，引导农药肥料包装废弃物回收处理有序开展。

43. 如何提高农业用水效率？

农业农村部、国家发展改革委、科技部、自然资源部、生态环境部

和国家林草局联合印发的《“十四五”全国农业绿色发展规划》指出，顺天发展旱作农业。我国水资源时空分布不均匀，旱作农业是重要的农业生产方式。发展雨养农业，在华北和东北西部地区，充分利用天然降水，做到雨热同季，减少灌溉用水。发展集雨补灌农业，在西北干旱缺水地区，因地制宜建设集雨补灌设施，推广全膜双垄沟播集雨种植技术，提高天然降水利用率。发展聚水保土农业，在西北和内蒙古中西部风蚀沙化严重地区，推广生物篱柔性防风、带状留茬间作和田间集雨节水技术，降低水土流失。推进农牧结合，在华北北部、西北等农牧交错区推行种养循环、农牧结合，建设人工饲草料基地，发展草食畜牧业。

集成推广节水技术。推进农艺节水，推广水肥一体及喷灌、滴灌等农业节水技术，提高水资源利用效率。推进品种节水，以华北、西北等缺水地区为重点，选育推广一批节水抗旱的小麦、玉米品种，增强抗旱保产能力。推进工程节水，以粮食主产区、严重缺水区和生态脆弱地区为重点，加强渠道防渗、低压管道输水灌溉、喷灌、微灌等节水设施建设，“十四五”期间新增高效节水灌溉面积 6 000 万亩。推进重点区域农业节水，在华北、西北等地下水超采区，禁止农业新增取用地下水，适度退减灌溉面积。调整农作物种植结构，适度调减高耗水作物，推动水资源超载和临界超载地区农业结构调整。禁止开采深层地下水用于农业灌溉。推动东北寒地井灌稻地区地表水、界河水替代地下水。

加强农业用水管理。强化水资源刚性约束，坚持以水定地、量水而行。落实最严格的水资源管理制度，严格灌溉取水计划管理，实施用水总量控制和定额管理，明确区域农业用水总量指标。加快大中型灌区续建配套和现代化改造，同步建设用水计量设施。加强农户用水管理，完善主要农作物灌溉用水定额，指导科学灌溉，提高农民节水意识。强化农业取水许可管理，严格控制地下水利用。推进农田水利设施产权制度改革，明确工程产权和管护主体，建立长效管护机制。

44. 如何加大力度保护农业生物资源？

《“十四五”全国农业绿色发展规划》指出，加强农业物种资源保护。完成第三次全国农作物种质资源、畜禽遗传资源普查和第一次水产养殖种质资源普查，抢救性收集一批珍稀、濒危、特有资源和地方品种。加强国家农作物、畜禽、淡水渔业、海洋渔业、微生物和草业种质资源库建设，建设一批种质资源库（场、区、圃），完善资源保存、鉴定、共享等基础设施。加强农业野生植物保护，对现有野生植物原生境保护区（点）进行梳理调整和归类。

加强水生生物资源保护。在重点水域持续开展水生生物增殖放流，加强苗种供应基地建设，适当增加珍稀濒危物种放流数量。推进河流鱼类洄游生物通道建设。严格执行重点河流禁渔期制度，开展"中国渔政亮剑"系列专项执法行动。实施珍稀濒危水生生物拯救行动计划，开展重点物种关键栖息地修复和就地迁地保护。严格执行海洋伏季休渔制度，全面开展限额捕捞试点，推进实施海洋渔业资源总量管理。推进海洋牧场建设，创建国家级海洋牧场示范区。

加强外来入侵物种防控。开展外来入侵物种普查和监测预警，在边境地区和主要入境口岸、粮食主产区、自然保护地、大型交通主干道等重点区域，布设外来物种入侵监测站（点）。实行外来物种分级分类管理，依法严格外来物种引种审批，强化物种引入后管控。加强外来入侵物种阻截防控，在关键区域布设阻截带，遏制草地贪夜蛾、松材线虫病等重大危害入侵物种扩散蔓延。加大综合治理力度，建设生物天敌繁育基地，加强生物防治和生物替代，开展集中应急灭除。

45. 如何切实加强农业面源污染防治，提升产地环境保护水平？

《"十四五"全国农业绿色发展规划》指出，牢固树立保护环境就是保护生产力、改善环境就是发展生产力的理念，加快推行绿色生产方式，科学使用农业投入品，循环利用农业废弃物，有效遏制农业面源污染。

一是推进化肥农药减量增效。推进化肥减量增效。技术集成驱动，

以化肥减量增效为重点，集成推广科学施肥技术。在粮食主产区、园艺作物优势产区和设施蔬菜集中产区，推广机械施肥、种肥同播等措施，示范推广缓释肥、水溶肥等新型肥料，改进施肥方式。有机肥替代推动，以果菜茶优势区为重点推动粪肥还田利用，减少化肥用量，增加优质绿色产品供给。引导地方加大投入，在更大范围推进有机肥替代化肥。新型经营主体带动，培育扶持一批专业化服务组织，开展肥料统配统施社会化服务。鼓励农企合作推进测土配方施肥。

推进农药减量增效。推行统防统治，扶持一批病虫防治专业化服务组织，开展统防统治，带动群防群治，提高防治效果。推行绿色防控，在园艺作物重点区域，集成推广生物防治、物理防治等绿色防控技术，引导创建绿色生产基地，培育绿色品牌，带动更大范围绿色防控技术推广。推广新型高效植保机械，支持创制推广喷杆喷雾机、植保无人机等先进的高效植保机械，提高农药利用率。推进科学用药，开展农药使用安全风险评估，推广应用高效低毒低残留新型农药，逐步淘汰高毒、高风险农药。构建农作物病虫害监测预警体系，建设一批智能化、自动化田间监测网点，提高重大病虫疫情监测预警水平。

二是促进畜禽粪污和秸秆资源化利用。推进养殖废弃物资源化利用。健全畜禽养殖废弃物资源化利用制度，严格落实畜禽养殖污染防治要求，完善绩效评价考核制度和畜禽养殖污染监管制度，加快构建畜禽粪污资源化利用市场化机制，促进种养结合，推动畜禽粪污处理设施可持续运行。加强畜禽粪污资源化利用能力建设。建立畜禽粪污收集、处理、利用信息化管理系统，持续开展畜禽粪污资源化利用整县推进，建设粪肥还田利用种养结合基地，培育发展畜禽粪污能源化利用产业。推进绿色种养循环，探索建立粪肥运输、使用激励机制，培育粪肥还田社会化服务组织，推行畜禽粪肥低成本、机械化、就地就近还田。减少养殖污染排放，“十四五”期间京津冀及周边地区大型规模化养殖场氨排放总量削减5%，推进水产健康养殖，减少养殖尾水排放。鼓励因地制宜制定地方水产养殖尾水排放标准。

推进秸秆综合利用。促进秸秆肥料化，集成推广秸秆还田技术，改造提升秸秆机械化还田装备。在东北平原、华北平原、长江中下游地区等粮食主产区，系统性推进秸秆粉碎还田。促进秸秆饲料化，鼓励养殖场和饲料企业利用秸秆发展优质饲料，将畜禽粪污无害化处理后还田，实现过腹还田、变废为宝。促进秸秆燃料化，有序发展以秸秆为原料的生物质能，因地制宜发展秸秆固化、生物炭等燃料化产业，逐步改善农村能源结构。推进粮食烘干、大棚保温等农用散煤清洁能源替代，2025年大气污染防治重点区域基本完成。促进秸秆基料化和原料化，发展食用菌生产等秸秆基料，引导开发人造板材、包装材料等秸秆原料产品，提升秸秆附加值。培育秸秆收储运服务主体，建设秸秆收储场（站、中心），构建秸秆收储和供应网络。建立健全秸秆资源台账，强化数据共享应用。严格禁烧管控，防止秸秆焚烧带来区域性大气污染。

三是加强白色污染治理。推进农膜回收利用。落实严格的农膜管理制度，加强农膜生产、销售、使用、回收、再利用等环节管理。推广普及标准地膜，开展地膜覆盖技术适宜性评估，因地制宜调减作物覆膜面积。强化市场监管，禁止企业生产、采购、销售不符合国家强制性标准的地膜。积极探索推广环境友好生物可降解地膜。促进废旧地膜加工再利用，培育专业化农膜回收主体，发展废旧地膜机械化捡拾，建设农膜储存加工场点。建立健全农膜回收利用机制，在西北地区支持一批用膜大县整县推进农膜回收，加强长江经济带农膜回收利用，健全回收网络体系。开展区域农膜回收补贴制度试点，探索建立地膜生产者责任延伸制度。建立健全农田地膜残留监测点，开展常态化、制度化监测评估。

推进包装废弃物回收处置。严格农药包装废弃物管理，按照“谁生产、经营、谁回收”的原则，建立农药生产者、经营者包装废弃物回收处置责任。鼓励采取押金制、有偿回收等措施，引导农药使用者交回农药包装废弃物。以农资经销店为依托合理布局回收站点，完善农药包装废弃物回收体系，推进农药包装废弃物资源化利用和无害化处置。加强农药包装废弃物回收处理活动环境污染防治的监管。合理处置肥料包装

废弃物，对有再利用价值的肥料包装废弃物进行再利用，促进包装废弃物减量。无利用价值的纳入农村生活垃圾处理体系集中处理。

46. 如何加强农业生态保护修复，提升生态涵养功能?

《“十四五”全国农业绿色发展规划》指出，树立尊重自然、顺应自然、保护自然的生态文明理念，按照生态系统的整体性、系统性及其内在规律，统筹推进山水林田湖草沙系统治理，保护修复农业生态系统，增强生态系统循环能力，提升农业生态产品价值。

一是治理修复耕地生态。健全耕地轮作休耕制度。推动用地与养地相结合，集成推广绿色生产、综合治理技术模式。坚持轮作为主、休耕为辅，在确保国家粮食安全前提下，调整优化耕地轮作休耕规模和范围，在东北地区、黄淮海和长江流域等开展轮作，在地下水超采区、生态严重退化区等开展休耕，促进耕地休养生息和可持续发展。

实施污染耕地治理。开展土壤污染状况调查，优化土壤环境质量监测网络，摸清底数，建立台账，长期监测。实施耕地土壤环境质量分类管理，建立完善优先保护类、安全利用类和严格管控类耕地管理清单。分类分区开展污染耕地治理，对轻中度污染耕地采取农艺措施治理修复，加大安全利用技术推广力度；对重度污染耕地实行严格管控，开展种植结构调整、耕地休耕试点。在土壤污染面积较大的100个县推进农用地安全利用技术示范。巩固提升受污染耕地安全利用水平，到2025年受污染耕地安全利用率达到93%左右。

二是保护修复农业生态系统。建设田园生态系统。建设农田生态廊道，营造复合型、生态型农田林网，恢复田间生物群落和生态链，增加农田生物多样性。发挥稻田生态涵养功能，稳定水稻种植面积，在大城市周边建设一批稻田人工湿地，推广稻渔生态种养模式。优化乡村功能，合理布局种植、养殖、居住等，推进河湖水系连通和生态修复，增加湿地、堰塘等生态水量，增强田园生态系统的稳定性和可持续性。

保护修复森林草原生态。开展大规模国土绿化行动，持续加强林草生态系统修复，增加林草资源总量，提高林草资源质量，加强农田防护林保护。修复重要生态系统，宜乔则乔、宜灌则灌、宜草则草，因地制宜、规范有序推进青藏高原生态屏障区、黄河重点生态区等重点区域生态保护和修复重大工程建设。坚持基本草原保护制度，完善草原家庭承包责任制度，加快建立全民所有草原资源有偿使用和所有权委托代理制度。对严重退化、沙化、盐碱化的草原和生态脆弱区的草原实行禁牧，对禁牧区以外的草原实行季节性休牧，因地制宜开展划区轮牧，促进草畜平衡。

开发农业生态价值。落实2030年前力争实现碳达峰的要求，推动农业固碳减排，强化森林、草原、农田、土壤固碳功能，研发种养业生产过程温室气体减排技术，开发工厂化农业、农渔机械、屠宰加工及储存运输节能设备，创新农业废弃物资源化、能源化利用技术体系，开展减排固碳能源替代示范，提升农业生产适应气候变化能力。在严格保护生态环境的前提下，挖掘自然风貌、人文环境、乡土文化等价值，开发休闲观光、农事体验、生态康养等多种功能。实施优秀农耕文化保护与传承示范工程，发掘农业文化遗产价值，保护传统村落、传统民居。

三是加强重点流域生态保护。推动长江经济带农业生态修复。实施长江"十年禁渔"，推进沿江渔政执法能力建设，加强执法监督和市场监管，开展非法捕捞专项整治。巩固退捕渔民安置保障成果，全面落实好退捕渔民社会保障政策，提高转产就业的稳定性。启动长江水生生物多样性保护工程，开展水生生物栖息地修复、人工迁地繁育和增殖放流，实施中华鲟、长江鲟、长江江豚等珍稀濒危物种拯救行动计划，推动长江水生生物恢复性增长。健全长江水生生物资源与栖息地监测网络，建立实施长江水生生物完整性评价指标体系，科学评估长江禁渔效果。持续开展长江经济带农业面源污染防治，减少农业污染物排放，有效解决农业面源污染突出问题。

加强黄河流域农业生态保护。将水资源作为最大的刚性约束，严格落实以水定地要求，统筹推进地下水超采综合治理。推进农业深度节水

控水，因水施种，因地制宜调整种植结构，发展节水农业、旱作农业。加强上游重点生态系统保护和修复力度，通过禁牧休牧、划区轮牧以及发展生态、休闲、观光牧业等手段，引导农牧民调整生产生活方式。创新中游黄土高原水土流失治理模式，积极开展小流域综合治理、旱作梯田、淤地坝建设。加强下游滩区生态综合整治，构建滩河林田草综合生态空间。以引黄灌区为重点开展盐碱化耕地改造，加强汾渭平原、河套灌区等区域农业面源污染治理。落实黄河禁渔期制度，持续开展水生生物增殖放流，修复黄河水生生态系统。

47. 如何打造绿色低碳农业产业链，提升农业质量效益和竞争力？

《“十四五”全国农业绿色发展规划》指出，推动农业绿色发展、低碳发展、循环发展，全产业链拓展农业绿色发展空间，推动形成节约适度、绿色低碳的生产生活方式，坚定不移走绿色低碳循环发展之路。

一是构建农业绿色供应链。推进农产品加工业绿色转型。坚持加工减损、梯次利用、循环发展方向，统筹发展农产品初加工、精深加工和副产物加工利用。促进农产品商品化处理，改善田头预冷、仓储保鲜、原料处理、分组分割、烘干分级等设施装备条件，减少产后损失。加快绿色高效、节能低碳的农产品精深加工技术集成应用，生产开发营养安全、方便实惠的食用农产品。集中建立农产品加工副产物收集、运输和处理设施，采取先进提取、分离与制备技术，加强农产品加工副产物综合利用，开发新能源、新材料、新产品。

建立健全绿色流通体系。发展农产品绿色低碳运输，以全链条、快速化为导向，建设水陆空一体、便捷顺畅、配送高效的多元联运网络。加快建设覆盖农业主产区和消费地的冷链物流基础设施，健全农产品冷链物流服务体系。加快农产品批发市场改造提升，配套分拣加工、冷藏冷冻、检验检疫和废弃物处理设施，加强市场数字化信息体系建设，推动农产品供应链可追溯。推广农产品绿色电商模式，创新农产品冷链共同配送、生鲜电商+冷链宅配、中央厨房+食材冷链配送等经营模式，实现市场需求与冷链资源高效匹配对接，降低流通成本及资源损耗。

促进绿色农产品消费。健全绿色农产品标准体系，加强绿色食品、有机农产品、地理标志农产品认证管理，深入推进食用农产品达标合格证制度试行，进一步推广运用农产品追溯体系，提高绿色农产品的市场认可度。推动批发市场、超市、电商设立绿色农产品销售专区专馆专柜，引导企业和居民采购消费绿色农产品。倡导绿色低碳生活方式，开展农产品过度包装治理，坚决制止餐饮浪费行为。

二是推进产业集聚循环发展。促进产业融合发展。以绿色为导向，推动农业与食品加工业、生产服务业和信息技术融合发展，建设一批绿色农业产业园区、产业强镇、产业集群，带动农村一二三产业绿色升级。推进要素集聚，统筹产地、销区和园区布局，引导资本、科技、人才、土地等要素向农产品主产区、中心乡镇和物流节点、重点专业村聚集，促进产业格局由分散向集中、发展方式由粗放向集约、产业链条由单一向复合转变。推进企业集中，促进农产品加工与企业对接，引导大型农业企业重心下沉，向农产品加工园区集中，再造流通体系，降低交易成本，促进生产与加工、产品与市场、企业与农户协调发展。推进功能集合，合理布局种养、加工等功能，完善绿色加工物流、清洁能源供应、废弃物资源利用等基础设施，打造绿色产业链供应链，推动形成功能齐全、布局合理的绿色发展格局。

推动低碳循环发展。推动企业循环式生产、产业循环式组合，加快培育产业链融合共生、资源能源高效利用的绿色低碳循环产业体系，形成新的经济增长源。发展生态循环农业，合理选择农业循环经济发展模式，推动多种形式的产业循环链接和集成发展，促进农业废弃物资源化、产业化、高值化利用，发展林业循环经济，加快建立植物生产、动物转化、微生物还原的种养循环体系，打造一批生态农场样板。推动农业园区低碳循环，推动现代农业产业园区和产业集群循环化改造，建设一批具有引领作用的循环经济园区和基地，完善园区循环农业产业链

条，实现资源循环利用、废弃物集中安全处置、垃圾污水减量排放，形成种养加销一体、农林牧渔结合、一二三产业联动发展的现代复合型循环经济产业体系。

三是实施农业生产“三品一标”行动。深入推进农业供给侧结构性改革，推进品种培优、品质提升、品牌打造和标准化生产，提升农产品绿色化、优质化、特色化和品牌化水平。

推进品种培优。发掘优异种质资源，筛选一批绿色安全、优质高效的种质资源。启动重点种源关键核心技术攻关和农业生物育种重大科技项目，落实新一轮畜禽水产遗传改良计划，自主培育一批突破性绿色品种。加强良种繁育基地建设，加快推进南繁硅谷和甘肃玉米、四川水稻、黑龙江大豆等国家级育制种基地建设，在适宜地区建设一批作物和畜禽水产良种繁育基地。

推进品质提升。推广强筋弱筋优质小麦、高蛋白高油玉米、优质粳稻籼稻、高油高蛋白大豆等良种，提升粮食营养和品质。推广一批生猪、奶牛、禽类、水产和优质晚熟柑橘、特色茶叶、优质蔬菜、道地中药材等良种，提升“菜篮子”产品质量。集成推广绿色生产技术模式，净化农业产地环境，推广绿色投入品，促进优质农产品生产。构建农产品品质评价标准体系，分行业分品种筛选农产品品质核心指标，推动农产品分等分级和包装标识。

推进农业品牌建设。构建农业品牌体系，建立品牌标准体系，打造一批地域特色突出、产品特性鲜明的区域公用品牌，鼓励龙头企业打造知名度高、竞争力强的企业品牌，培育一批“大而优”“小而美”的农产品品牌。完善品牌发展机制，健全农业品牌目录制度，实行动态管理，强化农业品牌监管。开展品牌宣传推介活动，挖掘和丰富农业品牌文化内涵，讲好农业品牌故事，增强农业品牌知名度、美誉度和影响力。

推进标准化生产。建立全产业链农业绿色发展标准体系，加快产地环境、投入品管控、农兽药残留、产品加工、储运保鲜、分等分级关键环节标准制修订。开展全产业链标准化试点，建设现代农业全产业链标准化基地，培育一批农业企业标准“领跑者”。实施农业标准化提升计划，推动新型农业经营主体按标生产，发挥示范推广作用，带动农业大规模标准化生产。

48. 如何健全绿色技术创新体系？

《“十四五”全国农业绿色发展规划》指出，深入实施创新驱动发展战略，加快农业绿色发展科技自主创新，构建农业绿色发展技术体系，推进要素投入精准减量、生产技术集约高效、产业模式生态循环、设施装备配套齐全，推动农业科技绿色转型。

一是推进农业绿色科技创新。推进绿色技术集成创新。加强绿色科技基础研究，深化农业绿色发展基础理论研究，加快突破一批重大理论和工具方法，加强科研基础设施、资源生态监测系统等建设，强化长期性、稳定性、基础性支撑。开展关键技术攻关，围绕农业深度节水、精准施肥用药、重金属及面源污染治理、退化耕地修复等，组织科研和技术推广单位开展联合攻关，攻克一批关键核心技术，研发一批绿色投入品。推进技术集成创新，熟化核心技术，推动农业生产数字化、智能化与绿色化改造，组装集成一批不同品种、不同区域的绿色技术，建立农业绿色发展技术体系。

加快绿色农机装备创制。按照智能、系统集成理念，推动农机装备向模式化、智能化转变。完善绿色农机装备创新体系，瞄准农业绿色发展机械化需求，以企业为主体、市场为导向，促进产学研推用深度融合。推动农机装备研发升级，鼓励农机装备企业攻克关键核心技术、基础材料及制造工艺等短板，推动高效节能农用发动机、高速精量排种器、喷雾机喷嘴等重要零部件研发制造，深化北斗系统在农业生产中的推广应用，加快产业化步伐，推动传统农机装备向绿色、高效、智能、复式方向升级。加快绿色高效技术装备示范推广，稳定实施农机购置补贴政策，将更多支持农业绿色发展机具、智能装备纳入

补贴范围，加快绿色机械应用推广。加强绿色农机标准制定，推进农业机械排放标准升级，加快淘汰耗能高、污染重、安全性能低的老旧农机装备。

建设农业绿色技术创新载体。推进农业绿色技术创新平台建设，布局一批国家级、省部级（重点）实验室、农业科学观测实验站，组织现代农业产业技术体系开展绿色技术创新。引导大型农业企业集团搭建绿色技术创新平台，建立绿色技术创新中心，参与承担国家重大科技专项、国家重点研发计划等。加快农业绿色发展科技创新联盟发展，集聚科研院校、涉农企业、社会团体等各类创新主体力量，开展产学研企联合攻关，加快突破农业绿色发展技术瓶颈。

二是加快绿色适用技术推广应用。推进绿色科技成果转化。建立健全农业科技成果评估制度，组织开展农业绿色科技成果第三方评估，重点推进知识产权评议、成果价值评估、技术风险评价等。建立农业绿色科技成果转化平台，支持农业科研院校建立技术转移中心、成果孵化平台、创新创业基地等。定期公布科技成果和相关知识产权信息，采取研发合作、技术转让、技术许可、作价投资等形式，推动科技成果与绿色产业有效对接。建立绿色发展科技成果转化激励制度，强化股权和分红激励政策，推动绿色科技成果向生产领域转化。

推进绿色技术先行先试。开展绿色技术应用试验，以国家农业绿色发展试点先行区为重点，探索不同生态类型、不同主导品种的农业绿色发展典型模式。开展农业绿色发展综合试点，选择一批新型农业经营主体，探索节肥节药、废弃物循环利用市场化运行机制。开展农业绿色发展长期固定观测，布局建设一批观测试验站，完善观测技术装备条件。搭建国家农业绿色发展观测数据平台，开展观测数据分析评价。推进重要农业资源台账建设，摸清农业资源底数。开展国家农业农村绿色发展监测预警，优化监测点位布局，建立健全农业农村绿色发展全过程监测预警体系，持续实施产地土壤环境、农田氮磷流失、农田地膜残留等监测。

引导小农户应用绿色技术。开展绿色生产技术示范，加强主体培育、科技服务、技术培训、社会化服务，提升小农户生产绿色化水平。实施科技服务小农户行动，建立健全农业科技社会化服务体系，支持小农户运用优良品种、绿色技术、节能农机等发展智慧农业、循环农业等现代农业。实施小农户能力提升工程，采取农民夜校、田间学校等形式，开展绿色技术培训，支持小农户开展联户经营、联耕联种，接受统耕统收、统配统施、统防统治等社会化服务，降低生产经营成本。鼓励有长期稳定务农意愿的小农户稳步扩大规模，采用绿色农业技术，开展标准化生产。

三是加强绿色人才队伍建设。健全基层农技推广服务体系。推动基层农技推广机构建设，保障必需的试验示范条件和技术服务设备设施，加强绿色增产、生态环保、质量安全等领域重大关键技术示范推广。支持基层农技推广人员进入家庭农场、合作社和农业企业，为小农户和新型农业经营主体提供全程化、精准化和个性化绿色生产技术服务。创新农技推广机构管理机制，将绿色技术、数字技术推广服务成效纳入责任绩效考评指标体系。

培育新型农业经营主体。充分发挥新型农业经营主体对市场反应灵敏、对绿色新品种新技术新装备采用能力强的优势，积极培育和壮大新型经营主体。支持发展家庭农场和农民合作社，培育农业产业化龙头企业和联合体。引导新型农业经营主体发展绿色农业、生态农业、循环农业，推进生态农场建设，率先运用绿色生产技术，开展标准化生产，提高绿色技术示范应用水平。鼓励广大科技特派员在农业绿色发展领域创新创业。支持新型农业经营主体带动普通农户发展绿色种养，提供专业化全程化绿色技术服务。

培养绿色技术推广人才。创新绿色技术推广人才培养模式，加快培养农业绿色生产高素质应用型人才。培养新型农业经营主体带头人，增加农业绿色生产技能培训课程，强化绿色发展理论教学和实践操作。加强农村实用人才培养，依托高素质农民培育计划，加大绿色技术培训力

度，提高绿色生产技术水平。发挥高等院校、科研单位作用，增设农业绿色发展专业，在生产一线建立科技小院、实习基地，指导科研人才参与绿色技术推广。

49. 如何强化资源保护与节约利用？

中央办公厅、国务院办公厅印发的《关于创新体制机制推进农业绿色发展的意见》指出，要强化资源保护与节约利用。

一是建立耕地轮作休耕制度。推动用地与养地相结合，集成推广绿色生产、综合治理的技术模式，在确保国家粮食安全和农民收入稳定增长的前提下，对土壤污染严重、区域生态功能退化、可利用水资源匮乏等不宜连续耕作的农田实行轮作休耕。降低耕地利用强度，落实东北黑土地保护制度，管控西北内陆、沿海滩涂等区域开垦耕地行为。全面建立耕地质量监测和等级评价制度，明确经营者耕地保护主体责任。实施土地整治，推进高标准农田建设。

二是建立节约高效的农业用水制度。推行农业灌溉用水总量控制和定额管理。强化农业取水许可管理，严格控制地下水利用，加大地下水超采治理力度。全面推进农业水价综合改革，按照总体不增加农民负担的原则，加快建立合理农业水价形成机制和节水激励机制，切实保护农民合理用水权益，提高农民有偿用水意识和节水积极性。突出农艺节水和工程节水措施，推广水肥一体化及喷灌、微灌、管道输水灌溉等农业节水技术，健全基层节水农业技术推广服务体系。充分利用天然降水，积极有序发展雨养农业。

三是健全农业生物资源保护与利用体系。加强动植物种质资源保护利用，加快国家种质资源库、畜禽水产基因库和资源保护场（区、圃）规划建设，推进种质资源收集保存、鉴定和育种，全面普查农作物种质资源。加强野生动植物自然保护区建设，推进濒危野生植物资源原生境保护、移植保存和人工繁育。实施生物多样性保护重大工程，开展濒危野生动植物物种调查和专项救护，实施珍稀濒危水生生

物保护行动计划和长江珍稀特有水生生物拯救工程。加强海洋渔业资源调查研究能力建设。完善外来物种风险监测评估与防控机制，建设生物天敌繁育基地和关键区域生物入侵阻隔带，扩大生物替代防治示范技术试点规模。

深度阅读

以产业高质量发展促乡村振兴

来源：《经济日报》2022 年 3 月 21 日

今年的《政府工作报告》指出，大力抓好农业生产，促进乡村全面振兴，并专门强调“支持脱贫地区发展特色产业”“加快发展乡村产业”。聚焦产业高质量发展促进乡村振兴，充分凸显产业兴旺是解决农村发展问题的重要条件，同时也是促进农业丰收、农民增收的必然要求。

立足高质量发展

产业兴旺必须立足高质量发展，全力抓好粮食生产和重要农产品供给，聚焦供给侧结构性改革和需求侧有效管理，推进农业农村现代化迈出新步伐。

突出县域产业位势。发展壮大乡村产业，不仅要顺应经济社会发展规律、满足市场需求导向，还要从重塑新型工农城乡关系角度彰显区域特色、乡村价值等。因此，需要处理好县域富民产业与城市产业之间的关系，善于从乡村建设行动中把握大中城市产业功能疏解、“一县一业”农村特色产业体系构建、产业集聚度提升等举措意图，提前做好产业谋划布局，推动产业进园区。

深化流通服务体系。发展壮大乡村产业，不仅要注重农产品生产端高质量供给，还要重视农产品流通端精细化服务。这是联系生产与消费

的关键环节，对于建立长期稳定的产销对接关系至关重要。从支撑产业高质量发展看，打通基层偏远地区“最后一公里”，进一步促进农村消费扩容提质升级，潜力十分巨大。今年的《政府工作报告》中明确提出要“加强县域商业体系建设，发展农村电商和快递物流配送”，这对于积极扩大有效投资、推动消费持续恢复也具有重要意义。

发挥关键技术支撑。发展壮大乡村产业，不仅要注重业态应用层创新，还要守住安全底线，强化技术源头创新，尤其是要聚焦种业领域关键核心技术攻关，着力解决种子企业“小散弱”问题，加快构建高效精准的生物育种技术体系。相比以往，产业高质量发展更加凸显产业兴旺的安全底座。没有底层技术支撑的发展不可能是高质量发展，乡村振兴也就难以真正实现。因此，要加快推进种业振兴，加强农业科技攻关和推广应用，提高农机装备工程协同化水平，筑牢种子、耕地、农机“三位一体”支撑，进一步推进农业农村绿色发展。

注重数字转型赋能。发展壮大乡村产业，不仅要从增加有效供给出发推动质量变革、效率变革、动力变革，还要从应用场景、服务需求多元化角度推进数字化转型，大力发展产业链和创新链相融合的新产业新业态，积极推动农业产业体系、生产经营体系、农资农机体系、农产品供销体系深刻变革。因此，必须将农业高质量发展始终摆在重要位置，完善全产业链质量安全追溯体系，大力发展农产品加工、乡村休闲旅游、农村电商等特色多元化产业，实现经济效益、生态效益和社会效益三者统筹兼顾。

抓好两个结合

全面推进乡村振兴，关键在于产业振兴，但归根结底还是乡村产业高质量发展的问题。只有产业高质量发展，才有乡村全面振兴，要注重产业富民和融合发展相互促进，进一步提升乡村内生发展动力。

一方面，抓好产业富民夯实乡村发展基础。相比新型工业化和城镇化，乡村产业高质量发展还肩负着助力脱贫人口持续增收的重大使命。

特别是要加大对易地搬迁集中安置区产业培育力度，将农民就地就近就业与外地乡贤农民工返乡创业相结合，逐步推动由单一低附加值"扶贫车间"向专业高附加值"家庭工厂"产业模式转变。在产业有序梯度转移过程中，引导具备条件的中心镇发展专业化中小微企业集聚区，同时稳步推进共享用工、多渠道灵活就业，推动更多脱贫地区依靠高质量发展来巩固拓展脱贫攻坚成果，推动更多县域经济发达地区发展县域富民产业，更好实现工业反哺农业、城市支持农村。

另一方面，抓好融合发展拓宽农民增收渠道。乡村价值发现往往伴随着资源要素快速流动，特别是数据作为新的生产要素对于农村一二三产业融合发展的促进作用较为显著。应当看到，乡村价值的实现离不开乡村资源、人文历史、产业基础的有机整合，更加强调不同地区的禀赋差异性。从产业高质量发展内在逻辑看，就是要紧紧抓住乡村市场主体和农村劳动力供需两端，吸引脱贫人口家庭新增劳动力就近就业，同时借助数字化转型为农村劳动力提供流动上升渠道，也为农业人力资本迭代升级提供支持。

发力现代产业

深刻认识产业高质量发展的内涵要义，关键在于把维护农民群众根本利益、促进农民共同富裕作为出发点和落脚点，构建适应新发展阶段的现代乡村产业体系。

何为现代乡村产业体系？其中包含了优化乡村产业布局、推进乡村产业园区化融合化发展、发展乡村新产业新业态、推进农村创业创新等多个维度。具体而言，首先，它包括现代种养业、农产品加工流通业、乡村休闲旅游业、乡村新型服务业、乡村信息产业等特色产业，也涵盖以数字化转型赋能不同行业衍生的新兴业态。其次，从产业具体形态、园区空间布局等方面构建了上下游联动、融合发展的产业链生态圈，能够进一步增强绿色优质农产品供给，使得产业链条更加完整、区域特色更为明显。此外，有利于推动产业发展规划与村庄建设规划、土地利用

规划、环境保护规划有机衔接，为真正落实“长牙齿”的耕地保护硬措施、全面完成高标准农田建设阶段性任务奠定坚实基础。当前和今后一个时期，要立足新发展阶段，适应高质量发展要求，科学把握构建现代乡村产业体系的关键，精准发力，从而为产业高质量发展提供有力支撑，助力实现乡村全面振兴。

（作者：国务院发展研究中心研究员龙海波）

第六章 加快融合发展 推进乡村建设

建立健全城乡融合发展体制机制和政策体系，是党的十九大作出的重大决策部署。改革开放特别是党的十八大以来，我国在统筹城乡发展、推进新型城镇化方面取得了显著进展，但城乡要素流动不顺畅、公共资源配置不合理等问题依然突出，影响城乡融合发展的体制机制障碍尚未根本消除。而城乡融合发展是以人民为中心的内在要求，是解决社会主要矛盾的必然选择，是国家现代化的重要标志，更是拓展发展空间的强大动力。习近平总书记指出，要加快推动乡村振兴，建立健全促进城乡融合发展的体制机制和政策体系，带动乡村产业、人才、文化、生态和组织振兴。因此，要加快梳理和破解城乡融合发展的堵点，为全面推进乡村振兴开山凿路、积势蓄能。

1. 如何实施乡村建设行动？河北省 2022 年如何做？

2021 年中央 1 号文件指出，大力实施乡村建设行动，一要加快推进村庄规划工作。二要加强乡村公共基础设施建设。三要实施农村人居环境整治提升五年行动。四要提升农村基本公共服务水平。五要全面促进农村消费。六要加快县域内城乡融合发展。七要强化农业农村优先发展投入保障。八要深入推进农村改革。

2022 年中央 1 号文件指出，扎实稳妥推进乡村建设，一是要健全乡村建设实施机制。二是要接续实施农村人居环境整治提升五年行动。三是要扎实开展重点领域农村基础设施建设。四是要大力推进数字乡村建设。五是要加强基本公共服务县域统筹。

2022 年河北省 1 号文件指出，扎实稳妥推进乡村建设，一是要科学把握乡村建设时度效。落实乡村振兴为农民而兴、乡村建设为农民而建的要求，坚持自下而上、村民自治、农民参与，数量服从质量、进度服从实效，求好不求快。启动乡村建设行动实施方案，统筹城镇和村庄布局，科学确定村庄类型，分类明确建设重点和标准。推进有条件有需求的村庄，单村或联村编制“多规合一”村庄规划，严格规范村庄撤并，不盲目拆旧村、建新村，不超越发展阶段搞大融资、大开发、大建设，避免无效投入造成浪费，防范村级债务风险。开展传统村落集中连片保护利用示范，加强传统建筑物保护修缮。保护特色民族村寨。推动村庄小型建设项目简易审批，鼓励支持村民自治组织、农村集体经济组织、农民群众参与乡村建设项目。明晰乡村建设项目产权，以县域为单位组织编制村庄公共基础设施管护责任清单。二是要接续实施农村人居环境整治提升五年行动。从农民实际需求出发推进农村改厕，在平原地区推广水冲卫生厕所，统筹做好供水保障和污水治理；在山区、坝上等高寒缺水地区可建设卫生旱厕。健全模式选择、质量监管、群众参与和长效管护机制，新建改建农村户厕70万座、新建公厕1.05万座。巩固户厕问题摸排整改成果。分区分类推进农村生活污水治理，完成剩余9 000个村庄生活污水无害化能力建设任务。推进农村生活垃圾源头分类减量，完善县域生活垃圾城乡一体化处理体系，加大垃圾填埋整治力度，推进垃圾焚烧无害化处理全覆盖。加强村庄有机废弃物综合处置利用设施建设。实施村庄清洁行动和绿化美化行动，建设省级森林乡村150个，创建美丽庭院50万户。对全省“空心村”治理情况开展督导检查。围绕环京津、环雄安新区核心区、环冬奥赛区等重点区域，规划布局特色小镇，新建美丽乡村2 000个。三是要加强乡村基础设施建设。加快推进乡镇通三级及以上公路、20户以上自然村（组）通硬化路，建设改造农村公路7 000公里。建设安全生命防护工程664公里，改造危桥141座。开展农村公路管理养护体制改革试点。稳步推进农村公路路况自动化检测。实施农村规模化供水工程，有条件的地方推进城乡供水一体化，完成700万农村居民生活水源江水置换，配套完善净化消毒设施设备。对水源置换情况开展“回头看”，坚决杜绝饮用苦咸水、高氟水情况。深入实施农村电网巩固提升工程。加强农村电力线、通信线、广播电视线“三线”维护梳理。实施农村住房建设品质提升工程，完善建设标准和规范，持续开展农村危房改造和抗震改造。加强农村房屋安全隐患整治。四是要大力推进数字乡村建设。加快推动农业生产加工和农村基础设施数字化、智能化升级。建立和推广应用农业农村大数据体系，推动物联网、大数据、人工智能、区块链等新一代信息技术与农业生产经营深度融合，推动“互联网+政务服务”向乡村延伸覆盖。加快推动数字乡村标准化建设，持续开展数字乡村试点。五是要加强基本公共服务县域统筹。加强普惠性、基础性、兜底性民生建设，推动基本公共服务供给由注重机构行政区域覆盖向注重常住人口服务覆盖转变。实施新一轮学前教育行动计划，多渠道扩充农村普惠性学前教育资源，办好特殊教育。实施义务教育薄弱环节改善与能力提升工程，新（改、扩）建校舍面积40万平方米。推进县域内义务教育学校校长教师

交流轮岗，支持建设城乡学校共同体。加强紧密型县域医疗卫生共同体建设，构建基层首诊、双向转诊、急慢分治、上下联动机制，实施医保按总额付费，加强监督考核，实现结余留用、合理超支分担。提升村卫生室和乡镇卫生院一体化管理水平，落实村卫生室运行经费补助，实行乡聘村用，签订劳动合同的乡村医生按规定参加社会保险。提升县级疾控机构应对重大疫情及突发公共卫生事件能力，健全农村新冠肺炎疫情常态化防控工作体系，所有乡镇卫生院配备不少于 2 间独立隔离观察室，村卫生室设置临时留观室（点）。推动农村基层定点医疗机构医保信息化建设，强化智能监控全覆盖，加强医疗保障基金监管。落实对特殊困难群体参加城乡居民基本医保的分类资助政策。实施全民参保计划，推动社会保险法定人群全覆盖，城乡居民基本养老保险适龄参保人员基本实现应保尽保。推进县乡村三级养老服务网络建设，每个设区市选定 2 个以上涉农县（市、区），构建乡村衔接互通、功能互补的农村养老服务体系。加强乡镇便民服务和社会工作服务，实施村级综合服务设施提升工程。完善农村留守儿童和妇女、老年人、残疾人关爱服务体系。六是要加强农村生态文明建设。加大地下水超采综合治理力度，压减地下水超采量 7.4 亿立方米，实现地下水采补平衡。开展水系连通及水美乡村建设，推进河湖生态补水。巩固拓展农村散煤治理成果，完善农村清洁取暖长效机制。健全农村纳污坑塘、黑臭水体长效治理机制，实现动态清零。开展国土绿化行动，营造林 600 万亩。落实第三轮草原生态保护奖励政策，加快恢复草原生态环境。

2. 如何强化乡村规划引领，优化乡村空间布局?

2019 年中央 1 号文件指出，强化乡村规划引领，一要把加强规划管理作为乡村振兴的基础性工作，实现规划管理全覆盖。二要以县为单位抓紧编制或修编村庄布局规划，县级党委和政府要统筹推进乡村规划工作。三要按照先规划后建设的原则，通盘考虑土地利用、产业发展、居民点建设、人居环境整治、生态保护和历史文化传承，注重保持乡土风貌，编制多规合一的实用性村庄规划。加强农村建房许可管理。

2021年中央1号文件指出，2021年基本完成县级国土空间规划编制，明确村庄布局分类。积极有序推进“多规合一”实用性村庄规划编制，对有条件、有需求的村庄尽快实现村庄规划全覆盖。对暂时没有编制规划的村庄，严格按照县乡两级国土空间规划中确定的用途管制和建设管理要求进行建设。编制村庄规划要立足现有基础，保留乡村特色风貌，不搞大拆大建。按照规划有序开展各项建设，严肃查处违规乱建行为。健全农房建设质量安全法律法规和监管体制，3年内完成安全隐患排查整治。完善建设标准和规范，提高农房设计水平和建设质量。继续实施农村危房改造和地震高烈度设防地区农房抗震改造。加强村庄风貌引导，保护传统村落、传统民居和历史文化名村名镇。加大农村地区文化遗产遗迹保护力度。乡村建设是为农民而建，要因地制宜、稳扎稳打，不刮风搞运动。严格规范村庄撤并，不得违背农民意愿、强迫农民上楼，把好事办好、把实事办实。

3. 如何健全乡村建设实施机制？

2022年中央1号文件指出，必须要落实乡村振兴为农民而兴、乡村建设为农民而建的要求，坚持自下而上、村民自治、农民参与，启动乡村建设行动实施方案，因地制宜、有力有序推进。坚持数量服从质量、进度服从实效，求好不求快，把握乡村建设的时度效。立足村庄现有基础开展乡村建设，不盲目拆旧村、建新村，不超越发展阶段搞大融资、大开发、大建设，避免无效投入造成浪费，防范村级债务风险。统筹城镇和村庄布局，科学确定村庄分类，加快推进有条件有需求的村庄编制村庄规划，严格规范村庄撤并。开展传统村落集中连片保护利用示范，健全传统村落监测评估、警示退出、撤并事前审查等机制。保护特色民族村寨。实施“拯救老屋行动”。推动村庄小型建设项目简易审批，规范项目管理，提高资金绩效。总结推广村民自治组织、农村集体经济组织、农民群众参与乡村建设项目的有效做法。明晰乡村建设项目产

权，以县域为单位组织编制村庄公共基础设施管护责任清单。

4. 如何持续改善农村人居环境？

2018 年中央 1 号文件指出，持续改善农村人居环境：一是实施农村人居环境整治三年行动计划，以农村垃圾、污水治理和村容村貌提升为主攻方向，整合各种资源，强化各种举措，稳步有序推进农村人居环境突出问题治理。二是坚持不懈推进农村厕所革命，大力开展农村户用卫生厕所建设和改造，同步实施粪污治理，加快实现农村无害化卫生厕所全覆盖，努力补齐影响农民群众生活品质的短板。三是总结推广适用不同地区的农村污水治理模式，加强技术支撑和指导。四是深入推进农村环境综合整治。五是推进北方地区农村散煤替代，有条件的地方有序推进煤改气、煤改电和新能源利用。六是逐步建立农村低收入群体安全住房保障机制。七是强化新建农房规划管控，加强“空心村”服务管理和改造。八是保护保留乡村风貌，开展田园建筑示范，培养乡村传统建筑名匠。九是实施乡村绿化行动，全面保护古树名木。十是持续推进宜居宜业的美丽乡村建设。

2020 年中央 1 号文件指出，要分类推进农村厕所革命，东部地区、中西部城市近郊区等有基础有条件的地区要基本完成农村户用厕所无害化改造，其他地区实事求是确定目标任务。各地要选择适宜的技术和改厕模式，先搞试点，证明切实可行后再推开。全面推进农村生活垃圾治理，开展就地分类、源头减量试点。梯次推进农村生活污水治理，优先解决乡镇所在地和中心村生活污水问题。开展农村黑臭水体整治。支持农民群众开展村庄清洁和绿化行动，推进“美丽家园”建设。鼓励有条件的地方对农村人居环境公共设施维修养护进行补助。

5. 如何实施农村人居环境整治提升五年行动，行动的目标是什么？

《论“三农”工作》一书收纳了习近平同志于 2018 年 12 月 19 日在

中央经济工作会议上的讲话。习近平总书记指出，要改善农村人居环境。这是实施乡村振兴战略的重点任务，也是农民群众的深切期盼。要压实县级主体责任，从农村实际出发，重点做好垃圾污水处理、厕所革命、村容村貌提升，注重实际效果，注重同农村经济发展水平相适应，同当地文化和风土人情相协调，决不能刮风搞运动、做表面文章。要发动农民参与人居环境治理，大家动手搞清洁、搞绿化、搞建设、搞管护，形成持续推进机制。

2021 年中央 1 号文件指出，农村人居环境整治提升五年行动包括分类有序推进农村厕所革命，加快研发干旱、寒冷地区卫生厕所适用技术和产品，加强中西部地区农村户用厕所改造。包括统筹农村改厕和污水、黑臭水体治理，因地制宜建设污水处理设施。包括健全农村生活垃圾收运处置体系，推进源头分类减量、资源化处理利用，建设一批有机废弃物综合处置利用设施。包括健全农村人居环境设施管护机制。有条件的地区推广城乡环卫一体化第三方治理。深入推进村庄清洁和绿化行动。开展美丽宜居村庄和美丽庭院示范创建活动。

2022 年中央 1 号文件指出，从农民实际需求出发推进农村改厕，具备条件的地方可推广水冲卫生厕所，统筹做好供水保障和污水处理；不具备条件的地方可建设卫生旱厕。巩固户厕问题摸排整改成果。分区分类推进农村生活污水治理，优先治理人口集中村庄，不适宜集中处理的推进小型化生态化治理和污水资源化利用。加快推进农村黑臭水体治理。推进生活垃圾源头分类减量，加强村庄有机废弃物综合处置利用设施建设，推进就地利用处理。深入实施村庄清洁行动和绿化美化行动。

《农村人居环境整治提升五年行动方案（2021—2025 年）》指出，到 2025 年，农村人居环境显著改善，生态宜居美丽乡村建设取得新进步。农村卫生厕所普及率稳步提高，厕所粪污基本得到有效处理；农村生活污水治理率不断提升，乱倒乱排得到管控；农村生活垃圾无害化处理水平明显提升，有条件的村庄实现生活垃圾分类、源头减量；农村人居环境治理水平显著提升，长效管护机制基本建立。

东部地区、中西部城市近郊区等有基础、有条件的地区，全面提升农村人居环境基础设施建设水平，农村卫生厕所基本普及，农村生活污水治理率明显提升，农村生活垃圾基本实现无害化处理并推动分类处理试点示范，长效管护机制全面建立。

中西部有较好基础、基本具备条件的地区，农村人居环境基础设施持续完善，农村户用厕所愿改尽改，农村生活污水治理率有效提升，农村生活垃圾收运处置体系基本实现全覆盖，长效管护机制基本建立。

地处偏远、经济欠发达的地区，农村人居环境基础设施明显改善，农村卫生厕所普及率逐步提高，农村生活污水垃圾治理水平有新提升，村容村貌持续改善。

6. 如何扎实推进农村厕所革命？

中共中央办公厅、国务院办公厅印发的《农村人居环境整治提升五年行动方案（2021—2025年）》指出，逐步普及农村卫生厕所。新改户用厕所基本入院，有条件的地区要积极推动厕所入室，新建农房应配套设计建设卫生厕所及粪污处理设施设备。重点推动中西部地区农村户厕改造。合理规划布局农村公共厕所，加快建设乡村景区旅游厕所，落实公共厕所管护责任，强化日常卫生保洁。

切实提高改厕质量。科学选择改厕技术模式，宜水则水、宜旱则旱。技术模式应至少经过一个周期试点试验，成熟后再逐步推开。严格执行标准，把标准贯穿于农村改厕全过程。在水冲式厕所改造中积极推广节水型、少水型水冲设施。加快研发干旱和寒冷地区卫生厕所适用技术和产品。加强生产流通领域农村改厕产品质量监管，把好农村改厕产品采购质量关，强化施工质量监管。

加强厕所粪污无害化处理与资源化利用。加强农村厕所革命与生活污水治理有机衔接，因地制宜推进厕所粪污分散处理、集中处理与纳入污水管网统一处理，鼓励联户、联村、村镇一体处理。鼓励有条件的地区积极推动卫生厕所改造与生活污水治理一体化建设，暂时无法同步建设的应为后期建设预留空间。积极推进农村厕所粪污资源化利用，统筹使用畜禽粪污资源化利用设施设备，逐步推动厕所粪污就地就农消纳、综合利用。

7. 如何做好加快推进农村生活污水治理工作？

《农村人居环境整治提升五年行动方案（2021—2025 年）》指出，分区分类推进治理。优先治理京津冀、长江经济带、粤港澳大湾区、黄河流域及水质需改善控制单元等区域，重点整治水源保护区和城乡接合部、乡镇政府驻地、中心村、旅游风景区等人口居住集中区域农村生活污水。开展平原、山地、丘陵、缺水、高寒和生态环境敏感等典型地区农村生活污水治理试点，以资源化利用、可持续治理为导向，选择符合农村实际的生活污水治理技术，优先推广运行费用低、管护简便的治理技术，鼓励居住分散地区探索采用人工湿地、土壤渗滤等生态处理技术，积极推进农村生活污水资源化利用。

加强农村黑臭水体治理。摸清全国农村黑臭水体底数，建立治理台账，明确治理优先序。开展农村黑臭水体治理试点，以房前屋后河塘沟渠和群众反映强烈的黑臭水体为重点，采取控源截污、清淤疏浚、生态修复、水体净化等措施综合治理，基本消除较大面积黑臭水体，形成一批可复制可推广的治理模式。鼓励河长制湖长制体系向村级延伸，建立健全促进水质改善的长效运行维护机制。

8. 开展 2022 年农村黑臭水体治理试点工作的支持范围和补助标准是什么？

财政部和生态环境部印发的《关于开展 2022 年农村黑臭水体治理试点工作的通知》指出，纳入生态环境部农村黑臭水体国家清单名录且农村黑臭水体面积达一定规模的地级及以上城市（以下简称城市），可申请纳入支持范围。城市可整合本地治理任务重、工作有基础的县（区、市）项目申报。申报城市纳入国家级监管清单的农村黑臭水体总

数应不少于 10 个，或总面积不低于 10 万平方米。

中央财政对纳入支持范围的城市，根据项目投资额和治理黑臭水体面积给予 2 亿元、1 亿元、5 000 万元的分档定额奖补，资金分年安排。原则上，对投资额≥4 亿元的奖补 2 亿元，对 2 亿元≤投资额＜4 亿元的奖补 1 亿元，对 1 亿元≤投资额＜2 亿元的奖补 5 000 万元。其中，按 2 亿元奖补的城市治理面积应不低于 60 万平方米，不足 60 万平方米的奖补 1 亿元；按 1 亿元奖补的城市治理面积应不低于 30 万平方米，不足 30 万平方米的奖补 5 000 万元。

9. 如何全面提升农村生活垃圾治理水平？

《农村人居环境整治提升五年行动方案（2021—2025 年）》指出，健全生活垃圾收运处置体系。根据当地实际，统筹县乡村三级设施建设和服务，完善农村生活垃圾收集、转运、处置设施和模式，因地制宜采用小型化、分散化的无害化处理方式，降低收集、转运、处置设施建设和运行成本，构建稳定运行的长效机制，加强日常监督，不断提高运行管理水平。

推进农村生活垃圾分类减量与利用。加快推进农村生活垃圾源头分类减量，积极探索符合农村特点和农民习惯、简便易行的分类处理模式，减少垃圾出村处理量，有条件的地区基本实现农村可回收垃圾资源化利用、易腐烂垃圾和煤渣灰土就地就近消纳、有毒有害垃圾单独收集贮存和处置、其他垃圾无害化处理。有序开展农村生活垃圾分类与资源化利用示范县创建。协同推进农村有机生活垃圾、厕所粪污、农业生产有机废弃物资源化处理利用，以乡镇或行政村为单位建设一批区域农村有机废弃物综合处置利用设施，探索就地就近就农处理和资源化利用的路径。扩大供销合作社等农村再生资源回收利用网络服务覆盖面，积极推动再生资源回收利用网络与环卫清运网络合作融合。协同推进废旧农膜、农药肥料包装废弃物回收处理。积极探索农村建筑垃圾等就地就近消纳方式，鼓励用于村内道路、入户路、景观等建设。

10. 如何推动村容村貌整体提升？

《农村人居环境整治提升五年行动方案（2021—2025 年）》指出，改善村庄公共环境。全面清理私搭乱建、乱堆乱放，整治残垣断壁，通过集约利用村庄内部闲置土地等方式扩大村庄公共空间。科学管控农村生产生活用火，加强农村电力线、通信线、广播电视线"三线"维护梳理工作，有条件的地方推动线路违规搭挂治理。健全村庄应急管理体系，合理布局应急避难场所和防汛、消防等救灾设施设备，畅通安全通道。整治农村户外广告，规范发布内容和设置行为。关注特殊人群需求，有条件的地方开展农村无障碍环境建设。

推进乡村绿化美化。深入实施乡村绿化美化行动，突出保护乡村山体田园、河湖湿地、原生植被、古树名木等，因地制宜开展荒山荒地荒滩绿化，加强农田（牧场）防护林建设和修复。引导鼓励村民通过栽植果蔬、花木等开展庭院绿化，通过农村"四旁"（水旁、路旁、村旁、宅旁）植树推进村庄绿化，充分利用荒地、废弃地、边角地等开展村庄小微公园和公共绿地建设。支持条件适宜地区开展森林乡村建设，实施水系连通及水美乡村建设试点。

加强乡村风貌引导。大力推进村庄整治和庭院整治，编制村容村貌提升导则，优化村庄生产生活生态空间，促进村庄形态与自然环境、传统文化相得益彰。加强村庄风貌引导，突出乡土特色和地域特点，不搞千村一面，不搞大拆大建。弘扬优秀农耕文化，加强传统村落和历史文化名村名镇保护，积极推进传统村落挂牌保护，建立动态管理机制。

11. 如何发挥村民在农村人居环境整治行动中的主体作用？

根据中央办公厅、国务院办公厅印发的《农村人居环境整治三年行动方案》，要切实发挥村民在农村人居环境整治行动中的主体作用。

一是发挥基层组织作用。发挥好基层党组织核心作用，强化党员意

识、标杆意识，带领农民群众推进移风易俗、改进生活方式、提高生活质量。健全村民自治机制，充分运用“一事一议”民主决策机制，完善农村人居环境整治项目公示制度，保障村民权益。鼓励农村集体经济组织通过依法盘活集体经营性建设用地、空闲农房及宅基地等途径，多渠道筹措资金用于农村人居环境整治，营造清洁有序、健康宜居的生产生活环境。

二是建立完善村规民约。将农村环境卫生、古树名木保护等要求纳入村规民约，通过群众评议等方式褒扬乡村新风，鼓励成立农村环保合作社，深化农民自我教育、自我管理。明确农民维护公共环境责任，庭院内部、房前屋后环境整治由农户自己负责；村内公共空间整治以村民自治组织或村集体经济组织为主，主要由农民投工投劳解决，鼓励农民和村集体经济组织全程参与农村环境整治规划、建设、运营、管理。

三是提高农村文明健康意识。把培育文明健康生活方式作为培育和践行社会主义核心价值观、开展农村精神文明建设的重要内容。发挥爱国卫生运动委员会等组织作用，鼓励群众讲卫生、树新风、除陋习，摒弃乱扔、乱吐、乱贴等不文明行为。提高群众文明卫生意识，营造和谐、文明的社会新风尚，使优美的生活环境、文明的生活方式成为农民内在自觉要求。

《农村人居环境整治提升五年行动方案（2021—2025 年）》指出，一要强化基层组织作用。充分发挥农村基层党组织领导作用和党员先锋模范作用，在农村人居环境建设和整治中深入开展美好环境与幸福生活共同缔造活动；进一步发挥共青团、妇联、少先队等群团组织作用，组织动员村民自觉改善农村人居环境。健全党组织领导的村民自治机制，村级重大事项决策实行“四议两公开”，充分运用“一事一议”筹资筹劳等制度，引导村集体经济组织、农民合作社、村民等全程参与农村人居环境相关规划、建设、运营和管理。实行农村人居环境整治提升相关项目公示制度。鼓励通过政府购买服务等方式，支持有条件的农民合作社参与改善农村人居环境项目。引导农民或农民合作组织依法成立各类农村环保组织或企业，吸纳农民承接本地农村人居环境改善和后续管护工作。以乡情乡愁为纽带吸引个人、企业、社会组织等，通过捐资捐物、结对帮扶等形式支持改善农村人居环境。

二要普及文明健康理念。发挥爱国卫生运动群众动员优势，加大健康宣传教育力度，普及卫生健康和疾病防控知识，倡导文明健康、绿色环保的生活方式，提高农民健康素养。把转变农民思想观念、推行文明健康生活方式作为农村精神文明建设的重要内容，把使用卫生厕所、做好垃圾分类、养成文明习惯等纳入学校、家庭、社会教育，广泛开展形式多样、内容丰富的志愿服务。将改善农村人居环境纳入各级农民教育培训内容。持续推进城乡环境卫生综合整治，深入开展卫生创建，大力推进健康村镇建设。

三要完善村规民约。鼓励将村庄环境卫生等要求纳入村规民约，对破坏人居环境行为加强批评教育和约束管理，引导农民自我管理、自我教育、自我服务、自我监督。倡导各地制定公共场所文明公约、社区噪声控制规约。深入开展美丽庭院评选、环境卫生红黑榜、积分兑换等活动，提高村民维护村庄环境卫生的主人翁意识。

12. 如何以疫情防治为切入点，加强农村人居环境整治？

农业农村部、国家发展改革委、财政部、生态环境部、住房城乡建设部和国家卫生健康委联合印发的《关于抓好大检查发现问题整改扎实推进农村人居环境整治的通知》指出，加强农村人居环境整治有如下举措：

一是深入开展村庄清洁行动。要抓好疫情重灾区、交通要道两侧、人流密集区等重点区域，以及乡村集市、农贸市场、农村工业园区和物流园区周边等重点部位清洁整治。因地制宜适当拓展优化“三清一改”内容，突出清理死角盲区，由“清脏”向“治乱”拓展，由村庄面上清洁向屋内庭院、村庄周边拓展，干干净净迎小康。大力倡导清洁卫生，

宣传健康防病知识，引导农民群众改变不良生活习惯，提高清洁卫生文明意识，养成健康的生活方式。不断健全长效清洁机制，推动村庄清洁行动常态化、制度化、持续化。

二是扎实推进农村厕所革命。要坚持好字当头、质量优先、分类推进、注重实效，做好项目建设前期准备，重点确保2020年底东部地区、中西部城市近郊区等有基础有条件的地区基本完成农村户用厕所无害化改造，实事求是、量力而行推进其他地区农村厕所改造。因地制宜选择技术模式，提高改厕工作科学性、实效性，新技术新产品需经充分试验示范成熟后才能推开。继续组织实施农村厕所革命整村推进财政奖补政策，编制农村户厕建设有关标准规范，开展技术指导服务，强化改厕工作质量监管，统筹推进农村改厕和生活污水治理。在疫情防控期间尤其要切实加强农村厕所粪污处理，不得随意倾倒或直接排放，未经处理或处理后达不到无害化要求的粪污不得还田。

三是全面推进农村生活垃圾治理。要加强农村生活垃圾收运处置体系建设，确保疫情防控期间收运处置体系正常运转。推进非正规垃圾堆放点整治。开展农村生活垃圾就地分类、源头减量试点。加快农村生活垃圾回收利用体系建设，不断提高治理和资源化利用水平。建立完善村庄保洁机制，加强保洁公益岗位的考核管理，探索社会化服务方式，有条件的地区尽量做到生活垃圾日产日清，无法及时清运的也要封闭管理、定期消毒。

四是梯次推进农村生活污水治理。要优先解决乡镇所在地和中心村生活污水问题，抓好农村黑臭水体整治。加快编制县域农村生活污水治理规划。因地制宜采取符合农村实际的生活污水处理技术，落实设施运维管理责任，做好疫情防控期间农村生活污水处理设施运行维护。积极探索农村生活污水资源化利用模式，实现生活污水治理与生态农业发展、农村生态文明建设的多赢。严格落实河长制、湖长制，积极开展农村河塘、沟渠清淤疏浚。

五是统筹推进其他重点任务。要强化畜禽粪污资源化利用，深入实施秸秆综合利用和农膜回收行动，推动农村清洁能源开发利用。有序推进“多规合一”的实用性村庄规划编制，推进村内道路建设，提高村庄绿化水平，整体提升村容村貌。落实《关于深化农村基础设施管护体制改革的指导意见》（发改农经〔2019〕1645 号），分领域细化配套措施，制定管护制度、标准和规范，鼓励有条件的地区探索农户付费合理分担机制。

13. 加快农房和村庄建设现代化的具体要求是什么？

住建部、农业农村部和国家乡村振兴局联合印发的《关于加快农房和村庄建设现代化的指导意见》提出，加快农房和村庄建设现代化的政策措施。一是坚持“避害”的选址原则。新建农房要避开自然灾害易发地段，合理避让山洪、滑坡、泥石流、崩塌等地质灾害危险区，不在陡坡、冲沟、泛洪区和其他灾害易发地段建房。

二是坚持生态友好、环境友好与邻里友好。农房和村庄建设要尊重山水林田湖草等生态脉络，注重与自然和农业景观搭配互动，不挖山填湖、不破坏水系、不砍老树，顺应地形地貌。农房建设要与环境建设并举，注重提升农房服务配套和村庄环境，鼓励新建农房向基础设施完善、自然条件优越、公共服务设施齐全、景观环境优美的村庄聚集。农房布局要利于促进邻里和睦，尽量使用原有的宅基地和村内空闲地建设农房，营建左邻右舍、里仁为美的空间格局，形成自然、紧凑、有序的农房群落。

三是提升农房设计建造水平。农房建设要先精心设计，后按图建造。要统筹主房、辅房、院落等功能，精心调配空间布局，满足生产工具存放及其他需求。提炼传统建筑智慧，因地制宜解决日照间距、保温采暖、通风采光等问题，促进节能减排。要适应村民现代生活需要，逐步实现寝居分离、食寝分离和净污分离。新建农房要同步设计卫生厕所，因地制宜推动水冲式厕所入室。鼓励设计建设无障碍设施，充分考虑适老化功能需求。新建农房的地基基础、结构形式、墙体厚度、建筑

构造等要适应当地经济发展水平和建筑施工条件，满足质量安全及抗震设防要求。鼓励就地取材，利用乡土材料，推广使用绿色建材。鼓励选用装配式钢结构等安全可靠的新型建造方式。

四是营造留住“乡愁”的环境。建立村庄历史文化遗产调查评估机制，充分挖掘和保护传承村庄物质和非物质文化遗存，保护并改善村落的历史环境和生态环境。农房建设要尊重乡土风貌和地域特色，精心打造建筑的形体、色彩、屋顶、墙体、门窗和装饰等关键要素。传统村落中新建农房要与传统建筑、周边环境相协调，营建具有地方特色的村庄环境。提炼传统民居特色要素，传承优秀传统建筑文化。提升传统民居空间品质，改善传统民居室内照明条件，保证传统民居房屋结构安全和消防安全。鼓励结合发展民宿、旅游等产业，进一步加强传统村落和传统民居保护与利用。

五是提升村容村貌。以农房为主体，利用古树、池塘等自然景观和牌坊、古祠等人文景观，营造具有本土特色的村容村貌。保护村庄固有的乡土气息，鼓励宅前屋后栽种瓜果梨桃，构建“桃花红、李花白、菜花黄”的自然景观，营造“莺儿啼、燕儿舞、蝶儿忙”的乡村生境。保持村内街巷清洁，做到无断壁残垣、无乱搭乱建、无乱埋乱倒、无乱堆乱放，构建干净、整洁、有序的乡村空间。重视村庄公共活动空间的布局和建设，统领乡村容貌特色。

六是推进供水入农房。提高农村供水安全保障能力，实现供水入农房。因地制宜改善供水条件，依据给水规模合理确定供水模式、给水水压、管材管件等。保证乡村水源地的清洁安全，有条件的地方可将靠近城镇的村庄纳入城镇供水体系。

七是因地制宜推进农村生活污水处理。乡村宜采用小型化、生态化、分散化的污水处理模式和处理工艺，合理确定排放标准，推动农村生活污水就近就地资源化利用。居住分散的村庄以卫生厕所改造为重点推进农村生活污水治理，鼓励采用户用污水处理方式；规模较大、人口较集中的村庄可采用村集中处理方式；有条件的地方可将靠近城镇的村庄纳入城镇生活污水处理系统。合理组织村庄雨水排放形式和排放路径。

八是倡导农村生活垃圾分类处理。传承乡村“无废”的生产生活方式，进一步完善农村生活垃圾收运处置体系，以生活垃圾分类为抓手，推动农村生活垃圾源头减量，变废为宝。优化农村生活垃圾分类方法，可回收物利用或出售、有机垃圾就地沤肥、有毒有害垃圾规范处置、其他垃圾进入收运处置体系。以乡镇或行政村为单位，建设一批区域农村有机废弃物综合处置利用中心。全面建立村庄保洁制度，确保村村有保洁。

九是推动农村用能革新。引导农村不断减少低质燃煤、秸秆、薪柴直接燃烧等传统能源使用，鼓励使用适合当地特点和农民需求的清洁能源。推广应用太阳能光热、光伏等技术和产品，推动村民日常照明、炊事、采暖制冷等用能绿色低碳转型。推进燃气下乡，支持建设安全可靠的乡村储气罐站和微管网供气系统。推动既有农房节能改造。

十是完善公共服务设施。盘活利用闲置农房提供公共活动空间，降低公共建筑建设成本，拓展村民公共活动场所的提供渠道。鼓励村庄公共活动场所综合利用，室外公共场所可兼做集市集会、文体活动、农作物晾晒与停车等用途；室内公共活动场所，除必须独立设置之外的，可兼顾托幼、托老、集会、村史展示、文化娱乐等功能。村庄道路及其他基础设施应满足村民的生产生活需求，村内道路应通畅平整。有条件的地区应积极推动宽带、通讯、广电等进村入户。

十一是加强农房与村庄建设管理。建立农村房屋设计、审批、施工、验收、使用等全过程管理制度，规范村庄设计与农房设计、建设、使用的行政程序管理，明确责任主体，做到有人管、有条件管、有办法管。全方位实施职、责、权一体化模式，建立责任追究机制，按照谁审批、谁监管、谁负责的原则，确保房屋质量安全。探索建立乡村建设工匠培养和管理制度，加强管理和技术人员培训，充实乡村建设队伍。

十二是深入开展美好环境与幸福生活共同缔造活动。以改善群众身

边、房前屋后人居环境的实事、小事为切入点，以建立和完善全覆盖的基层党组织为核心，以构建“纵向到底、横向到边、共建共治共享”的乡村治理体系为路径，发动群众决策共谋、发展共建、建设共管、效果共评、成果共享，共同建设美好家园。充分尊重和保障农民群众在村庄建设中的各项权益，建立村庄建设农民满意度调查评价制度，引导村民将农房和村庄建设现代化的有关要求写入村规民约等村民自治章程，支持引导村民参与建设家园、维护家园。

14. 开展乡村绿化美化行动的主要内容有哪些?

国家林业和草原局印发的《乡村绿化美化行动方案》指出，开展乡村绿化美化行动的主要内容有以下四项：

一是保护乡村自然生态。结合古村落、古建筑、名人古迹等保护，依据地形地貌，加强护村林、风水林、景观林保护，促进人文景观与自然景观的和谐统一。加强乡村原生林草植被、自然景观、小微湿地等自然生境及野生动植物栖息地保护，全面保护乡村自然生态系统的原真性和完整性。加强古树名木保护，明确责任主体，落实管护责任。对古树名木、风水林、珍贵树种等进行挂牌保护。对濒危和长势衰弱的古树名木，及时开展抢救复壮工作。发挥生态护林员、草原管护员的巡护作用，落实巡护责任，抓好林草火源监管和重大病虫害灾情报告，及时组织除治，减少灾害损失。

二是增加乡村生态绿量。因地制宜开展环村林、护路林、护岸林、风景林、游憩林、康养林、水源涵养林、水土保持林、防风固沙林、农田（牧场）林网等建设。推进乡村绿道建设，有条件的地方可依托地形地貌，将农田、果园、山地、森林、草原、湿地、古村、遗址等特色景观联成一体，构建布局合理、配套完善、人文丰富、景观多样的乡村绿道网。开展乡村裸露山体、采石取土创面、矿山废弃地、重金属污染地等绿化美化。利用边角地、空闲地、撂荒地、拆违地等，开展村庄绿化美化，建设一批供村民休闲娱乐的小微绿化公园、公共绿地。开展庭院绿化，见缝插绿，有条件的可开展立体绿化，乔、灌、草、花、藤多层次绿化，提升庭院绿化水平。慎用外来树种集中连片造林，鼓励使用乡土树种开展乡村绿化美化，防止“奢侈化、媚外化”等违背自然规律和经济规律的做法。

三是提升乡村绿化质量。要科学开展乡村绿化美化，坚持以水定绿、适地适树。积极推广使用良种壮苗，优先使用保障性苗圃培育的苗木开展乡村绿化。重视种源和遗传品质，造林用种用苗必须具备“两证一签”。做好绿化苗木供需衔接，避免长距离调运种苗。鼓励营造混交林。加强造林后期管护，确保成活成林见效。对村庄周边缺株断带、林相残破的河流公路两侧林带、环村林带、农田林网等进行补植修护，构建完整的村庄森林防护屏障。对生长不良、防护功能低下的退化防护林，实施修复改造，提升防护林网功能质量。对成过熟林、枯死林木进行更新改造，优化防护林网结构，提升防护林网、林带生态功能。对乡村范围内的中幼龄林，及时进行抚育间伐，利用林间空地补植乡土珍贵树种，促进天然更新，优化森林结构，培育健康稳定的多功能森林，构建优美森林生态景观，让广大人民群众亲近森林、感知森林、享受森林。

四是发展绿色生态产业。将乡村绿化美化与林草产业发展相结合，因地制宜培育林草产业品牌，提升林草产业品质，推进一二三产业融合发展，带动乡村林草产业振兴，实现林草产业富民。做好“特”字文章，结合地方传统习惯，发展具有区域优势的珍贵树种用材林及干鲜果、中药材、木本油料等特色经济林。推广林草、林花、林菜、林菌、林药、林禽、林蜂等林下经济发展模式，培育农业专业合作社、家庭林场等新型经营主体，推进林产品深加工，提高产品附加值。依托乡村绿色生态资源，用好古村落民居、民俗风情、名人古迹、古树名木、乡村绿道等人文和自然景观资源，大力发展森林观光、林果采摘、森林康养、森林人家、乡村民宿等乡村旅游休闲观光项目，带动农民致富增收。

15. 如何推进实施乡村绿化美化行动?

国家林草局印发的《乡村绿化美化行动方案》指出，推进实施乡村绿化美化行动需要做好以下工作：

一是制定工作方案。各省级林业和草原主管部门要结合本地实际，制定省级行动方案，指导乡村绿化美化工作。各县（含市、区、旗，下同）制定具体工作方案，摸清底数、梳理问题，坚持问题导向，明确县域内乡村绿化美化的内容、任务、标准，将任务落实到行政村，并以行政村为单位建立工作台账，明确专人负责。

二是加强宣传发动。各地要充分利用报刊、广播、电视等新闻媒体和网络新媒体，广泛宣传乡村绿化美化行动的重大意义，推广好典型、好经验、好做法；利用生态科普栏等形式，宣传生态文明理念，解读乡村振兴政策，提高村民知晓度和参与度，努力营造全社会关心支持乡村绿化美化行动的良好氛围。

三是开展典型示范。2019 年国家林业和草原局将启动开展国家森林乡村、乡村绿化美化示范县建设工作。各地要结合本地实际开展地方森林乡村建设。通过试点示范，总结提炼出一批乡村绿化美化成功经验，形成一批能复制、可学习、可推广的成熟技术、建设方式和管护机制。

四是持续稳步推进。开展乡村绿化美化行动，改善提升村容村貌，整治农村人居环境，建设美丽宜居乡村，既是当前的重点工作，也是一项长期任务。要分阶段部署、分年度实施，扎实推进、久久为功。各地要针对突出问题，结合本地实际和传统习俗，根据乡村生态保护修复和林草产业发展需要，由易到难、有序推进，推动乡村绿化美化工作常态化。要坚持因地制宜、实事求是、量力而行、尽力而为，科学节俭开展乡村绿化美化。自然条件好、气候条件适宜、树种资源丰富的地区，要加快乡村绿化美化进程。有条件的地方要着力提升乡村绿化美化水平，创建更多美丽宜居的森林乡村。干旱地区要坚持以水定绿、量水而行，根据水资源承载能力，科学确定林草比重，宜乔则乔、宜灌则灌、宜草则草，逐步提高生态宜居水平。

16. 如何实施村庄基础设施建设工程，推进农村基础设施提档升级？

2018 年中央 1 号文件指出，要推动农村基础设施提档升级：一是继续把基础设施建设重点放在农村，加快农村公路、供水、供气、环保、电网、物流、信息、广播电视等基础设施建设，推动城乡基础设施互联互通。二是以示范县为载体全面推进"四好农村路"建设，加快实施通村组硬化路建设。三是加大成品油消费税转移支付资金用于农村公路养护力度。四是推进节水供水重大水利工程，实施农村饮水安全巩固提升工程。五是加快新一轮农村电网改造升级，制定农村通动力电规划，推进农村可再生能源开发利用。六是实施数字乡村战略，做好整体规划设计，加快农村地区宽带网络和第四代移动通信网络覆盖步伐，开发适应"三农"特点的信息技术、产品、应用和服务，推动远程医疗、远程教育等应用普及，弥合城乡数字鸿沟。七是提升气象为农服务能力。八是加强农村防灾减灾救灾能力建设。九是抓紧研究提出深化农村公共基础设施管护体制改革指导意见。

2019 年中央 1 号文件指出，实施村庄基础设施建设工程，一要推进农村饮水安全巩固提升工程，加强农村饮用水水源地保护，加快解决农村"吃水难"和饮水不安全问题。二要全面推进"四好农村路"建设，加大"路长制"和示范县实施力度，实现具备条件的建制村全部通硬化路，有条件的地区向自然村延伸。加强村内道路建设。三要全面实施乡村电气化提升工程，加快完成新一轮农村电网改造。四要完善县乡村物流基础设施网络，支持产地建设农产品贮藏保鲜、分级包装等设施，鼓励企业在县乡和具备条件的村建立物流配送网点。加快推进宽带网络向村庄延伸，推进提速降费。五要继续推进农村危房改造。健全村庄基础设施建管长效机制，明确各方管护责任，鼓励地方将管护费用纳

入财政预算。

2021年中央1号文件指出，要推动“四好农村路”示范创建提质扩面，启动省域、市域范围内示范创建。在完成具备条件的建制村通硬化路和通客车任务基础上，有序推进较大人口规模自然村（组）等通硬化路建设。支持村内道路建设和改造。加大成品油税费改革转移支付对农村公路养护的支持力度。加快农村公路条例立法进程。加强农村道路交通安全管理。完成“三区三州”和抵边村寨电网升级改造攻坚计划。基本实现行政村光纤网络和第四代移动通信网络普遍覆盖。落实农村公共基础设施管护责任，应由政府承担的管护费用纳入政府预算。做好村庄规划工作。

2022年中央1号文件指出，要有序推进乡镇通三级及以上等级公路、较大人口规模自然村（组）通硬化路，实施农村公路安全生命防护工程和危桥改造。扎实开展农村公路管理养护体制改革试点。稳步推进农村公路路况自动化检测。推进农村供水工程建设改造，配套完善净化消毒设施设备。深入实施农村电网巩固提升工程。推进农村光伏、生物质能等清洁能源建设。实施农房质量安全提升工程，继续实施农村危房改造和抗震改造，完善农村房屋建设标准规范。加强对用作经营的农村自建房安全隐患整治。

17. 如何加强乡村公共基础设施建设？

2021年中央1号文件指出，继续把公共基础设施建设的重点放在农村，着力推进往村覆盖、往户延伸。一是实施农村道路畅通工程。有序实施较大人口规模自然村（组）通硬化路。加强农村资源路、产业路、旅游路和村内主干道建设。推进农村公路建设项目更多向进村入户倾斜。继续通过中央车购税补助地方资金、成品油税费改革转移支付、地方政府债券等渠道，按规定支持农村道路发展。继续开展“四好农村路”示范创建。全面实施路长制。二是开展城乡交通一体化示范创建工作。加强农村道路桥梁安全隐患排查，落实管养主体责任。强化农村道路交通安全监管。三是实施农村供水保障工程。加强中小型水库等稳定水源工程建设和水源保护，实施规模化供水工程建设和小型工程标准化改造，有条件的地区推进城乡供水一体化，到2025年农村自来水普及率达到88%。完善农村水价水费形成机制和工程长效运营机制。四是实施乡村清洁能源建设工程。加大农村电网建设力度，全面巩固提升农村电力保障水平。推进燃气下乡，支持建设安全可靠的乡村储气罐站和微管网供气系统。发展农村生物质能源。加强煤炭清洁化利用。五是实施数字乡村建设发展工程。推动农村千兆光网、第五代移动通信(5G)、移动物联网与城市同步规划建设。完善电信普遍服务补偿机制，支持农村及偏远地区信息通信基础设施建设。加快建设农业农村遥感卫星等天基设施。发展智慧农业，建立农业农村大数据体系，推动新一代信息技术与农业生产经营深度融合。完善农业气象综合监测网络，提升农业气象灾害防范能力。加强乡村公共服务、社会治理等数字化智能化建设。六是实施村级综合服务设施提升工程。加强村级客运站点、文化体育、公共照明等服务设施建设。

18. 如何提高农村供水保障水平？

2020年中央1号文件指出，要全面完成农村饮水安全巩固提升工程任务。统筹布局农村饮水基础设施建设，在人口相对集中的地区推进规模化供水工程建设。有条件的地区将城市管网向农村延伸，推进城乡供水一体化。中央财政加大支持力度，补助中西部地区、原中央苏区农村饮水安全工程维修养护。加强农村饮用水水源保护，做好水质监测。

19. 如何实施数字乡村战略？

2019年中央1号文件指出，一要深入推进“互联网+农业”，扩大农业物联网示范应用。二要推进重要农产品全产业链大数据建设，加强国家数字农业农村系统建设。三要继续开展电子商务进农村综合示范，

实施“互联网+”农产品出村进城工程。四要全面推进信息进村入户，依托“互联网+”推动公共服务向农村延伸。

2022年中央1号文件指出，要推进智慧农业发展，促进信息技术与农机农艺融合应用。加强农民数字素养与技能培训。以数字技术赋能乡村公共服务，推动“互联网+政务服务”向乡村延伸覆盖。着眼解决实际问题，拓展农业农村大数据应用场景。加快推动数字乡村标准化建设，研究制定发展评价指标体系，持续开展数字乡村试点。加强农村信息基础设施建设。

20. 数字乡村发展的重点任务是什么？

中共中央办公厅、国务院办公厅印发的《数字乡村发展战略纲要》指出，数字乡村发展的重点任务如下：

一是加快乡村信息基础设施建设。大幅提升乡村网络设施水平。加强基础设施共建共享，加快农村宽带通信网、移动互联网、数字电视网和下一代互联网发展。持续实施电信普遍服务补偿试点工作，支持农村地区宽带网络发展。推进农村地区广播电视基础设施建设和升级改造。在乡村基础设施建设中同步做好网络安全工作，依法打击破坏电信基础设施、生产销售使用“伪基站”设备和电信网络诈骗等违法犯罪行为。

完善信息终端和服务供给。鼓励开发适应“三农”特点的信息终端、技术产品、移动互联网应用（App）软件，推动民族语言音视频技术研发应用。全面实施信息进村入户工程，构建为农综合服务平台。

加快乡村基础设施数字化转型。加快推动农村地区水利、公路、电力、冷链物流、农业生产加工等基础设施的数字化、智能化转型，推进智慧水利、智慧交通、智能电网、智慧农业、智慧物流建设。

二是发展农村数字经济。夯实数字农业基础。完善自然资源遥感监测“一张图”和综合监管平台，对永久基本农田实行动态监测。建设农业农村遥感卫星等天基设施，大力推进北斗卫星导航系统、高分辨率对地观测系统在农业生产中的应用。推进农业农村大数据中心和重要农产品全产业链大数据建设，推动农业农村基础数据整合共享。

推进农业数字化转型。加快推广云计算、大数据、物联网、人工智能在农业生产经营管理中的运用，促进新一代信息技术与种植业、种业、畜牧业、渔业、农产品加工业全面深度融合应用，打造科技农业、智慧农业、品牌农业。建设智慧农（牧）场，推广精准化农（牧）业作业。

创新农村流通服务体系。实施“互联网＋”农产品出村进城工程，加强农产品加工、包装、冷链、仓储等设施建设。深化乡村邮政和快递网点普及，加快建成一批智慧物流配送中心。深化电子商务进农村综合示范，培育农村电商产品品牌。建设绿色供应链，推广绿色物流。推动人工智能、大数据赋能农村实体店，促进线上线下渠道融合发展。

积极发展乡村新业态。推动互联网与特色农业深度融合，发展创意农业、认养农业、观光农业、都市农业等新业态，促进游憩休闲、健康养生、创意民宿等新产业发展，规范有序发展乡村共享经济。

三是强化农业农村科技创新供给。推动农业装备智能化。促进新一代信息技术与农业装备制造业结合，研制推广农业智能装备。鼓励农机装备行业发展工业互联网，提升农业装备智能化水平。推动信息化与农业装备、农机作业服务和农机管理融合应用。

优化农业科技信息服务。建设一批新农民新技术创业创新中心，推动产学研用合作。建立农业科技成果转化网络服务体系，支持建设农业技术在线交易市场。完善农业科技信息服务平台，鼓励技术专家在线为农民解决农业生产难题。

四是建设智慧绿色乡村。推广农业绿色生产方式。建立农业投入品电子追溯监管体系，推动化肥农药减量使用。加大农村物联网建设力度，实时监测土地墒情，促进农田节水。建设现代设施农业园区，发展绿色农业。

提升乡村生态保护信息化水平。建立全国农村生态系统监测平台，统筹山水林田湖草系统治理数据。强化农田土壤生态环境监测与保护。

利用卫星遥感技术、无人机、高清远程视频监控系统对农村生态系统脆弱区和敏感区实施重点监测，全面提升美丽乡村建设水平。

倡导乡村绿色生活方式。建设农村人居环境综合监测平台，强化农村饮用水水源水质监测与保护，实现对农村污染物、污染源全时全程监测。引导公众积极参与农村环境网络监督，共同维护绿色生活环境。

五是繁荣发展乡村网络文化。加强农村网络文化阵地建设。利用互联网宣传中国特色社会主义文化和社会主义思想道德，建设互联网助推乡村文化振兴建设示范基地。全面推进县级融媒体中心建设。推进数字广播电视户户通和智慧广电建设。推进乡村优秀文化资源数字化，建立历史文化名镇、名村和传统村落“数字文物资源库”“数字博物馆”，加强农村优秀传统文化的保护与传承。以“互联网＋中华文明”行动计划为抓手，推进文物数字资源进乡村。开展重要农业文化遗产网络展览，大力宣传中华优秀农耕文化。

加强乡村网络文化引导。支持“三农”题材网络文化优质内容创作。通过网络开展国家宗教政策宣传普及工作，依法打击农村非法宗教活动及其有组织的渗透活动。加强网络巡查监督，遏制封建迷信、攀比低俗等消极文化的网络传播，预防农村少年儿童沉迷网络，让违法和不良信息远离农村少年儿童。

六是推进乡村治理能力现代化。推动“互联网＋党建”。建设完善农村基层党建信息平台，优化升级全国党员干部现代远程教育，推广网络党课教育。推动党务、村务、财务网上公开，畅通社情民意。

提升乡村治理能力。提高农村社会综合治理精细化、现代化水平。推进村委会规范化建设，开展在线组织帮扶，培养村民公共精神。推动“互联网＋社区”向农村延伸，提高村级综合服务信息化水平，大力推动乡村建设和规划管理信息化。加快推进实施农村“雪亮工程”，深化平安乡村建设。加快推进“互联网＋公共法律服务”，建设法治乡村。依托全国一体化在线政务服务平台，加快推广“最多跑一次”“不见面审批”等改革模式，推动政务服务网上办、马上办、少跑快办，提高群众办事便捷程度。

七是深化信息惠民服务。深入推动乡村教育信息化。加快实施学校联网攻坚行动，推动未联网学校通过光纤、宽带卫星等接入方式普及互联网应用，实现乡村小规模学校和乡镇寄宿制学校宽带网络全覆盖。发展“互联网＋教育”，推动城市优质教育资源与乡村中小学对接，帮助乡村学校开足开好开齐国家课程。

完善民生保障信息服务。推进全面覆盖乡村的社会保障、社会救助系统建设，加快实现城乡居民基本医疗保险异地就医直接结算、社会保险关系网上转移接续。大力发展“互联网＋医疗健康”，支持乡镇和村级医疗机构提高信息化水平，引导医疗机构向农村医疗卫生机构提供远程医疗、远程教学、远程培训等服务。建设完善中医馆健康信息平台，提升中医药服务能力。完善面向孤寡和留守老人、留守儿童、困境儿童、残障人士等特殊人群的信息服务体系。

八是激发乡村振兴内生动力。支持新型农业经营主体和服务主体发展。完善对农民合作社和家庭农场网络提速降费、平台资源、营销渠道、金融信贷、人才培训等政策支持，培育一批具有一定经营规模、信息化程度较高的生产经营组织和社会化服务组织，促进现代农业发展。

大力培育新型职业农民。实施新型职业农民培育工程，为农民提供在线培训服务，培养造就一支爱农业、懂技术、善经营的新型职业农民队伍。实施“互联网＋小农户”计划，提升小农户发展能力。

激活农村要素资源。因地制宜发展数字农业、智慧旅游业、智慧产业园区，促进农业农村信息社会化服务体系建设，以信息流带动资金流、技术流、人才流、物资流。创新农村普惠金融服务，改善网络支付、移动支付、网络信贷等普惠金融发展环境，为农民提供足不出村的便捷金融服务。降低农村金融服务门槛，为农业经营主体提供小额存贷款、支付结算和保险等金融服务。依法打击互联网金融诈骗等违法犯罪行为。

九是推动网络扶贫向纵深发展。助力打赢脱贫攻坚战。深入推动网

络扶贫行动向纵深发展，强化对产业和就业扶持，充分运用大数据平台开展对脱贫人员的跟踪及分析，持续巩固脱贫成果。

巩固和提升网络扶贫成效。打赢脱贫攻坚战后，保持过渡期的政策稳定，继续开展网络扶志和扶智，不断提升贫困群众生产经营技能，激发贫困人口内生动力。

十是统筹推动城乡信息化融合发展。统筹发展数字乡村与智慧城市。强化一体设计、同步实施、协同并进、融合创新，促进城乡生产、生活、生态空间的数字化、网络化、智能化发展，加快形成共建共享、互联互通、各具特色、交相辉映的数字城乡融合发展格局。鼓励有条件的小城镇规划先行，因地制宜发展“互联网＋”特色主导产业，打造感知体验、智慧应用、要素集聚、融合创新的“互联网＋”产业生态圈，辐射和带动乡村创业创新。

分类推进数字乡村建设。引导集聚提升类村庄全面深化网络信息技术应用，培育乡村新业态。引导城郊融合类村庄发展数字经济，不断满足城乡居民消费需求。引导特色保护类村庄发掘独特资源，建设互联网特色乡村。引导搬迁撤并类村庄完善网络设施和信息服务，避免形成新的“数字鸿沟”。

加强信息资源整合共享与利用。依托国家数据共享交换平台体系，推进各部门涉农政务信息资源共享开放、有效整合。统筹整合乡村已有信息服务站点资源，推广一站多用，避免重复建设。促进数字乡村国际交流合作。

21. 如何构建基础数据资源体系？

农业农村部和中央网络安全和信息化委员会办公室发布的《数字农业农村发展规划（2019—2025年）》指出，构建基础数据资源体系要做好以下五项工作：

一是建设农业自然资源大数据。利用农村土地承包经营权确权登记、永久基本农田划定、高标准农田上图入库、耕地质量调查监测、粮食生产功能区和重要农产品生产保护区划定、设施农用地备案等数据，建设耕地基本信息数据库，形成基本地块权属、面积、空间分布、质量、种植类型等大数据。开展渔业水域空间分布、渔船渔港和渔业航标等调查，形成覆盖内陆水域以及全球重要海域和渔场的渔业水域资源大数据。

二是建设重要农业种质资源大数据。依托全国统一的国家种业大数据平台，构建国家重要农业种质资源数据库，绘制全国农业种质资源分布底图，推进农作物、畜禽、水产、微生物等种质资源的数字化动态监测、信息化监督管理。开展动植物表型和基因型精准鉴定评价，深度发掘优异种质、优异基因，构建分子指纹图谱库，为品种选育、产业发展、行业监管提供大数据支持。

三是建设农村集体资产大数据。建立集体资产登记、保管、使用、处置等管理电子台账，推进农村集体资产清产核资信息数字化。采集全国农村集体资产清产核资、产权制度改革、集体经济组织登记赋码、集体资产财务管理等数据，建设全国农村集体资产大数据。推进全国农垦资产管理数字化，加强对国有农业资产占有、使用、收益和处置的监管。

四是建设农村宅基地大数据。利用第三次全国土地调查、卫星遥感等数据信息，结合房地一体的宅基地使用权确权登记颁证、农村宅基地和农房利用现状调查等资料，构建全国农村宅基地数据库，涵盖宅基地单元、空间分布、面积、权属、限制及利用状况等信息。推进宅基地分配、审批、流转、利用、监管、统计调查等信息化建设，及时完善和更新基础数据。

五是健全农户和新型农业经营主体大数据。以农村土地承包经营权确权登记数据库为基础，结合农业补贴发放、投入品监管、新型农业经营主体信息直报、家庭农场名录等系统，按照“部级统一部署、农业经营主体一次填报、多级多方共享利用”的方式，完善经营主体身份、就业、生产管理、补贴发放、监管检查、投入品使用、培训营销等多种信

息为一体的基础数据，逐步实现农业经营主体全覆盖，生产经营信息动态监测。

22. 如何加快生产经营数字化改造?

《数字农业农村发展规划（2019—2025 年）》指出，加快生产经营数字化改造要做好以下六项工作：

一是种植业信息化。加快发展数字农情，利用卫星遥感、航空遥感、地面物联网等手段，动态监测重要农作物的种植类型、种植面积、土壤墒情、作物长势、灾情虫情，及时发布预警信息，提升种植业生产管理信息化水平。加快建设农业病虫害测报监测网络和数字植保防御体系，实现重大病虫害智能化识别和数字化防控。建设数字田园，推动智能感知、智能分析、智能控制技术与装备在大田种植和设施园艺上的集成应用，建设环境控制、水肥药精准施用、精准种植、农机智能作业与调度监控、智能分等分级决策系统，发展智能“车间农业”，推进种植业生产经营智能管理。

二是畜牧业智能化。建设数字养殖牧场，推进畜禽圈舍通风温控、空气过滤、环境感知等设备智能化改造，集成应用电子识别、精准上料、畜禽粪污处理等数字化设备，精准监测畜禽养殖投入品和产出品数量，实现畜禽养殖环境智能监控和精准饲喂。加快应用个体体征智能监测技术，加强动物疫病疫情的精准诊断、预警、防控。推进养殖场（屠宰、饲料、兽药企业等）数据直联直报，构建“一场（企）一码、一畜（禽）一标”动态数据库，实现畜牧生产、流通、屠宰各环节信息互联互通。加快建设数字奶业云平台。

三是渔业智慧化。推进智慧水产养殖，构建基于物联网的水产养殖生产和管理系统，推进水体环境实时监控、饵料精准投喂、病害监测预警、循环水装备控制、网箱自动升降控制、无人机巡航等数字技术装备普及应用，发展数字渔场。以国家级海洋牧场示范区为重点，推进海洋牧场可视化、智能化、信息化系统建设。大力推进北斗导航技术、天通通信卫星在海洋捕捞中的应用，加快数字化通信基站建设，升级改造渔船卫星通信、定位导航、防碰撞等船用终端和数字化捕捞装备。加强远洋渔业数字技术基础研究，提升远洋渔业资源开发利用的信息采集分析能力，推进远洋渔船视频监控的应用。发展渔业船联网，推进渔船智能化航行、作业与控制，建设涵盖渔政执法、渔船进出港报告、电子捕捞日志、渔获物可追溯、渔船动态监控、渔港视频监控的渔港综合管理系统。

四是种业数字化。加快种业大数据的研发与深度应用，建立信息抓取、多维度分析、智能评价模型，开展涵盖科研、生产、经营等种业全链条的智能数据挖掘和分析，建设智能服务平台。针对商业化动植物育种需求，研发推广动植物表型信息获取技术装备，实现海量表型性状数据高通量获取。加大资源开发鉴定力度，建立健全品种资源基因数据库和表型数据库，为基因深度挖掘提供支撑。结合数字化智能育种辅助平台，挖掘基因组学、蛋白组学、表型组学等数据，制定针对定向目标性状优化育种方案，加快“经验育种”向“精确育种”转变，逐步实现定制设计育种。统筹利用生产经营许可、生产备案和天空地一体化监测手段，加快数字技术在制种基地、种畜禽场区、水产苗种场区、交易市场监管中的应用，提升种业智慧化监管水平。打通数据库横向联结，提供种业数据、技术、服务、政策、法律的“一站式”综合查询和业务办理，优化国家种业大数据平台手机 App 功能，推进种业服务模式创新。

五是新业态多元化。鼓励发展众筹农业、定制农业等基于互联网的新业态，创新发展共享农业、云农场等网络经营模式。深化电子商务进农村综合示范，实施“互联网＋”农产品出村进城工程，推动人工智能、大数据赋能农村实体店，全面打通农产品线上线下营销通道。鼓励发展智慧休闲农业平台，完善休闲农业数字地图，引导乡村旅游示范县、美丽休闲乡村（渔村、农庄）等开展在线经营，推广大众参与式评价、数字创意漫游、沉浸式体验等经营新模式。推动跨行业、跨领域数据融合和服务拓展，深度开发和利用农业生产、市场交易、农业投入品

等数据资源，推广基于大数据的授信、保险和供应链金融等业务模式，创新供求分析、技术推广、产品营销等服务方式。

六是质量安全管控全程化。推进农产品生产标准化，制定农产品分类、分等分级等关键标准，推动构建全产业链的农产品信息化标准体系。推进农产品标识化，引导生产经营主体对上市销售的农产品加施质量认证、品名产地、商标品牌等标识。推进农产品可溯化，完善国家农产品质量安全追溯管理信息平台，建立食用农产品合格证制度，推进农产品质量安全信息化监管，建立追溯管理与风险预警、应急召回联动机制。普遍推行农户农资购买卡制度，强化农资经营主体备案和经营台账管理。汇集生产经营数据以及种子（种苗、种畜禽）、农药、肥料、饲料、兽药等监督检查、行政处罚、田间施用等数据，构建以县为单位的投入品监管溯源与数据采集机制。

23. 如何推进管理服务数字化转型?

《数字农业农村发展规划（2019—2025 年）》指出，推进管理服务数字化转型要做好以下五项工作：

一是建立健全农业农村管理决策支持技术体系。依托农业农村基础数据资源体系，构建农业农村大数据平台，利用大数据分析、挖掘和可视化等技术，建立相关知识库、模型库，开发种植业、畜牧兽医、渔业渔政、监督管理、科技教育、资源环境、国际合作、政务管理、统计填报以及农村社会事业等功能模块，为市场预警、政策评估、监管执法、资源管理、舆情分析、乡村治理等决策提供支持服务，推进管理服务线上线下相结合，促进数据融合和业务协同，提高宏观管理的科学性。

二是健全重要农产品全产业链监测预警体系。加强重要农产品生产和市场监测，强化生产数据实时采集监测，引导鼓励田头市场、批发市场采用电子结算方式开展交易，推进农产品批发市场、商超、电商平台等关键市场交易环节信息实时采集、互联互通，构建交易主体、交易品种、交易量、交易价格一体化的农产品市场交易大数据。建设全球农业数据调查分析系统，开发利用全球农业生产和贸易等数据。完善企业对外农业投资、海外农产品交易等信息采集系统。强化农业信息监测预警，拓展和提升农产品市场价格日度监测、供需形势月度及季度分析、重要农产品供需平衡表、中长期农业展望等信息发布和服务。构建农业农村现代化监测评价体系，开发农业农村经济运行分析系统。建立农业走出去经济运行分析制度，加强农业利用国际市场资源情况的分析。

三是建设数字农业农村服务体系。深入实施信息进村入户工程，优化提升农村社区网上服务，加快建设益农信息社，完善社会服务管理。完善农业科技信息服务平台，鼓励农业专家在线为农民解决生产难题。引导各类社会主体利用信息网络技术，开展市场信息、农资供应、废弃物资源化利用、农机作业、农产品初加工、农业气象“私人定制”等领域的农业生产性服务，促进公益性服务和经营性服务便民化。汇集农业机械装备拥有量等管理统计和重要农时作业调度数据，加强农机作业安全在线监控和信息服务。加强国际、国内与农业科技创新主体、创新活动和创新产出等密切相关的农业科技创新大数据建设与集成整合，重点推进农业科技文献大数据、农业科学大数据、农业科研管理大数据等的集成治理。建设一批农民创业创新中心，开展农产品、农村工艺品、乡村旅游、民宿餐饮等在线展示和交易撮合，实时采集发布和精准推送农村劳动力就业创业信息。

四是建立农村人居环境智能监测体系。结合人居环境整治提升行动，开展摸底调查、定期监测，汇聚相关数据资源，建立农村人居环境数据库。建立秸秆、农膜、畜禽粪污等农业废弃物长期定点观测制度，研究推进农村水源地、规模化养殖场、农村生活垃圾处理点、农业废弃物处理站点远程监测。鼓励发展农村人居环境数据挖掘、商业分析等新型服务。引导农民积极参与农村人居环境网络监督，共同维护绿色生活环境。

五是建设乡村数字治理体系。推动“互联网＋”社区向农村延伸，提高村级综合服务信息化水平，逐步实现信息发布、民情收集、议事协

商、公共服务等村级事务网上运行。加快乡村规划管理信息化，推动乡村规划上图入库、在线查询、实时跟踪。推进农村基础设施建设、农村公共服务供给等在线管理。

24. 如何强化关键技术装备创新?

《数字农业农村发展规划（2019—2025 年）》指出，强化关键技术装备创新要做好以下四项工作：

一是加强关键共性技术攻关。瞄准农业农村现代化与乡村振兴战略的重大需求，重点攻克高品质、高精度、高可靠、低功耗农业生产环境和动植物生理体征专用传感器，从根本上解决数字农业高通量信息获取难题。突破农业大数据融汇治理技术、农业信息智能分析决策技术、云服务技术、农业知识智能推送和智能回答等新型知识服务技术，构建动植物生长信息获取及生产调控机理模型。突破农机装备专用传感器、农机导航及自动作业、精准作业和农机智能运维管理等关键装备技术，推进农机农艺和信息技术等集成研究与系统示范，实现农机作业信息感知、定量决策、智能控制、精准投入、个性服务。研发农产品质量安全快速分析检测与冷链物流技术，推进品质裂变检测、农产品自动化分级包装线、智能温控系统等应用。

二是强化战略性前沿性技术超前布局。面向世界科技前沿、国家重大需求和数字农业农村发展重点领域，制定数字农业技术发展路线图，重点突破数字农业农村领域基础技术、通用技术，超前布局前沿技术、颠覆性技术。建立长期任务委托和阶段性任务动态调整相结合的科技创新支持机制，加强农产品柔性加工、人工智能、虚拟现实、大数据认知分析等新技术基础研发和前沿布局，形成一系列数字农业战略技术储备和产品储备。建设支持前沿性技术攻关的学科体系和创新网络，强化产学研协同攻关，构筑支撑高端引领的先发优势。加快推进农业区块链大规模组网、链上链下数据协同等核心技术突破，加强农业区块链标准化研究，推动区块链技术在农业资源监测、质量安全溯源、农村金融保险、透明供应链等方面的创新应用。积极开展5G技术在农业领域的应用研究，建立健全5G引领的智慧农业技术体系。

三是强化技术集成应用与示范。聚焦重点地区、重点领域、重点品种，开展3S、智能感知、模型模拟、智能控制等技术及软硬件产品的集成应用和示范，熟化推广一批数字农业农村技术模式和典型范例。加强数字农业科技创新数据与平台集成与服务。加强数字农业农村标准体系建设，建立数据标准、数据接入与服务、软硬件接口等标准规范。

四是加快农业人工智能研发应用。实施农业机器人发展战略，研发适应性强、性价比高、智能决策的新一代农业机器人，加快标准化、产业化发展。开展核心关键技术和产品攻关，重点攻克运动控制、位置感知、机械手控制等关键技术。适应不同作物、不同作业环境，开发嫁接、扦插、移栽、耕地等普适性机器人及专用机器人。以畜牧生产高效自动化为目的，研制放牧、饲喂、挤奶、分级、诊断、搬运等自动作业辅助机器人。研制鱼群跟踪和投喂、疾病诊断等水下养殖机器人。加强无人机智能化集成与应用示范，重点攻克无人机视觉关键技术，推动单机智能化向集群智能化发展，研发人工智能搭载终端，实现实时农林植保、航拍、巡检、测产等功能。

25. 如何加强重大工程设施建设？

《数字农业农村发展规划（2019—2025年）》指出，要实施以下三项重大工程设施建设：

一是国家农业农村大数据中心建设工程。依据《国务院关于印发促进大数据发展行动纲要的通知》关于实施现代农业大数据工程的部署要求，搭建统一开放的国家农业农村大数据中心，实现数据资源共享、智能预警分析，提高农业农村领域管理服务能力和科学决策水平。国家农业农村云平台。围绕增强农业农村大数据和农业农村政务业务系统的计算存储能力，构建覆盖中央、省、市县农业农村部门的国家农业农村云。租赁利用社会公共云基础设施，构建农业农村大数据开放云，汇聚

各行业各领域专题数据。整合现有硬件资源，完善信息网络、服务器等设施设备，构建农业农村大数据专有云，存储核心业务数据。按照统一标准进行数据共享交汇、运算分析等，形成跨部门、跨区域、跨行业的农业农村数据汇聚枢纽。国家农业农村大数据平台。整合农业农村部门数据信息资源，提升集体资产监管、农业种质资源、农村宅基地等行业数据资源管理能力，汇聚农户和新型生产经营主体大数据、农业自然资源大数据、重要农业种质资源大数据、农村集体资产大数据、农村宅基地大数据，构建全国农业农村数据资源“一张图”。建设统一的数据汇聚治理和分析决策平台，实现数据监测预警、决策辅助、展示共享，为农业农村发展提供数据支撑。国家农业农村政务信息系统。根据国家政务信息化工程建设总体部署，按照“六统一”（用户管理、接入管理、资源管理、授权管理、流程管理、安全审计）要求，健全全球农业数据调查分析、渔港综合管理、农机化管理服务、农田建设综合监测监管、农业农村科研协同创新等数据支撑能力，构建统一的国家农业农村政务信息系统。建立政务信息系统建设标准规范体系、安全保障体系和运维管理体系，促进实现技术融合、数据融合、业务融合，为农业农村运行管理和科学决策提供支撑。

二是农业农村天空地一体化观测体系建设工程。按照中共中央办公厅、国务院办公厅印发的《关于创新体制机制推进农业绿色发展的意见》关于构建天空地数字农业管理系统的决策部署，建设天空地一体化的农业农村观测网络基础设施和应用体系，实现对农业生产和农村环境等全领域、全过程、全覆盖的实时动态观测。农业农村天基观测网络建设应用项目。利用国家空间基础设施现有和规划的遥感、导航、通信卫星资源以及各类商业卫星资源，发挥红边多光谱、宽幅高光谱和雷达等技术手段在农业农村观测中的优势，重点建设满足农业农村发展需求的新型遥感卫星及地面应用设施，与在轨运行的遥感卫星进行科学组网，形成农业遥感观测星座，构建农业天基网络，形成常规监测与快速响应的农业遥感观测能力。农业农村航空观测网络建设应用项目。围绕农业农村高精度调查、突发重大农业自然灾害应急监测等需求，重点建设国家中心和省级分中心组成的农业农村航空监测网络，购置长航时固定翼、高机动多旋翼等先进无人机平台，搭载专用多光谱、高光谱、激光雷达、太赫兹等新型遥感器，开发适合我国农业生产特点和不同地域需求的无人机导航飞控、作业监控、数据快速处理平台，提升区域高精度观测和快速应急响应能力。农业物联网观测网络建设应用项目。整合利用农业遥感监测地面网点县、农业物联网试验示范区（点）、农业科学观测试验（监测）站（点）、数字农业试点县、现代农业园区中的物联网数据采集设施，强化地面实时观测和数据采集能力，提高分析精度，形成全国统一的农业农村地面物联网数据调查体系。

三是国家数字农业农村创新工程。依据《数字乡村发展战略纲要》的决策部署，加快推进重要农产品全产业链大数据建设，打造数字农业农村综合服务平台。国家数字农业农村创新中心建设项目。为提升数字农业农村自主创新能力，围绕关键共性技术攻关、战略性前沿性技术超前布局、技术集成应用与示范、农业人工智能研发应用，建设数字农业集成、数字种植业、数字畜牧业、数字渔业、数字种业、数字农业装备等领域国家创新中心；围绕推进种植业管理信息化、畜牧业智能化、渔业智慧化、种业数字化、质量安全管控全程化，建设水稻、小麦、棉花、马铃薯等大田种植、设施园艺、果园、禽蛋类、生猪、肉牛羊类、奶牛、淡水养殖、近海养殖、海洋牧场、远洋捕捞、作物育种、动物育种、热带作物、质量安全追溯等领域专业分中心。完善专用设施和研发基地，开发技术攻关、装备研发和系统集成创新平台，推动数字技术和农业产业深度融合。重要农产品全产业链大数据建设项目。为提升生产经营决策科学化水平，引导市场预期，依托技术实力雄厚、处于行业领先和主导地位的机构，建设小麦、水稻、玉米、大豆、棉花、油菜籽、糖料蔗、花生、天然橡胶、苹果、柑橘、蔬菜、马铃薯、茶、肉鸡、禽蛋、生猪、羊、肉牛、奶牛、鱼、虾、蟹、贝及饲料、农资等单品种全产业链大数据，建立生产、加工、储运、销售、消费、贸易等环节的数

据清洗挖掘和分析服务模型，健全重要农产品市场和产业损害监测预警体系，开发提供生产情况、市场价格、供需平衡等服务产品。数字农业试点建设项目。为加强县域重要领域和关键环节数据资源建设，构建综合信息服务体系，全面推进数字技术的综合应用和集成示范，依托县级农业农村部门或其下属企事业单位，选择在数字化水平领先的粮食生产功能区、重要农产品生产保护区、特色农产品优势区、国家农业绿色发展先行区、国家现代农业示范区以及国家现代农业产业园所在县市，建设一批数字农业试点项目，全域推进种植业、畜牧业、渔业和质量安全监管等领域的数字化改造，探索可复制可推广的建设模式。

26. 如何提升农村公共服务水平？

2019 年中央 1 号文件指出，一要全面提升农村教育、医疗卫生、社会保障、养老、文化体育等公共服务水平，加快推进城乡基本公共服务均等化。二要推动城乡义务教育一体化发展，深入实施农村义务教育学生营养改善计划。实施高中阶段教育普及攻坚计划，加强农村儿童健康改善和早期教育、学前教育。三要加快标准化村卫生室建设，实施全科医生特岗计划。建立健全统一的城乡居民基本医疗保险制度，同步整合城乡居民大病保险。四要完善城乡居民基本养老保险待遇确定和基础养老金正常调整机制。五要统筹城乡社会救助体系，完善最低生活保障制度、优抚安置制度。六要加快推进农村基层综合性文化服务中心建设。七要完善农村留守儿童和妇女、老年人关爱服务体系，支持多层次农村养老事业发展，加强和改善农村残疾人服务。八要推动建立城乡统筹的基本公共服务经费投入机制，完善农村基本公共服务标准。

27. 如何加强基本公共服务县域统筹？

加快推进以县城为重要载体的城镇化建设。加强普惠性、基础性、兜底性民生建设，推动基本公共服务供给由注重机构行政区域覆盖向注重常住人口服务覆盖转变。实施新一轮学前教育行动计划，多渠道加快农村普惠性学前教育资源建设，办好特殊教育。扎实推进城乡学校共同体建设。深入推进紧密型县域医疗卫生共同体建设，实施医保按总额付费，加强监督考核，实现结余留用、合理超支分担。推动农村基层定点医疗机构医保信息化建设，强化智能监控全覆盖，加强医疗保障基金监管。落实对特殊困难群体参加城乡居民基本医保的分类资助政策。有条件的地方可提供村卫生室运行经费补助，分类落实村医养老保障、医保等社会保障待遇。提升县级敬老院失能照护能力和乡镇敬老院集中供养水平，鼓励在有条件的村庄开展日间照料、老年食堂等服务。加强乡镇便民服务和社会工作服务，实施村级综合服务设施提升工程。健全分层分类的社会救助体系，切实保障困难农民群众基本生活。健全基层党员、干部关爱联系制度，经常探访空巢老人、留守儿童、残疾人。完善未成年人关爱保护工作网络。

28. 如何优先发展农村教育事业，提高农村教育质量？

2018 年中央 1 号文件指出，要优先发展农村教育事业：一是高度重视发展农村义务教育，推动建立以城带乡、整体推进、城乡一体、均衡发展的义务教育发展机制。二是全面改善薄弱学校基本办学条件，加强寄宿制学校建设。三是实施农村义务教育学生营养改善计划。四是发展农村学前教育。五是推进农村普及高中阶段教育，支持教育基础薄弱县普通高中建设，加强职业教育，逐步分类推进中等职业教育免除学杂费。六是健全学生资助制度，使绝大多数农村新增劳动力接受高中阶段教育、更多接受高等教育。七是把农村需要的人群纳入特殊教育体系。八是以市县为单位，推动优质学校辐射农村薄弱学校常态化。九是统筹配置城乡师资，并向乡村倾斜，建好建强乡村教师队伍。

2020 年中央 1 号文件指出，要加强乡镇寄宿制学校建设，统筹乡村小规模学校布局，改善办学条件，提高教学质量。加强乡村教师队伍建设，全面推行义务教育阶段教师“县管校聘”，有计划安排县城学校教师到乡村支教。落实中小学教师平均工资收入水平不低于或高于当地

公务员平均工资收入水平政策，教师职称评聘向乡村学校教师倾斜，符合条件的乡村学校教师纳入当地政府住房保障体系。持续推进农村义务教育控辍保学专项行动，巩固义务教育普及成果。增加学位供给，有效解决农民工随迁子女上学问题。重视农村学前教育，多渠道增加普惠性学前教育资源供给。加强农村特殊教育。大力提升中西部地区乡村教师国家通用语言文字能力，加强贫困地区学前儿童普通话教育。扩大职业教育学校在农村招生规模，提高职业教育质量。

29. 如何加强农村社会保障体系建设？

2018 年中央 1 号文件指出，要加强农村社会保障体系建设：一是完善统一的城乡居民基本医疗保险制度和大病保险制度，做好农民重特大疾病救助工作。二是巩固城乡居民医保全国异地就医联网直接结算。三是完善城乡居民基本养老保险制度，建立城乡居民基本养老保险待遇确定和基础养老金标准正常调整机制。四是统筹城乡社会救助体系，完善最低生活保障制度，做好农村社会救助兜底工作。五是将进城落户农业转移人口全部纳入城镇住房保障体系。六是构建多层次农村养老保障体系，创新多元化照料服务模式。七是健全农村留守儿童和妇女、老年人以及困境儿童关爱服务体系。八是加强和改善农村残疾人服务。

2020 年中央 1 号文件指出，要适当提高城乡居民基本医疗保险财政补助和个人缴费标准。提高城乡居民基本医保、大病保险、医疗救助经办服务水平，地级市域范围内实现“一站式服务、一窗口办理、一单制结算”。加强农村低保对象动态精准管理，合理提高低保等社会救助水平。完善农村留守儿童和妇女、老年人关爱服务体系。发展农村互助式养老，多形式建设日间照料中心，改善失能老年人和重度残疾人护理服务。

30. 如何推进健康乡村建设？

2018 年中央 1 号文件指出，要推进健康乡村建设：一是强化农村公共卫生服务，加强慢性病综合防控，大力推进农村地区精神卫生、职业病和重大传染病防治。二是完善基本公共卫生服务项目补助政策，加强基层医疗卫生服务体系建设，支持乡镇卫生院和村卫生室改善条件。三是加强乡村中医药服务。四是开展和规范家庭医生签约服务，加强妇幼、老人、残疾人等重点人群健康服务。五是倡导优生优育。深入开展乡村爱国卫生运动。

31. 如何加强农村基层医疗卫生服务？

2020 年中央 1 号文件指出，要办好县级医院，推进标准化乡镇卫生院建设，改造提升村卫生室，消除医疗服务空白点。稳步推进紧密型县城医疗卫生共同体建设。加强乡村医生队伍建设，适当简化本科及以上学历医学毕业生或经住院医师规范化培训合格的全科医生招聘程序。对应聘到中西部地区和艰苦边远地区乡村工作的应届高校医学毕业生，给予大学期间学费补偿、国家助学贷款代偿。允许各地盘活用好基层卫生机构现有编制资源，乡镇卫生院可优先聘用符合条件的村医。加强基层疾病预防控制队伍建设，做好重大疾病和传染病防控。将农村适龄妇女宫颈癌和乳腺癌检查纳入基本公共卫生服务范围。

32. 如何进一步促进城乡融合？

《乡村振兴促进法》规定，各级人民政府应当协同推进乡村振兴战略和新型城镇化战略的实施，整体筹划城镇和乡村发展，科学有序统筹安排生态、农业、城镇等功能空间，优化城乡产业发展、基础设施、公共服务设施等布局，逐步健全全民覆盖、普惠共享、城乡一体的基本公共服务体系，加快县域城乡融合发展，促进农业高质高效、乡村宜居宜业、农民富裕富足。

县级人民政府和乡镇人民政府应当优化本行政区域内乡村发展布局，按照尊重农民意愿、方便群众生产生活、保持乡村功能和特色的原则，因地制宜安排村庄布局，依法编制村庄规划，分类有序推进村庄建

设，严格规范村庄撤并，严禁违背农民意愿、违反法定程序撤并村庄。

县级以上地方人民政府应当统筹规划、建设、管护城乡道路以及垃圾污水处理、供水供电供气、物流、客运、信息通信、广播电视、消防、防灾减灾等公共基础设施和新型基础设施，推动城乡基础设施互联互通，保障乡村发展能源需求，保障农村饮用水安全，满足农民生产生活需要。

国家发展农村社会事业，促进公共教育、医疗卫生、社会保障等资源向农村倾斜，提升乡村基本公共服务水平，推进城乡基本公共服务均等化。国家健全乡村便民服务体系，提升乡村公共服务数字化智能化水平，支持完善村级综合服务设施和综合信息平台，培育服务机构和服务类社会组织，完善服务运行机制，促进公共服务与自我服务有效衔接，增强生产生活服务功能。

国家完善城乡统筹的社会保障制度，建立健全保障机制，支持乡村提高社会保障管理服务水平；建立健全城乡居民基本养老保险待遇确定和基础养老金标准正常调整机制，确保城乡居民基本养老保险待遇随经济社会发展逐步提高。国家支持农民按照规定参加城乡居民基本养老保险、基本医疗保险，鼓励具备条件的灵活就业人员和农业产业化从业人员参加职工基本养老保险、职工基本医疗保险等社会保险。国家推进城乡最低生活保障制度统筹发展，提高农村特困人员供养等社会救助水平，加强对农村留守儿童、妇女和老年人以及残疾人、困境儿童的关爱服务，支持发展农村普惠型养老服务和互助性养老。

国家推动形成平等竞争、规范有序、城乡统一的人力资源市场，健全城乡均等的公共就业创业服务制度。县级以上地方人民政府应当采取措施促进在城镇稳定就业和生活的农民自愿有序进城落户，不得以退出土地承包经营权、宅基地使用权、集体收益分配权等作为农民进城落户的条件；推进取得居住证的农民及其随迁家属享受城镇基本公共服务。国家鼓励社会资本到乡村发展与农民利益联结型项目，鼓励城市居民到乡村旅游、休闲度假、养生养老等，但不得破坏乡村生态环境，不得损害农村集体经济组织及其成员的合法权益。

县级以上人民政府应当采取措施促进城乡产业协同发展，在保障农民主体地位的基础上健全联农带农激励机制，实现乡村经济多元化和农业全产业链发展。

各级人民政府及其有关部门应当采取措施鼓励农民进城务工，全面落实城乡劳动者平等就业、同工同酬，依法保障农民工工资支付和社会保障权益。

33. 如何加快县域内城乡融合发展？

2021 年中央 1 号文件指出，加快县域内城乡融合发展，需要推进以人为核心的新型城镇化，促进大中小城市和小城镇协调发展。需要把县域作为城乡融合发展的重要切入点，强化统筹谋划和顶层设计，破除城乡分割的体制弊端，加快打通城乡要素平等交换、双向流动的制度性通道。需要统筹县域产业、基础设施、公共服务、基本农田、生态保护、城镇开发、村落分布等空间布局，强化县城综合服务能力，把乡镇建设成为服务农民的区域中心，实现县乡村功能衔接互补。需要壮大县域经济，承接适宜产业转移，培育支柱产业。需要加快小城镇发展，完善基础设施和公共服务，发挥小城镇连接城市、服务乡村作用。需要推进以县城为重要载体的城镇化建设，有条件的地区按照小城市标准建设县城。需要积极推进扩权强镇，规划建设一批重点镇。开展乡村全域土地综合整治试点。需要推动在县域就业的农民工就地市民化，增加适应进城农民刚性需求的住房供给。需要鼓励地方建设返乡入乡创业园和孵化实训基地。

34. 如何建立健全有利于城乡要素合理配置的体制机制？

中共中央、国务院印发的《建立健全城乡融合发展体制机制和政策体系的意见》指出，建立健全有利于城乡要素合理配置的体制机制，就要坚决破除妨碍城乡要素自由流动和平等交换的体制机制壁垒，促进各

类要素更多向乡村流动，在乡村形成人才、土地、资金、产业、信息汇聚的良性循环，为乡村振兴注入新动能。

第一，健全农业转移人口市民化机制。有力有序有效深化户籍制度改革，放开放宽除个别超大城市外的城市落户限制。加快实现城镇基本公共服务常住人口全覆盖。以城市群为主体形态促进大中小城市和小城镇协调发展，增强中小城市人口承载力和吸引力。建立健全由政府、企业、个人共同参与的农业转移人口市民化成本分担机制，全面落实支持农业转移人口市民化的财政政策、城镇建设用地增加规模与吸纳农业转移人口落户数量挂钩政策，以及中央预算内投资安排向吸纳农业转移人口落户数量较多的城镇倾斜政策。维护进城落户农民土地承包权、宅基地使用权、集体收益分配权，支持引导其依法自愿有偿转让上述权益。提升城市包容性，推动农民工特别是新生代农民工融入城市。

第二，建立城市人才入乡激励机制。制定财政、金融、社会保障等激励政策，吸引各类人才返乡入乡创业。鼓励原籍普通高校和职业院校毕业生、外出农民工及经商人员回乡创业兴业。推进大学生村官与选调生工作衔接，鼓励引导高校毕业生到村任职、扎根基层、发挥作用。建立选派第一书记工作长效机制。建立城乡人才合作交流机制，探索通过岗编适度分离等多种方式，推进城市教科文卫体等工作人员定期服务乡村。推动职称评定、工资待遇等向乡村教师、医生倾斜，优化乡村教师、医生中高级岗位结构比例。引导规划、建筑、园林等设计人员入乡。允许农村集体经济组织探索人才加入机制，吸引人才、留住人才。

第三，改革完善农村承包地制度。保持农村土地承包关系稳定并长久不变，落实第二轮土地承包到期后再延长 30 年政策。加快完成农村承包地确权登记颁证。完善农村承包地“三权分置”制度，在依法保护集体所有权和农户承包权前提下，平等保护并进一步放活土地经营权。健全土地流转规范管理制度，强化规模经营管理服务，允许土地经营权入股从事农业产业化经营。

第四，稳慎改革农村宅基地制度。加快完成房地一体的宅基地使用权确权登记颁证。探索宅基地所有权、资格权、使用权“三权分置”，落实宅基地集体所有权，保障宅基地农户资格权和农民房屋财产权，适度放活宅基地和农民房屋使用权。鼓励农村集体经济组织及其成员盘活利用闲置宅基地和闲置房屋。在符合规划、用途管制和尊重农民意愿前提下，允许县级政府优化村庄用地布局，有效利用乡村零星分散存量建设用地。推动各地制定省内统一的宅基地面积标准，探索对增量宅基地实行集约有奖、对存量宅基地实行退出有偿。

第五，建立集体经营性建设用地入市制度。加快完成农村集体建设用地使用权确权登记颁证。按照国家统一部署，在符合国土空间规划、用途管制和依法取得前提下，允许农村集体经营性建设用地入市，允许就地入市或异地调整入市；允许村集体在农民自愿前提下，依法把有偿收回的闲置宅基地、废弃的集体公益性建设用地转变为集体经营性建设用地入市；推动城中村、城边村、村级工业园等可连片开发区域土地依法合规整治入市；推进集体经营性建设用地使用权和地上建筑物所有权房地一体、分割转让。完善农村土地征收制度，缩小征地范围，规范征地程序，维护被征地农民和农民集体权益。

第六，健全财政投入保障机制。鼓励各级财政支持城乡融合发展及相关平台和载体建设，发挥财政资金四两拨千斤作用，撬动更多社会资金投入。建立涉农资金统筹整合长效机制，提高资金配置效率。调整土地出让收入使用范围，提高农业农村投入比例。支持地方政府在债务风险可控前提下发行政府债券，用于城乡融合公益性项目。

第七，完善乡村金融服务体系。加强乡村信用环境建设，推动农村信用社和农商行回归本源，改革村镇银行培育发展模式，创新中小银行和地方银行金融产品提供机制，加大开发性和政策性金融支持力度。依法合规开展农村集体经营性建设用地使用权、农民房屋财产权、集体林权抵押融资，以及承包地经营权、集体资产股权等担保融资。实现已入市集体土地与国有土地在资本市场同地同权。建立健全农业信贷担保体系，鼓励有条件有需求的地区按市场化方式设立担保机构。加快完善农

业保险制度，推动政策性保险扩面、增品、提标，降低农户生产经营风险。支持通过市场化方式设立城乡融合发展基金，引导社会资本培育一批国家城乡融合典型项目。完善农村金融风险防范处置机制。

第八，建立工商资本入乡促进机制。深化“放管服”改革，强化法律规划政策指导和诚信建设，打造法治化便利化基层营商环境，稳定市场主体预期，引导工商资本为城乡融合发展提供资金、产业、技术等支持。完善融资贷款和配套设施建设补助等政策，鼓励工商资本投资适合产业化规模化集约化经营的农业领域。通过政府购买服务等方式，支持社会力量进入乡村生活性服务业。支持城市搭建城中村改造合作平台，探索在政府引导下工商资本与村集体合作共赢模式，发展壮大村级集体经济。建立工商资本租赁农地监管和风险防范机制，严守耕地保护红线，确保农地农用，防止农村集体产权和农民合法利益受到侵害。

第九，建立科技成果入乡转化机制。健全涉农技术创新市场导向机制和产学研用合作机制，鼓励创建技术转移机构和技术服务网络，建立科研人员到乡村兼职和离岗创业制度，探索其在涉农企业技术入股、兼职兼薪机制。建立健全农业科研成果产权制度，赋予科研人员科技成果所有权。发挥政府引导推动作用，建立有利于涉农科研成果转化推广的激励机制与利益分享机制。探索公益性和经营性农技推广融合发展机制，允许农技人员通过提供增值服务合理取酬。

35. 如何建立健全有利于城乡基本公共服务普惠共享的体制机制？

《建立健全城乡融合发展体制机制和政策体系的意见》指出，建立健全有利于城乡基本公共服务普惠共享的体制机制，就要推动公共服务向农村延伸、社会事业向农村覆盖，健全全民覆盖、普惠共享、城乡一体的基本公共服务体系，推进城乡基本公共服务标准统一、制度并轨。

第一，建立城乡教育资源均衡配置机制。优先发展农村教育事业，建立以城带乡、整体推进、城乡一体、均衡发展的义务教育发展机制。

鼓励省级政府建立统筹规划、统一选拔的乡村教师补充机制，为乡村学校输送优秀高校毕业生。推动教师资源向乡村倾斜，通过稳步提高待遇等措施增强乡村教师岗位吸引力。实行义务教育学校教师“县管校聘”，推行县域内校长教师交流轮岗和城乡教育联合体模式。完善教育信息化发展机制，推动优质教育资源城乡共享。多渠道增加乡村普惠性学前教育资源，推行城乡义务教育学校标准化建设，加强寄宿制学校建设。

第二，健全乡村医疗卫生服务体系。建立和完善相关政策制度，增加基层医务人员岗位吸引力，加强乡村医疗卫生人才队伍建设。改善乡镇卫生院和村卫生室条件，因地制宜建立完善医疗废物收集转运体系，提高慢性病、职业病、地方病和重大传染病防治能力，加强精神卫生工作，倡导优生优育。健全网络化服务运行机制，鼓励县医院与乡镇卫生院建立县域医共体，鼓励城市大医院与县医院建立对口帮扶、巡回医疗和远程医疗机制。全面建立分级诊疗制度，实行差别化医保支付政策。因地制宜建立完善全民健身服务体系。

第三，健全城乡公共文化服务体系。统筹城乡公共文化设施布局、服务提供、队伍建设，推动文化资源重点向乡村倾斜，提高服务的覆盖面和适用性。推行公共文化服务参与式管理模式，建立城乡居民评价与反馈机制，引导居民参与公共文化服务项目规划、建设、管理和监督，推动服务项目与居民需求有效对接。支持乡村民间文化团体开展符合乡村特点的文化活动。推动公共文化服务社会化发展，鼓励社会力量参与。建立文化结对帮扶机制，推动文化工作者和志愿者等投身乡村文化建设。划定乡村建设的历史文化保护线，保护好农业遗迹、文物古迹、民族村寨、传统村落、传统建筑和灌溉工程遗产，推动非物质文化遗产活态传承。发挥风俗习惯、村规民约等优秀传统文化基因的重要作用。

第四，完善城乡统一的社会保险制度。完善统一的城乡居民基本医疗保险、大病保险和基本养老保险制度。巩固医保全国异地就医联网直接结算。建立完善城乡居民基本养老保险待遇确定和基础养老金正常调整机制。做好社会保险关系转移接续工作，建立以国家政务服务平台为

统一入口的社会保险公共服务平台。构建多层次农村养老保障体系，创新多元化照料服务模式。

第五，统筹城乡社会救助体系。做好城乡社会救助兜底工作，织密兜牢困难群众基本生活安全网。推进低保制度城乡统筹，健全低保标准动态调整机制，确保动态管理下应保尽保。全面实施特困人员救助供养制度，提高托底保障能力和服务质量。做好困难农民重特大疾病救助工作。健全农村留守儿童和妇女、老年人关爱服务体系。健全困境儿童保障工作体系，完善残疾人福利制度和服务体系。改革人身损害赔偿制度，统一城乡居民赔偿标准。

第六，建立健全乡村治理机制。建立健全党组织领导的自治、法治、德治相结合的乡村治理体系，发挥群众参与治理主体作用，增强乡村治理能力。强化农村基层党组织领导作用，全面推行村党组织书记通过法定程序担任村委会主任和村级集体经济组织、合作经济组织负责人，健全以财政投入为主的稳定的村级组织运转经费保障机制。加强农村新型经济组织和社会组织的党建工作，引导其坚持为农村服务。加强自治组织规范化制度化建设，健全村级议事协商制度。打造一门式办理、一站式服务、线上线下结合的村级综合服务平台，完善网格化管理体系和乡村便民服务体系。

36. 如何建立健全有利于城乡基础设施一体化发展的体制机制？

《建立健全城乡融合发展体制机制和政策体系的意见》指出，建立健全有利于城乡基础设施一体化发展的体制机制，就要把公共基础设施建设重点放在乡村，坚持先建机制、后建工程，加快推动乡村基础设施提档升级，实现城乡基础设施统一规划、统一建设、统一管护。

第一，建立城乡基础设施一体化规划机制。以市县域为整体，统筹规划城乡基础设施，统筹布局道路、供水、供电、信息、广播电视、防洪和垃圾污水处理等设施。统筹规划重要市政公用设施，推动向城市郊区乡村和规模较大中心镇延伸。推动城乡路网一体规划设计，畅通城乡交通运输连接，加快实现县乡村（户）道路联通、城乡道路客运一体化，完善道路安全防范措施。统筹规划城乡污染物收运处置体系，严防城市污染上山下乡，因地制宜统筹处理城乡垃圾污水，加快建立乡村生态环境保护和美丽乡村建设长效机制。加强城乡公共安全视频监控规划、建设和联网应用，统一技术规范、基础数据和数据开放标准。

第二，健全城乡基础设施一体化建设机制。明确乡村基础设施的公共产品定位，构建事权清晰、权责一致、中央支持、省级统筹、市县负责的城乡基础设施一体化建设机制。健全分级分类投入机制，对乡村道路、水利、渡口、公交和邮政等公益性强、经济性差的设施，建设投入以政府为主；对乡村供水、垃圾污水处理和农贸市场等有一定经济收益的设施，政府加大投入力度，积极引入社会资本，并引导农民投入；对乡村供电、电信和物流等经营性为主的设施，建设投入以企业为主。支持有条件的地方政府将城乡基础设施项目整体打包，实行一体化开发建设。

第三，建立城乡基础设施一体化管护机制。合理确定城乡基础设施统一管护运行模式，健全有利于基础设施长期发挥效益的体制机制。对城乡道路等公益性设施，管护和运行投入纳入一般公共财政预算。明确乡村基础设施产权归属，由产权所有者建立管护制度，落实管护责任。以政府购买服务等方式引入专业化企业，提高管护市场化程度。推进城市基础设施建设运营事业单位改革，建立独立核算、自主经营的企业化管理模式，更好行使城乡基础设施管护责任。

37. 如何建立健全有利于农民收入持续增长的体制机制？

《建立健全城乡融合发展体制机制和政策体系的意见》指出，建立健全有利于农民收入持续增长的体制机制，就要拓宽农民增收渠道，促进农民收入持续增长，持续缩小城乡居民生活水平差距。

第一，完善促进农民工资性收入增长环境。推动形成平等竞争、规

范有序、城乡统一的劳动力市场，统筹推进农村劳动力转移就业和就地创业就业。规范招工用人制度，消除一切就业歧视，健全农民工劳动权益保护机制，落实农民工与城镇职工平等就业制度。健全城乡均等的公共就业创业服务制度，努力增加就业岗位和创业机会。提高新生代农民工职业技能培训的针对性和有效性，健全农民工输出输入地劳务对接机制。

第二，健全农民经营性收入增长机制。完善财税、信贷、保险、用地等政策，加强职业农民培训，培育发展新型农业经营主体。建立农产品优质优价正向激励机制，支持新型经营主体发展“三品一标”农产品、打造区域公用品牌，提高产品档次和附加值。引导龙头企业与农民共建农业产业化联合体，让农民分享加工销售环节收益。完善企业与农民利益联结机制，引导农户自愿以土地经营权等入股企业，通过利润返还、保底分红、股份合作等多种形式，拓宽农民增收渠道。促进小农户和现代农业发展有机衔接，突出抓好农民合作社和家庭农场两类农业经营主体发展，培育专业化市场化服务组织，帮助小农户节本增收。

第三，建立农民财产性收入增长机制。以市场化改革为导向，深化农村集体产权制度改革，推动资源变资产、资金变股金、农民变股东。加快完成农村集体资产清产核资，把所有权确权到不同层级的农村集体经济组织成员集体。加快推进经营性资产股份合作制改革，将农村集体经营性资产以股份或者份额形式量化到本集体成员。对财政资金投入农业农村形成的经营性资产，鼓励各地探索将其折股量化到集体经济组织成员。创新农村集体经济运行机制，探索混合经营等多种实现形式，确保集体资产保值增值和农民收益。完善农村集体产权权能，完善农民对集体资产股份占有、收益、有偿退出及担保、继承权。

第四，强化农民转移性收入保障机制。履行好政府再分配调节职能，完善对农民直接补贴政策，健全生产者补贴制度，逐步扩大覆盖范围。在统筹整合涉农资金基础上，探索建立普惠性农民补贴长效机制。创新涉农财政性建设资金使用方式，支持符合条件的农业产业化规模化项目。

第五，强化打赢脱贫攻坚战体制机制。坚持精准扶贫、精准脱贫，进一步完善中央统筹、省负总责、市县抓落实的工作机制，采取更加有力的举措、更加集中的支持、更加精细的工作，着力提高脱贫质量。改进帮扶方式方法，更多采用生产奖补、劳务补助、以工代赈等机制，推动贫困群众通过自己的辛勤劳动脱贫致富。对完全或部分丧失劳动能力的特殊贫困人口，综合实施保障性扶贫政策。聚焦深度贫困地区，以解决突出制约问题为重点，以重大扶贫工程和到村到户帮扶为抓手，加大政策倾斜和扶贫资金整合力度，着力改善发展条件，增强贫困农户发展能力。

深度阅读

智慧农业赋能乡村振兴的意义、挑战与实现路径

来源：《人民论坛》2022 年 03（上）（中）合并版，总第 732 期

智慧农业是集大数据、移动互联网、物联网、云计算为一体的一种高效、优质、低耗的精准生产模式。《中共中央关于制定国民经济和社会发展第十四个五年规划和二〇三五年远景目标的建议》中指出，要把建设智慧农业作为“十四五”时期以及面向 2035 年提高农业质量效益与竞争力的重要内容。2022 年中央 1 号文件又提到要大力推进数字乡村建设，推进智慧农业发展，促进信息技术与农机农艺融合应用，拓宽农业农村大数据应用场景。事实上，智慧农业的发展不仅是农业技术升级迭代的过程，更是我国资源性、生态性产业实现要素、技术、产品等可控的关键一环，智慧农业无疑会成为未来农业的发展趋势。当前正值“十四五”规划的开局之际，全面建成小康社会后，乡村振兴迈上新台阶。让智慧农业为农村现代化插上翅膀，积极发挥网络数据优势，为乡村振兴战略服务，还需要对其整体发展状况进行科学分析与精准把脉。

智慧农业赋能乡村振兴的意义

智慧农业激发产业振兴活力。产业振兴是乡村振兴的重要基础，智慧农业通过作用于产业发展过程来激发产业振兴的活力。首先，智慧农业最直接的作用是能够运用大数据和反馈机制打通各个环节的信息渠道，高效率地匹配市场供需，进而使农民或农业企业有针对性地制定生产销售计划。其次，智慧农业提升了精细化和高效化的作业水平，有利于农业产业的改造升级。生产领域内，智能化的管理客观上节约了人力成本、优化了工艺流程、提高了产品质量；经营领域内，建立在现代信息技术上的智慧农业不受时空限制，间接促成了农产品产供销一体化的经营模式，使农业企业的品牌化意识不断加强；服务领域内，智慧农业的发展解决了“农业信息最后一公里服务难”的问题，大大提高了决策管理水平。最后，智慧农业推动了农业新业态的发展，无人机植保、农机自动驾驶、农村电子商务的推广，能够更合理地配置整个农业产业链的有限资源，提升农业全产业链的价值。

智慧农业带来人才振兴机遇。人才振兴是乡村振兴的重要支撑，智慧农业将现代化技术、理念应用于传统产业，间接通过学习资源共享为人才振兴带来机遇。在大数据背景下，智慧农业与“互联网＋专家”模式的配合，可以实现远程信息分析和技术异地指导，在提高工作效率的同时缓解乡村自身人才短缺问题。还可以帮助收集海量农业人才信息，分析其就业意向和工作期望，通过双向选择破解农村人才引进难、留住难的局面。除此之外，“政产学研商”多位一体的智慧农业要求农业生产者向管理者转型，培养一批知识结构搭配合理的高素质农民，一些数字化技术和信息资源的共享，可以大大降低培养成本，为人才振兴提供更广阔的平台。

智慧农业打下生态振兴基础。生态振兴是美丽乡村建设的重要内容，是人民群众的共同愿景。智慧农业在应用过程中通过改善生态环境、推动农业绿色发展为生态振兴打下基础。在技术层面，智慧农业能够借助卫星搭载高精度感知设备实时监测水、大气、土壤等环境因素的标准化水平，还能够借助智能设备检测农药残留等是否符合绿色产品的质量要求，既确保了整个环境符合生产要求，又保证了人们“舌尖上的安全”。在管理层面，智慧农业能够在充分考虑精细化生产、节水灌溉、废弃物利用等方面的基础上，引导农户进行科学的生产决策规划，促进水土资源高效利用的同时兼顾农业生态保护修复，为乡村生态振兴打好基础、做好铺垫。

智慧农业带动农民脱贫致富。乡村振兴的最终目标是实现农业强、农村美、农民富，智慧农业通过科学技术、大数据与农业结合指导农民种植养殖，能够改变“靠天吃饭”和散乱无序的低效状态，带动农民脱贫致富。一方面，智慧农业可以依托不同区域内的自然禀赋，“量身定制”专业化、接地气的特色产业，再以“互联网+”形式带动“一村一品、一镇一业”的发展。另一方面，智慧农业推动了农业生产的集约化、规模化、工厂化、全程可追溯化与虚拟可视化，不仅改变了传统农业中单一农户难以应对自然风险的现状，还极大降低了农业生产中人为因素的不确定性，有效帮助农民减少了劳动力成本及生产资料成本，保障农民长期稳定增收。

智慧农业赋能乡村振兴面临的挑战

智慧农业尚处于起步阶段，精细化的政策引导还不完善。目前我国的智慧农业主要是由政府主导推行试点示范，多数地区还处于起步阶段，缺少成熟的市场运行模式。尽管多年来“互联网+”“智慧农业”“大数据”等提法多次出现在国家或地方的政策文件中，但智慧农业与乡村振兴结合在因势利导、经验吸收、阶段特点等方面的精细规划还不完善，涉及的财政支持、平台建设等也需要进一步加强。《2020全国县域数字农业农村发展水平评价报告》显示，我国县域数字农业农村建设的财政投入仅占全国农林水财政支出的0.8%，难以支撑智慧农业的长远发展。

数据采集与整合程度较低，信息管理体系有待健全。智慧农业在任何应用场景都离不开数据支撑，我国是农业大国，各类资源信息、生产信息、市场信息等丰富多样，然而这些相关数据的收集整理却成为当前智慧农业赋能乡村振兴面临的最大挑战。依靠调查、访谈、普查等方式获取的农业数据范围不够广泛，也缺乏细化的深入整合，导致其权威性、完整性、一致性和时效性仍较低。具体来看，种植业占农业种类的比重最大，目前还没有一套规范的数据信息管理规章制度；林业的生态系统较为复杂，数据更新的动态管理更是困难；畜牧业的市场因素波动较大，采集到的数据信息在加工分享时容易与实际利用脱节。

硬件与软件技术发展滞后，创新性农商模式有待拓展。在硬件方面，传感器是智慧农业数据获取的“神经末梢”，我国自主研发的农业传感器灵敏度较差、稳定性较低，大部分的核心元件仍依赖进口、受制于人。在软件方面，尤其是在决策分析的模型和算法上，我国智慧农业与世界先进水平还有较大差距，大量照搬使用国外开发的软件和算法，又会因为环境条件等差异造成难以兼容或适用的问题。此外，我国绝大部分智慧农业的项目主要依靠政府支持，而乡村振兴“造血式”的发展亟须市场机制介入，创新性地拓展现有农商模式，从而激发更多内生动力来解决农村发展的实际问题。

人才匮乏加之劳动者参与不足，智慧农业集成应用能力偏低。人才作为连接技术与应用的桥梁，是推动现代社会发展的重要动力。一方面，当前农业大数据人才、农业经营管理与信息化复合型人才以及能够操作现代生产设备的农村高素质人才的大量短缺，必然会限制智慧农业的集成应用。另一方面，智慧农业应用本身面临较高的知识门槛，而我国农民整体受教育程度不高，对新事物的接受能力较低，且由于建设和维护资金较多，导致农业劳动者的参与程度也不高。往往仅是部分农业合作社、家庭农场、农业企业等新型经营主体作为主力，多数小农户只能望而却步。

智慧农业赋能乡村振兴的实现路径

科学制定智慧农业发展规划，有效对接乡村振兴的战略需求。国家层面要对标乡村振兴的总要求，结合智慧农业发展的市场导向、问题导向、消费导向，制定智慧农业赋能乡村振兴的整体发展策略。地方政府则应在充分考虑本区域资源条件、农业发展特点的基础上进行精细化拓展，明确相关目标、思路、重点及所需保障等，使整个赋能过程有据可循。各部门要联动提高政策规划的落实效率，不仅涉及农业方面，还包括基础建设、公共安全等多个领域。可以在国家层面建立跨部门、跨领域的决策咨询和协调机构，为不同发展层次的地区提供针对性、差异性引导，形成全国统筹布局、部门联动推进、省市分类指导的智慧农业赋能乡村振兴新格局。

完善基础农业数据和共享平台，建立规范化的信息管理体系。首先，要整合现有数据资源，加快构建包括农村权属、农业资源、生产管理、机械设备、市场信息等的基础数据库。其次，要进一步推动免费物联网应用和大数据平台建设，可以通过补偿激励手段促进部门、地区和行业间信息交流、学习借鉴，推动跨部门、跨地区、跨行业的农业数据的收集、共享和利用，以合作方式深度挖掘数字信息的促农效应。最后，要对现有智慧农业的数据信息进行规范化管理，从在线到离线都要有专门的规章制度和责任落实机制，必要时还可以推出一套从数据采集到发布再到使用的立法管理体系，同时确保数据使用的灵活性和高效性。

培养农业科技人才和高素质农民，夯实智慧农业发展的智力基础。2022 年中央 1 号文件也提到要加强农民数字素养与技能培训。鉴于智慧农业发展对跨学科复合型人才需求较高，一是可以由当地政府牵头，推动农业类高等院校及职业院校开设智慧农业课程和建立实习平台，并支持其与企事业单位合作，定向培养无偿惠农人才。二是可以通过直接补贴或减免部分个人所得税的形式提高智慧农业人才的薪资待遇，完善

农业人才引进和流动机制，鼓励应用型人才“沉下去”，为进一步开展基层推广示范工作提供人才支撑。三是深入开展新型职业农民、农村信息专员培训工程及农村实用人才带头人素质提升计划，设计喜闻乐见的方式和内容，促进传统农民向符合智慧农业发展要求的“新农人”转型。

加快智慧农业创新和应用转化，健全知识产权保护及法律保障。第一，要加大自主研发投入力度，强化集成创新，重点支持农业传感器、人工智能、智慧物流等共性核心技术的突破，避免关键领域被“一剑封喉”。第二，要积极探索智慧农业赋能乡村振兴的应用场景，打造内容丰富、种类多样、载体多元的信息服务产品，将区块链等新兴技术转化为商业价值。第三，深化农业知识产权改革，抓好智慧农业发展的法律法规建设，这也是衡量行业发展完善程度的一个重要指标。要有明确的研发、应用及市场运行规则，将有违规行为的个人和企业一并列入诚信档案，提高违法代价，为智慧农业发展营造公平稳定的外部环境。

加强智慧农业宣传指导和示范引领，带动社会力量广泛参与。智慧农业赋能乡村振兴的任务重、时间长、涉及主体广，要在政府主导下，鼓励各类主体积极参与进来，形成建设合力。对广大农民而言，要搭建多渠道的农业信息服务平台，及时发布智慧农业和技术指导信息，再联合各新媒体平台开辟实时推送专栏，当其看到智慧农业带来的红利时，就会更容易接受和参与进来。对农业企业和其他社会主体而言，要充分发挥政府投资的杠杆撬动作用，探索建立智慧农业发展示范区，加大智慧农业的财政支持及贷款、税收等优惠力度，在加强刚性约束管理的前提下，引导农业企业和社会资本投向智慧农业建设，实现合作共赢。

（作者：东北农业大学经济管理学院教授、博导崔宁波；
东北农业大学经济管理学院硕士研究生生世玉对本文亦有贡献）

第七章 加强农村基层组织建设改进乡村治理

农村基层党组织是党的细胞，是党的农村工作的领导核心。改革开放以来，我国农村发生了巨大变化，党在农村的基层组织建设也不断得到加强，取得了显著成绩。但随着农村社会的不断变化和市场经济的发展，农村基层党组织也遇到了一些新情况、新问题。比如，个别基层党组织领导核心作用不强，对党的路线方针政策理解不充分，对涉农政策宣传不及时、不全面；基层党组织一些成员制度观念淡薄；部分基层党组织制度建设有待完善；个别基层党组织带头人忙于行政事务或受能力水平所限，对党组织建设不够重视；部分基层党员干部素质不高。为加强农村基层组织建设，改进乡村治理，应做好加强基层队伍建设，激发组织生机活力；强化基层治理能力，筑牢战斗堡垒防线；乡村建设基层落实，乡村发展科学规划等方面。

1. 如何健全乡村治理工作体系？

2020年中央1号文件指出，要坚持县乡村联动，推动社会治理和服务重心向基层下移，把更多资源下沉到乡镇和村，提高乡村治理效能。县级是“一线指挥部”，要加强统筹谋划，落实领导责任，强化大抓基层的工作导向，增强群众工作本领。建立县级领导干部和县直部门主要负责人包村制度。乡镇是为农服务中心，要加强管理服务，整合审批、服务、执法等方面力量，建立健全统一管理服务平台，实现一站式办理。充实农村人居环境整治、宅基地管理、集体资产管理、民生保障、社会服务等工作力量。行政村是基本治理单元，要强化自我管理、自我服务、自我教育、自我监督，健全基层民主制度，完善村规民约，推进村民自治制度化、规范化、程序化。扎实开展自治、法治、德治相结合的乡村治理体系建设试点示范，推广乡村治理创新性典型案例经验。注重发挥家庭家教家风在乡村治理中的重要作用。

2. 如何增强乡村治理能力，探索创新治理方式？

2019年中央1号文件指出，增强乡村治理能力，一要建立健全党组织领导的自治、法治、德治相结合的领导体制和工作机制，发挥群众参与治理主体作用。二要开展乡村治理体系建设试点和乡村治理示范村镇创建。三要加强自治组织规范化制度化建设，健全村级议事协商制度，推进村级事务公开，加强村级权力有效监督。四要指导农村普遍制定或修订村规民约。五要推进农村基层依法治理，建立健全公共法律服务体系。六要加强农业综合执法。

3. 如何突出实效改进乡村治理？河北省2022年如何做？

2022年中央1号文件指出，突出实效改进乡村治理，一是要加强农村基层组织建设。二是要创新农村精神文明建设有效平台载体。三是要切实维护农村社会平安稳定。

2022年河北省1号文件指出，切实加强乡村治理，一是要加强农村基层组织建设。强化县级党委抓乡促村职责，深入开展“抓党建、迎冬奥、防疫情、惠民生、保安全、促发展”活动。加强乡镇、村集中换届后领导班子建设，开展农村基层干部“万人示范培训”。发挥驻村第一书记和工作队抓党建促乡村振兴作用。严把农村发展党员关口，持续整顿软弱涣散村党组织。深入开展市县巡察，强化基层监督，加强基层纪检监察组织和村务监督委员会的沟通协作、有效衔接，强化对村干部的监督。健全“五位一体”村级组织体系，完善村级重要事项、重大问题经村党组织研究讨论机制，全面落实“四议两公开”制度，开展村级议事协商创新实验。深化乡村治理体系建设试点示范。推广村级组织依法自治事项、依法协助政府工作事项等清单制，规范村级组织机构牌子和证明事项，推行村级基础信息统计“一张表”制度，减轻村级组织负担。二是要加强农村精神文明建设。依托新时代文明实践中心、县级融媒体中心等平台开展对象化分众化宣传教育，弘扬和践行社会主义核心价值观。在乡村创新开展“听党话、感党恩、跟党走”宣传教育活动。启动实施文化产业赋能乡村振兴计划。加强农村基层综合文化服务中心建设。推广积分制等治理方式，有效发挥村规民约、家庭家教家风作用，推进农村婚俗改革试点和殡葬习俗改革，开展高价彩礼、大操大办等移风易俗领域突出问题专项治理。三是要推进更高水平的平安法治乡村建设。巩固充实乡村人民调解组织队伍，构建一站式多元化矛盾纠纷化解机制。常态化开展扫黑除恶斗争和“一案三查”，持续打击“村霸”。防范黑恶势力、家族宗族势力等对农村基层政权的侵蚀和影响。依法严厉打击农村黄赌毒和侵害农村妇女儿童人身权利的违法犯罪行为。完善“综治中心＋网格化＋信息化”的农村治安防控网，创建一批“枫桥式公安派出所”“枫桥式人民法庭”。推进应急管理与乡村治理资源整合，加快农村应急广播主动发布终端建设。开展农村交通、消防、

安全生产、自然灾害、食品药品安全等领域风险隐患排查和专项治理，依法严厉打击农村制售假冒伪劣农资、非法集资、电信诈骗等违法犯罪行为。加强农业综合行政执法能力建设。

4. 加强和改进乡村治理的主要任务是什么？

中共中央办公厅、国务院办公厅印发的《关于加强和改进乡村治理的指导意见》指出，加强和改进乡村治理的主要任务如下：

第一，完善村党组织领导乡村治理的体制机制。建立以基层党组织为领导、村民自治组织和村务监督组织为基础、集体经济组织和农民合作组织为纽带、其他经济社会组织为补充的村级组织体系。村党组织全面领导村民委员会及村务监督委员会、村集体经济组织、农民合作组织和其他经济社会组织。村民委员会要履行基层群众性自治组织功能，增强村民自我管理、自我教育、自我服务能力。村务监督委员会要发挥在村务决策和公开、财产管理、工程项目建设、惠农政策措施落实等事项上的监督作用。集体经济组织要发挥在管理集体资产、合理开发集体资源、服务集体成员等方面的作用。农民合作组织和其他经济社会组织要依照国家法律和各自章程充分行使职权。村党组织书记应当通过法定程序担任村民委员会主任和村级集体经济组织、合作经济组织负责人，村“两委”班子成员应当交叉任职。村务监督委员会主任一般由党员担任，可以由非村民委员会成员的村党组织班子成员兼任。村民委员会成员、村民代表中党员应当占一定比例。健全村级重要事项、重大问题由村党组织研究讨论机制，全面落实“四议两公开”。加强基本队伍、基本活动、基本阵地、基本制度、基本保障建设，实施村党组织带头人整体优化提升行动，持续整顿软弱涣散村党组织，整乡推进、整县提升，发展壮大村级集体经济。全面落实村“两委”换届候选人县级联审机制，坚决防止和查处以贿选等不正当手段影响、控制村“两委”换届选举的行为，严厉打击干扰破坏村“两委”换届选举的黑恶势力、宗族势力。坚决把受过刑事处罚、存在“村霸”和涉黑涉恶、涉邪教等问题的人清理出村干部队伍。坚持抓乡促村，落实县乡党委抓农村基层党组织建设和乡村治理的主体责任。落实乡镇党委直接责任，乡镇党委书记和党委领导班子成员等要包村联户，村“两委”成员要入户走访，及时发现并研究解决农村基层党组织建设、乡村治理和群众生产生活等问题。健全以财政投入为主的稳定的村级组织运转经费保障制度。

第二，发挥党员在乡村治理中的先锋模范作用。组织党员在议事决策中宣传党的主张，执行党组织决定。组织开展党员联系农户、党员户挂牌、承诺践诺、设岗定责、志愿服务等活动，推动党员在乡村治理中带头示范，带动群众全面参与。密切党员与群众的联系，了解群众思想状况，帮助解决实际困难，加强对贫困人口、低保对象、留守儿童和妇女、老年人、残疾人、特困人员等人群的关爱服务，引导农民群众自觉听党话、感党恩、跟党走。

第三，规范村级组织工作事务。清理整顿村级组织承担的行政事务多、各种检查评比事项多问题，切实减轻村级组织负担。各种政府机构原则上不在村级建立分支机构，不得以行政命令方式要求村级承担有关行政性事务。交由村级组织承接或协助政府完成的工作事项，要充分考虑村级组织承接能力，实行严格管理和总量控制。从源头上清理规范上级对村级组织的考核评比项目，鼓励各地实行目录清单、审核备案等管理方式。规范村级各种工作台账和各类盖章证明事项。推广村级基础台账电子化，建立统一的“智慧村庄”综合管理服务平台。

第四，增强村民自治组织能力。健全党组织领导的村民自治机制，完善村民（代表）会议制度，推进民主选举、民主协商、民主决策、民主管理、民主监督实践。进一步加强自治组织规范化建设，拓展村民参与村级公共事务平台，发展壮大治保会等群防群治力量，充分发挥村民委员会、群防群治力量在公共事务和公益事业办理、民间纠纷调解、治安维护协助、社情民意通达等方面的作用。

第五，丰富村民议事协商形式。健全村级议事协商制度，形成民事民议、民事民办、民事民管的多层次基层协商格局。创新协商议事形式

和活动载体，依托村民会议、村民代表会议、村民议事会、村民理事会、村民监事会等，鼓励农村开展村民说事、民情恳谈、百姓议事、妇女议事等各类协商活动。

第六，全面实施村级事务阳光工程。完善党务、村务、财务“三公开”制度，实现公开经常化、制度化和规范化。梳理村级事务公开清单，及时公开组织建设、公共服务、脱贫攻坚、工程项目等重大事项。健全村务档案管理制度。推广村级事务“阳光公开”监管平台，支持建立“村民微信群”、“乡村公众号”等，推进村级事务即时公开，加强群众对村级权力有效监督。规范村级会计委托代理制，加强农村集体经济组织审计监督，开展村干部任期和离任经济责任审计。

第七，积极培育和践行社会主义核心价值观。坚持教育引导、实践养成、制度保障三管齐下，推动社会主义核心价值观落细落小落实，融入文明公约、村规民约、家规家训。通过新时代文明实践中心、农民夜校等渠道，组织农民群众学习习近平新时代中国特色社会主义思想，广泛开展中国特色社会主义和实现中华民族伟大复兴的中国梦宣传教育，用中国特色社会主义文化、社会主义思想道德牢牢占领农村思想文化阵地。完善乡村信用体系，增强农民群众诚信意识。推动农村学雷锋志愿服务制度化常态化。加强农村未成年人思想道德建设。

第八，实施乡风文明培育行动。弘扬崇德向善、扶危济困、扶弱助残等传统美德，培育淳朴民风。开展好家风建设，传承传播优良家训。全面推行移风易俗，整治农村婚丧大操大办、高额彩礼、铺张浪费、厚葬薄养等不良习俗。破除丧葬陋习，树立殡葬新风，推广与保护耕地相适应、与现代文明相协调的殡葬习俗。加强村规民约建设，强化党组织领导和把关，实现村规民约行政村全覆盖。依靠群众因地制宜制定村规民约，提倡把喜事新办、丧事简办、弘扬孝道、尊老爱幼、扶残助残、和谐敦睦等内容纳入村规民约。以法律法规为依据，规范完善村规民约，确保制定过程、条文内容合法合规，防止一部分人侵害另一部分人的权益。建立健全村规民约监督和奖惩机制，注重运用舆论和道德力量促进村规民约有效实施，对违背村规民约的，在符合法律法规前提下运用自治组织的方式进行合情合理的规劝、约束。发挥红白理事会等组织作用。鼓励地方对农村党员干部等行使公权力的人员，建立婚丧事宜报备制度，加强纪律约束。

第九，发挥道德模范引领作用。深入实施公民道德建设工程，加强社会公德、职业道德、家庭美德和个人品德教育。大力开展文明村镇、农村文明家庭、星级文明户、五好家庭等创建活动，广泛开展农村道德模范、最美邻里、身边好人、新时代好少年、寻找最美家庭等选树活动，开展乡风评议，弘扬道德新风。

第十，加强农村文化引领。加强基层文化产品供给、文化阵地建设、文化活动开展和文化人才培养。传承发展提升农村优秀传统文化，加强传统村落保护。结合传统节日、民间特色节庆、农民丰收节等，因地制宜广泛开展乡村文化体育活动。加快乡村文化资源数字化，让农民共享城乡优质文化资源。挖掘文化内涵，培育乡村特色文化产业，助推乡村旅游高质量发展。加强农村演出市场管理，营造健康向上的文化环境。

第十一，推进法治乡村建设。规范农村基层行政执法程序，加强乡镇行政执法人员业务培训，严格按照法定职责和权限执法，将政府涉农事项纳入法治化轨道。大力开展“民主法治示范村”创建，深入开展“法律进乡村”活动，实施农村“法律明白人”培养工程，培育一批以村干部、人民调解员为重点的“法治带头人”。深入开展农村法治宣传教育。

第十二，加强平安乡村建设。推进农村社会治安防控体系建设，落实平安建设领导责任制，加强基础性制度、设施、平台建设。加强农村警务工作，大力推行“一村一辅警”机制，扎实开展智慧农村警务室建设。加强对社区矫正对象、刑满释放人员等特殊人群的服务管理。深入推进扫黑除恶专项斗争，健全防范打击长效机制。加强农民群众拒毒防毒宣传教育，依法打击整治毒品违法犯罪活动。依法加大对农村非法宗

教活动、邪教活动打击力度，制止利用宗教、邪教干预农村公共事务，大力整治农村乱建宗教活动场所、滥塑宗教造像。推进农村地区技防系统建设，加强公共安全视频监控建设联网应用工作。健全农村公共安全体系，强化农村安全生产、防灾减灾救灾、食品、药品、交通、消防等安全管理责任。

第十三，健全乡村矛盾纠纷调处化解机制。坚持发展新时代“枫桥经验”，做到“小事不出村、大事不出乡”。健全人民调解员队伍，加强人民调解工作。完善调解、仲裁、行政裁决、行政复议、诉讼等有机衔接、相互协调的多元化纠纷解决机制。发挥信息化支撑作用，探索建立“互联网＋网格管理”服务管理模式，提升乡村治理智能化、精细化、专业化水平。强化乡村信息资源互联互通，完善信息收集、处置、反馈工作机制和联动机制。广泛开展平安教育和社会心理健康服务、婚姻家庭指导服务。推动法院跨域立案系统、检察服务平台、公安综合窗口、人民调解组织延伸至基层，提高响应群众诉求和为民服务能力水平。

第十四，加大基层小微权力腐败惩治力度。规范乡村小微权力运行，明确每项权力行使的法规依据、运行范围、执行主体、程序步骤。建立健全小微权力监督制度，形成群众监督、村务监督委员会监督、上级部门监督和会计核算监督、审计监督等全程实时、多方联网的监督体系。织密农村基层权力运行“廉政防护网”，大力开展农村基层微腐败整治，推进农村巡察工作，严肃查处侵害农民利益的腐败行为。

第十五，加强农村法律服务供给。充分发挥人民法庭在乡村治理中的职能作用，推广车载法庭等巡回审判方式。加强乡镇司法所建设。整合法学专家、律师、政法干警及基层法律服务工作者等资源，健全乡村基本公共法律服务体系。深入推进公共法律服务实体、热线、网络平台建设，鼓励乡镇党委和政府根据需要设立法律顾问和公职律师，鼓励有条件的地方在村民委员会建立公共法律服务工作室，进一步加强村法律顾问工作，完善政府购买服务机制，充分发挥律师、基层法律服务工作者等在提供公共法律服务、促进乡村依法治理中的作用。

第十六，支持多方主体参与乡村治理。加强妇联、团支部、残协等组织建设，充分发挥其联系群众、团结群众、组织群众参与民主管理和民主监督的作用。积极发挥服务性、公益性、互助性社区社会组织作用。坚持专业化、职业化、规范化，完善培养选拔机制，拓宽农村社工人才来源，加强农村社会工作专业人才队伍建设，着力做好老年人、残疾人、青少年、特殊困难群体等重点对象服务工作。探索以政府购买服务等方式，支持农村社会工作和志愿服务发展。

第十七，提升乡镇和村为农服务能力。充分发挥乡镇服务农村和农民的作用，加强乡镇政府公共服务职能，加大乡镇基本公共服务投入，使乡镇成为为农服务的龙头。推进“放管服”改革和“最多跑一次”改革向基层延伸，整合乡镇和县级部门派驻乡镇机构承担的职能相近、职责交叉工作事项，建立集综合治理、市场监管、综合执法、公共服务等于一体的统一平台。构建县乡联动、功能集成、反应灵敏、扁平高效的综合指挥体系，着力增强乡镇统筹协调能力，发挥好乡镇服务、带动乡村作用。大力推进农村社区综合服务设施建设，引导管理服务向农村基层延伸，为农民提供“一门式办理”“一站式服务”，构建线上线下相结合的乡村便民服务体系。将农村民生和社会治理领域中属于政府职责范围且适合通过市场化方式提供的服务事项，纳入政府购买服务指导性目录。推动各级投放的公共服务资源以乡镇、村党组织为主渠道落实。

5. 如何加强农村基层党组织建设，强化农村基层党组织领导作用？

2018 年中央 1 号文件指出，要扎实推进抓党建促乡村振兴，突出政治功能，提升组织力，抓乡促村，把农村基层党组织建成坚强战斗堡垒。一是强化农村基层党组织领导核心地位，创新组织设置和活动方式，持续整顿软弱涣散村党组织，稳妥有序开展不合格党员处置工作，着力引导农村党员发挥先锋模范作用。二是建立选派第一书记工作长效机制，全面向贫困村、软弱涣散村和集体经济薄弱村党组织派出第一书

记。三是实施农村带头人队伍整体优化提升行动，注重吸引高校毕业生、农民工、机关企事业单位优秀党员干部到村任职，选优配强村党组织书记。四是健全从优秀村党组织书记中选拔乡镇领导干部、考录乡镇机关公务员、招聘乡镇事业编制人员制度。五是加大在优秀青年农民中发展党员力度。六是建立农村党员定期培训制度。七是全面落实村级组织运转经费保障政策。八是推行村级小微权力清单制度，加大基层小微权力腐败惩处力度。九是严厉整治惠农补贴、集体资产管理、土地征收等领域侵害农民利益的不正之风和腐败问题。

2019 年中央 1 号文件指出，一要抓实建强农村基层党组织，以提升组织力为重点，突出政治功能，持续加强农村基层党组织体系建设。二要增加先进支部、提升中间支部、整顿后进支部，以县为单位对软弱涣散村党组织“一村一策”逐个整顿。三要对村“两委”换届进行一次“回头看”，坚决把受过刑事处罚、存在“村霸”和涉黑涉恶等问题的村“两委”班子成员清理出去。四要实施村党组织带头人整体优化提升行动，配齐配强班子。全面落实村党组织书记县级党委备案管理制度。建立第一书记派驻长效工作机制，全面向贫困村、软弱涣散村和集体经济空壳村派出第一书记，并向乡村振兴任务重的村拓展。五要加大从高校毕业生、农民工、退伍军人、机关事业单位优秀党员中培养选拔村党组织书记力度。健全从优秀村党组织书记中选拔乡镇领导干部、考录乡镇公务员、招聘乡镇事业编制人员的常态化机制。六要落实村党组织 5 年任期规定，推动全国村“两委”换届与县乡换届同步进行。七要优化农村党员队伍结构，加大从青年农民、农村外出务工人员中发展党员力度。八要健全县级党委抓乡促村责任制，县乡党委要定期排查并及时解决基层组织建设突出问题。九要加强和改善村党组织对村级各类组织的领导，健全以党组织为领导的村级组织体系。全面推行村党组织书记通过法定程序担任村委会主任，推行村“两委”班子成员交叉任职，提高村委会成员和村民代表中党员的比例。十要加强党支部对村级集体经济组织的领导。全面落实“四议两公开”，健全村级重要事项、重大问题由村党组织研究讨论机制。

2020年中央1号文件指出，农村基层党组织是党在农村全部工作和战斗力的基础。要认真落实《中国共产党农村基层组织工作条例》，组织群众发展乡村产业，增强集体经济实力，带领群众共同致富；动员群众参与乡村治理，增强主人翁意识，维护农村和谐稳定；教育引导群众革除陈规陋习，弘扬公序良俗，培育文明乡风；密切联系群众，提高服务群众能力，把群众紧密团结在党的周围，筑牢党在农村的执政基础。全面落实村党组织书记县级党委备案管理制度，建立村“两委”成员县级联审常态化机制，持续整顿软弱涣散村党组织，发挥党组织在农村各种组织中的领导作用。严格村党组织书记监督管理，建立健全党委组织部门牵头协调，民政、农业农村等部门共同参与、加强指导的村务监督机制，全面落实“四议两公开”。加大农村基层巡察工作力度。强化基层纪检监察组织与村务监督委员会的沟通协作、有效衔接，形成监督合力。加大在青年农民中发展党员力度。持续向贫困村、软弱涣散村、集体经济薄弱村派驻第一书记。加强村级组织运转经费保障。健全激励村干部干事创业机制。选优配强乡镇领导班子特别是乡镇党委书记。在乡村开展“听党话、感党恩、跟党走”宣讲活动。

2021年中央1号文件指出，加强党的农村基层组织建设和乡村治理就要充分发挥农村基层党组织领导作用，持续抓党建促乡村振兴。有序开展乡镇、村集中换届，选优配强乡镇领导班子、村“两委”成员特别是村党组织书记。在有条件的地方积极推行村党组织书记通过法定程序担任村民委员会主任，因地制宜、不搞“一刀切”。与换届同步选优配强村务监督委员会成员，基层纪检监察组织加强与村务监督委员会的沟通协作、有效衔接。坚决惩治侵害农民利益的腐败行为。坚持和完善向重点乡村选派驻村第一书记和工作队制度。加大在优秀农村青年中发展党员力度，加强对农村基层干部激励关怀，提高工资补助待遇，改善工作生活条件，切实帮助解决实际困难。推进村委会规范化建设和村务公开“阳光工程”。开展乡村治理试点示范创建工作。创建民主法治示

范村，培育农村学法用法示范户。加强乡村人民调解组织队伍建设，推动就地化解矛盾纠纷。深入推进平安乡村建设。建立健全农村地区扫黑除恶常态化机制。加强县乡村应急管理和消防安全体系建设，做好对自然灾害、公共卫生、安全隐患等重大事件的风险评估、监测预警、应急处置。

2022年中央1号文件指出，强化县级党委抓乡促村职责，深化乡镇管理体制改革，健全乡镇党委统一指挥和统筹协调机制，加强乡镇、村集中换届后领导班子建设，全面开展农村基层干部乡村振兴主题培训。持续排查整顿软弱涣散村党组织。发挥驻村第一书记和工作队抓党建促乡村振兴作用。完善村级重要事项、重大问题经村党组织研究讨论机制，全面落实“四议两公开”制度。深入开展市县巡察，强化基层监督，加强基层纪检监察组织与村务监督委员会的沟通协作、有效衔接，强化对村干部的监督。健全党组织领导的自治、法治、德治相结合的乡村治理体系，推行网格化管理、数字化赋能、精细化服务。推进村委会规范化建设。深化乡村治理体系建设试点示范。开展村级议事协商创新实验。推广村级组织依法自治事项、依法协助政府工作事项等清单制，规范村级组织机构牌子和证明事项，推行村级基础信息统计“一张表”制度，减轻村级组织负担。

6. 如何加强乡村的组织建设？

《乡村振兴促进法》规定，在乡村振兴中加强乡村的组织建设，一是要建立健全党委领导、政府负责、民主协商、社会协同、公众参与、法治保障、科技支撑的现代乡村社会治理体制和自治、法治、德治相结合的乡村社会治理体系，建设充满活力、和谐有序的善治乡村。地方各级人民政府应当加强乡镇人民政府社会管理和服务能力建设，把乡镇建成乡村治理中心、农村服务中心、乡村经济中心。

二是中国共产党农村基层组织，按照中国共产党章程和有关规定发挥全面领导作用。村民委员会、农村集体经济组织等应当在乡镇党委和村党组织的领导下，实行村民自治，发展集体所有制经济，维护农民合法权益，并应当接受村民监督。

三是国家建立健全农业农村工作干部队伍的培养、配备、使用、管理机制，选拔优秀干部充实到农业农村工作干部队伍，采取措施提高农业农村工作干部队伍的能力和水平，落实农村基层干部相关待遇保障，建设懂农业、爱农村、爱农民的农业农村工作干部队伍。

四是地方各级人民政府应当构建简约高效的基层管理体制，科学设置乡镇机构，加强乡村干部培训，健全农村基层服务体系，夯实乡村治理基础。

五是乡镇人民政府应当指导和支持农村基层群众性自治组织规范化、制度化建设，健全村民委员会民主决策机制和村务公开制度，增强村民自我管理、自我教育、自我服务、自我监督能力。各级人民政府应当引导和支持农村集体经济组织发挥依法管理集体资产、合理开发集体资源、服务集体成员等方面的作用，保障农村集体经济组织的独立运营。县级以上地方人民政府应当支持发展农民专业合作社、家庭农场、农业企业等多种经营主体，健全农业农村社会化服务体系。县级以上地方人民政府应当采取措施加强基层群团组织建设，支持、规范和引导农村社会组织发展，发挥基层群团组织、农村社会组织团结群众、联系群众、服务群众等方面的作用。

六是地方各级人民政府应当加强基层执法队伍建设，鼓励乡镇人民政府根据需要设立法律顾问和公职律师，鼓励有条件的地方在村民委员会建立公共法律服务工作室，深入开展法治宣传教育和人民调解工作，健全乡村矛盾纠纷调处化解机制，推进法治乡村建设。地方各级人民政府应当健全农村社会治安防控体系，加强农村警务工作，推动平安乡村建设；健全农村公共安全体系，强化农村公共卫生、安全生产、防灾减灾救灾、应急救援、应急广播、食品、药品、交通、消防等安全管理责任。

7. 如何发挥村级各类组织作用？

2019 年中央 1 号文件指出，一要理清村级各类组织功能定位，实

现各类基层组织按需设置、按职履责、有人办事、有章理事。二要村民委员会要履行好基层群众性自治组织功能，增强村民自我管理、自我教育、自我服务能力。三要全面建立健全村务监督委员会，发挥在村务决策和公开、财产管理、工程项目建设、惠农政策措施落实等事项上的监督作用。四要强化集体经济组织服务功能，发挥在管理集体资产、合理开发集体资源、服务集体成员等方面的作用。五要发挥农村社会组织在服务农民、树立新风等方面的积极作用。

8. 如何强化村级组织服务功能？

2019年中央1号文件指出，一要按照有利于村级组织建设、有利于服务群众的原则，将适合村级组织代办或承接的工作事项交由村级组织，并保障必要工作条件。二要规范村级组织协助政府工作事项，防止随意增加村级组织工作负担。三要统筹乡镇站所改革，强化乡镇为农服务体系建设，确保乡镇有队伍、有资源为农服务。

9. 如何深化村民自治实践？

2018年中央1号文件指出，要坚持自治为基，加强农村群众性自治组织建设，健全和创新村党组织领导的充满活力的村民自治机制。一是推动村党组织书记通过选举担任村委会主任。二是发挥自治章程、村规民约的积极作用。三是全面建立健全村务监督委员会，推行村级事务阳光工程。四是依托村民会议、村民代表会议、村民议事会、村民理事会、村民监事会等，形成民事民议、民事民办、民事民管的多层次基层协商格局。五是积极发挥新乡贤作用。六是推动乡村治理重心下移，尽可能把资源、服务、管理下放到基层。七是继续开展以村民小组或自然村为基本单元的村民自治试点工作。八是加强农村社区治理创新。九是创新基层管理体制机制，整合优化公共服务和行政审批职责，打造“一门式办理”“一站式服务”的综合服务平台。在村庄普遍建立网上服务站点，逐步形成完善的乡村便民服务体系。十是大力培育服务性、公益

性、互助性农村社会组织，积极发展农村社会工作和志愿服务。十一是集中清理上级对村级组织考核评比多、创建达标多、检查督查多等突出问题。十二是维护村民委员会、农村集体经济组织、农村合作经济组织的特别法人地位和权利。

10. 村务监督委员会有哪些职责权限？

根据中共中央办公厅、国务院办公厅印发的《关于建立健全村务监督委员会的指导意见》，村务监督委员会的职责是：对村务、财务管理等情况进行监督，受理和收集村民有关意见建议。村务监督委员会及其成员有以下权利：①知情权。列席村民委员会、村民小组、村民代表会议和村“两委”联席会议等，了解掌握情况。②质询权。对村民反映强烈的村务、财务问题进行质询，并请有关方面向村民作出说明。③审核权。对民主理财和村务公开等制度落实情况进行审核。④建议权。向村“两委”提出村务管理建议，必要时可向乡镇党委和政府提出建议。村务监督委员会及其成员要依纪依法、实事求是、客观公正地进行监督，不直接参与具体村务决策和管理，不干预村“两委”日常工作。⑤主持民主评议权。村民会议或村民代表会议对村民委员会成员以及由村民或村集体承担误工补贴的聘用人员履行职责情况进行民主评议，由村务监督委员会主持。

11. 村务监督委员会的监督内容有哪些？

根据中共中央办公厅、国务院办公厅印发的《关于建立健全村务监督委员会的指导意见》，村务监督委员会要紧密结合村情实际，重点加强以下方面的监督：①村务决策和公开情况。主要是村务决策是否按照规定程序进行，村务公开是否全面、真实、及时、规范。②村级财产管理情况。主要是村民委员会、村民小组代行管理的村集体资金资产资源管理情况，村级其他财务管理情况。③村工程项目建设情况。主要是基础设施和公共服务建设等工程项目立项、招投标、预决算、建设施工、

质量验收情况。④惠农政策措施落实情况。主要是支农和扶贫资金使用、各项农业补贴资金发放、农村社会救助资金申请和发放等情况。⑤农村精神文明建设情况。主要是建设文明乡风、创建文明村镇、推动移风易俗，开展农村环境卫生整治，执行村民自治章程和村规民约等情况。⑥其他应当监督的事项。

12. 村务监督委员会如何开展工作？

根据中共中央办公厅、国务院办公厅《关于建立健全村务监督委员会的指导意见》，村务监督委员会一般按照以下方式实施监督：①收集意见。根据上级党委和政府部署的重点工作和村级决定的重大事项，通过接待来访、上门走访等形式广泛收集意见建议，确定监督事项。②提出建议。围绕监督事项，及时向村党组织和村民委员会反映收集到的意见，提出工作建议。③监督落实。对监督事项进行全程监督，及时发现并纠正存在的问题。对发现的涉嫌贪腐谋私、侵害群众利益等违纪违法问题，及时向村党组织、乡镇党委和政府及纪检监察机关报告。④通报反馈。通过公开栏、召开会议、个别沟通等形式，及时通报反馈监督结果。村务监督委员会一般应每季度召开一次例会，梳理总结、研究安排村务监督工作；每半年向村党组织汇报一次村务监督情况，村党组织要认真听取村务监督委员会的意见；每年向村民会议或村民代表会议报告一次工作，由村民会议或村民代表会议对村务监督委员会及其成员进行民主评议。

13. 如何加强农村精神文明建设和乡村文化建设，促进乡村文化繁荣？

2018 年中央 1 号文件指出，加强农村思想道德建设，要以社会主义核心价值观为引领，坚持教育引导、实践养成、制度保障三管齐下，采取符合农村特点的有效方式，深化中国特色社会主义和中国梦宣传教育，大力弘扬民族精神和时代精神。一是加强爱国主义、集体主义、社会主义教育，深化民族团结进步教育，加强农村思想文化阵地建设。二是深入实施公民道德建设工程，挖掘农村传统道德教育资源，推进社会公德、职业道德、家庭美德、个人品德建设。三是推进诚信建设，强化农民的社会责任意识、规则意识、集体意识、主人翁意识。

《乡村振兴促进法》规定，各级人民政府应当组织开展新时代文明实践活动，加强农村精神文明建设，不断提高乡村社会文明程度。各级人民政府应当采取措施丰富农民文化体育生活，倡导科学健康的生产生活方式，发挥村规民约积极作用，普及科学知识，推进移风易俗，破除大操大办、铺张浪费等陈规陋习，提倡孝老爱亲、勤俭节约、诚实守信，促进男女平等，创建文明村镇、文明家庭，培育文明乡风、良好家风、淳朴民风，建设文明乡村。

各级人民政府应当健全完善乡村公共文化体育设施网络和服务运行机制，鼓励开展形式多样的农民群众性文化体育、节日民俗等活动，充分利用广播电视、视听网络和书籍报刊，拓展乡村文化服务渠道，提供便利可及的公共文化服务。各级人民政府应当支持农业农村农民题材文艺创作，鼓励制作反映农民生产生活和乡村振兴实践的优秀文艺作品。

各级人民政府应当采取措施保护农业文化遗产和非物质文化遗产，挖掘优秀农业文化深厚内涵，弘扬红色文化，传承和发展优秀传统文化。县级以上地方人民政府应当加强对历史文化名镇名村、传统村落和乡村风貌、少数民族特色村寨的保护，开展保护状况监测和评估，采取措施防御和减轻火灾、洪水、地震等灾害。

县级以上地方人民政府应当坚持规划引导、典型示范，有计划地建设特色鲜明、优势突出的农业文化展示区、文化产业特色村落，发展乡村特色文化体育产业，推动乡村地区传统工艺振兴，积极推动智慧广电乡村建设，活跃繁荣农村文化市场。

2019 年中央 1 号文件指出，加强农村精神文明建设，一要引导农民践行社会主义核心价值观，巩固党在农村的思想阵地。二要加强宣传教育，做好农民群众的思想工作，宣传党的路线方针和强农惠农富农政

策，引导农民听党话、感党恩、跟党走。三要开展新时代文明实践中心建设试点，抓好县级融媒体中心建设。四要深化拓展群众性精神文明创建活动，推出一批农村精神文明建设示范县、文明村镇、最美家庭，挖掘和树立道德榜样典型，发挥示范引领作用。五要支持建设文化礼堂、文化广场等设施，培育特色文化村镇、村寨。持续推进农村移风易俗工作，引导和鼓励农村基层群众性自治组织采取约束性强的措施，对婚丧陋习、天价彩礼、孝道式微、老无所养等不良社会风气进行治理。

2021年中央1号文件指出，加强新时代农村精神文明建设，一是要弘扬和践行社会主义核心价值观，以农民群众喜闻乐见的方式，深入开展习近平新时代中国特色社会主义思想学习教育。二是要拓展新时代文明实践中心建设，深化群众性精神文明创建活动。三是要建强用好县级融媒体中心。在乡村深入开展“听党话、感党恩、跟党走”宣讲活动。四是要深入挖掘、继承创新优秀传统乡土文化，把保护传承和开发利用结合起来，赋予中华农耕文明新的时代内涵。五是要持续推进农村移风易俗，推广积分制、道德评议会、红白理事会等做法，加大高价彩礼、人情攀比、厚葬薄养、铺张浪费、封建迷信等不良风气治理，推动形成文明乡风、良好家风、淳朴民风。六是要加大对农村非法宗教活动和境外渗透活动的打击力度，依法制止利用宗教干预农村公共事务。七是要办好中国农民丰收节。

2022年中央1号文件指出，要依托新时代文明实践中心、县级融媒体中心等平台开展对象化分众化宣传教育，弘扬和践行社会主义核心价值观。在乡村创新开展“听党话、感党恩、跟党走”宣传教育活动。探索统筹推动城乡精神文明融合发展的具体方式，完善全国文明村镇测评体系。启动实施文化产业赋能乡村振兴计划。整合文化惠民活动资源，支持农民自发组织开展村歌、“村晚”、广场舞、趣味运动会等体现农耕农趣农味的文化体育活动。办好中国农民丰收节。加强农耕文化传承保护，推进非物质文化遗产和重要农业文化遗产保护利用。推广积分制等治理方式，有效发挥村规民约、家庭家教家风作用，推进农村婚俗改革试点和殡葬习俗改革，开展高价彩礼、大操大办等移风易俗重点领域突出问题专项治理。

14. 如何传承发展提升农村优秀传统文化？

2018 年中央 1 号文件指出，传承发展提升农村优秀传统文化，必须立足乡村文明，吸取城市文明及外来文化优秀成果，在保护传承的基础上，创造性转化、创新性发展，不断赋予时代内涵、丰富表现形式。一是切实保护好优秀农耕文化遗产，推动优秀农耕文化遗产合理适度利用。二是深入挖掘农耕文化蕴含的优秀思想观念、人文精神、道德规范，充分发挥其在凝聚人心、教化群众、淳化民风中的重要作用。三是划定乡村建设的历史文化保护线，保护好文物古迹、传统村落、民族村寨、传统建筑、农业遗迹、灌溉工程遗产。四是支持农村地区优秀戏曲曲艺、少数民族文化、民间文化等传承发展。

15. 如何加强农村公共文化建设，改善乡村公共文化服务？

2018 年中央 1 号文件指出，加强农村公共文化建设，要按照有标准、有网络、有内容、有人才的要求，健全乡村公共文化服务体系。一是发挥县级公共文化机构辐射作用，推进基层综合性文化服务中心建设，实现乡村两级公共文化服务全覆盖，提升服务效能。二是深入推进文化惠民，公共文化资源要重点向乡村倾斜，提供更多更好的农村公共文化产品和服务。三是支持“三农”题材文艺创作生产，鼓励文艺工作者不断推出反映农民生产生活尤其是乡村振兴实践的优秀文艺作品，充分展示新时代农村农民的精神面貌。四是培育挖掘乡土文化本土人才，开展文化结对帮扶，引导社会各界人士投身乡村文化建设。五是活跃繁荣农村文化市场，丰富农村文化业态，加强农村文化市场监管。

2020 年中央 1 号文件指出，要推动基本公共文化服务向乡村延伸，扩大乡村文化惠民工程覆盖面。鼓励城市文艺团体和文艺工作者定期送文化下乡。实施乡村文化人才培养工程，支持乡土文艺团组发展，扶持

农村非遗传承人、民间艺人收徒传艺，发展优秀戏曲曲艺、少数民族文化、民间文化。保护好历史文化名镇（村）、传统村落、民族村寨、传统建筑、农业文化遗产、古树名木等。以“庆丰收、迎小康”为主题办好中国农民丰收节。

16. 如何在农村开展移风易俗行动？

2018 年中央 1 号文件指出，要在农村开展移风易俗行动：一是广泛开展文明村镇、星级文明户、文明家庭等群众性精神文明创建活动。二是遏制大操大办、厚葬薄养、人情攀比等陈规陋习。三是加强无神论宣传教育，丰富农民群众精神文化生活，抵制封建迷信活动。四是深化农村殡葬改革。五是加强农村科普工作，提高农民科学文化素养。

17. 如何建设法治乡村？

2018 年中央 1 号文件指出，建设法治乡村必须坚持法治为本，树立依法治理理念，强化法律在维护农民权益、规范市场运行、农业支持保护、生态环境治理、化解农村社会矛盾等方面的权威地位。一是增强基层干部法治观念、法治为民意识，将政府涉农各项工作纳入法治化轨道。二是深入推进综合行政执法改革向基层延伸，创新监管方式，推动执法队伍整合、执法力量下沉，提高执法能力和水平。三是建立健全乡村调解、县市仲裁、司法保障的农村土地承包经营纠纷调处机制。四是加大农村普法力度，提高农民法治素养，引导广大农民增强尊法学法守法用法意识。五是健全农村公共法律服务体系，加强对农民的法律援助和司法救助。

18. 如何提升乡村德治水平？

2018 年中央 1 号文件指出，要提升乡村德治水平：一是深入挖掘乡村熟人社会蕴含的道德规范，结合时代要求进行创新，强化道德教化作用，引导农民向上向善、孝老爱亲、重义守信、勤俭持家。建立道德激励约束机制，引导农民自我管理、自我教育、自我服务、自我提高，实现家庭和睦、邻里和谐、干群融洽。二是广泛开展好媳妇、好儿女、好公婆等评选表彰活动，开展寻找最美乡村教师、医生、村官、家庭等活动。三是深入宣传道德模范、身边好人的典型事迹，弘扬真善美，传播正能量。

19. 全面推进农业农村法治建设的主要任务是什么？

农业农村部印发的《农业农村部关于全面推进农业农村法治建设的意见》指出，一要强化乡村振兴法治保障。围绕乡村振兴重点领域和主要任务，依法巩固拓展脱贫攻坚成果，促进乡村产业、人才、文化、生态和组织全面振兴，推动工农互促、城乡互补、协调发展、共同繁荣的新型工农城乡关系加快形成。充分发挥法治对农业农村高质量发展的引领和推动作用，依法强化农业支持保护，保障乡村建设有序开展，持续增加农民收入，促进农业高质高效、乡村宜居宜业、农民富裕富足。

二要完善农业农村优先发展制度支撑。把农业农村优先发展要求法律化制度化，依法推动干部配备优先考虑、要素配置优先满足、资金投入优先保障、公共服务优先安排。围绕加快农业农村现代化，将行之有效的强农惠农政策措施制度化法定化，营造公平、透明、可预期的农业农村法治环境。加强立法与改革衔接，及时将农业农村重大改革决策、改革成果上升为法律制度，在法治轨道上推动改革不断深化。

三要着力提高依法行政水平。坚持法定职责必须为、法无授权不可为，全面履行法定职责，把法治作为农业农村部门行政决策、行政管理、行政监督的重要标尺，厘清政府和市场、政府和社会的关系，用法律和制度遏制不当干预经济活动的行为。以提升法治素质为核心，进一步增强农业农村系统领导干部和工作人员尊法学法守法用法意识，提升运用法治思维和法治方式推动工作的能力水平。

四要深入推进乡村依法治理。坚持以法治保障乡村治理，充分发挥法律法规、村规民约和农村集体经济组织、农民专业合作社章程等的规

范指导作用，让依法决策、依法治理成为乡村干部的习惯和自觉。深入开展农业农村法治宣传教育，推动法律知识进村入户，培育办事依法、遇事找法、解决问题用法、化解矛盾靠法的乡村法治环境，积极引导农民群众依法维权和化解矛盾纠纷，维护农村和谐稳定。

20. 加强法治乡村建设的主要任务是什么?

中央全面依法治国委员会印发的《关于加强法治乡村建设的意见》指出，加强法治乡村建设的主要任务如下：

第一，完善涉农领域立法。围绕乡村振兴战略实施过程中面临的新情况、新问题，健全完善涉农法律法规，重点就维护农民权益、规范市场运行、农业支持保护、农村生态环境治理、化解农村社会矛盾等方面加强制度建设，充分发挥法律的引领、规范、保障和推动作用。开展涉农法律法规规章的立法后评估工作，提高农业农村领域立法科学性，促进相关法律法规规章有效实施。结合相关法律法规规章施行情况，制定出台涉农法律法规配套制度措施。对不适应改革要求的法律法规规章，及时修改或废止。

第二，规范涉农行政执法。全面深化农村基层行政执法体制改革，强化基层执法队伍，合理配置执法力量资源，推动执法力量向基层倾斜，积极推进基层综合行政执法改革。规范农村基层行政执法工作，严格按照法定职责和权限执法。加强对执法工作监督，健全完善农业农村领域执法工作投诉举报处理机制和行政处罚裁量基准制度，在基层进一步落实行政执法公示制度、执法全过程记录制度、重大执法决定法制审核制度，做到有权必有责、用权受监督、违法必追究、侵权须赔偿。加强基层行政执法人员业务培训，严格实施行政执法人员持证上岗和资格管理制度，提高基层行政执法队伍法治意识和职业素养，提高行政执法水平，做到严格规范公正文明执法，将政府涉农事项纳入法治化轨道。健全农产品质量安全村级协管员队伍，推进网格化监管。

第三，强化乡村司法保障。完善司法为民便民利民措施，畅通司法便民“最后一公里”。加强人民法庭建设，完善人民法庭巡回审理制度，合理设置巡回办案点和诉讼服务点，做好巡回审判工作，最大限度减少群众特别是边远农牧区群众诉累。推动审判机关、检察机关、公安机关依法妥善办理涉农纠纷案件，深入贯彻落实农村土地制度改革政策，依法打击和处理破坏农村生态环境、侵占农村集体资产、侵犯农民土地承包经营权等违法犯罪行为，惩治破坏农村经济秩序犯罪，严厉打击农村黑恶势力及其“保护伞”、邪教组织，坚决把受过刑事处罚、存在村霸和涉黑涉恶涉邪教等问题的人清理出村干部队伍，打击收买外籍妇女为妻、非法收养儿童、“黄赌毒”违法犯罪活动。加大涉农案件执行和对执行活动法律监督力度，推进困难群众执行救助体系建设，及时实现农民合法权利。完善对经济困难的当事人缓、减、免交诉讼费的具体条件与标准。加大刑事司法救助力度，对生活困难的被害人及其近亲属依法及时给予司法救助。加强涉农民事、行政、刑事案件的法律监督工作，确保法律正确统一实施。加大涉农公益诉讼案件办理力度，督促相关行政机关依法履行职责。结合民族地区实际需求，进一步加强双语法官、检察官、律师及法律服务工作者等队伍建设，保障各族群众的诉讼权利。

第四，加强乡村法治宣传教育。深入宣传习近平总书记全面依法治国新理念新思想新战略，深入宣传党内法规。深入开展“尊崇宪法、学习宪法、遵守宪法、维护宪法、运用宪法”宣传教育，组织实施“宪法进万家”活动。落实“谁执法谁普法”普法责任制，紧紧围绕防范化解重大风险、精准脱贫、污染防治三大攻坚任务，加大以案普法、以案释法和案例指导力度，深入宣传与群众生产生活密切相关的法律法规。利用乡村已有公共党建文化设施，推进法治广场、长廊、院坝等农村法治文化阵地建设，基本实现一村一法治文化阵地。统筹运用基层法治宣传阵地、乡镇成人文化技术学校（社区教育机构）、农村文化礼堂、农家书屋，为群众搭建有效学法平台。充分利用“12・4”国家宪法日、宪法宣传周、中国农民丰收节等时间节点和农贸会、庙会、各类集市等，

组织开展法治宣传教育活动。推动法治文化与民俗文化、乡土文化融合发展，组织编写、创作具有乡土文化特色、群众喜闻乐见的法治文化作品，广泛开展群众性法治文化活动。加强对村“两委”班子成员、村务监督委员会委员法治培训，提高运用法治思维和法治方式深化改革、推动发展、化解矛盾、维护稳定、应对风险的能力。实施农村“法律明白人”培养工程，重点培育一批以村“两委”班子成员、人民调解员、网格员、村民小组长等为重点的“法治带头人”。

第五，完善乡村公共法律服务。健全乡村公共法律服务体系，加快建设12348公共法律服务热线、中国法律服务网、公共法律服务工作站（室）三大平台，打造综合性、一站式的服务型窗口，为乡村提供普惠优质高效的公共法律服务。进一步加强乡村法律顾问工作，落实一村一法律顾问制度，规范服务内容，创新服务方式，强化工作保障，为农村基层组织和人民群众处理涉法事务提供专业优质便捷的法律服务。充分发挥基层法律服务工作者在提供公共法律服务、促进乡村治理中的作用。加强涉农法律援助工作，逐步将与农民生产生活紧密相关的事项纳入法律援助补充事项范围。鼓励公证、司法鉴定、仲裁等法律服务主动向农村延伸。完善农村留守儿童和妇女、老年人关爱服务体系，健全残疾人帮扶制度。

第六，健全乡村矛盾纠纷化解和平安建设机制。坚持和发展新时代“枫桥经验”，加强诉源治理，畅通和规范群众诉求表达、利益协调、权益保障通道，完善社会矛盾多元预防调处化解综合机制，努力将矛盾化解在基层，做到“小事不出村、大事不出乡”。加强基层人民法院和人民法庭对人民调解工作的指导，完善基层人民调解组织网络，积极发展乡村专职人民调解员队伍，加强对人民调解员法律政策、专业知识和调解技能等方面的培训，充分发挥人民调解在化解基层矛盾纠纷中的主渠道作用。整合矛盾纠纷化解资源力量，促进调解、仲裁、行政裁决、行政复议、诉讼等有机衔接。深化平安乡村建设，建立健全农村社会治安防控体系、公共安全体系，推进乡村“雪亮工程”，探索建立“互联网+

网格管理”服务管理模式，提升乡村治理智能化、精细化水平。深化城乡社区警务战略，加强社区和农村警务建设，大力推行“一村一辅警”机制，扎实开展智慧农村警务建设。开展农村突出治安问题专项整治，净化社会环境。加强对社区矫正对象，严重精神障碍患者，刑满释放人员，社区戒毒、社区康复人员等特殊人群的教育监督和服务管理。加强乡村社会心理服务体系建设，健全完善村级心理咨询室，建立经常性社会心理服务机制。推进“青少年零犯罪零受害社区（村）”创建，夯实预防青少年犯罪工作的基层基础。

第七，推进乡村依法治理。坚持用法治思维引领乡村治理，严格依照法律法规和村规民约规范乡村干部群众的行为，让依法决策、依法办事成为习惯和自觉。全面推行村党组织书记通过法定程序担任村民委员会主任和村级集体经济组织、合作经济组织负责人，村“两委”班子成员应当交叉任职。完善群众参与基层社会治理的制度化渠道，健全充满活力的群众自治制度，引导村民在村党组织的领导下依法制定和完善村民自治章程、村规民约等自治制度。落实和完善村规民约草案审核和备案制度，健全合法有效的村规民约落实执行机制，充分发挥村规民约在乡村治理中的作用。注重发挥家庭家教家风在乡村治理中的作用。全面推行村级重大事项决策“四议两公开”制度，即村党组织提议、村“两委”会议商议、党员大会审议、村民会议或者村民代表会议决议，决议公开、实施结果公开。开展形式多样的村级议事协商，探索村民小组协商和管理的有效方式，组织村民就村公共事务、重大民生问题开展民主协商。依法开展村级组织换届选举，依法公开党务、村务、财务。编制村级小微权力清单，公开权力清单内容、运行程序、运行结果。建立健全小微权力监督制度，形成群众监督、村务监督委员会监督、上级党组织和有关部门监督与会计核算监督、审计监督等全程实时、多方联网的监督体系。大力开展农村基层微腐败整治，推进农村巡察工作，严厉整治惠农补贴、集体资产管理、土地征收等领域侵害农民利益的不正之风和腐败问题，依法依纪惩处发生在群众身边的腐败问题。加强对农业农

村环境污染等重点问题的依法治理。发挥工青妇、法学会等群团组织、社会组织在联系动员群众参与乡村治理中的作用。

第八，加快“数字法治·智慧司法”建设。充分运用大数据、云计算等现代信息技术，推进“数字法治·智慧司法”建设，围绕群众需求，提供精准化、精细化的公共法律服务，为法治乡村建设提供信息化、智能化支撑。加强移动端的推广使用，拓展利用移动端开展服务的新形式，实现法治宣传、法律服务、法律事务办理“掌上学”“掌上问”“掌上办”。加快乡镇网上政务便民服务体系建设，构建全流程一体化在线服务平台和便民服务网络，大力推行“最多跑一次”“马上办、网上办、一次办”等便民举措，让农民群众足不出户就能办事、办成事。

第九，深化法治乡村示范建设。以“民主法治示范村（社区）”建设为载体，通过典型示范，引领带动法治乡村建设。突出示范建设质量，完善“民主法治示范村（社区）”建设指导标准，推进“民主法治示范村（社区）”建设科学化、规范化。强化动态管理机制，对已获得“民主法治示范村（社区）”称号的村定期进行复核，对复核不合格的取消“民主法治示范村（社区）”称号。加强“民主法治示范村（社区）”普法骨干培训，提高村干部建设法治乡村的能力。探索建立“民主法治示范村（社区）”第三方评价机制，提高评价考核的客观性，提升示范建设工作水平。

21. 司法服务和保障如何稳固农业发展基础，促进农业高质高效?

最高人民法院发布的《关于为全面推进乡村振兴　加快农业农村现代化提供司法服务和保障的意见》指出，第一，依法惩处涉重要农产品违法犯罪行为，推进实施重要农产品保障战略。坚持依法严惩方针，从严从快惩处走私大米、玉米、食糖等农产品犯罪行为，保持打击重要农产品走私犯罪活动高压态势，保障人民群众食品卫生安全和农产品质量安全。严厉打击超剂量超范围用药、违规使用原料药、不执行间隔期休药期等违法行为，加强行政执法和刑事司法的有效衔接，推动农药兽药残留治理工作，保障人民群众“舌尖上的安全”。持续推进惩治制售假种子、假化肥、假农药等伪劣农资犯罪行为，保障粮食和重要农产品供应安全，保护农业生产经营秩序，助推质量兴农。

第二，落实最严格的耕地保护制度，确保国家粮食安全。严厉打击破坏土地资源犯罪行为，依法认定违法占用耕地建房等合同无效，支持行政机关依法开展土地行政执法工作。积极配合有关部门推进农村乱占耕地建房专项整治行动，加大对涉及乱占耕地建房违法行为的生效裁判和行政处罚决定中金钱给付义务的强制执行力度，坚决遏制耕地“非农化”，防止“非粮化”。综合发挥刑事、民事、行政等审判职能作用，推进耕地污染管控，坚守18亿亩耕地红线。

第三，依法审理农村土地承包经营案件，推进现代农业发展。按照“落实集体所有权、稳定农户承包权、放活土地经营权”要求，依法审理农村土地“三权分置”纠纷案件，推进完善以家庭承包经营为基础、统分结合的双层经营体制，确保农村土地承包关系稳定并长久不变，维护农民集体、承包农户、经营主体的合法权益。依法审理涉土地经营权抵押权以及土地经营权流转合同等纠纷案件，保障农村土地经营权有序流转，推动家庭农场培育和农民合作社质量提升，助力现代农业经营体系建设。

第四，加大涉农知识产权司法保护力度，推动农业科技进步和创新。加强涉农知识产权案件审判工作，加大对种源“卡脖子”农业关键核心技术等知识产权司法保护力度，激发创新活力，推动农业科技自立自强。依法审理侵害植物新品种权纠纷案件，秉持有利于权利保护的司法理念，扩大育种创新成果法律保护范围，通过司法手段推动育种创新。加强种业知识产权保护，强化与相关部门的沟通协作，推动司法保护和行政保护有效衔接，推进高质高效合作。加大对“南繁硅谷”种业知识产权司法保护力度，推动制种基地和良种繁育体系建设，助推品种培优、品质提升、品牌打造和标准化生产，增强种业自主创新的内在

动力。

第五，加强农业生态环境司法保护，推进农业绿色发展。坚持生态优先、绿色发展理念，充分发挥生态环境保护的引领和倒逼作用，推进荒漠化、石漠化、坡耕地水土流失综合治理、农业面源污染治理、重点区域地下水保护与超采治理，加大黑土地司法保护力度，以持续改善环境质量促进农村经济社会发展全面绿色转型。加大对涉农环境污染、生态破坏违法犯罪行为的惩处力度，确保保护生态环境“最严密的法治”有效实施，维护农业生态安全。依法审理涉农村地区环境污染、生态破坏责任纠纷以及民事、行政公益诉讼案件，坚守“绿水青山就是金山银山”理念，强化环境治理与生态修复工作，探索多样化责任承担方式。依法审理长江、黄河等重点水域禁捕案件，充分发挥流域司法协作效能，持续推进大江、大河生态环境整体保护和系统治理。

22. 司法服务和保障如何助力乡村建设行动，打造宜居宜业美丽乡村？

《关于为全面推进乡村振兴　加快农业农村现代化提供司法服务和保障的意见》指出，第一，贯彻落实总体国家安全观，促进乡村和谐稳定。持续推进农村地区扫黑除恶斗争常态化，依法严惩宗族恶势力和“村霸”“市霸”“行霸”“路霸”等农村黑恶势力，不断增强人民群众安全感。依法惩处侵害农村留守儿童、妇女和老年人以及残疾人、困境儿童合法权益犯罪行为，加大对农村留守儿童、妇女和老年人以及残疾人、困境儿童等特殊弱势群体的司法保护力度，加强对农村留守儿童、妇女和老年人以及残疾人、困境儿童的关爱服务。加大对农村非法宗教活动和境外渗透活动的惩处力度，严厉打击组织和利用邪教组织犯罪，防止邪教向农村渗透。协同有关部门建立健全农村应急管理工作机制，依法制止利用宗教、邪教干预农村公共事务，促进稳固农村基层政权。

第二，服务打好污染防治攻坚战，推进农村人居环境整治提升。围绕打好污染防治攻坚战总体目标，依法履职尽责，支持农村地区推进生活垃圾治理专项行动，推进农村人居环境整治。针对农村地区污水、黑臭水体、垃圾污染等群众反映强烈的突出问题，依法公正高效审理相关案件，运用司法手段推动改善生态环境质量，助力推进村庄清洁和绿化行动。

第三，妥善审理涉农村地区基础设施建设纠纷案件，助推补齐农村发展短板弱项。依法审理涉农村地区高速公路、客货共线铁路、水利、电力、机场、通信网络等重大基础设施建设工程纠纷案件，持续推进改善农村地区基础设施条件。依法审理涉农村资源路、产业路、旅游路等建设纠纷案件，持续推进“四好农村路”建设。依法审理农村地区农产品和食品仓储保鲜、冷链物流设施建设纠纷案件，支持乡村特色产业发展壮大。

第四，加大对农村地区历史文化遗产的司法保护力度，推进优秀历史文化传承。依法审理破坏历史文化名镇名村、文物、历史建筑以及传统村落、传统民居等农村物质文化遗产案件，加大对农村物质文化遗产的司法保护力度。综合运用多种手段，助推农村非物质文化遗产的传承和开发利用。

第五，助推农村要素市场化配置改革，激发乡村发展内生动力。审慎审理集体经营性建设用地纠纷案件，推动探索实施农村集体经营性建设用地入市制度，助推土地要素市场化配置，推进农村土地制度改革。按照国家政策及相关指导意见，区分国家确定的宅基地制度改革试点地区与非试点地区，依法妥善处理宅基地使用权因抵押担保、转让产生的纠纷，依法保护当事人权益，助推农村宅基地制度改革。进一步推进劳动人事争议调解仲裁与诉讼衔接，妥善审理涉农民工劳动争议案件，支持劳动力等要素市场化配置，引导劳动力要素合理畅通有序流动，推动完善要素交易规则。

第六，发挥司法裁判规则引领和价值导向作用，促进乡风文明。以贯彻民法典为契机，加强裁判文书说理，深入推进社会主义核心价值观融入裁判文书释法说理，推动社会主义核心价值观转化为人民群众的情

感认同和行为习惯。贯彻《新时代公民道德建设实施纲要》，坚持把社会主义核心价值观融入司法工作，用群众喜闻乐见的方式，加强以案释法和法治宣传，以法治大力弘扬真善美、打击假恶丑，实现法安天下、德润民心。

23. 司法服务和保障如何落实惠农富农政策，保障农民富裕富足？

《关于为全面推进乡村振兴　加快农业农村现代化提供司法服务和保障的意见》指出，第一，依法惩处涉农业投资和农业补贴犯罪行为，确保惠农富农政策落地见效。严厉打击侵占、挪用、贪污农业投资资金犯罪行为，促进涉农资金的管理和规范使用，确保农业投资有效利用。依法惩处截留、挤占农业补贴犯罪行为，确保农业支持政策落到实处，切实保障农业补贴真正惠及农民。依法惩处集体资产管理、土地征收等领域违法犯罪行为，推动开展农村基层微腐败整治，不断提升农民群众幸福感。

第二，积极开展根治欠薪专项行动，依法保护农民工合法权益。加大脱贫地区公共基础建设欠薪案件的审执力度，特别是脱贫地区以工代赈基础设施建设领域欠薪案件的审执力度，切实提高根治拖欠农民工工资工作质效。加大对劳动密集型加工制造等行业农民工权益保护力度，保持治理欠薪高压态势，进一步加强劳动保障监察执法与刑事司法衔接配合工作，依法公正审理拒不支付劳动报酬刑事犯罪案件，切实保障农民工合法权益。

第三，依法保障进城落户农民合法权益，不断提升农民群体获得感、幸福感。依法保护进城农户的土地承包经营权、宅基地使用权、集体收益分配权。对于承包农户进城落户的，人民法院可通过司法手段支持保护其按自愿有偿原则依法在本集体经济组织内转让土地承包经营权，或者将承包地退还给集体经济组织。

第四，加大民生案件审执力度，切实保障农民基本生活。加大对追索劳动报酬、赡养费、扶养费、抚育费、抚恤金、医疗费用、交通事故人身损害赔偿、工伤保险待遇等案件审执力度，切实维护农民生存生活基本权益。对于被执行人确无履行能力、申请执行人面临生存生活困难的执行案件，充分利用司法救助资金，及时对符合救助条件的申请执行人进行司法救助。

24. 司法服务和保障如何确保做到积极服务全面推进乡村振兴和基层治理工作?

《关于为全面推进乡村振兴 加快农业农村现代化提供司法服务和保障的意见》指出，第一，增加乡村地区司法资源供给，不断强化人民法庭建设。认真贯彻第四次全国人民法庭工作会议精神，把强化人民法庭建设、服务全面推进乡村振兴和基层治理作为一项长期工作抓紧抓实，推动人民法庭工作实现新发展，促进构建基层治理新格局。坚持强基导向，改革和优化人民法庭布局，围绕矛盾纠纷特点因地制宜设立特色巡回法庭，为解决“三农”纠纷提供更加精准化、精细化的司法服务。完善人民法庭巡回审理制度，合理设置巡回办案点和诉讼服务点，做好巡回审判工作，最大限度减少群众诉累。充分发挥人民法庭职能作用，紧扣市域、县域治理需求，积极参与基层治理，实现人民安居乐业、社会安定有序、国家长治久安。

第二，加强对各类调解组织的指导，有效提升基层治理水平。不断加强与公安、司法、劳动人事争议调解仲裁、农村土地承包仲裁、人民调解委员会等其他基层国家机关、基层群众自治组织、行业调解组织等的协同配合，按照“不缺位、不越位、不错位”的原则，切实履行指导人民调解工作的法定职责，积极做好司法确认等诉讼与非诉讼矛盾纠纷解决机制的衔接工作。加强对各类调解组织的指导，进一步推进制度化、规范化建设，不断提升调解的工作质效，积极提升基层治理法治化水平。

第三，注重矛盾纠纷多元化解，切实把矛盾解决在萌芽状态。坚持

把非诉讼纠纷解决机制挺在前面，积极推动矛盾纠纷源头预防化解。坚持和发展新时代“枫桥经验”，加强与基层党组织、政法单位、基层群众自治组织的对接，推动形成工作合力，最大限度将矛盾化解在基层。积极发挥一站式诉讼服务中心解纷功能，推动家事纠纷、相邻关系、交通事故、医疗纠纷、消费者权益保护等纠纷案件通过调解、仲裁等方式一站式化解。推进人民法庭进乡村、进社区、进网格工作，依托人民法院调解平台，通过“引进来”“走出去”，构建分层递进源头预防化解矛盾纠纷路径，推动矛盾纠纷就地发现、就地调处、就地化解。探索建立以人民法庭为支点，精准对接村委会等乡村社会基层治理力量的矛盾纠纷基层预防治理机制，进一步优化人民法院信息化平台各项功能，建立乡村基层矛盾纠纷采集、处理、反馈全程网上流转机制，提升信息化平台解纷实效。

第四，加强农村法治宣传教育，营造良好乡村建设法治环境。加大以案普法、以案释法力度，深入宣传与农民群众密切相关的法律法规，推动形成“办事依法、遇事找法”的行为自觉。充分利用“12·4”国家宪法日、宪法宣传周等时间节点和农贸会、庙会等，组织开展法治宣传教育活动，促进农民群众“学法、信法、用法”。推动法治文化与民俗文化、乡土文化的有机融合，创作具有乡土文化特色、群众喜闻乐见的法治文化作品，助力开展群众性法治文化活动，积极推进法治乡村建设。

25. 司法服务和保障如何完善服务“三农”工作机制？

《关于为全面推进乡村振兴　加快农业农村现代化提供司法服务和保障的意见》指出，坚持有序调整、平稳过渡原则，推动服务巩固拓展脱贫攻坚成果同乡村振兴政策的有效衔接。围绕接续推进脱贫地区发展和乡村全面振兴，扎实推进服务政策衔接，确保工作不留空档，增强服务保障政策稳定性。根据形势任务变化，合理把握节奏、力度，出台、优化服务保障举措，确保政策不留空白。精准对接脱贫地区人民群众司法需求，逐步实现从“两不愁三保障”转向乡村产业兴旺、生态宜居、乡风文明、治理有效、生活富裕服务举措的转变。

更加注重系统观念，不断提升服务工作质效。把系统观念贯彻服务全面推进乡村振兴、加快农业农村现代化全过程，聚焦目标任务，加强前瞻性思考、全局性谋划、整体性推进，着力补短板、强弱项，不断推动人民法院服务保障工作质效。聚焦服务脱贫地区巩固拓展脱贫攻坚成果和乡村振兴目标任务，紧盯解决突出矛盾和问题，加强服务举措创新充分联动和衔接配套，切实提升服务综合效能。

坚持问题导向，积极完善便民惠民司法举措。按照《全国人民代表大会常务委员会关于授权最高人民法院在部分地区开展民事诉讼程序繁简分流改革试点工作的决定》和《最高人民法院关于印发〈民事诉讼程序繁简分流改革试点实施办法〉的通知》要求，试点地区人民法院就涉农纠纷要积极优化司法确认程序、小额诉讼程序和简易程序，健全审判组织模式，探索推行电子诉讼在线审理机制，有效降低当事人诉讼成本，促进司法效率提升。坚持群众需求导向，不断升级一站式诉讼服务中心，使诉讼服务向农村延伸、向网上延伸，为当事人提供“一站通办、一网通办、一号通办、一次通办”便捷高效、智能精准的诉讼服务。加大一站式诉讼服务中心建设，让当事人到一个场所、一个平台就能一站式办理全部诉讼事项。

全面深化智慧法院建设，以科技赋能人民法院服务“三农”工作。充分利用“十四五”时期网络强国、数字中国建设重大机遇，积极探索运用大数据、区块链等技术为司法工作提供强大技术支撑，加强服务乡村公共服务、基层治理等举措的数字化、智能化建设，提升司法工作的信息化、智能化水平。构建系统完备的在线诉讼规则体系，推动办案全流程在线支持、全过程智能辅助、全方位信息公开，提高司法解决涉农纠纷的便捷性、高效性、透明度。加快推进审判体系和审判能力现代化，不断提升人民法院服务全面推进乡村振兴、加快农业农村现代化的能力水平。

26. 如何调处化解乡村矛盾纠纷?

2020年中央1号文件指出，要坚持和发展新时代“枫桥经验”，进一步加强人民调解工作，做到小事不出村、大事不出乡、矛盾不上交。畅通农民群众诉求表达渠道，及时妥善处理农民群众合理诉求。持续整治侵害农民利益行为，妥善化解土地承包、征地拆迁、农民工工资、环境污染等方面矛盾。推行领导干部特别是市县领导干部定期下基层接访制度，积极化解信访积案。组织开展“一村一法律顾问”等形式多样的法律服务。对直接关系农民切身利益、容易引发社会稳定风险的重大决策事项，要先进行风险评估。

27. 如何建设平安乡村?

2018年中央1号文件指出，建设平安乡村：一是健全落实社会治安综合治理领导责任制，大力推进农村社会治安防控体系建设，推动社会治安防控力量下沉。二是深入开展扫黑除恶专项斗争，严厉打击农村黑恶势力、宗族恶势力，严厉打击黄赌毒盗拐骗等违法犯罪。三是依法加大对农村非法宗教活动和境外渗透活动打击力度，依法制止利用宗教干预农村公共事务，继续整治农村乱建庙宇、滥塑宗教造像。四是完善县乡村三级综治中心功能和运行机制。五是健全农村公共安全体系，持续开展农村安全隐患治理。六是加强农村警务、消防、安全生产工作，坚决遏制重特大安全事故。七是探索以网格化管理为抓手、以现代信息技术为支撑，实现基层服务和管理精细化精准化。八是推进农村“雪亮工程”建设。

2019年中央1号文件指出，一要深入推进扫黑除恶专项斗争，严厉打击农村黑恶势力，杜绝“村霸”等黑恶势力对基层政权的侵蚀。二要严厉打击敌对势力、邪教组织、非法宗教活动向农村地区的渗透。三要推进纪检监察工作向基层延伸，坚决查处发生在农民身边的不正之风和腐败问题。四要健全落实社会治安综合治理领导责任制。

深化拓展网格化服务管理，整合配优基层一线平安建设力量，把更多资源、服务、管理放到农村社区。五要加强乡村交通、消防、公共卫生、食品药品安全、地质灾害等公共安全事件易发领域隐患排查和专项治理。六要加快建设信息化、智能化农村社会治安防控体系，继续推进农村“雪亮工程”建设。七要坚持发展新时代“枫桥经验”，完善农村矛盾纠纷排查调处化解机制，提高服务群众、维护稳定的能力和水平。

2020年中央1号文件指出，要推动扫黑除恶专项斗争向纵深推进，严厉打击非法侵占农村集体资产、扶贫惠农资金和侵犯农村妇女儿童人身权利等违法犯罪行为，推进反腐败斗争和基层“拍蝇”，建立防范和整治“村霸”长效机制。依法管理农村宗教事务，制止非法宗教活动，防范邪教向农村渗透，防止封建迷信蔓延。加强农村社会治安工作，推行网格化管理和服务。开展农村假冒伪劣食品治理行动。打击制售假劣农资违法违规行为。加强农村防灾减灾能力建设。全面排查整治农村各类安全隐患。

2022年中央1号文件指出，要推进更高水平的平安法治乡村建设。创建一批“枫桥式公安派出所”“枫桥式人民法庭”。常态化开展扫黑除恶斗争，持续打击“村霸”。防范黑恶势力、家族宗族势力等对农村基层政权的侵蚀和影响。依法严厉打击农村黄赌毒和侵害农村妇女儿童人身权利的违法犯罪行为。加强农村法治宣传教育。加强基层社会心理服务和危机干预，构建一站式多元化矛盾纠纷化解机制。加强农村宗教工作力量。统筹推进应急管理与乡村治理资源整合，加快推进农村应急广播主动发布终端建设，指导做好人员紧急转移避险工作。开展农村交通、消防、安全生产、自然灾害、食品药品安全等领域风险隐患排查和专项治理，依法严厉打击农村制售假冒伪劣农资、非法集资、电信诈骗等违法犯罪行为。加强农业综合行政执法能力建设。落实基层医疗卫生机构疾病预防控制责任。健全农村新冠肺炎疫情常态化防控工作体系，严格落实联防联控、群防群控措施。

28. 如何健全农村低收入人口常态化帮扶机制？

中共中央、国务院印发的《关于实现巩固拓展脱贫攻坚成果同乡村振兴有效衔接的意见》指出，第一，加强农村低收入人口监测。以现有社会保障体系为基础，对农村低保对象、农村特困人员、农村易返贫致贫人口，以及因病因灾因意外事故等刚性支出较大或收入大幅缩减导致基本生活出现严重困难人口等农村低收入人口开展动态监测。充分利用民政、扶贫、教育、人力资源社会保障、住房城乡建设、医疗保障等政府部门现有数据平台，加强数据比对和信息共享，完善基层主动发现机制。健全多部门联动的风险预警、研判和处置机制，实现对农村低收入人口风险点的早发现和早帮扶。完善农村低收入人口定期核查和动态调整机制。

第二，分层分类实施社会救助。完善最低生活保障制度，科学认定农村低保对象，提高政策精准性。调整优化针对原建档立卡贫困户的低保“单人户”政策。完善低保家庭收入财产认定方法。健全低保标准制定和动态调整机制。加大低保标准制定省级统筹力度。鼓励有劳动能力的农村低保对象参与就业，在计算家庭收入时扣减必要的就业成本。完善农村特困人员救助供养制度，合理提高救助供养水平和服务质量。完善残疾儿童康复救助制度，提高救助服务质量。加强社会救助资源统筹，根据对象类型、困难程度等，及时有针对性地给予困难群众医疗、教育、住房、就业等专项救助，做到精准识别、应救尽救。对基本生活陷入暂时困难的群众加强临时救助，做到凡困必帮、有难必救。鼓励通过政府购买服务对社会救助家庭中生活不能自理的老年人、未成年人、残疾人等提供必要的访视、照料服务。

第三，合理确定农村医疗保障待遇水平。坚持基本标准，统筹发挥基本医疗保险、大病保险、医疗救助三重保障制度综合梯次减负功能。完善城乡居民基本医疗保险参保个人缴费资助政策，继续全额资助农村特困人员，定额资助低保对象，过渡期内逐步调整脱贫人口资助政策。

在逐步提高大病保障水平基础上，大病保险继续对低保对象、特困人员和返贫致贫人口进行倾斜支付。进一步夯实医疗救助托底保障，合理设定年度救助限额，合理控制救助对象政策范围内自付费用比例。分阶段、分对象、分类别调整脱贫攻坚期超常规保障措施。重点加大医疗救助资金投入，倾斜支持乡村振兴重点帮扶县。

第四，完善养老保障和儿童关爱服务。完善城乡居民基本养老保险费代缴政策，地方政府结合当地实际情况，按照最低缴费档次为参加城乡居民养老保险的低保对象、特困人员、返贫致贫人口、重度残疾人等缴费困难群体代缴部分或全部保费。在提高城乡居民养老保险缴费档次时，对上述困难群体和其他已脱贫人口可保留现行最低缴费档次。强化县乡两级养老机构对失能、部分失能特困老年人口的兜底保障。加大对孤儿、事实无人抚养儿童等保障力度。加强残疾人托养照护、康复服务。

第五，织密兜牢丧失劳动能力人口基本生活保障底线。对脱贫人口中完全丧失劳动能力或部分丧失劳动能力且无法通过产业就业获得稳定收入的人口，要按规定纳入农村低保或特困人员救助供养范围，并按困难类型及时给予专项救助、临时救助等，做到应保尽保、应兜尽兜。

29. 如何做好农村地区疫情防控工作?

国务院联防联控机制发布的《关于进一步做好当前新冠肺炎疫情防控工作的通知》指出，完善落实农村地区疫情防控工作方案。各地要把农村地区疫情防控作为重中之重，加强机场周边、城乡接合部、务工返乡人员较多的农村地区疫情防控，强化网格化、精细化管理。对机场入境物品和周边遗弃垃圾等进行集中管理，开展必要的预防性消毒。对城乡接合部服务业从业人员特别是从事冷链工作人员加大核酸检测频次。对春节返乡人员做好信息登记和日常健康监测，督促减少外出、落实个人防护措施。

提升“早发现”能力。加强农村地区疫情监测，扩大“应检尽检”

范围，将基层医疗卫生机构和个体诊所工作人员、农村需排查和协查人员等纳入定期核酸检测范围，落实“村报告、乡采样、县检测”规定和相应的处置流程。严格落实首诊报告制度，充分发挥村卫生室、个体诊所、药店等的“哨点”作用，做好退烧药、抗病毒药、抗生素等药品处方或销售的实名登记，发现有发热、咳嗽、咽痛、嗅（味）觉减退、腹泻等症状的可疑患者，2 小时内必须向乡镇卫生院报告，对缓报、迟报甚至瞒报的严肃处理。接到报告后，乡镇卫生院要立即组织核酸采样，尽快送到县级医疗卫生机构检测。县域内要加强统筹协调，加大对采样力量薄弱乡镇卫生院的人员培训和采样物资保障力度，县级医疗卫生机构和专家组要加强对基层监测排查工作的巡回指导和督查。

加强重点环节防控。压实乡镇党委政府、村“两委”等责任，做好重点人员摸排和网格化管理，组织开展居家健康监测。加强集贸市场、村民活动室、棋牌室等场所疫情防控管理，对养老机构、福利机构、监所等人员集中场所严格落实防控指南要求，必要时实行封闭管理，相关行业主管部门要切实担负起责任。要引导农村地区减少聚集性活动，推动移风易俗，倡导“喜事缓办，丧事简办，宴会不办”，严格控制庙会等民俗活动。暂停宗教活动场所聚集性活动，依法制止非法宗教活动。

深度阅读

新农村乡风文明的时代特征及建设路径

来源：《人民论坛》2022 年 03（上）（中）合并版，总第 732 期

2022 年中央 1 号文件提出，“创新农村精神文明建设有效平台载体”。剖析乡风文明的时代特征，分析乡风文明建设中应处理的“五大”关系，思考乡风文明建设的路径，繁荣乡村文化，培育文明乡风，对于全面推进乡村振兴、加快农业农村现代化具有重要意义。

乡风文明的时代特征

乡风文明体现了全面小康的内涵特征。从要素层面上讲，全面小康不仅体现在物质层面，而且体现在精神层面、政治层面、社会层面、生态层面，是立体化、多维度、全方位的小康；从区域层面上讲，全面小康不仅是城镇的小康，而且是乡村的小康，更是广大脱贫地区的小康。随着农村居民物质生活水平的不断提高，精神需求、生态需求等将会逐渐成为消费主题，进而推动乡村精神文明、生态文明建设，提升乡风文明水平。

乡风文明是乡村文明的内核。理论上讲，物质文明、政治文明、精神文明、社会文明、生态文明等五种文明形态，共同构成了人类社会发展的文明体系，每一种形态都与社会经济发展阶段、人类认知水平等紧密相关。对乡村文明而言，也涵盖了上述五种文明形态，具有鲜明的系统性特点。特别是随着城镇化进程的加快，以及全域旅游理念的提出，乡村开放程度更深、范围更广、领域更全，乡风文明在乡村文明建设中发挥着统领作用，是乡村文明的内核。

乡风文明建设是乡村振兴战略的灵魂。全面实施乡村振兴战略是一个系统工程，具有多元性、艰巨性、长期性特点。无论是党的十六届五中全会提出的社会主义新农村建设，还是党的十九大提出的乡村振兴战略，都将乡风文明作为总的目标要求之一。"文化是一个国家、一个民族的灵魂。"从这个意义上来讲，乡风文明建设是乡村振兴战略的灵魂，既是乡村振兴的内容，也是乡村振兴的目标，更是推进乡村振兴战略的动力源泉。

乡风文明展现了村民的时代精神面貌。习近平总书记指出，"实施乡村振兴战略要物质文明和精神文明一起抓，特别要注重提升农民精神风貌"。充分发挥中华优秀传统文化的独特优势，加强乡风文明建设，有利于形成良好的社会秩序和社会风尚，提高农民的思想道德水平和科学文化素质。全面建成小康社会，农民群众的精神面貌发生了由内而外

的深刻变化，提振了农民的精气神，提升了农民的幸福感和安全感，成为实施乡村振兴战略的重要推动力。

乡风文明建设要处理好“五大”关系

一是传统与现代之间的关系。在美丽乡村建设中，乡风文明是目标要求之一。但笔者调研发现，一些地方过多关注传统意义上的乡风文明建设内容，重点依然集中在移风易俗传承好家风，继承和发扬尊老爱幼、邻里互助、诚实守信等方面，没有及时将社会主义核心价值观、“五位一体”和新发展理念等新内容、新要素纳入其中，换句话说，就是没有很好地实现传统元素与现代元素的有效融合。为了解决这个问题，乡风文明建设一方面要传承中华优秀传统文化，另一方面要吸收现代文化元素，并处理好二者之间的关系，以实现目标的精准化。

二是内容与形式之间的关系。乡风文明建设具有丰富的内容，内容的类型决定其实现形式，彼此之间需要良好的匹配，以达到预期成效。从空间尺度上来说，乡风文明建设既包含了以家庭为单元的家风，又包含了以村为单元的民风，更包含了以乡村为单元的乡风。每一个空间尺度都应处理好内容与形式的关系。特别是民族地区，更需要紧紧把握其村落文化的特点，充分利用民族特有的文化元素符号、民风、民俗，因地制宜选择乡风文明建设的方式，实现内容与形式之间的匹配与统一。

三是长期与短期之间的关系。我国乡风文明建设的实践表明，随着社会经济的不断发展，乡村在越来越受到外来因素影响的同时，也会受到内部因素诱变，从而不断出现新问题，也及时体现了相应的时代特点。为此，乡风文明建设的内容也需要紧跟时代的步伐，凸显时代特征。但总体上来讲，乡风文明建设具有长期性，可以说，乡风文明建设伴随着乡村振兴战略实施的全过程、实现农业农村现代化的全过程、全面建成社会主义现代化强国的全过程，更伴随着实现中华民族伟大复兴中国梦的全过程。

四是继承与创新之间的关系。在乡风文明建设中，处理好继承与创新之间的关系，是马克思主义唯物辩证法的具体应用。然而在乡风文明建设的理论研究与实践推动中，往往存在着对中华传统文化的片面认识，甚至将乡村文化称为“糟粕”，这是缺乏辩证思维的典型表现之一。为此，必须遵循实事求是原则，传承中华优秀传统文化。同时，应依据新发展阶段的特点，推动中华优秀传统文化进行创造性转化、创新性发展，增强文化自信。

五是乡村与城市之间的关系。众所周知，长期以来存在的城乡二元结构，导致了城乡文化基础设施、文化资源、文化人才等方面的差距，乡村居民难以享受充分的城市文明。党的十八大以来，党中央、国务院高度关注城乡均衡发展、融合发展，并出台了一系列政策措施，有力地推动了农村文化建设，农村书屋、农村文化广场等设施建设得到加强，再加上送文化下乡等系列活动，丰富了乡村居民的精神文化生活。推动乡风文明建设，必须处理好乡村与城市之间的关系，既要发挥乡村传统民俗、民风等村落文化元素符号的作用，也要让农民能够享受到现代城市文化元素符号体现的现代文明，更好地实现乡村文化与城市文化的融合。

推进乡风文明建设的路径探索

加强乡风文明建设的顶层设计。新发展阶段，实施乡村振兴战略既是做好“三农”工作的总抓手，更是一项基础性、战略性、历史性的任务。从本质上来讲，乡风文明是乡村文化最核心的内容，与乡村居民联系最紧密，与乡村居民日益增长的美好生活需要相比，乡风文明建设依然存在着不充分不均衡问题。因此，要围绕着全面实施乡村振兴战略，对乡风文明建设进行顶层设计、全面部署、系统推进，明晰乡风文明建设的关键点、路线图、时间表，补齐存在的短板与弱项，提升乡风文明水平，推动乡村高质量发展。

强化乡风文明建设的组织领导。乡风文明建设具有政治性、专业性特点，各级党委要以高度的政治责任感，与党中央保持高度一致，真正重视乡风文明建设，做好“一线总指挥”；同时，各级党委要加强乡风

文明领域相关专业知识的学习，提高自身的专业领导能力、决策能力，提高决策的科学性、准确性，为乡风文明建设提供组织保障；基层党组织要切实承担起带领农民全面投入到乡风文明建设的政治责任，要敢于亮剑、精准亮剑，对破坏乡风文明的言行要敢抓敢管敢制止，对有助于乡风文明建设的义行善举要善于发现，树立典型。同时，还应加强基层党组织的战斗堡垒作用，充分发挥党组织的凝聚力、影响力、战斗力，以及党员的先锋模范作用。

注重乡风文明建设的内容甄别。从理论上讲，乡风文明是广大农村经过一定的历史时期而形成的一种具有区域特色、思维方式以及历史文化传统的文化形态，是特定社会、经济、政治、文化和道德等状况的综合反映，内容非常丰富，既有个体层面的，也有区域层面的。因此，在推动乡风文明建设中，需要对其内容进行科学甄别。具体而言，一是区域空间尺度上对乡风文明建设中的关键内容进行甄别。不同区域乡风文明建设的内容既有共性，也有差异性。因此，应根据乡风文明建设的总体要求，因地制宜对乡风文明建设的内容进行系统梳理，严格遵守实事求是原则，从中甄别出关键内容；二是时间尺度上对乡风文明建设内容进行确定。乡风文明建设中，有些内容会伴随乡村振兴战略的全过程，具有长期性，有些内容则会随着时代变化而有所变化。为此，要根据乡村实际及内容特征，将其划分为长期、短期两种类型，提出精准的建设路径及相应策略。

推动乡风文明建设的方式创新。乡风文明建设必须紧跟时代步伐，把准时代脉搏，及时对推进方式进行调整、创新，以实现预期成效，助力乡村振兴战略的实施。特别是现阶段乡村情况发生了巨大变化，如年轻劳动力进城务工，在城市文化的影响下，其人生观、价值观以及思维方式、对传统村落文化的认同感等都会发生一定程度的变化，由此产生传统文化与现代文化、乡村文化与城市文化之间的冲突。同时，信息化发展对中华优秀传统文化传承造成了挑战。当前，网络游戏对乡村手机用户，尤其是对留守儿童带来的影响巨大。此外，笔者调研发现，国家实施的诸如农家书屋、送文化下乡等活动，在很多地方已经不适应乡风文明建设的实际，必须根据实际情况进行相应调整，避免由此导致的国家财政投入的无效化。时代发展带来了家庭生活空间、生活品质的变化，家教、家风面临的外界环境更加多元，好家风好家训的传承方式也需要进行创新。当前，乡风文明建设应利用大数据技术、新媒体等激活外出村民的乡村记忆，留住乡愁，传承文明。

创新乡风文明建设的有效载体。新时代，乡风文明重在弘扬和践行社会主义核心价值观，将“听党话、感党恩、跟党走”作为乡风文明建设的重要内容，并依据乡村实际，开展富有区域特点的活动，如开展村歌、“村晚”、广场舞等。积分制作为一种有效的治理方式，将其应用于农户参与农村婚俗改革、殡葬习俗改革的行为评价，也将有效地推动乡风文明建设。

建立健全乡风文明建设的长效机制。一是完善考核机制。将乡风文明建设纳入县、乡两级年度工作绩效考核和领导干部考核内容。坚持实事求是原则，紧紧结合区域乡村的实际情况，因地制宜设置乡风文明建设的考核指标，杜绝形式主义，确保考核的科学性、准确性、有效性。采取多方参与、全程参与的考核方式，特别是政府购买服务方式，由第三方进行评估，避免政府相关部门“既做运动员，又做裁判员”的考核方式，做到公平公正公开，使得考核结果真正发挥作用，更好地推进乡风文明建设。同时，也为对不担当、不作为干部进行问责提供依据。二是建立乡风文明建设的参与机制。广大农民既是乡风文明建设的主体，也是乡风文明建设的直接受益者，基层党组织应采取有效措施，充分调动农民的主动性、积极性，充分发挥农民的主体作用，真正参与到乡风文明建设的全过程。三是建立监督机制。由村民代表、退休教师或者回乡创业人员等组成监督队伍，并建立相应的监督机制，确保乡风文明建设能够取得预期成效并实现可持续性。

（作者：中国社会科学院农村发展研究所研究员、博导于法稳）

第八章 加大政策保障力度 深化农村改革

党的十八大以来，党中央系统谋划、统筹部署，出台了一批顶层设计的农村改革方案，实施了一批纵深突破的农村改革试点，农村土地、集体产权和法律制度改革深入推进，新型农业经营体系加快构建，城乡融合发展体制机制和政策体系初步建立，深化农村改革取得重大阶段性进展，为实施乡村振兴战略提供了制度和政策保障。

当前，百年变局和世纪疫情交织，世界经济复苏脆弱，我国经济社会发展面临的形势错综复杂，必须稳住农业基本盘、做好“三农”工作。农村改革过去为经济社会发展提供了动力源泉，新阶段做好“三农”工作更要用好“改革”这一法宝。因此，要加大政策保障力度，为加快推进农村重点领域和关键环节改革提供政策支撑，激发农村资源要素活力，完善农业支持保护制度，尊重基层和群众创造，推动改革不断取得新突破，为全面推进乡村振兴、加快实现农业农村现代化提供持续动力。

1. 如何完善农业支持保护制度？河北省 2022 年如何做？

2018 年中央 1 号文件指出，要完善农业支持保护制度：一是以提升农业质量效益和竞争力为目标，强化绿色生态导向，创新完善政策工具和手段，扩大“绿箱”政策的实施范围和规模，加快建立新型农业支持保护政策体系。二是深化农产品收储制度和价格形成机制改革，加快培育多元市场购销主体，改革完善中央储备粮管理体制。三是通过完善拍卖机制、定向销售、包干销售等，加快消化政策性粮食库存。落实和完善对农民直接补贴制度，提高补贴效能。四是健全粮食主产区利益补偿机制。五是探索开展稻谷、小麦、玉米三大粮食作物完全成本保险和收入保险试点，加快建立多层次农业保险体系。

2019 年中央 1 号文件指出，一要按照增加总量、优化存量、提高效能的原则，强化高质量绿色发展导向，加快构建新型农业补贴政策体系。二要按照适应世贸组织规则、保护农民利益、支持农业发展的原则，抓紧研究制定完善农业支持保护政策的意见。三要调整改进“黄箱”政策，扩大“绿箱”政策使用范围。四要按照更好发挥市场机制作用取向，完善稻谷和小麦最低收购价政策。完善玉米和大豆生产者补贴政策。五要健全农业信贷担保费率补助和以奖代补机制，研究制定担保机构业务考核的具体办法，加快做大担保规模。六要按照扩面增品提标的要求，完善农业保险政策。推进稻谷、小麦、玉米完全成本保险和收入保险试点。扩大农业大灾保险试点和“保险＋期货”试点。探索对地方优势特色农产品保险实施以奖代补试点。七要打通金融服务“三农”各个环节，建立县域银行业金融机构服务“三农”的激励约束机制，实现普惠性涉农贷款增速总体高于各项贷款平均增速。推动农村商业银行、农村合作银行、农村信用社逐步回归本源，为本地“三农”服务。研究制定商业银行“三农”事业部绩效考核和激励的具体办法。用好差别化准备金率和差异化监管等政策，切实降低“三农”信贷担保服务门槛，鼓励银行业金融机构加大对乡村振兴和脱贫攻坚中长期信贷支持力度。八要支持重点领域特色农产品期货期权品种上市。

2022年中央1号文件指出，加大政策保障和体制机制创新力度，一是要扩大乡村振兴投入。二是要强化乡村振兴金融服务。三是要加强乡村振兴人才队伍建设。四是要抓好农村改革重点任务落实。

2022年河北省1号文件指出，强化政策保障和体制机制创新力度，一是要强化乡村振兴投入保障。继续把农业农村作为一般公共预算优先保障领域，完善涉农资金统筹整合长效机制。在防范政府债务风险前提下，支持市县使用地方政府债券，用于符合条件的乡村振兴公益性项目。土地出让收入优先支持乡村振兴，2022年各市（含定州、辛集市）、雄安新区土地出让收益用于农业农村比例达到38%。提高乡村振兴领域项目储备质量。强化预算绩效管理和监督。二是要强化乡村振兴金融服务。对机构法人在县域、业务在县域、资金主要用于乡村振兴的地方法人金融机构，加大支农支小再贷款、再贴现支持力度，推动从农村吸储的资金主要用于乡村振兴。推广“政银担”金融支农模式，发挥“裕农通（河北）”平台作用。支持金融机构探索农业农村基础设施中长期信贷模式。开展大型农机具、温室大棚、养殖圈舍、生物活体抵押贷款试点。依法合规开展农产品仓单、农业知识产权等质押贷款。深化农村信用社改革，改善公司治理结构，稳妥化解风险。完善乡村振兴金融服务统计制度，开展金融机构服务乡村振兴考核评估。推进“双基”共建农村信用工程，发展农户信用贷款。发展农业保险和再保险，因地制宜开展地方特色优势农产品保险。优化完善“保险+期货”模式。强化涉农信贷风险市场化分担和补偿，做大面向新型农业经营主体的担保业务。三是要强化乡村振兴用地保障。各地可在乡镇国土空间规划和村庄规划中预留不超过5%的建设用地机动指标，重点保障村民居住、农村公共公益设施、零星分散的乡村文旅设施及农村新产业新业态等。市县新增建设用地计划指标优先保障乡村振兴用地需求。在符合国土空间规

划的前提下，鼓励对依法登记的宅基地、乡镇企业用地、乡村公共设施和公益事业用地等农村建设用地，采取多种方式进行复合利用。四是要强化乡村振兴人才保障。将乡村人才振兴纳入各级党委人才工作部署推动，健全适合乡村特点的培养机制，强化人才服务乡村激励约束。实施高素质农民培育计划、乡村产业振兴带头人培育“头雁”项目、乡村振兴青春建功行动、乡村振兴巾帼行动。利用选调生招录、高校毕业生“三支一扶”等政策，引进优秀和短缺的专业人才进入“三农”工作队伍。落实县级以下事业单位管理岗位职员等级晋升制度。落实艰苦边远地区基层事业单位公开招聘倾斜政策和县以下基层专业技术人员职称评聘“定向评价、定向使用”政策，对中、高级专业技术岗位实行总量控制、比例单列。完善耕读教育体系。支持办好涉农高等学校和职业教育，培养乡村规划、设计、建设、管理专业人才和乡土人才。支持符合条件的事业单位科研人员按照国家有关规定到乡村和涉农企业创新创业，保障职称评审、工资福利、社会保障等方面权益。五是要深化农村重点领域改革。争取第二轮土地承包到期后再延长 30 年整县试点。稳慎推进农村宅基地制度改革试点，探索闲置宅基地和闲置农宅有效利用途径，规范开展房地一体宅基地日常登记颁证工作。稳妥有序推进农村集体经营性建设用地入市。开展集体经营性建设用地使用权抵押融资。依法依规有序开展全域土地综合整治试点。健全农垦国有农用地使用权管理制度。探索建立农村集体资产监督管理服务体系，加大对集体经济薄弱村帮扶力度。深化集体林权制度改革。推广“龙头企业＋合作社＋基地＋农户”模式，省级农民合作社示范社和示范家庭农场分别达到 1 600 家、1 700 家，农业生产托管服务面积达到 2.25 亿亩次。

2. 如何优先保障“三农”投入？如何扩大乡村振兴投入？

2020 年中央 1 号文件指出，要加大中央和地方财政“三农”投入力度，中央预算内投资继续向农业农村倾斜，确保财政投入与补上全面小康“三农”领域突出短板相适应。地方政府要在一般债券支出中安排一定规模支持符合条件的易地扶贫搬迁和乡村振兴项目建设。各地应有序扩大用于支持乡村振兴的专项债券发行规模。中央和省级各部门要根据补短板的需要优化涉农资金使用结构。按照"取之于农、主要用之于农"要求，抓紧出台调整完善土地出让收入使用范围进一步提高农业农村投入比例的意见。调整完善农机购置补贴范围，赋予省级更大自主权。研究本轮草原生态保护补奖政策到期后的政策。强化对"三农"信贷的货币、财税、监管政策正向激励，给予低成本资金支持，提高风险容忍度，优化精准奖补措施。对机构法人在县域、业务在县域的金融机构，适度扩大支农支小再贷款额度。深化农村信用社改革，坚持县域法人地位。加强考核引导，合理提升资金外流严重县的存贷比。鼓励商业银行发行"三农"、小微企业等专项金融债券。落实农户小额贷款税收优惠政策。符合条件的家庭农场等新型农业经营主体可按规定享受现行小微企业相关贷款税收减免政策。合理设置农业贷款期限，使其与农业生产周期相匹配。发挥全国农业信贷担保体系作用，做大面向新型农业经营主体的担保业务。推动温室大棚、养殖圈舍、大型农机、土地经营权依法合规抵押融资。稳妥扩大农村普惠金融改革试点，鼓励地方政府开展县域农户、中小企业信用等级评价，加快构建线上线下相结合、"银保担"风险共担的普惠金融服务体系，推出更多免抵押、免担保、低利率、可持续的普惠金融产品。抓好农业保险保费补贴政策落实，督促保险机构及时足额理赔。优化"保险＋期货"试点模式，继续推进农产品期货期权品种上市。

2021年中央1号文件指出，强化农业农村优先发展投入保障，就要继续把农业农村作为一般公共预算优先保障领域。一是中央预算内投资进一步向农业农村倾斜。制定落实提高土地出让收益用于农业农村比例考核办法，确保按规定提高用于农业农村的比例。各地区各部门要进一步完善涉农资金统筹整合长效机制。支持地方政府发行一般债券和专项债券用于现代农业设施建设和乡村建设行动，制定出台操作指引，做好高质量项目储备工作。二是发挥财政投入引领作用，支持以市场化方

式设立乡村振兴基金，撬动金融资本、社会力量参与，重点支持乡村产业发展。坚持为农服务宗旨，持续深化农村金融改革。运用支农支小再贷款、再贴现等政策工具，实施最优惠的存款准备金率，加大对机构法人在县域、业务在县域的金融机构的支持力度，推动农村金融机构回归本源。鼓励银行业金融机构建立服务乡村振兴的内设机构。三是明确地方政府监管和风险处置责任，稳妥规范开展农民合作社内部信用合作试点。保持农村信用合作社等县域农村金融机构法人地位和数量总体稳定，做好监督管理、风险化解、深化改革工作。完善涉农金融机构治理结构和内控机制，强化金融监管部门的监管责任。四是支持市县构建域内共享的涉农信用信息数据库，用 3 年时间基本建成比较完善的新型农业经营主体信用体系。发展农村数字普惠金融。五是大力开展农户小额信用贷款、保单质押贷款、农机具和大棚设施抵押贷款业务。鼓励开发专属金融产品支持新型农业经营主体和农村新产业新业态，增加首贷、信用贷。加大对农业农村基础设施投融资的中长期信贷支持。加强对农业信贷担保放大倍数的量化考核，提高农业信贷担保规模。将地方优势特色农产品保险以奖代补做法逐步扩大到全国。健全农业再保险制度。发挥“保险＋期货”在服务乡村产业发展中的作用。

2022 年 1 号文件指出，扩大乡村振兴投入，要继续把农业农村作为一般公共预算优先保障领域，中央预算内投资进一步向农业农村倾斜，压实地方政府投入责任。加强考核监督，稳步提高土地出让收入用于农业农村的比例。支持地方政府发行政府债券用于符合条件的乡村振兴公益性项目。提高乡村振兴领域项目储备质量。强化预算绩效管理和监督。

3. 如何确保财政投入持续增长？

2018 年中央 1 号文件指出，要确保财政投入持续增长：一是建立健全实施乡村振兴战略财政投入保障制度，公共财政更大力度向“三农”倾斜，确保财政投入与乡村振兴目标任务相适应。二是优化财政供给结构，推进行业内资金整合与行业间资金统筹相互衔接配合，增加地方自主统筹空间，加快建立涉农资金统筹整合长效机制。三是充分发挥财政资金的引导作用，撬动金融和社会资本更多投向乡村振兴。四是切实发挥全国农业信贷担保体系作用，通过财政担保费率补助和以奖代补等，加大对新型农业经营主体支持力度。五是加快设立国家融资担保基金，强化担保融资增信功能，引导更多金融资源支持乡村振兴。六是支持地方政府发行一般债券用于支持乡村振兴、脱贫攻坚领域的公益性项目。七是稳步推进地方政府专项债券管理改革，鼓励地方政府试点发行项目融资和收益自平衡的专项债券，支持符合条件、有一定收益的乡村公益性项目建设。八是规范地方政府举债融资行为，不得借乡村振兴之名违法违规变相举债。

4. 如何拓宽资金筹集渠道？

2018 年中央 1 号文件指出，要拓宽资金筹集渠道：一是调整完善土地出让收入使用范围，进一步提高农业农村投入比例。二是严格控制未利用地开垦，集中力量推进高标准农田建设。三是改进耕地占补平衡管理办法，建立高标准农田建设等新增耕地指标和城乡建设用地增减挂钩节余指标跨省域调剂机制，将所得收益通过支出预算全部用于巩固脱贫攻坚成果和支持实施乡村振兴战略。四是推广一事一议、以奖代补等方式，鼓励农民对直接受益的乡村基础设施建设投工投劳，让农民更多参与建设管护。

5. 中央财政衔接推进乡村振兴补助资金具体支持哪些方面？

财政部、国家乡村振兴局、国家发展改革委、国家民委、农业农村部和国家林业和草原局联合印发的《中央财政衔接推进乡村振兴补助资金管理办法》规定，中央财政衔接推进乡村振兴补助资金具体支持如下方面：

第一，支持巩固拓展脱贫攻坚成果。一是健全防止返贫致贫监测和

帮扶机制，加强监测预警，强化及时帮扶，对监测帮扶对象采取有针对性的预防性措施和事后帮扶措施。可安排产业发展、小额信贷贴息、生产经营和劳动技能培训、公益岗位补助等支出。低保、医保、养老保险、临时救助等综合保障措施，通过原资金渠道支持。监测预警工作经费通过各级部门预算安排。二是“十三五”易地扶贫搬迁后续扶持。支持实施带动搬迁群众发展的项目，对集中安置区聘用搬迁群众的公共服务岗位和“一站式”社区综合服务设施建设等费用予以适当补助。对规划内的易地扶贫搬迁贷款和调整规范后的地方政府债券按规定予以贴息补助。三是外出务工脱贫劳动力（含监测帮扶对象）稳定就业，可对跨省就业的脱贫劳动力适当安排一次性交通补助。采取扶贫车间、以工代赈、生产奖补、劳务补助等方式，促进返乡在乡脱贫劳动力发展产业和就业增收。继续向符合条件的脱贫家庭（含监测帮扶对象家庭）安排“雨露计划”补助。

第二，支持衔接推进乡村振兴。一是培育和壮大欠发达地区特色优势产业并逐年提高资金占比，支持农业品种培优、品质提升、品牌打造。推动产销对接和消费帮扶，解决农产品“卖难”问题。支持必要的产业配套基础设施建设。支持脱贫村发展壮大村级集体经济。二是补齐必要的农村人居环境整治和小型公益性基础设施建设短板。主要包括水、电、路、网等农业生产配套设施，以及垃圾清运等小型公益性生活设施。教育、卫生、养老服务、文化等农村基本公共服务通过原资金渠道支持。三是实施兴边富民行动、人口较少民族发展、少数民族特色产业和民族村寨发展、困难群众饮用低氟边销茶，以工代赈项目，欠发达国有农场和欠发达国有林场巩固发展，“三西”地区农业建设。

第三，巩固拓展脱贫攻坚成果同乡村振兴有效衔接的其他相关支出。衔接资金不得用于与巩固拓展脱贫攻坚成果和推进欠发达地区乡村振兴无关的支出，包括：单位基本支出、交通工具及通信设备、修建楼堂馆所、各种奖金津贴和福利补助、偿还债务和垫资等。偿还易地扶贫搬迁债务按有关规定执行。

6. 中央财政衔接推进乡村振兴补助资金的分配使用办法是什么？

《中央财政衔接推进乡村振兴补助资金管理办法》规定，衔接资金按照巩固拓展脱贫攻坚成果和乡村振兴、以工代赈、少数民族发展、欠发达国有农场巩固提升、欠发达国有林场巩固提升、“三西”农业建设任务进行分配。资金分配按照因素法进行测算，因素和权重为：相关人群数量及结构30%、相关人群收入30%、政策因素30%、绩效等考核结果10%，并进行综合平衡。各项任务按照上述因素分别确定具体测算指标。“三西”农业建设任务按照国务院批准的规模安排。

衔接资金应当统筹安排使用，形成合力。综合考虑脱贫县规模和分布，实行分类分档支持。对国家乡村振兴重点帮扶县及新疆、西藏予以倾斜支持。东部地区应结合实际将衔接资金主要用于吸纳中西部脱贫人口跨省就业。中西部地区继续按规定开展统筹整合使用财政涉农资金试点工作的脱贫县，资金使用按照统筹整合有关要求执行。

各省在分配衔接资金时，要统筹兼顾脱贫县和非贫困县实际情况，推动均衡发展。衔接资金项目审批权限下放到县级，强化县级管理责任，县级可统筹安排不超过30%的到县衔接资金，支持非贫困村发展产业、补齐必要的基础设施短板及县级乡村振兴规划相关项目。

7. 各地使用衔接资金的规则是什么？

《中央财政衔接推进乡村振兴补助资金管理办法》规定，各地要建立完善巩固拓展脱贫攻坚成果和乡村振兴项目库，提前做好项目储备，严格项目论证入库，衔接资金支持的项目原则上要从项目库选择，且符合本办法要求。属于政府采购管理范围的项目，执行政府采购相关规定，村级微小型项目可按照村民民主议事方式直接委托村级组织自建自营。各地要加强衔接资金和项目管理，落实绩效管理要求，全面推行公开公示制度，加快预算执行，提高资金使用效益。

各省可按照不超过1%的比例从衔接资金中统筹安排项目管理费，由县级使用。项目管理费主要用于项目前期设计、评审、招标、监理以及验收等与项目管理相关的支出。

8. 调整完善土地出让收入使用范围优先支持乡村振兴的重点举措有哪些？

中共中央办公厅、国务院办公厅印发的《关于调整完善土地出让收入使用范围优先支持乡村振兴的意见》指出，一是提高土地出让收入用于农业农村比例。以省（自治区、直辖市）为单位确定计提方式。各省（自治区、直辖市）可结合本地实际，从以下两种方式中选择一种组织实施：①按照当年土地出让收益用于农业农村的资金占比逐步达到50%以上计提，若计提数小于土地出让收入8%的，则按不低于土地出让收入8%计提；②按照当年土地出让收入用于农业农村的资金占比逐步达到10%以上计提。严禁以已有明确用途的土地出让收入作为偿债资金来源发行地方政府专项债券。各省（自治区、直辖市）可对所辖市、县设定差异化计提标准，但全省（自治区、直辖市）总体上要实现土地出让收益用于农业农村比例逐步达到50%以上的目标要求。北京、上海等土地出让收入高、农业农村投入需求小的少数地区，可根据实际需要确定提高土地出让收入用于农业农村的具体比例。中央将根据实际支出情况考核各省（自治区、直辖市）土地出让收入用于农业农村比例是否达到要求，具体考核办法由财政部另行制定。

二是做好与相关政策衔接。从土地出让收益中计提的农业土地开发资金、农田水利建设资金、教育资金等，以及市、县政府缴纳的新增建设用地土地有偿使用费中，实际用于农业农村的部分，计入土地出让收入用于农业农村的支出。允许省级政府按照现行政策继续统筹土地出让收入用于支持“十三五”易地扶贫搬迁融资资金偿还。允许将已收储土地的出让收入，继续通过计提国有土地收益基金用于偿还因收储土地形成的地方政府债务，并作为土地出让成本性支出计算核定。各地应当依据土地管理法等有关法律法规及政策规定，合理把握土地征收、收储、供应节奏，保持土地出让收入和收益总体稳定，统筹处理好提高土地出让收入用于农业农村比例与防范化解地方政府债务风险的关系。

三是建立市县留用为主、中央和省级适当统筹的资金调剂机制。土地出让收入用于农业农村的资金主要由市、县政府安排使用，重点向县级倾斜，赋予县级政府合理使用资金自主权。省级政府可从土地出让收入用于农业农村的资金中统筹一定比例资金，在所辖各地区间进行调剂，重点支持粮食主产和财力薄弱县（市、区、旗）乡村振兴。省级统筹办法和具体比例由各省（自治区、直辖市）自主确定。中央财政继续按现行规定统筹农田水利建设资金的20%、新增建设用地土地有偿使用费的30%，向粮食主产区、中西部地区倾斜。

四是加强土地出让收入用于农业农村资金的统筹使用。允许各地根据乡村振兴实际需要，打破分项计提、分散使用的管理方式，整合使用土地出让收入中用于农业农村的资金，重点用于高标准农田建设、农田水利建设、现代种业提升、农村供水保障、农村人居环境整治、农村土地综合整治、耕地及永久基本农田保护、村庄公共设施建设和管护、农村教育、农村文化和精神文明建设支出，以及与农业农村直接相关的山水林田湖草生态保护修复、以工代赈工程建设等。加强土地出让收入用于农业农村资金与一般公共预算支农投入之间的统筹衔接，持续加大各级财政通过原有渠道用于农业农村的支出力度，避免对一般公共预算支农投入产生挤出效应，确保对农业农村投入切实增加。

五是加强对土地出让收入用于农业农村资金的核算。根据改革目标要求，进一步完善土地出让收入和支出核算办法，加强对土地出让收入用于农业农村支出的监督管理。规范土地出让收入管理，严禁变相减免土地出让收入，确保土地出让收入及时足额缴入国库。严格核定土地出让成本性支出，不得将与土地前期开发无关的基础设施和公益性项目建设成本纳入成本核算范围，虚增土地出让成本，缩减土地出让收益。

9. 社会资本投资农业农村鼓励投资的重点产业和领域有哪些？

农业农村部办公厅和国家乡村振兴局综合司联合发布的《社会资本投资农业农村指引（2021年）》指出，对标全面推进乡村振兴、加快农业农村现代化目标任务，要立足当前农业农村新形势新要求，聚焦农业供给侧结构性改革和乡村建设的重点领域、关键环节，促进农业农村经济转型升级。

第一，现代种养业。支持社会资本发展规模化、标准化、品牌化和绿色化种养业，推动品种培优、品质提升、品牌打造和标准化生产，助力提升粮食和重要农产品供给保障能力。巩固主产区粮棉油糖胶生产，大力发展设施农业，延伸拓展产业链，增加绿色优质产品供给。鼓励社会资本大力发展青贮玉米、高产优质苜蓿等饲草料生产，发展草食畜牧业。支持社会资本加快构建现代养殖体系，合理布局规模化养殖场，稳定生猪基础产能，加大生猪深加工投资，加快形成养殖与屠宰加工相匹配的产业布局，健全生猪产业平稳有序发展长效机制；积极发展牛羊产业，增加基础母畜存栏；稳步推进禽肉等产业发展，增加肉类市场总体供应。鼓励社会资本建设优质奶源基地，升级改造中小奶牛养殖场，做大做强民族奶业。鼓励社会资本发展水产绿色健康养殖，开展集约化、工厂化循环水养殖、稻渔综合种养、大水面生态养殖、盐碱水养殖和深远海智能网箱养殖，推进海洋牧场和深远海大型智能化养殖渔场建设，加大对远洋渔业的投资力度。

第二，现代种业。鼓励社会资本投资创新型种业企业，推进科企深度融合，支持种业龙头企业健全商业化育种体系，提升商业化育种创新能力，提升我国种业国际竞争力。引导社会资本参与现代种业自主创新能力提升，加强种质资源保存与利用、育种创新、品种检测测试与展示示范、良种繁育等能力建设，促进育繁推一体化发展，建立现代种业体系。在尊重科学、严格监管的基础上，鼓励社会资本积极参与生物育种产业化应用。创新推广“龙头企业+优势基地”模式，支持社会资本参与国家南繁育种基地建设，推进甘肃、四川国家级制种基地建设与提档升级，加快制种大县和区域性良繁基地建设。鼓励社会资本投资畜禽水产保种场（保护区）、国家育种场、品种测定站、种畜禽场站建设，提升畜禽水产种业发展水平。

第三，乡村富民产业。鼓励社会资本开发特色农业农村资源，积极参与建设现代农业产业园、农业产业强镇、优势特色产业集群，发展特色农产品优势区，发展绿色农产品、有机农产品和地理标志农产品。发展“一村一品”“一镇一特”“一县一业”，建设标准化生产基地、集约化加工基地、仓储物流基地，完善科技支撑体系、生产服务体系、品牌与市场营销体系、质量控制体系，建立利益联结紧密的建设运行机制。因地制宜发展具有民族、文化与地域特色的乡村手工业，发展一批家庭工厂、手工作坊、乡村车间。加快农业品牌培育，加强品牌营销推介，鼓励社会资本支持区域公用品牌建设，打造一批“土字号”“乡字号”特色产品品牌和具有市场竞争力的农业企业品牌。支持社会资本投资建设规范化乡村工厂、生产车间，发展特色食品、制造、手工业和绿色建筑建材等乡村产业。

第四，农产品加工流通业。鼓励社会资本参与粮食主产区和特色农产品优势区发展农产品加工业，推动初加工、精深加工和副产物综合利用加工协调发展，提升行业机械化、标准化水平，助力建设一批农产品精深加工基地和加工强县。统筹农产品产地、集散地、销地批发市场建设，鼓励社会资本参与建设国家级农产品产地专业市场和田头市场。鼓励社会资本联合家庭农场、农民合作社共同开展农产品仓储保鲜冷链物流体系建设，建设一批贮藏保鲜、分级包装、冷链配送等设施设备和田头小型仓储保鲜冷链设施，鼓励有条件的地方建设产地低温直销配送中心，提高冷链物流服务效率和质量，打造农产品物流节点，发展农超、农社、农企、农校等产销对接的新型流通业态。

第五，乡村新型服务业。鼓励社会资本发展休闲农业、乡村旅游、

餐饮民宿、创意农业、农耕体验、康养基地等产业，充分发掘农业农村生态、文化等各类资源优势，打造一批设施完备、功能多样、服务规范的乡村休闲旅游目的地。引导社会资本发展乡村特色文化产业，推动农商文旅体融合发展，挖掘和利用农耕文化遗产资源，建设农耕主题博物馆、村史馆，传承农耕手工艺、曲艺、民俗节庆。支持社会资本发展农业生产托管服务，提供市场信息、农技推广、农资供应、统防统治、深松整地、农产品营销等社会化服务，建设一批农业科技服务企业、服务型农民合作社，推动将先进适用的品种、投入品、技术、装备导入小农户。鼓励社会资本改造传统小商业、小门店、小集市等商业网点，满足农村居民消费升级需要，积极发展批发零售、养老托幼、文化教育、环境卫生等生活性服务业，发展线上线下相结合的服务网点，推动便利化、精细化、品质化发展，为乡村居民提供便捷周到的服务。

第六，生态循环农业。鼓励社会资本积极参与农业农村减排固碳。支持社会资本参与绿色种养循环农业试点、畜禽粪污资源化利用、秸秆综合利用、农膜农药包装物回收行动、病死畜禽无害化处理、废弃渔网具回收再利用，加大对收储运和处理体系等方面的投入力度。鼓励社会资本投资农村可再生能源开发利用，加大对农村能源综合建设投入力度，推广农村可再生能源利用技术，探索秸秆打捆直燃和成型燃料供暖供热，沼气生物天然气供气供热新模式。支持社会资本参与长江黄河等流域生态保护、东北黑土地保护、农业面源污染治理、重金属污染耕地治理修复。

第七，农业科技创新。鼓励社会资本创办农业科技创新型企业，参与农业关键核心技术攻关，开展生物种业、高端智能和丘陵山区农机、渔业装备、绿色投入品、环保渔具和玻璃钢等新材料渔船等领域的研发创新、成果转化与技术服务。鼓励社会资本牵头建设农业领域国家重点实验室等科技创新平台基地，参与农业科技创新联盟、国家现代农业产业科技创新中心等建设，推动产学研用深度融合，打造科企融合创新联合体。引导社会资本发展技术交易市场和科技服务机构，提供科技成果转化服务，加快先进实用技术集成创新与推广应用。

第八，农业农村人才培养。支持社会资本参与农业生产经营人才、农村二三产业发展人才、乡村公共服务人才、乡村治理人才、农业农村科技人才、乡村基础设施建设和管护人才等培养。鼓励社会资本依托原料基地、产业园区等建设实训基地，依托信息、科技、品牌、资金等优势打造乡村人才孵化基地。鼓励社会资本为优秀农业农村人才提供奖励资助、技术支持、管理服务，促进农业农村人才脱颖而出。

第九，农业农村基础设施建设。支持社会资本参与高标准农田建设、农田水利建设，农村资源路、产业路、旅游路和村内主干道建设，丘陵山区农田宜机化改造，规模化供水工程建设和小型工程标准化改造，以及建设乡村储气罐站和微管网供气系统，推动实施区域化整体建设，推进田水林路电综合配套，同步发展高效节水灌溉。鼓励参与渔港和避风锚地建设。

第十，智慧农业建设。鼓励社会资本参与建设智慧农业，推进农业遥感、物联网、5G、人工智能、区块链等应用，推动新一代信息技术与农业生产经营、质量安全管控深度融合，提高农业生产智能化、经营网络化水平。鼓励参与农业农村大数据建设，基础数据资源体系和重要农产品全产业链大数据中心建设。为新型农业经营主体、小农户提供信息服务。鼓励参与农村地区信息基础设施建设，提高乡村治理、社会文化服务等信息化水平。鼓励参与“互联网＋”农产品出村进城工程建设，推进优质特色农产品网络销售，促进农产品产销对接。

第十一，农村创业创新。鼓励社会资本投资建设返乡入乡创业园、农村创业创新园区和孵化实训基地等平台载体，加强各类平台载体的基础设施、服务体系建设，推动产学研用合作，激发农村创业创新活力。鼓励社会资本联合普通高校、职业院校、优质教育培训机构等开展面向农村创业创新带头人的创业能力、产业技术、经营管理培训，建设产学研用协同创新基地。

第十二，农村人居环境整治。支持社会资本参与农村人居环境整治

提升五年行动。鼓励社会资本参与农村厕所革命、农村生活垃圾治理、农村生活污水治理等项目建设运营，健全农村生活垃圾收运处置体系，建设一批有机废弃物综合处置利用设施。鼓励社会资本参与村庄清洁和绿化行动。推进农村人居环境整治与发展乡村休闲旅游等有机结合。

第十三，农业对外合作。鼓励社会资本参与海外农业投资合作，在“一带一路”共建国家投资经营粮、棉、油、糖、胶、畜、渔等生产加工、仓储物流项目，建设境外农业合作园区，与国内农业生产形成有益补充；参与农业服务出口，集成有关农业生产要素，提供面向问题的一体化解决方案，带动农资、农机、农产品加工等领域产能走出去；参与农业国际贸易高质量发展基地、农业对外开放合作试验区等建设，创新农业经贸合作模式、对接有关规则标准、培育出口农产品品牌、建设国际营销促销网络，培育农业国际竞争新优势。

10. 社会资本投资农业农村如何创新投入方式？

《社会资本投资农业农村指引（2021 年）》指出，要根据各地农业农村实际发展情况，因地制宜创新投融资模式，通过独资、合资、合作、联营、租赁等途径，采取特许经营、公建民营、民办公助等方式，健全联农带农有效激励机制，稳妥有序投入乡村振兴。

第一，完善全产业链开发模式。支持农业产业化龙头企业联合家庭农场、农民合作社等新型经营主体、小农户，加快全产业链开发和一体化经营、标准化生产，开展规模化种养，发展加工和流通，开创品牌、注重营销，推进产业链生产、加工、销售各环节有机衔接，推进种养业与农产品加工、流通和服务业等渗透交叉，强化农村一二三产业融合发展，提升产业链供应链现代化水平。鼓励社会资本聚焦比较优势突出的产业链条，补齐产业链条中的发展短板。支持社会资本参与农机生产、销售、应用等产业发展，壮大农业机械化产业群和产业链。支持龙头企业下乡进村，建分支机构、生产加工基地等，发挥农业产业化龙头企业的示范带动作用。

第二，探索区域整体开发模式。支持有实力的社会资本在符合法律法规和相关规划、尊重农民意愿的前提下，因地制宜探索区域整体开发模式，统筹乡村基础设施和公共服务建设、高标准农田建设、集中连片水产健康养殖示范建设、产业融合发展等进行整体化投资，建立完善合理的利益分配机制，为当地农业农村发展提供区域性、系统性解决方案，促进农业提质增效，带动农村人居环境显著改善、农民收入持续提升，实现社会资本与农户互惠共赢。

第三，创新政府和社会资本合作模式。鼓励信贷、保险机构加大金融产品和服务创新力度，配合财政支持农业农村重大项目实施，加大投贷联动、投贷保贴一体化等投融资模式探索力度。积极探索农业农村领域有稳定收益的公益性项目，推广政府和社会资本合作（PPP）模式的实施路径和机制，让社会资本投资可预期、有回报、能持续，依法合规、有序推进政府和社会资本合作。鼓励各级农业农村部门按照农业领域政府和社会资本合作相关文件要求，对本地区农业投资项目进行系统性梳理，筛选并培育适于采取PPP模式的乡村振兴项目，优先支持农业农村基础设施建设等有一定收益的公益性项目。鼓励社会资本探索通过资产证券化、股权转让等方式，盘活项目存量资产，丰富资本进入退出渠道。

第四，探索设立乡村振兴投资基金。各地要结合当地发展实际，推动设立政府资金引导、金融机构大力支持、社会资本广泛参与、市场化运作的乡村振兴基金。鼓励有实力的社会资本结合地方农业产业发展和投资情况规范有序设立产业投资基金。充分发挥农业农村部门的行业优势，积极稳妥推进基金项目储备、项目推介等工作，鼓励相关基金通过直接股权投资和设立子基金等方式，充分发挥在乡村振兴产业发展、基础设施建设等方面的引导和资金撬动作用。

第五，建立紧密合作的利益共赢机制。强化社会资本责任意识，让农民更多分享产业增值收益。鼓励农民以土地经营权、水域滩涂、劳动、技术等入股，支持农村集体经济组织通过股份合作、租赁等形式，

参与村庄基础设施建设、农村人居环境整治和产业融合发展。创新村企合作模式，充分发挥产业化联合体等联农带农作用，激发和调动农民参与乡村振兴的积极性、主动性。鼓励社会资本采用“农民＋合作社＋龙头企业”“土地流转＋优先雇用＋社会保障”“农民入股＋保底收益＋按股分红”等利益联结方式，与农民建立稳定合作关系、形成稳定利益共同体，做大做强新型农业经营主体，健全农业专业化社会化服务体系，提升小农户生产经营能力和组织化程度，让社会资本和农民共享发展成果。

11. 如何提高金融服务水平？

2018 年中央 1 号文件指出，要提高金融服务水平：一是坚持农村金融改革发展的正确方向，健全适合农业农村特点的农村金融体系，推动农村金融机构回归本源，把更多金融资源配置到农村经济社会发展的重点领域和薄弱环节，更好满足乡村振兴多样化金融需求。二是要强化金融服务方式创新，防止脱实向虚倾向，严格管控风险，提高金融服务乡村振兴能力和水平。三是抓紧出台金融服务乡村振兴的指导意见。四是加大中国农业银行、中国邮政储蓄银行“三农”金融事业部对乡村振兴支持力度。五是明确国家开发银行、中国农业发展银行在乡村振兴中的职责定位，强化金融服务方式创新，加大对乡村振兴中长期信贷支持。六是推动农村信用社省联社改革，保持农村信用社县域法人地位和数量总体稳定，完善村镇银行准入条件，地方法人金融机构要服务好乡村振兴。七是普惠金融重点要放在乡村。八是推动出台非存款类放贷组织条例。九是制定金融机构服务乡村振兴考核评估办法。十是支持符合条件的涉农企业发行上市、新三板挂牌和融资、并购重组，深入推进农产品期货期权市场建设，稳步扩大“保险＋期货”试点，探索“订单农业＋保险＋期货（权）”试点。十一是改进农村金融差异化监管体系，强化地方政府金融风险防范处置责任。

2022 年 1 号文件指出，对机构法人在县域、业务在县域、资金主要用于乡村振兴的地方法人金融机构，加大支农支小再贷款、再贴现支持力度，实施更加优惠的存款准备金政策。支持各类金融机构探索农业农村基础设施中长期信贷模式。加快农村信用社改革，完善省（自治区）农村信用社联合社治理机制，稳妥化解风险。完善乡村振兴金融服务统计制度，开展金融机构服务乡村振兴考核评估。深入开展农村信用体系建设，发展农户信用贷款。加强农村金融知识普及教育和金融消费权益保护。积极发展农业保险和再保险。优化完善“保险＋期货”模式。强化涉农信贷风险市场化分担和补偿，发挥好农业信贷担保作用。

12. 如何加大现代农业科技信贷支持力度？

科技部和中国农业银行印发的《关于加强现代农业科技金融服务创新支撑乡村振兴战略实施的意见》指出，2022—2024 年，中国农业银行将向现代农业科技和基层创新领域提供总金额不低于人民币 1 000 亿元的意向信用额度，强化金融支持农业高新技术产业发展、将更多的金融资源引入农科园区、县域和科技企业，助力推进农业农村现代化。中国农业银行根据实际需要不断健全完善支持政策和特色金融服务措施。鼓励中国农业银行一级分行在符合法律法规和监管规定的前提下，对辖内农科园区、创新型县（市）、科技企业出台专属金融服务方案和产品，专项用于支持现代农业科技创新、农科园区建设、县域创新驱动发展、新型研发机构培育和科技企业成长，为乡村振兴科技支撑行动提供全方位金融支持。

13. 金融服务创新如何支持农业农村领域国家科技计划项目实施和成果转化工作？

《关于加强现代农业科技金融服务创新支撑乡村振兴战略实施的意见》指出，各地方科技主管部门和中国农业银行分支机构要密切协作，支持“十三五”国家科技计划农业农村领域重大成果转化和“十四五”国家科技计划项目实施、载体平台建设，重点支持种业创新、智能农

机、农业信息化、畜禽健康养殖、现代食品加工、生物质能源等领域。结合科技部、财政部开展的“百城百园”等专项行动，支持一批现代农业科技重大成果转化项目，提升现代农业先进科技成果转化的金融服务水平。有条件的地方科技主管部门在设立科技成果转化引导基金、创业投资引导基金等工作中可充分发挥中国农业银行分支机构的作用。双方共同建立现代农业科技金融服务重点项目库（白名单）。中国农业银行各分支机构要对白名单企业和项目优先安排信贷资源，简化流程手续，并探索对承担项目的科技人才给予个人金融优惠服务。

14. 金融服务创新如何重点支持种业科技创新和种业企业高质量发展?

《关于加强现代农业科技金融服务创新支撑乡村振兴战略实施的意见》指出，各地方科技主管部门和中国农业银行分支机构要合作支持种业科技源头创新，攻克全产业链关键核心技术。中国农业银行要发挥金融服务优势，对种业创新加强信贷资源配置，引导分支机构加大种业相关企业、园区和基地的融资支持力度，推进科研与生产、品种与市场的深度融合，推动我国种业跨越式发展。

15. 金融服务创新如何做好助力国家农业科技园区建设工作?

《关于加强现代农业科技金融服务创新支撑乡村振兴战略实施的意见》指出，各地方科技主管部门和中国农业银行分支机构要围绕科技部农业园区“333”布局，聚焦农科园区金融需求，联合开展“综合金融服务进园区”活动，以“乡村振兴园区贷”等特色产品为抓手，支持园区改扩建和功能升级。支持园区开展智慧农业、农业信息化和农业科技创新等项目建设，为入园企业提供综合金融服务，支持各类新型经营主体在园区内发展壮大。

16. 金融服务创新如何做好加快推动县域创新驱动发展工作?

《关于加强现代农业科技金融服务创新支撑乡村振兴战略实施的意

见》指出，各地方科技主管部门和中国农业银行分支机构要深入贯彻《国务院办公厅关于县域创新驱动发展的若干意见》，围绕创新型县（市）建设，加强科技与金融深度结合，构建适宜县域创新驱动发展的要素流动渠道和环境，促进县域高质量发展。中国农业银行各分支机构要与各地科技特派员加强合作，探索有效合作模式。鼓励政银联合创新政府增信组合贷、政府风险补偿基金增信项下贷款等区域性科技金融产品，发挥地方科技主管部门在专利技术价值评估方面的优势，积极支持中国农业银行分支机构推进专利权质押贷款等特色产品。

17. 金融服务创新如何扶持新型研发机构和科技企业加快成长？

《关于加强现代农业科技金融服务创新支撑乡村振兴战略实施的意见》指出，科技部和中国农业银行将加强资源整合力度，共同加大对新型研发机构、科技企业融资支持力度。根据工作需要，各地方科技主管部门可向中国农业银行各分支机构提供区域内新型研发机构和科技企业的合规数据。中国农业银行各分支机构要及时主动了解辖内新型研发机构和科技企业的金融需求，联合地方科技主管部门开展银企（机构、院所）对接活动、培训及政策宣讲，探索建立投贷联动的科技金融服务模式，提供“融资＋融智”全方位服务。

18. 如何提高农业保险服务能力？

财政部、银保监会、农业农村部和草原局四部门联合发布的《关于加快农业保险高质量发展的指导意见》指出，一要扩大农业保险覆盖面。推进政策性农业保险改革试点，在增强农业保险产品内在吸引力的基础上，结合实施重要农产品保障战略，稳步扩大关系国计民生和国家粮食安全的大宗农产品保险覆盖面，提高小农户农业保险投保率，实现愿保尽保。探索依托养殖企业和规模养殖场（户）创新养殖保险模式和财政支持方式，提高保险机构开展养殖保险的积极性。鼓励各地因地制

宜开展优势特色农产品保险，逐步提高其占农业保险的比重。适时调整完善森林和草原保险制度，制定相关管理办法。

二要提高农业保险保障水平。结合农业产业结构调整和生产成本变动，建立农业保险保障水平动态调整机制，在覆盖农业生产直接物化成本的基础上，扩大农业大灾保险试点，逐步提高保障水平。推进稻谷、小麦、玉米完全成本保险和收入保险试点，推动农业保险“保价格、保收入”，防范自然灾害和市场变动双重风险。稳妥有序推进收入保险，促进农户收入稳定。

三要拓宽农业保险服务领域。满足多元化的风险保障需求，探索构建涵盖财政补贴基本险、商业险和附加险等的农业保险产品体系。稳步推广指数保险、区域产量保险、涉农保险，探索开展一揽子综合险，将农机大棚、农房仓库等农业生产设施设备纳入保障范围。开发满足新型农业经营主体需求的保险产品。创新开展环境污染责任险、农产品质量险。支持开展农民短期意外伤害险。鼓励保险机构为农业对外合作提供更好的保险服务。将农业保险纳入农业灾害事故防范救助体系，充分发挥保险在事前风险防御、事中风险控制、事后理赔服务等方面的功能作用。

四要落实便民惠民举措。落实国家强农惠农富农政策，切实维护投保农民和农业生产经营组织利益，充分保障其知情权，推动农业保险条款通俗化、标准化。保险机构要做到惠农政策、承保情况、理赔结果、服务标准、监管要求“五公开”，做到定损到户、理赔到户，不惜赔、不拖赔，切实提高承保理赔效率，健全科学精准高效的查勘定损机制。鼓励各地因地制宜建立损失核定委员会，鼓励保险机构实行无赔款优待政策。

19. 如何推进现代农业经营体系建设？

2021年中央1号文件指出，推进现代农业经营体系建设，必须突出抓好家庭农场和农民合作社两类经营主体，鼓励发展多种形式适度规模经营。实施家庭农场培育计划，把农业规模经营户培育成有活力的家庭农场。推进农民合作社质量提升，加大对运行规范的农民合作社扶持力度。必须发展壮大农业专业化社会化服务组织，将先进适用的品种、投入品、技术、装备导入小农户。支持市场主体建设区域性农业全产业链综合服务中心。支持农业产业化龙头企业创新发展、做大做强。必须深化供销合作社综合改革，开展生产、供销、信用"三位一体"综合合作试点，健全服务农民生产生活综合平台。必须培育高素质农民，组织参加技能评价、学历教育，设立专门面向农民的技能大赛。必须吸引城市各方面人才到农村创业创新，参与乡村振兴和现代农业建设。

《"十四五"农业农村现代化规划》指出，一要培育壮大新型农业经营主体。实施家庭农场培育计划，把农业规模经营户培育成有活力的家庭农场。完善家庭农场名录制度。实施农民合作社规范提升行动，支持农民合作社联合社加快发展。完善新型农业经营主体金融保险、用地保障等政策。建立科研院所、农业高校等社会力量对接服务新型农业经营主体的长效机制。推动新型农业经营主体与小农户建立利益联结机制，推行保底分红、股份合作、利润返还等方式。二要健全专业化社会化服务体系。发展壮大农业专业化社会化服务组织，培育服务联合体和服务联盟，将先进适用的品种、投入品、技术、装备导入小农户。开展农业社会化服务创新试点示范，鼓励市场主体建设区域性农业全产业链综合服务中心。加快发展农业生产托管服务。推进农业社会化服务标准体系建设，建立服务组织名录库，加强服务价格监测。

20. 如何大力培育新型农业经营主体？

农业农村部印发的《关于做好 2021 年农业生产发展等项目实施工作的通知》指出，培育新型农业经营主体有如下举措：

第一，支持新型农业经营主体高质量发展。一是加快推进农产品产地冷藏保鲜设施建设。聚焦鲜活农产品产地"最先一公里"，重点围绕

蔬菜、水果，兼顾地方优势特色品种，支持新型农业经营主体等建设农产品产地冷藏保鲜设施。在实施区域上，在31个省（自治区、直辖市）、新疆生产建设兵团和广东省农垦总局、北大荒农垦集团、中国融通农业发展集团实施，可适当向鲜活农产品主产区、特色农产品优势区和832个脱贫县倾斜。同时，择优支持100个蔬菜、水果等产业重点县开展产地冷藏保鲜整县推进试点，支持广东省农垦总局、北大荒农垦集团、中国融通农业发展集团推进试点。在建设内容上，重点支持建设通风贮藏库、机械冷库、气调贮藏库，以及预冷设施和配套设施设备，具体由主体根据实际需要确定类型和建设规模。在实施主体上，依托县级以上示范家庭农场和农民合作社示范社（832个脱贫县可不受示范等级限制），已登记的农村集体经济组织，以及北大荒农垦集团有限公司、广东省农垦总局农场、中国融通农业发展集团有限公司实施。试点县可因地制宜鼓励农业龙头企业、农业产业化联合体，以及可有效实现联农带农、"农超对接"的相关市场主体，积极参与农产品产地冷藏保鲜设施建设。在补助标准上，按照不超过建设设施总造价的30%进行补贴，832个脱贫县放宽至40%，单个主体（不含农垦农场、中国融通农业发展集团）补贴规模最高不超过100万元，具体补贴标准由地方制定；对每个农产品产地冷藏保鲜整县推进试点县给予重点补奖。在操作方式上，采取"先建后补、以奖代补"的方式，各地利用农业农村部新型农业经营主体信息直报系统和农业农村部重点农产品信息平台农产品仓储保鲜冷链物流信息系统进行管理，实行建设申请、审核、公示到补助发放全过程线上管理。

二是支持新型农业经营主体提升技术应用和生产经营能力。支持县级以上农民合作社示范社（联合社）和示范家庭农场（脱贫地区适当放宽条件）改善生产条件，应用先进技术，建设清选包装、烘干等产地初加工设施，提升规模化、集约化、标准化、信息化生产能力。加大对种粮家庭农场和农民合作社的支持力度。鼓励各地通过政府购买服务方式，委托行业协会或联盟、专业机构、专业人才为农民合作社和家庭农场提供生产技术、产业发展、财务管理、市场营销等服务。各地要充分发挥全国家庭农场名录系统作用，对纳入名录系统的优先予以支持。鼓励各地开展农民合作社质量提升整县推进，支持农民合作社开展社企对接，增强市场营销和品牌培育能力。鼓励有条件的地方依托龙头企业，带动农民合作社和家庭农场，形成农业产业化联合体。

第二，加快推进农业生产社会化服务。支持符合条件的农村集体经济组织、农民合作社、农业服务专业户和服务类企业面向小农户开展社会化服务，重点解决小农户在粮棉油糖等重要农产品生产中关键和薄弱环节的机械化、专业化服务需求。加大对南方早稻主产省、丘陵地区发展粮食生产等社会化服务支持力度。坚持市场化手段，通过以奖代补、作业补贴等多种方式，支持各类服务主体集中连片开展统防统治、代耕代种代收等机械化、专业化社会化服务。支持安装使用机械作业监测传感器和北斗导航终端的服务主体，集中连片开展农业生产社会化服务。各地要根据当地小农户和农业生产需求，因地制宜发展多种服务模式，提升农业社会化服务的市场化、专业化、规模化、信息化水平，推动服务型规模经营，加快转变农业生产方式和经营方式，引领小农户和现代农业有机衔接。

第三，实施高素质农民培育。重点面向从事适度规模经营的农民，实施新型农业经营服务主体能力提升、种养加能手技能、返乡下乡者创业、乡村治理及社会事业发展带头人和农村实用人才带头人示范等培训，加快培养懂技术、善经营、会管理的高素质农民。鼓励有经验、有条件的农业企业、家庭农场和农民合作社参与实习实训等培训工作。

第四，稳步扩大农业信贷担保规模。强化中央财政补奖政策性导向，提高中央财政补奖资金使用效益。加快推动农业信贷担保服务网络向市县延伸，逐步实现重点县网点和业务全覆盖。持续扩大在保贷款余额和在保项目数量，加强对农业信贷担保放大倍数的量化考核。加强农业信贷担保“双控”业务考核，完善省级农担公司“双控”业务具体范

围，建立健全“双控”和政策性任务确认机制。保持对脱贫地区农业产业发展支持力度，继续实施优惠担保费率。督促指导省级农担公司加强风险防控体系建设，健全风险管理制度，提高风险识别与监控能力，完善多渠道分险机制，不断创新风险化解手段，切实守住风险底线。

21. 农民合作社如何提升规范化水平？

中央农办、农业农村部、发展改革委、财政部、水利部、税务总局、市场监管总局、银保监会、林草局、供销合作社总社和国务院扶贫办八部门印发的《关于开展农民合作社规范提升行动的若干意见》指出，提升农民合作社规范化水平需要从以下五方面入手：

一是完善章程制度。指导农民合作社参照示范章程制定符合自身特点的章程，并根据章程规定加强内部管理和从事生产经营活动。农民合作社要加强档案管理，建立健全基础台账，实行社务公开，逐步实现公开事项、方式、时间、地点的制度化。（农业农村部等负责）

二是健全组织机构。农民合作社要依法建立成员（代表）大会、理事会、监事会等组织机构。各组织机构应密切配合、协调运转，分别履行好成员（代表）大会议事决策、理事会日常执行、监事会内部监督等职责。规范经理选聘程序和任职要求，明确其工作职责。理事长、理事、经理和财务会计人员不得兼任监事。推动在具备条件的农民合作社中建立党组织，加强对农民合作社成员的教育引导和组织发动，维护成员合法权益，增强党组织的政治功能和组织力。

三是规范财务管理。指导农民合作社认真执行财务会计制度，合理配备财务会计人员或进行财务委托代理。鼓励地方探索建立农民合作社信息管理平台，推动农民合作社财务和运营管理规范化，建立农民合作社发展动态监测机制。农民合作社要按规定设置会计账簿，建立会计档案，规范会计核算，及时向所在地县级农业农村部门报送会计报表，定期公开财务报告。依法为农民合作社每个成员建立成员账户，加强内部审计监督。农民合作社与其成员和非成员的交易，应当分别核算。国家财政直接补助形成的财产应依法量化到每个成员，农民合作社解散、破产清算时要按照相关办法处置。财政补助形成资产由农民合作社持有管护的，应建立健全管护制度。

四是合理分配收益。农民合作社应按照法律和章程制定盈余分配方案，经成员（代表）大会批准实施。农民合作社可以从当年盈余中提取公积金，用于弥补亏损、扩大生产经营或者转为成员出资。可分配盈余主要按照成员与所在农民合作社的交易量（额）比例返还。农民合作社可以按章程规定或经成员（代表）大会决定，对提供管理、技术、信息、商标使用许可等服务或作出其他突出贡献的成员，给予一定报酬或奖励，在提取可分配盈余之前列支。

五是加强登记管理。严格依法开展农民合作社登记注册，对农民合作社所有成员予以备案。农民合作社要按时向登记机关报送年度报告，未按时报送年报、年报中弄虚作假、通过登记住所无法取得联系的，由市场监管部门依法依规列入经营异常名录，并推送至全国信用信息共享平台，通过国家企业信用信息公示系统进行公示。列入经营异常的农民合作社不得纳入示范社评定范围。

22. 农民合作社如何增强服务带动能力？

《关于开展农民合作社规范提升行动的若干意见》指出，增强农民合作社服务带动能力要做到以下五点：

一是发展乡村产业。鼓励农民合作社利用当地资源禀赋，带动成员开展连片种植、规模饲养，提高标准化生产能力，保障农产品质量安全，壮大优势特色产业。引导农民合作社推行绿色生产方式，发展循环农业，实现投入品减量化、生产清洁化、废弃物资源化利用。支持农民合作社开发农业多种功能，发展休闲农业、乡村旅游、民间工艺制造业、信息服务和电子商务等新产业新业态，培育农业品牌，积极开展绿色食品、有机农产品认证，加强地理标志保护和商标注册，强化品牌营销推介，提高品牌知名度和市场认可度。

二是强化服务功能。鼓励农民合作社加强农产品初加工、仓储物流、技术指导、市场营销等关键环节能力建设。鼓励农民合作社延伸产业链条，拓宽服务领域，由种养业向产加销一体化拓展。发挥供销合作社综合服务平台作用，领办创办农民合作社。支持农民合作社开展农业生产托管，为小农户和家庭农场提供农业生产性服务。鼓励农民合作社和农民合作社联合社依法依规开展互助保险。

三是参与乡村建设。鼓励农民合作社建设运营农业废弃物、农村垃圾处理和资源化利用等设施，参与农村基础设施建设，发挥其在农村人居环境整治、美丽乡村建设中的积极作用。引导农民合作社参与乡村文化建设。

四是加强利益联结。鼓励支持农民合作社与其成员、周边农户特别是贫困户建立紧密的利益联结关系，鼓励农民合作社成员用实物、知识产权、土地经营权、林权等可以依法转让的非货币财产作价出资。鼓励农民合作社吸纳有劳动能力的贫困户自愿入社发展生产经营。允许将财政资金量化到农村集体经济组织和农户后，以自愿出资的方式投入农民合作社，让农户共享发展收益。

五是推进合作与联合。积极引导家庭农场组建或加入农民合作社，开展统一生产经营服务。鼓励同业或产业密切关联的农民合作社在自愿前提下，通过兼并、合并等方式进行组织重构和资源整合。支持农民合作社依法自愿组建联合社，增强市场竞争力和抗风险能力。不得对新建农民合作社的数量下指标、定任务、纳入绩效考核。

23. 如何实现龙头企业高质量发展？

农业农村部印发的《关于促进农业产业化龙头企业做大做强的意见》指出，一是提高龙头企业创新发展能力。以国家农业科技创新联盟、国家现代农业产业科技创新中心、国家现代农业产业技术体系、国家农产品加工技术研发体系等为抓手，打造“政产学研用”优势资源集聚融合的平台载体，为龙头企业创新发展提供技术支撑。支持构建龙头企业牵头、高校院所支撑、各创新主体相互协同的体系化、组织化、任务型的创新联合体。支持科技领军型龙头企业参与关键核心技术攻关，承担国家重大科技项目，参与跨领域、大协作、高强度的创新基地与平台建设。支持龙头企业会同科研机构、装备制造企业，开展共性技术和工艺设备联合攻关，提高乡村产业发展技术水平和物质装备条件。引导种业龙头企业加大种质资源保护和开发利用，强化重点种源关键核心技术和农业生物育种技术研发能力，建立健全商业化育种体系，培育新品种、新品系。

二是提高龙头企业数字化发展能力。鼓励龙头企业应用数字技术，整合产业链上中下游的信息资源，打造产业互联网等生产性服务共享平台，带动上中下游各类主体协同发展，实现产业链整体转型提升。引导有条件的龙头企业建设乡村产业数字中心，加强对生产、加工、流通和服务等全链条的数字化改造，提高乡村产业全链条信息化、智能化水平。鼓励龙头企业应用区块链技术，加强产品溯源体系建设；采用大数据、云计算等技术，发展智慧农业，建立健全智能化、网络化的农业生产经营服务体系，为银行、保险等金融机构服务乡村产业提供信用支撑。

三是提高龙头企业绿色发展能力。引导龙头企业围绕碳达峰、碳中和目标，研究应用减排减损技术和节能装备，开展减排、减损、固碳、能源替代等示范，打造一批零碳示范样板。畜禽粪污资源化利用整县推进、农村沼气工程、生态循环农业等项目，要将龙头企业作为重要实施主体，实现大型养殖龙头企业畜禽粪污处理支持全覆盖。引导龙头企业强化生物、信息等技术集成应用，发展精细加工，推进深度开发，提升加工副产物综合利用水平。鼓励龙头企业开展农业自愿减排减损。

四是提高龙头企业品牌发展能力。引导龙头企业立足地方优势，发展特色产业，推动区域公用品牌建设。鼓励龙头企业将特色产业与生态涵养、文化传承相结合，发扬“工匠精神”，打造企业知名品牌。支持龙头企业按照高标准高质量要求，加强顶层设计，提高产品附加值和综

合效益，打造一批具有国内、国际影响力的产品品牌。发挥产业联盟、相关行业协会作用，鼓励开展行业规范、技术服务、市场推广、品牌培训等服务。

五是提高龙头企业融合发展能力。鼓励龙头企业发挥自身优势，推动各类资源要素跨界融合、集成集约，形成特色鲜明、丰富多样、一二三产业融合发展的农业全产业链。引导龙头企业立足资源特色，因地制宜发展乡村新型服务业、乡村制造业、乡村休闲旅游业等，贯通产加销服，融合农食文旅教，拓展农业多种功能，提高产业增值增效空间。鼓励龙头企业完善配送及综合服务网络，在大中城市郊区发展工厂化、立体化、园艺化农业，推广“生鲜电商＋冷链宅配”“中央厨房＋食材冷链配送”等新模式，提高鲜活农产品供应保障能力。

24. 如何提升龙头企业联农带农水平？

《关于促进农业产业化龙头企业做大做强的意见》指出，一要打造农民紧密参与的农业产业化联合体。发挥龙头企业在产业链中的引领带动作用，联合农民合作社、家庭农场、农户以及从事农业技术研发、储运销售、品牌流通、综合服务等全产业链各类主体，共同开发优势特色资源、优化配置创新要素，建设一批国家、省、市、县级农业产业化重点联合体。引导农业产业化联合体成员间紧密合作，开展技术共享、信息共享、品牌共享、渠道共享、利益共享等，提高资源要素的利用和产出效率，提升产业综合效益和竞争力。引导农业产业化联合体健全章程，完善契约合同，规范理事会等议事决策制度，建立更加稳定、更加有效、更加长效的利益联结机制，让农民合理分享全产业链增值收益。

二要探索农民共享收益的生产要素入股模式。引导农户以土地经营权、劳动力、资金、设施等要素，直接或间接入股龙头企业，在保障农户基本权益基础上，建立精准评估、风险共担、利益共享的合作机制。探索“拨改投”“拨改股”，将财政补助资金形成的资产量化到小农户，作为小农户入股龙头企业的股份。支持龙头企业出资领办创办农民合作社，鼓励农民合作社、家庭农场参股龙头企业，形成融合发展、共建共享的产业发展共同体。

三要推广农民广泛受益的农业社会化服务机制。支持龙头企业制定农业生产规程和操作规范，采取“公司＋农户”“公司＋农民合作社＋农户”等组织形式，为农户提供农资供应、技术集成、培训指导、农机作业、冷链物流、市场营销等全方位社会化服务，促进小农户和现代农业发展有机衔接。发挥好龙头企业在农业生产“三品一标”（品种培优、品质提升、品牌打造和标准化生产）提升行动中的示范带动作用，引领农业全产业链标准化生产。

四要拓宽农民多元发展的创业就业渠道。引导龙头企业发展劳动密集型产业，把产业链实体留在县域，将更多就业岗位留在乡村，吸纳农民就地就近就业，进一步拓宽农民收入来源。支持龙头企业依托乡村优势特色资源，延伸产业链，开发生产性服务业和生活性服务业，在乡村创造更多就业空间，进一步提高农户的工资性收入。鼓励龙头企业通过提供技术指导、创业孵化、信息服务，带动小农户围绕产业链发展初加工、库房租赁、物流运输、门店加盟、直播销售等，以创业带就业，加快农民致富步伐。

25. 如何精准定位，构建龙头企业发展梯队？

《关于促进农业产业化龙头企业做大做强的意见》指出，一要做强一批具有国际影响力的头部龙头企业。围绕“国之大者”，在粮棉油糖、肉蛋奶、种业等关系国计民生的重要行业，引导一批经济规模大、市场竞争力强的大型龙头企业，采取兼并重组、股份合作、资产转让等方式，组建大型企业集团，培育一批头部企业，在引领农业农村现代化发展方向、保障国家粮食安全和重要农产品有效供给中发挥关键作用。引导头部龙头企业统筹利用国内国际两个市场、两种资源，在全球农业重要领域布局育种研发、加工转化、仓储物流、港口码头等设施，融入全球农产品供应链，提高对关键行业的产能、技术掌控能力。引导头部龙

头企业发挥人才优势、技术优势和创新优势，引领行业发展方向，解决关键共性问题，培育全产业链优势。

二要做优一批引领行业发展的“链主”龙头企业。在肉蛋奶、果蔬茶以及满足消费者多样需求的特色农产品领域，引导一批产业链条长、行业影响力大的龙头企业，顺应产业发展规律，发挥“链主”型龙头企业引领行业集聚发展、带动产业转型升级的作用，立足当地特色，整合行业资源，制定行业标准，打造具有区域特色、适应新型消费的乡村产业集群。支持“链主”龙头企业整合创新链、优化供应链、提升价值链、畅通资金链，提高行业全产业链组织化水平、供应链现代化水平。

三要做强一批具有自主创新能力的科技领军型龙头企业。围绕打造国家战略科技力量，在制约国家粮食安全、重要农产品有效供给和农业农村现代化发展的“卡脖子”技术或短板领域，引导一批集成创新实力强、行业带动能力强、市场开拓力强的农业科技领军型龙头企业，发挥在满足市场需求、集成创新、组织平台方面的优势，开展农业产业共性关键技术研发、科技成果转化及产业化、科技资源共享服务等，增强龙头企业创新动力。发挥企业在联合攻关中的出题者作用，加大龙头企业对技术研发方向、路线选择、要素价格、各类创新要素配置的导向作用，鼓励和引导龙头企业加大自有资金投资研发力度，推动企业成为技术创新决策、研发投入、科研组织和成果转化的主体，提升龙头企业创新主体地位。

四要做大一批联农带农紧密的区域型龙头企业。在粮食生产功能区、重要农产品生产保护区、特色农产品优势区和脱贫地区，引导一批与农户、家庭农场、农民合作社、农村集体经济组织联结紧密、带动辐射效果好的龙头企业，根据行业特性和产品特点，探索建立农业产业化联合体等带动农户发展的不同联结模式，形成机制灵活、形式多样、各具特色的联农带农典型。发挥区域型龙头企业带动农民增收致富、带动乡村经济发展的作用，成为“万企兴万村”的标兵和表率。支持区域型龙头企业与脱贫地区特别是国家乡村振兴重点帮扶县、西藏和新疆地区广泛开展对接合作，在巩固拓展脱贫攻坚成果与乡村振兴有效衔接中发挥积极作用。

26. 如何促进小农户和现代农业发展有机衔接？

2018 年中央 1 号文件指出，要促进小农户和现代农业发展有机衔接：一是统筹兼顾培育新型农业经营主体和扶持小农户，采取有针对性的措施，把小农生产引入现代农业发展轨道。二是培育各类专业化市场化服务组织，推进农业生产全程社会化服务，帮助小农户节本增效。三是发展多样化的联合与合作，提升小农户组织化程度。四是注重发挥新型农业经营主体带动作用，打造区域公用品牌，开展农超对接、农社对接，帮助小农户对接市场。五是扶持小农户发展生态农业、设施农业、体验农业、定制农业，提高产品档次和附加值，拓展增收空间。六是改善小农户生产设施条件，提升小农户抗风险能力。七是研究制定扶持小农生产的政策意见。

中共中央办公厅、国务院办公厅印发的《关于促进小农户和现代农业发展有机衔接的意见》指出，发展多种形式适度规模经营，培育新型农业经营主体，是增加农民收入、提高农业竞争力的有效途径，是建设现代农业的前进方向和必由之路。但也要看到，我国人多地少，各地农业资源禀赋条件差异很大，很多丘陵山区地块零散，不是短时间内能全面实行规模化经营，也不是所有地方都能实现集中连片规模经营。当前和今后很长一个时期，小农户家庭经营将是我国农业的主要经营方式。因此，必须正确处理好发展适度规模经营和扶持小农户的关系。既要把准发展适度规模经营是农业现代化必由之路的前进方向，发挥其在现代农业建设中的引领作用，也要认清小农户家庭经营很长一段时间内是我国农业基本经营形态的国情农情，在鼓励发展多种形式适度规模经营的同时，完善针对小农户的扶持政策，加强面向小农户的社会化服务，把小农户引入现代农业发展轨道。

第一，促进小农户和现代农业发展有机衔接是巩固完善农村基本经

营制度的重大举措。小农户是家庭承包经营的基本单元。以家庭承包经营为基础、统分结合的双层经营体制，是我国农村的基本经营制度，需要长期坚持并不断完善。扶持小农户，在坚持家庭经营基础性地位的同时，促进小农户之间、小农户与新型农业经营主体之间开展合作与联合，有利于激发农村基本经营制度的内在活力，是夯实现代农业经营体系的根基。

第二，促进小农户和现代农业发展有机衔接是推进中国特色农业现代化的必然选择。小农户是我国农业生产的基本组织形式，对保障国家粮食安全和重要农产品有效供给具有重要作用。农业农村现代化离不开小农户的现代化。扶持小农户，引入现代生产要素改造小农户，提升农业经营集约化、标准化、绿色化水平，有利于小农户适应和容纳不同生产力水平，在农业现代化过程中不掉队。

第三，促进小农户和现代农业发展有机衔接是实施乡村振兴战略的客观要求。小农户是乡村发展和治理的基础，亿万农民群众是实施乡村振兴战略的主体。精耕细作的小农生产和稳定有序的乡村社会，构成了我国农村独特的生产生活方式。扶持小农户，更好发挥其在稳定农村就业、传承农耕文化、塑造乡村社会结构、保护农村生态环境等方面的重要作用，有利于发挥农业的多种功能，体现乡村的多重价值，为实施乡村振兴战略汇聚起雄厚的群众力量。

第四，促进小农户和现代农业发展有机衔接是巩固党的执政基础的现实需要。小农户是党的重要依靠力量和群众基础。党始终把维护农民群众根本利益、促进农民共同富裕作为出发点和落脚点。扶持小农户，提升小农户生产经营水平，拓宽小农户增收渠道，让党的农村政策的阳光雨露惠及广大小农户，有利于实现好、维护好、发展好广大农民根本利益，让广大农民群众的获得感、幸福感、安全感更加充实、更有保障、更可持续。

27. 如何提升小农户发展能力？

中共中央办公厅、国务院办公厅印发的《关于促进小农户和现代农

业发展有机衔接的意见》指出，要提升小农户发展能力。

第一，启动家庭农场培育计划。采取优先承租流转土地、提供贴息贷款、加强技术服务等方式，鼓励有长期稳定务农意愿的小农户稳步扩大规模，培育一批规模适度、生产集约、管理先进、效益明显的农户家庭农场。鼓励各地通过发放良技良艺良法应用补贴、支持农户家庭农场优先承担涉农建设项目等方式，引导农户家庭农场采用先进科技和生产力手段。指导农户家庭农场开展标准化生产，建立可追溯生产记录，加强记账管理，提升经营管理水平。完善名录管理、示范创建、职业培训等扶持政策，促进农户家庭农场健康发展。

第二，实施小农户能力提升工程。以提供补贴为杠杆，鼓励小农户接受新技术培训。支持各地采取农民夜校、田间学校等适合小农户的培训形式，开展种养技术、经营管理、农业面源污染治理、乡风文明、法律法规等方面的培训。新型职业农民培育工程和新型农业经营主体培育工程要将小农户作为重点培训对象，帮助小农户发展成为新型职业农民。涉农职业院校等教育培训机构要发挥专业优势，优先做好农村实用人才带头人示范培训。鼓励各地通过补贴学费等方式，引导各类社会组织向小农户提供技术培训。

第三，加强小农户科技装备应用。加快研发经济作物、养殖业、丘陵山区适用机具和设施装备，推广应用面向小农户的实用轻简型装备和技术。建立健全农业农村社会化服务体系，实施科技服务小农户行动，支持小农户运用优良品种、先进技术、物质装备等发展智慧农业、设施农业、循环农业等现代农业。引导农业科研机构、涉农高校、农业企业、科技特派员到农业生产一线建立农业试验示范基地，鼓励农业科研人员、农业技术推广人员通过下乡指导、技术培训、定向帮扶等方式，向小农户集成示范推广先进适用技术。

第四，改善小农户生产基础设施。鼓励各地通过以奖代补、先建后补等方式，支持村集体组织小农户开展农业基础设施建设和管护。支持各地重点建设小农户急需的通田到地末级灌溉渠道、通村组道路、机耕

生产道路、村内道路、农业面源污染治理等设施，合理配置集中仓储、集中烘干、集中育秧等公用设施。加强农业防灾减灾救灾体系建设，提高小农户抗御灾害能力。

28. 如何提高小农户组织化程度？

中共中央办公厅、国务院办公厅印发的《关于促进小农户和现代农业发展有机衔接的意见》指出，要提高小农户组织化程度。

第一，引导小农户开展合作与联合。支持小农户通过联户经营、联耕联种、组建合伙农场等方式联合开展生产，共同购置农机、农资，接受统耕统收、统防统治、统销统结等服务，降低生产经营成本。支持小农户在发展休闲农业、开展产品营销等过程中共享市场资源，实现互补互利。引导同一区域同一产业的小农户依法组建产业协会、联合会，共同对接市场，提升市场竞争能力。支持农村集体经济组织和合作经济组织利用土地资源、整合涉农项目资金、提供社会化服务等，引领带动小农户发展现代农业。

第二，创新合作社组织小农户机制。坚持农户成员在合作社中的主体地位，发挥农户成员在合作社中的民主管理、民主监督作用，提升合作社运行质量，让农户成员切实受益。鼓励小农户利用实物、土地经营权、林权等作价出资办社入社，盘活农户资源要素。财政补助资金形成的资产，可以量化到小农户，再作为入社或入股的股份。支持合作社根据小农户生产发展需要，加强农产品初加工、仓储物流、市场营销等关键环节建设，积极发展“农户＋合作社”“农户＋合作社＋工厂或公司”等模式。健全盈余分配机制，可分配盈余按照成员与合作社的交易量（交易额）比例、成员所占出资份额统筹返还，并按规定完成优先支付权益，使小农户共享合作收益。扶持农民用水合作组织多元化创新发展。支持合作社依法自愿组建联合社，提升小农户合作层次和规模。

第三，发挥龙头企业对小农户带动作用。完善农业产业化带农惠农机制，支持龙头企业通过订单收购、保底分红、二次返利、股份合作、吸纳就业、村企对接等多种形式带动小农户共同发展。鼓励龙头企业通过“公司＋农户”“公司＋农民合作社＋农户”等方式，延长产业链、保障供应链、完善利益链，将小农户纳入现代农业产业体系。鼓励小农户以土地经营权、林权等入股龙头企业并采取特殊保护，探索实行农民负盈不负亏的分配机制。鼓励和支持发展农业产业化联合体，通过统一生产、统一营销、信息互通、技术共享、品牌共创、融资担保等方式，与小农户形成稳定利益共同体。

29. 如何拓展小农户增收空间?

中共中央办公厅、国务院办公厅印发的《关于促进小农户和现代农业发展有机衔接的意见》指出，要拓展小农户增收空间。

第一，支持小农户发展特色优质农产品。引导小农户拓宽经营思路，依靠产品品质和特色提高自身竞争力。各地要结合特色优势农产品区域布局，紧盯市场需求，深挖当地特色优势资源潜力，引导小农户发展地方优势特色产业，形成一村一品、一乡一特、一县一业。探索建立农业产业到户机制，制订“菜单式”产业项目清单，指导小农户自主选择。支持小农户发挥精耕细作优势，引入现代经营管理理念和先进适用技术装备，发展劳动密集化程度高、技术集约化程度高、生产设施化程度高的园艺、养殖等产业，实现小规模基础上的高产出高效益。引导小农户发展高品质农业、绿色生态农业，开展标准化生产、专业化经营，推进种养循环、农牧结合，生产高附加值农产品。实施小农户发展有机农业计划。

第二，带动小农户发展新产业新业态。大力拓展农业功能，推进农业与旅游、文化、生态等产业深度融合，让小农户分享二三产业增值收益。加强技术指导、创业孵化、产权交易等公共服务，完善配套设施，提高小农户发展新产业新业态能力。支持小农户发展康养农业、创意农业、休闲农业及农产品初加工、农村电商等，延伸产业链和价值链。开展电商服务小农户专项行动。支持小农户利用自然资源、文化遗产、闲

置农房等发展观光旅游、餐饮民宿、养生养老等项目，拓展增收渠道。

第三，鼓励小农户创业就业。鼓励有条件的地方构建市场准入、资金支持、金融保险、用地用电、创业培训、产业扶持等相互协同的政策体系，支持小农户结合自身优势和特长在农村创业创新。健全就业服务体系，扩大农村劳动力转移就业渠道，鼓励农村劳动力就地就近就业，支持农村劳动力进入二三产业就业。支持小农户在家庭种养基础上，通过发展特色手工和乡村旅游等，实现家庭生产的多业经营、综合创收。

30. 如何健全面向小农户的社会化服务体系？

中共中央办公厅、国务院办公厅印发的《关于促进小农户和现代农业发展有机衔接的意见》指出，要健全面向小农户的社会化服务体系。

第一，发展农业生产性服务业。大力培育适应小农户需求的多元化多层次农业生产性服务组织，促进专项服务与综合服务相互补充、协调发展，积极拓展服务领域，重点发展小农户急需的农资供应、绿色生产技术、农业废弃物资源化利用、农机作业、农产品初加工等服务领域。搭建区域农业生产性服务综合平台。创新农业技术推广服务机制，促进公益性农技推广机构与经营性服务组织融合发展，为小农户提供多形式技术指导服务。探索通过政府购买服务等方式，为小农户提供生产公益性服务。鼓励和支持农垦企业、供销合作社组织实施农业社会化服务惠农工程，发挥自身组织优势，通过多种方式服务小农户。

第二，加快推进农业生产托管服务。创新农业生产服务方式，适应不同地区不同产业小农户的农业作业环节需求，发展单环节托管、多环节托管、关键环节综合托管和全程托管等多种托管模式。支持农村集体经济组织、供销合作社专业化服务组织、服务型农民合作社等服务主体，面向从事粮棉油糖等大宗农产品生产的小农户开展托管服务。鼓励各地因地制宜选择本地优先支持的托管作业环节，不断提升农业生产托管对小农户服务的覆盖率。加强农业生产托管的服务标准建设、服务价格指导、服务质量监测、服务合同监管，促进农业生产托管规范发展。

实施小农户生产托管服务促进工程。

第三，推进面向小农户产销服务。推进农超对接、农批对接、农社对接，支持各地开展多种形式的农产品产销对接活动，拓展小农户营销渠道。实施供销、邮政服务带动小农户工程。完善农产品物流服务，支持建设面向小农户的农产品贮藏保鲜设施、田头市场、批发市场等，加快建设农产品冷链运输、物流网络体系，建立产销密切衔接、长期稳定的农产品流通渠道。打造一批竞争力较强、知名度较高的特色农业品牌和区域公用品牌，让小农户分享品牌增值收益。加大对贫困地区农产品产销对接扶持力度，扩大贫困地区特色农产品营销促销。

第四，实施互联网+小农户计划。加快农业大数据、物联网、移动互联网、人工智能等技术向小农户覆盖，提升小农户手机、互联网等应用技能，让小农户搭上信息化快车。推进信息进村入户工程，建设全国信息进村入户平台，为小农户提供便捷高效的信息服务。鼓励发展互联网云农场等模式，帮助小农户合理安排生产计划、优化配置生产要素。发展农村电子商务，鼓励小农户开展网络购销对接，促进农产品流通线上线下有机结合。深化电商扶贫频道建设，开展电商扶贫品牌推介活动，推动贫困地区农特产品与知名电商企业对接。支持培育一批面向小农户的信息综合服务企业和信息应用主体，为小农户提供定制化、专业化服务。

第五，提升小城镇服务小农户功能。实施以镇带村、以村促镇的镇村融合发展模式，将小农户生产逐步融入区域性产业链和生产网络。引导农产品加工等相关产业向小城镇、产业园区适度集中，强化规模经济效应，逐步形成带动小农户生产的现代农业产业集群。鼓励在小城镇建设返乡创业园、创业孵化基地等，为小农户创新创业提供多元化、高质量的空间载体。提升小城镇服务农资农技、农产品交易等功能，合理配置集贸市场、物流集散地、农村电商平台等设施。

31. 如何完善小农户扶持政策？

中共中央办公厅、国务院办公厅印发的《关于促进小农户和现代农

业发展有机衔接的意见》指出，要完善小农户扶持政策。

第一，稳定完善小农户土地政策。保持土地承包关系稳定并长久不变，衔接落实好第二轮土地承包到期后再延长三十年的政策。建立健全农村土地承包经营权登记制度，为小农户“确实权、颁铁证”。在有条件的村组，结合高标准农田建设等，引导小农户自愿通过村组内互换并地、土地承包权退出等方式，促进土地小块并大块，引导逐步形成一户一块田。落实农村承包地所有权、承包权、经营权“三权分置”办法，保护小农户土地承包权益，及时调处流转纠纷，依法稳妥规范推进农村承包土地经营权抵押贷款业务，鼓励小农户参与土地资源配置并分享土地规模经营收益。规范土地流转交易，建立集信息发布、租赁合同网签、土地整治、项目设计等功能于一体的综合性土地流转管理服务组织。

第二，强化小农户支持政策。对新型农业经营主体的评优创先、政策扶持、项目倾斜等，要与带动小农生产挂钩，把带动小农户数量和成效作为重要依据。充分发挥财政杠杆作用，鼓励各地采取贴息、奖补、风险补偿等方式，撬动社会资本投入农业农村，带动小农户发展现代农业。对于财政支农项目投入形成的资产，鼓励具备条件的地方折股量化给小农户特别是贫困农户，让小农户享受分红收益。

第三，健全针对小农户补贴机制。稳定现有对小农生产的普惠性补贴政策，创新补贴形式，提高补贴效率。完善粮食等重要农产品生产者补贴制度。鼓励各地对小农户参与生态保护实行补偿，支持小农户参与耕地草原森林河流湖泊休养生息等，对发展绿色生态循环农业、保护农业资源环境的小农户给予合理补偿。健全小农户生产技术装备补贴机制，按规定加大对丘陵山区小型农机具购置补贴力度。鼓励各地对小农户托管土地给予费用补贴。

第四，提升金融服务小农户水平。发展农村普惠金融，健全小农户信用信息征集和评价体系，探索完善无抵押、无担保的小农户小额信用贷款政策，不断提升小农户贷款覆盖面，切实加大对小农户生产发展的信贷支持。支持农村商业银行、农村合作银行、村镇银行等农村中小金融机构立足县域，加大服务小农户力度。支持农村合作金融规范发展，扶持农村资金互助组织，通过试点稳妥开展农民合作社内部信用合作。鼓励产业链金融、互联网金融在依法合规前提下为小农户提供金融服务。鼓励发展为小农户服务的小额贷款机构，开发专门的信贷产品。加大支农再贷款支持力度，引导金融机构增加小农户信贷投放。鼓励银行业金融机构在风险可控和商业可持续的前提下扩大农业农村贷款抵押物范围，提高小农户融资能力。

第五，拓宽小农户农业保险覆盖面。建立健全农业保险保障体系，从覆盖直接物化成本逐步实现覆盖完全成本。发展与小农户生产关系密切的农作物保险、主要畜产品保险、重要“菜篮子”品种保险和森林保险，推广农房、农机具、设施农业、渔业、制种等保险品种。推进价格保险、收入保险、天气指数保险试点。鼓励地方建立特色优势农产品保险制度。鼓励发展农业互助保险。建立第三方灾害损失评估、政府监督理赔机制，确保受灾农户及时足额得到赔付。加大针对小农户农业保险保费补贴力度。

32. 加快发展农业社会化服务的主要任务是什么？

农业农村部印发的《关于加快发展农业社会化服务的指导意见》指出，一是推动共同发展。以提供农业社会化服务为主的各类专业公司、农民合作社、供销合作社、农村集体经济组织、服务专业户等主体，各具优势、各有所长，要推动各尽其能、共同发展。要把专业服务公司和服务型农民合作社作为社会化服务的骨干力量，推进其专业化、规模化，不断增强服务能力，拓展服务半径。要把农村集体经济组织作为组织小农户接受社会化服务的重要力量，充分发挥其居间服务的优势。要把服务专业户作为重要补充力量，发挥其贴近小农户、服务小农户的优势，弥补其他服务主体的不足。要发挥供销、农垦、邮政的系统优势，着力完善服务机制，不断增强为农服务能力。同时，要鼓励各类服务主

体以资金、技术、服务等要素为纽带，加强联合合作，促进融合发展。推动服务主体与银行、保险、邮政等机构深度合作，实现优势互补、互利共赢。

二是拓展服务领域。坚持需求导向，聚焦粮棉油糖等重要农产品主产区，聚焦生产的关键薄弱环节，加大对社会化服务的引导支持力度，为保障粮食安全和重要农产品有效供给提供支撑。在此基础上，引导服务主体积极开辟新的服务领域，探索开展社会化服务的有效方法路径，推动服务范围从粮棉油糖等大宗农作物向果菜茶等经济作物拓展，从种植业向养殖业等领域推进，从产中向产前、产后等环节及金融保险等配套服务延伸，不断提升社会化服务对农业全产业链及农林牧渔各产业的覆盖率和支撑作用。

三是创新服务机制。鼓励服务主体积极创新服务模式和组织形式，大力发展多层次、多类型的专业化服务。要把农业生产托管作为推进农业社会化服务、发展服务带动型规模经营的重要方式，因地制宜发展单环节、多环节、全程生产托管等服务模式，有效满足多样化的服务需求。大力推广行之有效的"服务主体＋农村集体经济组织＋农户""服务主体＋各类新型经营主体＋农户"等组织形式，促进各主体紧密联结，形成利益共享、风险共担的利益共同体。推动农资企业、农业科技公司、互联网平台等各类涉农组织向农业服务业延伸，采取"农资＋服务""科技＋服务""互联网＋服务"等方式，推进技物结合、技服结合，实现业务拓展、创新发展。

四是推进资源整合。要按照资源共享、填平补齐的要求，把盘活存量设施、装备、技术、人才及各类主体作为重点，探索建设多种类型的农业综合服务中心，围绕农业全产业链，提供集农资供应、技术集成、农机作业、仓储物流、农产品营销等服务于一体的农业生产经营综合解决方案，破解农业生产主体做不了、做不好的共性难题，实现更大范围的服务资源整合、供需有效对接，促进资源集约、节约和高效利用。加快推进中国农业社会化服务平台试点和全面应用，不断完善平台功能，逐步引入银行、保险、担保等机构，共同为服务供需双方提供线上线下一站式、便捷化服务。

五是提升科技水平。充分发挥农业社会化服务在集成推广应用绿色优质新品种、先进适用技术和现代物质装备中的重要作用，促进服务与科技深度融合，着力解决农业科技落地的“最后一公里”问题。鼓励服务主体充分利用互联网、大数据、云计算、区块链、人工智能等信息技术和手段，推广应用遥感、航拍、定位系统、视频监控等成熟的智能化设备和数据平台，对农牧业生产过程、生产环境、服务质量等进行精准监测，提升农业的信息化、智能化水平。鼓励服务主体与高等院校、职业学校、科研院所等加强合作，开展服务行业重大关键技术和装备研发，解决服务主体普遍面临的技术、装备、人才等难题。

六是强化行业指导。鼓励相关部门、服务主体、行业协会等以县为基础，研究制定符合当地实际的服务标准和服务规范，强化服务过程指导和服务效果评估。加强服务价格监测，防止价格欺诈和垄断。强化服务合同监管，推广使用示范文本，规范服务行为，保障农户权益。鼓励地方建立服务主体名录库，加强动态监测，推动服务主体信用记录纳入全国信用信息共享平台。鼓励建立全国性或区域性的农业社会化服务行业协会、行业联盟等，发挥其联系政府、服务会员、整合资源、自律规范的功能。

33. 为什么要加快培育多元服务主体？如何进行培育？

农业农村部总畜牧师、农村合作经济指导司司长张天佐指出，目前，农业服务主体主要有专业服务公司、农民合作社、供销合作社、农村集体经济组织、服务专业户等类型，从实践看，这些主体各具优势、各有所长。要针对不同服务主体的特点，明确功能定位，加强分类指导，推动各尽其能、共同发展。专业服务公司和服务型农民合作社数量超过服务主体总数的1/3，服务能力较强，服务规模较大，服务小农户数量最多。要将这两类主体作为社会化服务的骨干力量，推进其专业

化、规模化，不断拓展服务半径。开展社会化服务的农村集体经济组织数量占服务主体总数的近一成，大多以提供“居间”服务为主，要将其作为组织小农户接受社会化服务的重要力量，充分发挥桥梁纽带作用。服务专业户最贴近小农户，数量约占服务主体总数的一半，要将其作为重要补充力量，弥补其他服务主体的不足。供销、农垦、邮政等系统具有组织优势，要着力完善服务机制，增强服务能力。同时，要鼓励各类服务主体之间加强联合合作，推动服务主体与银行、保险、邮政等机构深度合作，实现优势互补、互利共赢。

34. 目前农业社会化服务有哪些重点领域？下一步向哪些领域拓展？

农业农村部总畜牧师、农村合作经济指导司司长张天佐指出，为保障国家粮食安全和重要农产品有效供给，当前农业社会化服务的重点领域主要在粮棉油糖等大宗农作物。这些大宗农作物种植相对集中，生产设施装备相对成熟，但由于比较效益较低，导致生产主体积极性不高，因此对服务的需求更加迫切。近年来，农业农村部积极指导各地聚焦粮食生产关键薄弱环节，通过完善支持政策、强化项目推动、典型示范引领等一系列举措，不断加大对粮食生产社会化服务的引导支持力度，取得了明显成效。据典型调查，通过服务主体集中采购生产资料、统一进行机械化作业、集成应用先进品种和技术、订单溢价收购农产品等服务，单季粮食作物生产亩均节本增效150元左右，极大地调动了农民种粮积极性，有效稳定了粮食等大宗农作物生产。随着农产品区域布局不断优化，一些经济作物、特色产品生产集中度逐步提高，为拓展服务领域创造了有利条件。

下一步，要把握趋势、因势利导，推动社会化服务范围从粮棉油糖等大宗农作物向果菜茶等经济作物拓展，从种植业向养殖业等领域推进，从产中向产前、产后等环节及金融保险等配套服务延伸，不断提升社会化服务对农业全产业链及农林牧渔各产业的覆盖率和支撑作用。

35. 在实践中农业社会化服务都有哪些有效的服务模式和组织形式?

农业农村部总畜牧师、农村合作经济指导司司长张天佐指出，近年来，各地立足不同产业、不同主体、不同环节的生产需要，积极引导和鼓励服务主体创新服务模式和组织形式，大力发展多层次、多类型的专业化服务，有效满足多样化服务需求。

一是创新多种服务模式。各地坚持需求导向，因地制宜发展单环节、多环节、全程生产托管等服务模式，让农民集中精力从事自己做得了、做得好的生产环节，把自己做不了、做不好、做了不划算的事交给服务主体去做，逐步转变小农户的生产经营方式，着力解决耕地撂荒和“谁来种地”的难题。

二是完善与其他主体的组织形式。各地大力推广“服务主体＋农村集体经济组织＋农户”“服务主体＋各类新型经营主体＋农户”等组织形式，以服务为纽带，促进各主体形成紧密联结、利益共享、风险共担的共同体。如安徽在产粮大县依托村集体大力推进整村托管模式，山东推广“服务主体＋小店长＋小农户”模式等。

三是引导各类涉农组织向农业服务业延伸。各地鼓励农资企业、农业科技公司、互联网平台等各类涉农组织依托原有的技术、装备、渠道、市场、信息化等优势，采取“农资＋服务”“科技＋服务”“互联网＋服务”等方式，积极向农业服务业拓展，开展农资供应、技术集成、农机作业、线上线下对接等综合农事服务，促进技物结合、技服结合。如供销社系统、中化农业等农资农化企业围绕农业全产业链，着力打造区域性农业综合服务中心，提供农业生产经营综合解决方案，有效破解农业生产主体的共性难题。

36. 如何大力培育新型职业农民?

2018 年中央 1 号文件指出，培育新兴职业农民，必须全面建立职

业农民制度，完善配套政策体系。一是实施新型职业农民培育工程。二是支持新型职业农民通过弹性学制参加中高等农业职业教育。三是创新培训机制，支持农民专业合作社、专业技术协会、龙头企业等主体承担培训任务。四是引导符合条件的新型职业农民参加城镇职工养老、医疗等社会保障制度。五是鼓励各地开展职业农民职称评定试点。

37. 如何加强乡村人才支撑？

《乡村振兴促进法》规定，国家健全乡村人才工作体制机制，采取措施鼓励和支持社会各方面提供教育培训、技术支持、创业指导等服务，培养本土人才，引导城市人才下乡，推动专业人才服务乡村，促进农业农村人才队伍建设。

各级人民政府应当加强农村教育工作统筹，持续改善农村学校办学条件，支持开展网络远程教育，提高农村基础教育质量，加大乡村教师培养力度，采取公费师范教育等方式吸引高等学校毕业生到乡村任教，对长期在乡村任教的教师在职称评定等方面给予优待，保障和改善乡村教师待遇，提高乡村教师学历水平、整体素质和乡村教育现代化水平。各级人民政府应当采取措施加强乡村医疗卫生队伍建设，支持县乡村医疗卫生人员参加培训、进修，建立县乡村上下贯通的职业发展机制，对在乡村工作的医疗卫生人员实行优惠待遇，鼓励医学院校毕业生到乡村工作，支持医师到乡村医疗卫生机构执业、开办乡村诊所、普及医疗卫生知识，提高乡村医疗卫生服务能力。各级人民政府应当采取措施培育农业科技人才、经营管理人才、法律服务人才、社会工作人才，加强乡村文化人才队伍建设，培育乡村文化骨干力量。

各级人民政府应当采取措施，加强职业教育和继续教育，组织开展农业技能培训、返乡创业就业培训和职业技能培训，培养有文化、懂技术、善经营、会管理的高素质农民和农村实用人才、创新创业带头人。县级以上人民政府及其教育行政部门应当指导、支持高等学校、职业学校设置涉农相关专业，加大农村专业人才培养力度，鼓励高等学校、职业学校毕业生到农村就业创业。

国家鼓励城市人才向乡村流动，建立健全城乡、区域、校地之间人才培养合作与交流机制。县级以上人民政府应当建立鼓励各类人才参与乡村建设的激励机制，搭建社会工作和乡村建设志愿服务平台，支持和引导各类人才通过多种方式服务乡村振兴。乡镇人民政府和村民委员会、农村集体经济组织应当为返乡入乡人员和各类人才提供必要的生产生活服务。农村集体经济组织可以根据实际情况提供相关的福利待遇。

2022 年中央 1 号文件指出，加强人才队伍建设，一要发现和培养使用农业领域战略科学家。启动"神农英才"计划，加快培养科技领军人才、青年科技人才和高水平创新团队。二要深入推行科技特派员制度。实施高素质农民培育计划、乡村产业振兴带头人培育"头雁"项目、乡村振兴青春建功行动、乡村振兴巾帼行动。三要落实艰苦边远地区基层事业单位公开招聘倾斜政策，对县以下基层专业技术人员开展职称评聘"定向评价、定向使用"工作，对中高级专业技术岗位实行总量控制、比例单列。四要完善耕读教育体系。优化学科专业结构，支持办好涉农高等学校和职业教育。培养乡村规划、设计、建设、管理专业人才和乡土人才。五要鼓励地方出台城市人才下乡服务乡村振兴的激励政策。

38. 如何加强农村专业人才队伍建设？

2018 年中央 1 号文件指出，要加强农村专业人才队伍建设：一是建立县域专业人才统筹使用制度，提高农村专业人才服务保障能力。二是推动人才管理职能部门简政放权，保障和落实基层用人主体自主权。三是推行乡村教师"县管校聘"。实施好边远贫困地区、边疆民族地区和革命老区人才支持计划，继续实施"三支一扶"、特岗教师计划等，组织实施高校毕业生基层成长计划。四是支持地方高等学校、职业院校综合利用教育培训资源，灵活设置专业（方向），创新人才培养模式，为乡村振兴培养专业化人才。五是扶持培养一批农业职业经理人、经纪

人、乡村工匠、文化能人、非遗传承人等。

39. 如何创新乡村人才培育引进使用机制？

2018年中央1号文件指出，要创新乡村人才培育引进使用机制：一是建立自主培养与人才引进相结合，学历教育、技能培训、实践锻炼等多种方式并举的人力资源开发机制。二是建立城乡、区域、校地之间人才培养合作与交流机制。三是全面建立城市医生教师、科技文化人员等定期服务乡村机制。四是研究制定鼓励城市专业人才参与乡村振兴的政策。

40. 如何推动人才下乡？

2020年中央1号文件指出，要培养更多知农爱农、扎根乡村的人才，推动更多科技成果应用到田间地头。畅通各类人才下乡渠道，支持大学生、退役军人、企业家等到农村干事创业。整合利用农业广播学校、农业科研院所、涉农院校、农业龙头企业等各类资源，加快构建高素质农民教育培训体系。落实县域内人才统筹培养使用制度。有组织地动员城市科研人员、工程师、规划师、建筑师、教师、医生下乡服务。城市中小学教师、医生晋升高级职称前，原则上要有1年以上农村基层工作服务经历。优化涉农学科专业设置，探索对急需紧缺涉农专业实行"提前批次"录取。抓紧出台推进乡村人才振兴的意见。

41. 乡村人才振兴的重点领域是什么？有什么支持举措？

中共中央办公厅、国务院办公厅印发的《关于加快推进乡村人才振兴的意见》指出，要坚持问题导向，针对基层实践迫切需要，突出重点，对加快培养农业生产经营人才、农村二三产业发展人才、乡村公共服务人才、乡村治理人才、农业农村科技人才进行针对性部署。

一是加快培养农业生产经营人才。加强农民教育培训，深入实施现代农民培育计划、农村实用人才培养计划，培养高素质农民队伍。突出抓好家庭农场经营者、农民合作社带头人培育。

二是加快培养农村二三产业发展人才。深入实施农村创业创新带头人培育行动，壮大新一代乡村企业家队伍。加强农村电商人才培育，加快建立农村电商人才培养载体及师资、标准、认证体系。培育乡村工匠，挖掘培养乡村手工业者、传统艺人。实施劳务输出品牌计划，培育一批叫得响的农民工劳务输出品牌。

三是加快培养乡村公共服务人才。乡村教师方面，落实城乡统一的中小学教职工编制标准，加大乡村骨干教师培养力度，对长期在乡村学校任教的教师实行职称评审方面的特殊政策，落实好乡村教师生活补助政策。乡村卫生健康人才方面，明确人员编制、人才招聘、人才激励等方面政策，加强乡村基层卫生健康人才在岗培训和继续教育，逐步提高乡村医生收入待遇，鼓励免费定向培养一批源于本乡本土的大学生乡村医生。乡村文化旅游体育人才方面，推动文化旅游体育人才下乡服务，完善专业人才扶持政策。乡村规划建设人才方面，支持熟悉乡村的规划建设人才参与乡村规划建设，实施乡村本土建设人才培育工程。

四是加快培养乡村治理人才。加强乡镇党政人才队伍建设，选优配强乡镇领导班子特别是乡镇党委书记，实行乡镇编制专编专用，落实乡镇工作补贴和艰苦边远地区津贴政策以及艰苦边远地区乡镇公务员考录政策。推动村党组织带头人队伍整体优化提升，坚持和完善向重点乡村选派驻村第一书记和工作队制度，全面落实村党组织书记县级党委组织部门备案管理制度和村“两委”成员资格联审机制。实施“一村一名大学生”培育计划，进一步加强选调生工作，鼓励各地多渠道招录大学毕业生到村工作，扩大高校毕业生“三支一扶”计划招募规模。加强农村社会工作人才队伍建设，吸引社会工作人才提供专业服务，引导高校毕业生、退役军人、返乡入乡人员参与社区服务。加强农村经营管理人才队伍建设，充实农村经营管理队伍，确保事有人干、责有人负。加强农村法律人才队伍建设，推动公共法律服务力量下沉，加快培育“法律明白人”，培育农村学法用法示范户。

五是加快培养农业农村科技人才。一类是农业农村高科技领军人才，要推进农业农村科研杰出人才培养，加快培育一批高科技领军人才和团队，加强优秀青年后备人才培养。一类是农业农村科技创新人才，要依托各类创新平台发现人才、培育人才、凝聚人才，加强农业企业科技人才培养。一类是农业农村科技推广人才，要全面实施农技推广服务特聘计划，实施基层农技人员素质提升工程，推广“科技小院”等培养模式。一类是科技特派员队伍，要完善科技特派员工作机制，拓宽科技特派员来源渠道，完善优化科技特派员扶持激励政策。

42. 乡村人才培养有哪些主体？如何发挥好这些主体的作用？

《关于加快推进乡村人才振兴的意见》指出，充分发挥各类主体在乡村人才培养中的作用，着力推动形成乡村人才培养的工作合力。一是完善高等教育人才培养体系。全面加强涉农高校耕读教育，深入实施卓越农林人才教育培养计划 2.0，建设一批新兴涉农专业，引导综合性高校增设涉农学科专业，加强乡村振兴发展研究院建设。二是加快发展面向农村的职业教育。加强农村职业院校基础能力建设，支持职业院校加强涉农专业建设，培养基层急需的专业技术人才，对农村“两后生”进行技能培训。三是依托各级党校（行政学院）培养基层党组织干部队伍。发挥好党校（行政学院）、干部学院主渠道、主阵地作用，分类分级开展“三农”干部培训，将教育资源延伸覆盖至村和社区。四是充分发挥农业广播电视学校等培训机构作用。支持各类培训机构加强对高素质农民、能工巧匠等本土人才培养，推动农民培训与职业教育有效衔接。五是支持企业参与乡村人才培养。引导农业企业建设实训基地、打造乡村人才孵化基地、建设产学研用协同创新基地，积极参与乡村人才振兴。

43. 推进乡村人才振兴有哪些体制机制上的创新？

《关于加快推进乡村人才振兴的意见》通过建立健全乡村人才振兴

体制机制，着力打通乡村人才发展梗阻，为推动乡村人才振兴夯实制度基础。

在人才培养上，提出有计划地选派县级以上机关有发展潜力的年轻干部到乡镇任职、挂职，加大公费师范生培养力度，推动职业院校（含技工院校）与基层行政事业单位、用工企业精准对接，定向培养乡村人才。

在人才引进上，提出建立城市医生、教师、科技、文化等人才定期服务乡村制度，将基层工作经历作为职称评审、岗位聘用的重要参考。鼓励地方整合各领域外部人才成立乡村振兴顾问团，支持引导退休专家和干部服务乡村振兴。健全鼓励人才向艰苦地区和基层一线流动激励制度，激励人才扎根一线建功立业。

在人才使用上，提出建立县域专业人才统筹使用制度，积极开展统筹使用基层各类编制资源试点，探索赋予乡镇更加灵活的用人自主权，推动资源服务管理向基层倾斜。推进义务教育阶段教师“县管校聘”。在区域卫生编制总量内统一配备各类卫生人才，鼓励实行“县聘乡用”和“乡聘村用”。

在人才评价上，提出完善乡村高技能人才职业技能等级制度，组织农民参加多种技能评价，探索“以赛代评”“以项目代评”。建立健全乡村人才分级分类评价体系，坚持“把论文写在大地上”，完善农业农村领域高级职称评审申报条件，对乡村发展急需紧缺人才可以设置特设岗位。在人才服务保障上，提出完善乡村人才认定标准，做好乡村人才分类统计，建立健全县乡村三级乡村人才管理网络。

44. 如何选优建强农村基层组织负责人队伍？

农业农村部印发的《“十四五”农业农村人才队伍建设发展规划》指出，农村基层组织负责人承担着建强基层党组织、推动乡村振兴、为民办实事、提高治理水平等重要职责，是贯彻落实农业农村政策的关键力量。要以满足乡村治理体系和治理能力现代化要求为目标，以选优配

强人才队伍、持续提升素质能力为手段，完善监管考核制度，强化激励保障措施，增强农村基层组织带头人担当作为的能力和动力。

夯实基层组织基础。推动县乡党委在坚持政治标准前提下，大力选拔懂发展善治理、有干劲会干事、甘于奉献、敢闯敢拼、能够团结带领群众推进乡村振兴的优秀人才进入村“两委”班子。推动人才选拔机制创新，打破地域、身份、职业界限，注重选拔本村致富能手、外出务工经商返乡人员、本乡本土大学毕业生、退役军人等进入村“两委”班子。向重点乡村持续选派驻村第一书记和工作队，适当扩大高校毕业生“三支一扶”计划招募规模。鼓励采取“定制村官”、面向社会公开选拔、上级党组织选派等多种方式，从高校毕业生、机关和企事业单位人员中选拔基层组织后备力量。

提升基层治理水平。会同相关部门组织实施农村基层干部乡村振兴主题培训计划，突出政治引领，提升集体经济发展和乡村治理等能力，对基层组织负责人开展轮训。参与实施“一村一名大学生”“一村多名大学生”等学历提升计划，支持村干部、年轻党员通过弹性学制、农学结合、送教下乡等方式，就地就近接受高等学历教育，培养一批在乡大学生。推动建立村级后备力量培养联系人制度，强化岗前培训和实践锻炼，提升治村兴村综合能力。

强化管理监督保障。推动完善村级组织负责人考核机制。充分发挥农村基层党组织、村务监督委员会等监督作用，引导群众有序参与，健全农村基层监督体系，推动农村基层治理不断完善。畅通晋升渠道，推动选拔优秀村组织书记进入乡镇班子、乡镇公务员队伍和乡镇事业单位。积极推动通过提高报酬待遇、完善社会保障制度、落实正常离任村干部生活补贴等多种方式，营造拴心留人良好环境。开展乡村治理示范村镇创建，培育和树立一批乡村治理典型，发挥引领带动作用。

45. 如何扶持壮大家庭农场主队伍？

《“十四五”农业农村人才队伍建设发展规划》指出，家庭农场主是促进农业规模化、标准化、集约化生产经营，推动乡村产业发展的生力军、要以能力提升为支撑，以政策支持为保障，扶持壮大家庭农场主队伍，巩固提升家庭农场主生产经营能力和带动能力，推动农业适度规模经营提质增效。

提升经营管理能力。实施家庭农场主素质提升计划，指导各地利用3年时间，对纳入名录的家庭农场主开展轮训，提升农业生产能力和经营管理水平。实施青年农场主培养计划，对青年农场主进行重点培养和创业支持，不断壮大家庭农场经营者的后备力量。开展家庭农场主知识更新工程，充分发挥农广校、职业院校、农技推广单位、农业企业等机构培训功能，采取“田间学校”“送教下乡”等形式开展培训，提高培训的针对性和有效性，不断满足家庭农场多样化发展能力需求。

创新协同发展模式。鼓励组建家庭农场协会或联盟，搭建合作服务平台，为家庭农场提供农事服务、营销服务、金融服务、培训服务、信息服务等。引导家庭农场主领办或加入农民合作社，开展统一生产经营。支持家庭农场协会或联盟开展跨区域、跨行业、跨领域的联合合作，促进家庭农场资源共享，提升自我服务能力。探索创新利益联结机制，推广家庭农场与龙头企业、社会化服务组织合作的有效方式，提升抱团发展能力。

拓展支持服务手段。鼓励各地加大对家庭农场建设仓储、晾晒场、保鲜库、农机库棚等设施用地支持，保障家庭农场用地。充分发挥新型农业经营主体信贷“直通车”作用，强化对家庭农场信贷支持力度，鼓励金融机构开展家庭农场信用等级评价，对资信良好的家庭农场发放信用贷款，加大农业保险保费财政补贴力度，有效满足家庭农场的风险保障需求。完善全国家庭农场名录数据库，构建家庭农场主管理服务系统，开展针对性指导服务。鼓励有条件的地方引导家庭农场主参加城镇职工社会保险，为家庭农场主创业兴业解决后顾之忧。引导家庭农场主在生产、营销中积极使用大数据、互联网、物联网技术，参与区域公用品牌建设，参加农产品展销会，利用电商企业对接平台，提升对接大市

场能力。开展示范家庭农场创建活动，征集推介一批家庭农场典型案例，发挥示范引领作用，带动小农户照着学、跟着干。

46. 如何加快培育农民合作社带头人队伍?

《“十四五”农业农村人才队伍建设发展规划》指出，农民合作社在与农民建立紧密的利益联结关系，实现互助互促、合作共赢等方面发挥着重要作用，其带头人是提高农业生产经营组织化程度，引领小农户与现代农业发展有机衔接的骨干力量。要以提高规范运行和服务带动能力为核心，以完善指导服务和政策支持为支撑，加快培育一支能力强、素质高的农民合作社带头人队伍，提升现代农业发展水平。

提升规范办社水平。充分发挥农民合作社带头人的主体作用，引导农民合作社完善章程制度，健全组织机构，规范财务管理，合理分配收益，提升运营管理规范化水平。加强辅导员队伍建设，拓宽辅导员选聘渠道，引导农民合作社带头人依法依规办社。鼓励农民合作社带头人积极参与示范社创建，将规范管理、创新发展、联农带农作为评定考核内容和政策扶持的主要依据，培育一批制度健全、管理规范、带动力强的农民合作社行业标杆，提升农民合作社发展质量。

增强服务带动能力。鼓励农民合作社带头人与成员、周边农户建立利益联结关系，推行品种培优、品质提升、品牌打造和标准化生产，积极发展循环农业、休闲农业、电子商务等新产业新业态，由种养业向产加销一体化拓展，为成员提供低成本便利化服务。鼓励各地依托农民合作社联合社、联合会等，创建农民合作社服务中心，出台扶持政策措施，为农民合作社带头人提供培育孵化和公共服务，引导农民合作社与各类企业对接合作，解决销售、品牌、物流、融资等难题。

营造良好发展生态。强化农民合作社带头人培育，重点围绕发展乡村产业、拓展服务功能、加强利益联结等内容开展培训，提高带头人高质量发展能力。支持各地制定财政奖补、工资补贴等优惠政策，吸引大中专毕业生等各类人才领办创办农民合作社。开展信贷直通车活动，探索构建农民合作社信用评价体系，鼓励创设符合农民合作社需要的金融信贷产品。支持县级以上示范社、联合社承担国家涉农项目，落实用地用电政策。开展农民合作社带头人发展典型案例选树和宣介，对作出突出贡献的农民合作社带头人，可按照国家有关规定给予表彰奖励。

47. 如何加强农业科研人才队伍建设？

《“十四五”农业农村人才队伍建设发展规划》指出，农业科研人才肩负着攻克农业农村重大科学问题和关键技术难题，保障粮食安全、加快推进农业农村现代化的重要使命，是实现高水平农业科技自立自强的核心力量。面向世界科技前沿、面向经济主战场、面向国家重大需求、面向人民生命健康，以关键核心技术攻关为抓手，以国家实验室、现代农业产业科技创新中心等重大平台为载体，以深化体制机制改革为保障，推动任务项目平台人才等一体化部署，“铸塔尖、强塔干、厚塔基”，不断提升农业科研人才自主培养能力，切实加快农业科技创新主力军队伍建设。

大力培养使用农业战略科学家。坚持实践标准，在农业关键核心技术攻关、农业生物育种重大项目、现代农业产业技术体系等重大科技任务担纲领衔者中，发现具有深厚科学素养、长期奋战在科研一线，视野开阔，前瞻性判断力、跨学科理解能力、大兵团作战组织领导能力强的农业科学家。坚持长远眼光，有意识地发现和培养更多具有战略科学家潜质的高层次复合型农业人才，形成农业战略科学家成长梯队。

打造农业科技领军人才和创新团队。聚焦推进农业农村高质量发展，围绕战略必争和新兴技术领域，设立实施“神农英才”计划，在粮食和重要农产品保供、关键核心技术攻关、重大农业风险隐患防控等战略领域，遴选支持一批具有战略创新思维、具有科技前沿和产业发展深刻把握能力、具有领衔决胜重大科技攻关统筹协调能力的农业科技领军人才。发挥农业领域国家实验室、国家科研机构、高水平研究型大学、科技领军企业的国家队作用，围绕粮食安全、绿色低碳、智慧农业等重

点领域，组织产学研协同攻关。

造就青年农业科技人才队伍。把培育国家农业战略人才力量的政策重心放在青年农业科技人才上，完善全链条培育制度，在农业科技项目、科技创新平台、现代农业产业技术体系、技术试验示范等工作中，支持青年人才挑大梁、当主角，使他们尽快脱颖而出。鼓励高校、科研院所、企业围绕重点学科和领域，设立青年农业科技人才培养专项，稳定支持一批创新潜力突出的青年农业科技人才。探索设立职称晋升绿色通道，助力优秀青年人才快速成长。倡导高校、科研院所、企业进一步优化学术环境，支持青年农业科技人才敢于打破定式思维和守成束缚，提出新观点、创立新学说、开辟新途径。

用好人才成长和作用发挥平台。在推进建设农业领域国家实验室、重组农业领域国家重点实验室、改造改组优化提升部重点实验室过程中，充分发挥战略科学家、领军人才作用，积极培养青年农业科技人才。融合政府、科技、人才、金融等要素，建好用好 5 个国家现代农业产业科技创新中心、51 个国家农业科技创新联盟、72 个农业科技现代化先行县，推动农业科教系统大力强化产学研融合，促进农业科技人才在科技经济一体化进程中锻炼成长。搭建农业国际联合研究平台，聚天下英才而用之，鼓励科研机构、企业打造融合发展联合体，明确企业“出题出资”、科研机构“答题交卷”的模式，促进科研人才与主导产业、农业企业紧密结合，实现创新链产业链有机整合。

改革创新人才发展体制机制。深化农业科研院所内部管理制度改革，推进扩大科研决策、职称评定、经费使用、成果收益分配等自主权。优化农业科技领军人才发现机制和项目团队遴选机制，试点人才梯队配套、科研条件配套、管理机制配套等领军人才特殊政策，实行“揭榜挂帅”“立军令状”“赛马选马”等机制，优先支持一批领军人才开展技术攻关。鼓励实施农业科技领军人才年薪制、特岗补贴制、团队薪酬协议制、企业兼职兼薪制等制度。加快建立以创新价值、能力、贡献为导向的评价体系，推行围绕主责主业评职称，健全符合农业科技创新和人才成长规律的职称评审标准和制度体系。设立国家农业科技人才库，统筹培养使用。优化“中华农业英才奖”“神农中华农业科技奖”等科技人才表彰奖励制度，加大先进典型宣传力度。推进实施更加灵活的国际学术交流政策。

48. 如何培育农业社会化服务组织带头人队伍？

《“十四五”农业农村人才队伍建设发展规划》指出，农业社会化服务组织带头人在满足农民多样化生产需求、助力农业高质量发展等方面发挥着重要作用，是适应转变农业生产方式需要，开展农资供应、代耕代种、统防统治、驾驶维修、信息咨询、代储代销等生产性服务的生力军。要以提升服务能力为核心，以模式创新为抓手，以优化环境为支撑，充分发挥市场作用，促进服务组织带头人队伍加快发展，建设与农业农村公共服务形成优势互补的农业社会化服务体系，补齐农业农村服务短板。

引导提升服务能力。实施农业社会化服务组织带头人培育工程，在支撑重要农产品生产营销、解决产业链薄弱环节问题、推广新技术新装备等领域，加强政策扶持、推动机制创新、强化服务保障，加快培养一批农业社会化服务组织带头人。鼓励开展农业社会化服务组织服务质量评价，主动适应农业生产多样化、个性化、专业化、信息化的服务需要，持续提升服务能力，重点解决一家一户干不了、干不好、干起来不划算的问题。

创新合作共赢模式。鼓励农业公共服务机构与社会化服务组织带头人合作，推行“整合托管”“公建民营、民办公助”等多种模式，合力提升服务质量和水平。鼓励农业社会化服务组织带头人以资金、技术等要素为纽带，加强联合合作，促进功能互补、互惠互利。鼓励农业社会化服务组织带头人与农村集体经济组织、新型经营主体、农户开展多种形式的合作，推广“服务主体＋农村集体经济组织＋农户”“服务主体＋各类新型经营主体＋农户”等组织形式，形成利益共享、风险共担

的共同体。

完善支持服务政策。整合政策资源，为农业社会化服务组织提供财政、税收、信贷、保险、用地支持，强化行业指导，通过健全服务标准、加强价格监测、强化合同监管、规范服务行为、建立行业自律组织等，促进规范发展。继续开展全国农业社会化服务典型选树活动，树立行业标杆和服务典型，发挥示范带动作用。加快推广应用中国农业社会化服务平台，促进服务供需线上对接、线下落地。

49. 如何建设高质量农业企业家队伍？

《“十四五”农业农村人才队伍建设发展规划》指出，农业企业家是农业农村经济活动的支撑力量，发挥着推动农业产业融合发展，带动农民融入大市场的引领作用。要加强农业企业家队伍建设的统筹规划，将农业企业家培育与农业产业发展同步谋划、同步推进。通过建设数据库把企业家“找出来”，通过建立智库、联系机制把企业家“用起来”，通过加大支持力度、树立龙头企业标杆让企业家“强起来”。

育强扶壮产业龙头。围绕农业产业转型发展、融合发展需要，引导龙头企业家树牢农业产业发展大局观、安全观，积极投身国家农业重大战略实施。鼓励龙头企业采取兼并重组、股份合作等形式，建立大型农业企业集团，发挥农业龙头企业在保障国家粮食安全上的关键作用，提升农业龙头企业在乡村产业发展中的带动能力。倡导务农、兴农、为农、带农的农业企业家精神，扶持一批龙头企业家牵头，中小企业主、农民合作社、家庭农场等创业主体跟进，广大小农户参与的农业产业化联合体，形成龙头企业与各类经营主体融通发展新格局。

搭建成长发展平台。开展“百千万”农业企业家培育工程，实施百名农业企业家交流活动、千名企业家能力提升专项行动、万名企业家培训计划，建设一批农业企业家培育实训基地，提高农业企业家综合素质，提升农业企业家示范带动作用。支持农业企业自主创新，加大国家科技计划对农业企业科技创新的倾斜力度，提高农业企业承担研发任务的比例。建立政企沟通机制，发挥农业企业家智库作用，指导各地建立省市县农业企业家数据库，开展农业龙头企业发展情况年度调查，动态掌握农业企业家及其企业发展基本情况。支持各地建立交流合作平台，举办形式多样的“企企”“科企”“银企”对接活动，为企业创造更多的交流合作机会，加强农垦企业经营管理和专业技术人才培育，增强农垦企业发展活力和示范带动能力。

营造健康成长环境。鼓励整合乡村产业发展的各类项目资金政策，将联农带农紧、创新能力强、发展潜力大的龙头企业列为扶持重点，给予倾斜支持。保护企业家合法权益，完善土地流转管理、服务、纠纷调处机制，加强知识产权保护，维护企业家的财产权、创新权益和自主经营权，保障企业在法治轨道上健康发展。不定期组织企业家座谈和走访，帮助解决企业实际困难。选树龙头企业标杆，推介龙头企业联农带农、产业化联合体典型案例，培育大集团、打造大产业、创响大品牌，营造全社会关心关爱农业企业家发展的舆论环境。

50. 如何壮大农村创业带头人队伍？

《“十四五”农业农村人才队伍建设发展规划》指出，返乡入乡农村创业带头人是推动科技、管理、资金等资源要素下沉乡村，带动电子商务、休闲农业等新产业新业态蓬勃兴起，引领乡村产业发展的重要力量。要构建“平台+带头人”的农村创业人才培育机制，通过强化主体培育、创业指导、平台建设，提升农村创业人才规模与素质，引领带动乡村新产业新业态蓬勃发展。

提升干事创业能力。实施农村创业带头人培育行动，扶持一批返乡创业农民工和在乡创业能人发展乡村产业，鼓励一批入乡创业人员提升乡村产业发展水平。通过集中授课、案例教学、现场指导等方式，为农村创业人员开展精准培训，充分利用远程视频融媒体等现代信息技术，提供灵活便捷的在线培训。开发一批特色专业和示范培训课程，提升培训质量，提升创业成功率。

搭建创业服务平台。鼓励各地建设一批资源要素集聚、基础设施齐全、服务功能完善，集“生产+加工+科技+营销+品牌+体验”于一体的农村创业园区，力争用5年时间，覆盖全国农牧渔业大县（市）。鼓励各地建设一批“预孵化+孵化器+加速器+稳定器”全方位的农村创业孵化实训基地等，帮助农村创业带头人顺畅创业。实施农村创业园区（基地）服务提升行动，培育一批高素质园区（基地）运营管理人员。

优化创业服务环境。指导各地全面落实农村创业带头人融资、用地、落户、社会保险等扶持政策，吸引各类人才返乡入乡干事创业。鼓励各地依托现代农业产业园、农业产业强镇和优势特色产业集群等项目建设，为返乡入乡创业人员提供办公场所、匹配服务团队、落实扶持政策。办好全国农村创业项目创意大赛，吸引更多人才投身乡村振兴宣传推介创业典型，发掘一批农村创业带头人，讲好创业励志故事，营造创业良好氛围。

51. 如何加强农业综合执法人才队伍建设？

《“十四五”农业农村人才队伍建设发展规划》指出，农业综合行政执法人才队伍承担着维护农业生产经营秩序、保障农产品质量安全、保护农民合法权益、开展农业领域应急处置等重要职责，是推进农业依法行政的中坚力量。要以深化农业综合行政执法改革为抓手，以完善制度机制为重点，以改善执法条件和强化执法监督为保障，加大政策创设力度，建设一支政治信念坚定、业务技能娴熟、执法行为规范、人民群众满意的农业行政执法人才队伍，为三农发展保驾护航。

健全执法体系。建立健全省市县三级农业综合行政执法体系，加快建设专业化、职业化、现代化的农业综合行政执法人才队伍，推动明确执法机构性质和执法人员身份。按照职权法定、属地管理、重心下移的原则，厘清不同层级执法权限。理顺行业管理机构与综合行政执法机构的职责分工，厘清综合行政执法与日常监管的职能边界，构建监管与执法分工协作机制。按照区域特点、执法任务量等工作实际配足配齐执法人员，确保事有人管、活有人干、责有人担。加强以沿海和长江流域为重点的渔政执法队伍和能力建设，聚焦品种权保护、农资质量、长江禁渔、动植物检疫、农产品质量安全等重点领域，强化基层执法人员配备。

提升执法能力。实施农业综合行政执法能力提升行动，健全执法制度，规范执法行为，显著提升执法人才业务水平。开展农业综合行政执法示范创建活动，5 年内在全国建设执法示范单位 100 个、示范窗口 400 个，以示范促发展，以创建促提升。加强执法人才技能培训，大力培育通专结合、一专多能的复合型执法人才。省市两级农业农村部门全面组建执法办案指导小组，带动提升基层执法水平。开展农业综合行政执法人员大练兵、大比武及执法技能人才评选、竞赛等活动，培养一批业务水平高、综合素质强的执法尖兵和办案能手。落实“谁执法谁普法”普法责任制，构建农业综合行政执法人员与农村学法用法示范户的密切联结机制，提高农村普法实效。

强化执法保障。鼓励各地根据实际，畅通农业综合行政执法人员晋升渠道，并将执法绩效、应急处突能力等作为晋升依据。制定农业综合行政执法人员依法履职管理办法，建立科学合理的执法绩效考评体系，推动制定行政执法人员立功受奖等政策，提高职业保障水平，让执法人员放心执法、安心执法、用心执法。

52. 如何加强农村改革服务人才队伍建设？

《“十四五”农业农村人才队伍建设发展规划》指出，农村改革服务人才队伍负责农村生产关系管理和改革指导服务，是落实党的农村政策、壮大农村集体经济、维护农民权益的重要力量。要以明确和理顺职能定位为基础，以健全基层工作机构体系为手段，以强化农村改革服务人才素质为重点，提升基层农村改革服务水平，有效保障农村各项改革任务顺畅实施。

健全改革服务体系。指导各级农业农村部门落实农村改革服务职能，明确履职主体，健全工作体系，打造专业化人才队伍。建立健全职责目录清单，围绕农村承包地管理与纠纷调解仲裁、宅基地改革管理、农村集体产权制度改革、农村产权流转交易、农村集体经济组织建设、农村社会事业发展和乡村治理、农垦改革发展等农村改革任务，依法依规界定农村改革服务的职责范围。采取多种途径破解农村改革服务人才发展难题，通过公开招录、定向培养、人才聘用、劳务派遣、招募志愿者等方式，充实基层农村改革服务力量。

提升改革服务能力。分层分类分级开展农村改革服务人才轮训，力争用 3 年时间对农村改革服务人才轮训一遍。制定农村土地承包仲裁员职业技能培训规范，开展农村改革服务人才学历和职业技能提升行动。指导各地面向农村改革服务人才开展形式多样、内容丰富的短期培训，提高改革服务人才政策理论和业务水平。

激发改革服务活力。畅通农村改革服务人才能力测评、职称评审通道，以推动政策落实、农村集体经济发展、乡村治理等工作实绩作为评价依据。建立改革容错纠错机制和正向激励机制，对改革积极性高、成效显著、示范带动作用强的单位和个人予以表扬，激发改革创新的积极性、主动性。鼓励各地建立农村土地承包经营纠纷调解仲裁员等级评价制度、聘任管理制度，完善激励机制开展农村改革服务先锋人物典型选树活动，强化示范引领和带动作用。

53. 如何加强农业公共服务人才队伍建设？

《“十四五”农业农村人才队伍建设发展规划》指出，农业公共服务人才队伍承担推广农业技术、保护种质资源、防控动植物疫病、防灾减灾、保障农产品质量安全和农业生产生态安全等重要职责，是促进农业科研成果转化和实用技术应用的重要力量。要适应管理服务下沉、技术服务聚焦、社会服务拓展的形势要求，围绕公益性法定职能履行，重点提升农技推广、质量监管、防灾减灾、动植物疫病防控等综合服务能力水平。

强化公益服务职能。实施农业公共服务能力提升行动，加大对县级以下农业公共服务人才培训力度，重点强化重大引领性农业技术示范推广、种质资源保护、农产品质量安全监管、动植物重大疫病监测和防控指导、绿色发展方式和生活方式推行、农村生态屏障安全保护等方面的服务保障能力，为保障粮食安全和重要农产品有效供给提供有力支撑。

创新服务工作机制。完善公益性和经营性联合发展机制，允许提供增值服务合理取酬，发挥好公益性服务机构对经营性农技服务活动的有效引导和必要管理作用。鼓励各地通过“定向招生、定向培养、定向就业”等方式，引导高校毕业生、技术人员等向基层农业公共服务机构流动。深入推行科技特派员制度在国家乡村振兴重点帮扶县对农技推广人员探索“县管多用、下沉到村”机制，深入实施农技推广服务特聘计划，支持以政府购买服务方式招募特聘农技员、特聘防疫员。

完善评价激励手段。健全农业公共服务人员评价制度，建立“定向评价、定向使用”机制，把履行公益服务职能情况作为公共服务年度考核的重要内容，将考核结果与绩效奖励、职务晋升、评先推优、研修深造、公务员遴选等挂钩，树立以实际贡献和服务对象满意度为目标的服务导向。开展基层农业公共服务机构星级创建活动，开展“寻找最美农技员”、十佳农技推广标兵、“农安卫士”等典型选树和评选活动，举办全国农业行业职业技能大赛、“大国农匠”农民技能大赛，以赛促训、以赛促学、以赛促用，鼓励农业公共服务人员干事创业，全面激发农技人员活力。

54. “十四五”时期如何健全人才兴农强农的政策体系？

《“十四五”农业农村人才队伍建设发展规划》指出，加强农业农村人才政策统筹谋划和系统创设，汇聚各方力量、优化资源配置，强化人才培育发展和服务的平台抓手，构建有利于主体人才兴乡、支撑人才和管理服务人才返乡下乡，各类人才融入乡村、服务乡村、发展乡村的体

制机制，为人才在乡村振兴中充分发挥支撑保障作用，提供有力的制度和政策保障。

一是健全人才培育政策体系。鼓励各地统筹谋划、集成整合农业农村人才培训培育资源，建立层次分明、结构合理、开放有序的教育培训体系。围绕抓数量、抓质量、抓多样，建立学历教育、技能培训、实践锻炼等多种方式并举的培养开发机制。加大农业农村人才培训的规模和覆盖面，做到按需培训、应训尽训。提升农业农村人才培训的针对性和精准性，促进培训培育与产业和乡村发展相结合，加大对带头人、“关键少数”的培训力度，进一步激发带头人的示范带动作用，实现“培训一人，带动一片”。围绕不同地区乡村产业发展特点，采取“订单培育、定制培育、定向培育、定点培育”系列举措，开展多样化、特色化培训培育，提升培训培育效果。

二是健全人才引进政策体系。建立政府引导、市场调节的农业农村人才选拔使用机制，坚持需求导向，鼓励农村基层组织、农业企业、农民合作社、农村集体经济组织等通过公开招聘、民主选举等方式，多渠道选拔高素质人才，充实农业农村人才队伍。通过设立“乡村振兴辅导员”“专家服务团”“人才直通车”“企业创新驿站”以及“打乡情牌”等方式，引导各类城市优秀人才下沉服务乡村、干事创业。鼓励各地构建人才返乡入乡服务机制，为返乡入乡各类人才提供必要的生产生活服务，根据实际情况、按照有关规定提供相关福利待遇。支持和鼓励科研人员通过项目合作、专家服务、兼职等形式到农村开展服务活动，服务经历作为职称评审、岗位聘用的重要参考。鼓励各地整合各领域外部人才成立乡村振兴顾问团，支持引导退休专家和干部服务乡村振兴。协调争取有关部门加大对返乡入乡人才住房、子女教育等保障力度，完善社保关系转移接续机制，为返乡入乡人员及其家属参加城镇职工基本养老保险、基本医疗保险提供便捷服务。

三是健全人才使用政策体系。建立产业人才统筹谋划机制，推动工程、项目、资金等要素与农业农村人才一体化配置，支持各地将人才队伍建设与农业农村领域重大工程、项目统筹谋划、同步推进，在项目资金方面加大对农业农村人才队伍建设的支持力度，将带动人才发展情况列入国家现代农业产业园、优势特色产业集群等重大工程、项目的考核验收指标，将推动农业农村人才队伍建设列入农业产业强镇建设要求，推动以业聚才、以才兴业。指导各地充分利用农业产业园、科技园、创业园等平台，鼓励创设“双创”服务基地、人才孵化基地、人才小镇、人才驿站等新型平台，为人才在乡村干事创业提供培训、信息、金融、就业、创业等系统性支持服务，为各类人才搭建干事创业平台。推动建立县域专业人才统筹配置使用机制，探索赋予乡镇更加灵活的用人自主权，对待急需紧缺的特殊人才，实施特殊政策，鼓励从上往下跨层级调剂行政事业编制，推动资源服务管理向基层倾斜。加强人才服务站、专家服务基地等人才服务平台建设，为农业农村人才提供政策咨询、职称申报、项目申报、融资对接等服务。

四是健全人才激励政策体系。鼓励各地改善农业农村人才工作和生活条件，打破乡村人才与城市人才在教育医疗、社会保障、公共服务等方面的政策壁垒，破除身份、体制和编制等体制机制障碍，推动乡村人才与城市人才实现“身份认同、待遇趋同、晋升等同”。鼓励各地对长期服务基层和艰苦边远地区的农业农村人才，在工资待遇、职务职称晋升、职业资格评价和职业技能等级认定等方面实行倾斜政策，树立注重创新价值、能力、贡献的人才评价导向，激励人才扎根一线建功立业。鼓励各地创造更多发展机会，在县乡公务员遴选和企事业单位招聘中，进一步加大乡村人才比例，拓宽乡村各类人才职业发展空间。鼓励各地加大农业农村人才创业扶持力度，在进修培训、项目审批、信贷发放、土地使用、税费减免等方面给予优惠政策。逐步建立健全符合农业农村人才特点的知识产权保护、争议仲裁、公益性成果经济利益分享等制度，鼓励创新创造，保护农业农村人才合法权益。

55. 如何抓好农村重点改革任务，深入推进农村改革？

2020 年中央 1 号文件指出，要完善农村基本经营制度，开展第二

轮土地承包到期后再延长 30 年试点，在试点基础上研究制定延包的具体办法。鼓励发展多种形式适度规模经营，健全面向小农户的农业社会化服务体系。制定农村集体经营性建设用地入市配套制度。严格农村宅基地管理，加强对乡镇审批宅基地监管，防止土地占用失控。扎实推进宅基地使用权确权登记颁证。以探索宅基地所有权、资格权、使用权“三权分置”为重点，进一步深化农村宅基地制度改革试点。全面推开农村集体产权制度改革试点，有序开展集体成员身份确认、集体资产折股量化、股份合作制改革、集体经济组织登记赋码等工作。探索拓宽农村集体经济发展路径，强化集体资产管理。继续深化供销合作社综合改革，提高为农服务能力。加快推进农垦、国有林区林场、集体林权制度、草原承包经营制度、农业水价等改革。深化农业综合行政执法改革，完善执法体系，提高执法能力。

2021 年中央 1 号文件指出，深入推进农村改革，一要完善农村产权制度和要素市场化配置机制，充分激发农村发展内生动力。坚持农村土地农民集体所有制不动摇，坚持家庭承包经营基础性地位不动摇，有序开展第二轮土地承包到期后再延长 30 年试点，保持农村土地承包关系稳定并长久不变，健全土地经营权流转服务体系。积极探索实施农村集体经营性建设用地入市制度。完善盘活农村存量建设用地政策，实行负面清单管理，优先保障乡村产业发展、乡村建设用地。根据乡村休闲观光等产业分散布局的实际需要，探索灵活多样的供地新方式。二要加强宅基地管理，稳慎推进农村宅基地制度改革试点，探索宅基地所有权、资格权、使用权分置有效实现形式。规范开展房地一体宅基地日常登记颁证工作。三要规范开展城乡建设用地增减挂钩，完善审批实施程序、节余指标调剂及收益分配机制。2021 年基本完成农村集体产权制度改革阶段性任务，发展壮大新型农村集体经济。四要保障进城落户农民土地承包权、宅基地使用权、集体收益分配权，研究制定依法自愿有偿转让的具体办法。五要加强农村产权流转交易和管理信息网络平台建设，提供综合性交易服务。六要加快农业综合行政执法信息化建设。七要深入推进农业水价综合改革。八要继续深化农村集体林权制度改革。

2022 年中央 1 号文件指出，开展第二轮土地承包到期后再延长 30 年整县试点。巩固提升农村集体产权制度改革成果，探索建立农村集体资产监督管理服务体系，探索新型农村集体经济发展路径。稳慎推进农村宅基地制度改革试点，规范开展房地一体宅基地确权登记。稳妥有序推进农村集体经营性建设用地入市。推动开展集体经营性建设用地使用权抵押融资。依法依规有序开展全域土地综合整治试点。深化集体林权制度改革。健全农垦国有农用地使用权管理制度。开展农村产权流转交易市场规范化建设试点。制定新阶段深化农村改革实施方案。

56. 如何巩固和完善农村基本经营制度？

2018 年中央 1 号文件指出，要巩固和完善农村基本经营制度：一是落实农村土地承包关系稳定并长久不变政策，衔接落实好第二轮土地承包到期后再延长 30 年的政策，让农民吃上长效“定心丸”。二是全面完成土地承包经营权确权登记颁证工作，实现承包土地信息联通共享。三是完善农村承包地“三权分置”制度，在依法保护集体土地所有权和农户承包权前提下，平等保护土地经营权。四是农村承包土地经营权可以依法向金融机构融资担保、入股从事农业产业化经营。五是实施新型农业经营主体培育工程，培育发展家庭农场、合作社、龙头企业、社会化服务组织和农业产业化联合体，发展多种形式适度规模经营。

2019 年中央 1 号文件指出，巩固和完善农村基本经营制度，一要坚持家庭经营基础性地位，赋予双层经营体制新的内涵。二要突出抓好家庭农场和农民合作社两类新型农业经营主体，启动家庭农场培育计划，开展农民合作社规范提升行动，深入推进示范合作社建设，建立健全支持家庭农场、农民合作社发展的政策体系和管理制度。三要落实扶持小农户和现代农业发展有机衔接的政策，完善“农户＋合作社”“农户＋公司”利益联结机制。四要加快培育各类社会化服务组织，为一家一户提供全程社会化服务。五要加快出台完善草原承包经营制度的意见。六要

加快推进农业水价综合改革，健全节水激励机制。七要继续深化供销合作社综合改革，制定供销合作社条例。八要深化集体林权制度和国有林区林场改革。九要大力推进农垦垦区集团化、农场企业化改革。

57. 如何深化农村土地制度改革？

2018 年中央 1 号文件指出，要深化农村土地制度改革：一是系统总结农村土地征收、集体经营性建设用地入市、宅基地制度改革试点经验，逐步扩大试点，加快土地管理法修改，完善农村土地利用管理政策体系。二是扎实推进房地一体的农村集体建设用地和宅基地使用权确权登记颁证。三是完善农民闲置宅基地和闲置农房政策，探索宅基地所有权、资格权、使用权“三权分置”，落实宅基地集体所有权，保障宅基地农户资格权和农民房屋财产权，适度放活宅基地和农民房屋使用权，不得违规违法买卖宅基地，严格实行土地用途管制，严格禁止下乡利用农村宅基地建设别墅大院和私人会馆。四是在符合土地利用总体规划前提下，允许县级政府通过村土地利用规划，调整优化村庄用地布局，有效利用农村零星分散的存量建设用地；预留部分规划建设用地指标用于单独选址的农业设施和休闲旅游设施等建设。对利用收储农村闲置建设用地发展农村新产业新业态的，给予新增建设用地指标奖励。进一步完善设施农用地政策。

2019 年中央 1 号文件指出，一要保持农村土地承包关系稳定并长久不变，研究出台配套政策，指导各地明确第二轮土地承包到期后延包的具体办法，确保政策衔接平稳过渡。二要完善落实集体所有权、稳定农户承包权、放活土地经营权的法律法规和政策体系。三要在基本完成承包地确权登记颁证工作基础上，开展“回头看”，做好收尾工作，妥善化解遗留问题，将土地承包经营权证书发放至农户手中。四要健全土地流转规范管理制度，发展多种形式农业适度规模经营，允许承包土地的经营权担保融资。五要总结好农村土地制度三项改革试点经验，巩固改革成果。六要坚持农村土地集体所有、不搞私有化，坚持农地农用、防止非农化，坚持保障农民土地权益、不得以退出承包地和宅基地作为农民进城落户条件，进一步深化农村土地制度改革。七要在修改相关法律的基础上，完善配套制度，全面推开农村土地征收制度改革和农村集体经营性建设用地入市改革，加快建立城乡统一的建设用地市场。八要加快推进宅基地使用权确权登记颁证工作，力争2020年基本完成。稳慎推进农村宅基地制度改革，拓展改革试点，丰富试点内容，完善制度设计。抓紧制定加强农村宅基地管理指导意见。研究起草农村宅基地使用条例。开展闲置宅基地复垦试点。九要允许在县域内开展全域乡村闲置校舍、厂房、废弃地等整治，盘活建设用地重点用于支持乡村新产业新业态和返乡下乡创业。十要严格农业设施用地管理，满足合理需求。巩固“大棚房”问题整治成果。按照“取之于农，主要用之于农”的要求，调整完善土地出让收入使用范围，提高农业农村投入比例，重点用于农村人居环境整治、村庄基础设施建设和高标准农田建设。十一要扎实开展新增耕地指标和城乡建设用地增减挂钩节余指标跨省域调剂使用，调剂收益全部用于巩固脱贫攻坚成果和支持乡村振兴。最后要加快修订土地管理法、物权法等法律法规。

2021年河北省1号文件指出，深化农村土地制度改革。一要制定农村土地经营权流转管理办法，健全农村土地经营权流转服务体系，规范土地流转价格形成，引导发展多种形式适度规模经营。二要落实第二轮土地承包到期后再延长30年试点工作安排，开展整县整乡试点工作。加快农村承包地确权登记颁证成果运用，推进承包土地经营权入股农业产业化经营。三要稳妥推进定州市、平泉市、邢台市信都区、邯郸市峰峰矿区等4个农村宅基地制度改革试点，因地制宜探索宅基地所有权、资格权、使用权分置实现形式，力争实现突破性进展。规范开展房地一体宅基地日常登记颁证工作。四要积极探索实施农村集体经营性建设用地入市制度。完善盘活农村存量建设用地政策，实行负面清单管理，优先保障乡村产业发展、乡村建设用地。五要根据乡村休闲观光等产业分散布局的实际需要，探索灵活多样的供地新方式。规范开展城乡建设用

地增减挂钩，完善审批实施程序、节余指标调剂及收益分配机制。六要保障进城落户农民土地承包权、宅基地使用权、集体收益分配权，研究制定依法自愿有偿转让的具体办法。

58. 如何保持土地承包关系稳定并长久不变？

《论“三农”工作》一书收纳了习近平同志对开展农村承包地确权登记颁证工作作出的批示，习近平总书记指出，开展农村承包地确权登记颁证工作，确定了对土地承包经营权的物权保护，让农民吃上长效“定心丸”，巩固和完善了农村基本经营制度。新时代推进农村土地制度改革，要坚持把依法维护农民权益作为出发点和落脚点，坚持农村土地农民集体所有制不动摇，坚持家庭承包经营基础性地位不动摇。要运用农村承包地确权登记办证成果，扎实推进第二轮土地承包到期后再延长三十年工作，保持农村土地承包关系稳定并长久不变。要根据实践发展要求，丰富集体所有权、农户承包权、土地经营权的有效实现形式，促进农村土地资源优化配置，积极培育新型农业经营主体，发展壮大农业社会化服务组织，鼓励和支持广大小农户走同现代农业相结合的发展之路，使农村基本经营制度始终充满活力，不断为促进乡村全面振兴、实现农业农村现代化创造有利条件。

《中共中央　国务院关于保持土地承包关系稳定并长久不变的意见》指出，要保持土地承包关系稳定并长久不变要做好以下四项工作：

一是稳定土地承包关系。第二轮土地承包到期后应坚持延包原则，不得将承包地打乱重分，确保绝大多数农户原有承包地继续保持稳定。对少数存在承包地因自然灾害毁损等特殊情形且群众普遍要求调地的村组，届时可按照大稳定、小调整的原则，由农民集体民主协商，经本集体经济组织成员的村民会议三分之二以上成员或者三分之二以上村民代表同意，并报乡（镇）政府和县级政府农业农村局等行政主管部门批准，可在个别农户间作适当调整，但要依法依规从严掌握。

二是第二轮土地承包到期后再延长三十年。土地承包期再延长三十年，使农村土地承包关系从第一轮承包开始保持稳定长达七十五年，是实行“长久不变”的重大举措。现有承包地在第二轮土地承包到期后由农户继续承包，承包期再延长三十年，以各地第二轮土地承包到期为起点计算。以承包地确权登记颁证为基础，已颁发的土地承包权利证书，在新的承包期继续有效且不变不换，证书记载的承包期限届时作统一变更。对个别调地的，在合同、登记簿和证书上做相应变更处理。

三是继续提倡“增人不增地、减人不减地”。为避免承包地的频繁变动，防止耕地经营规模不断细分，进入新的承包期后，因承包方家庭人口增加、缺地少地导致生活困难的，要帮助其提高就业技能，提供就业服务，做好社会保障工作。因家庭成员全部死亡而导致承包方消亡的，发包方应当依法收回承包地，另行发包。通过家庭承包取得土地承包权的，承包方应得的承包收益，依照继承法的规定继承。

四是建立健全土地承包权依法自愿有偿转让机制。维护进城农户土地承包权益，现阶段不得以退出土地承包权作为农户进城落户的条件。对承包农户进城落户的，引导支持其按照自愿有偿原则依法在本集体经济组织内转让土地承包权或将承包地退还集体经济组织，也可鼓励其多种形式流转承包地经营权。对长期弃耕抛荒承包地的，发包方可以依法采取措施防止和纠正弃耕抛荒行为。

59. 如何破解乡村发展用地难题？

2020 年中央 1 号文件指出，要坚守耕地和永久基本农田保护红线。完善乡村产业发展用地政策体系，明确用地类型和供地方式，实行分类管理。将农业种植养殖配建的保鲜冷藏、晾晒存贮、农机库房、分拣包装、废弃物处理、管理看护房等辅助设施用地纳入农用地管理，根据生产实际合理确定辅助设施用地规模上限。农业设施用地可以使用耕地。强化农业设施用地监管，严禁以农业设施用地为名从事非农建设。开展乡村全域土地综合整治试点，优化农村生产、生活、生态空间布局。在符合国土空间规划前提下，通过村庄整治、土地整理等方式节余的农村

集体建设用地优先用于发展乡村产业项目。新编县乡级国土空间规划应安排不少于10%的建设用地指标，重点保障乡村产业发展用地。省级制定土地利用年度计划时，应安排至少5%新增建设用地指标保障乡村重点产业和项目用地。农村集体建设用地可以通过入股、租用等方式直接用于发展乡村产业。按照“放管服”改革要求，对农村集体建设用地审批进行全面梳理，简化审批审核程序，下放审批权限。推进乡村建设审批“多审合一、多证合一”改革。抓紧出台支持农村一二三产业融合发展用地的政策意见。

60. 如何深入推进农村集体产权制度改革?

2018年中央1号文件指出，深入推进农村集体产权制度改革：一是全面开展农村集体资产清产核资、集体成员身份确认，加快推进集体经营性资产股份合作制改革。二是推动资源变资产、资金变股金、农民变股东，探索农村集体经济新的实现形式和运行机制。三是坚持农村集体产权制度改革正确方向，发挥村党组织对集体经济组织的领导核心作用，防止内部少数人控制和外部资本侵占集体资产。四是维护进城落户农民土地承包权、宅基地使用权、集体收益分配权，引导进城落户农民依法自愿有偿转让上述权益。五是研究制定农村集体经济组织法，充实农村集体产权权能。六是全面深化供销合作社综合改革，深入推进集体林权、水利设施产权等领域改革，做好农村综合改革、农村改革试验区等工作。

2019年中央1号文件指出，一要按期完成全国农村集体资产清产核资，加快农村集体资产监督管理平台建设，建立健全集体资产各项管理制度。二要指导农村集体经济组织在民主协商的基础上，做好成员身份确认，注重保护外嫁女等特殊人群的合法权利，加快推进农村集体经营性资产股份合作制改革，继续扩大试点范围。三要总结推广资源变资产、资金变股金、农民变股东经验。完善农村集体产权权能，积极探索集体资产股权质押贷款办法。研究制定农村集体经济组织法。四要健全农村产权流转交易市场，推动农村各类产权流转交易公开规范运行。五要研究完善适合农村集体经济组织特点的税收优惠政策。

61. 如何切实加强农村宅基地管理？

中央农村工作领导小组办公室和农业农村部印发的《关于进一步加强农村宅基地管理的通知》指出，切实加强农村宅基地管理需要做好以下七方面工作：

一是切实履行部门职责。农村宅基地管理和改革是党和国家赋予农业农村部门的重要职责，具体承担指导宅基地分配、使用、流转、纠纷仲裁管理和宅基地合理布局、用地标准、违法用地查处，指导闲置宅基地和闲置农房利用等工作。各级农业农村部门要充分认识加强宅基地管理工作的重要意义，在党委政府的统一领导下，主动担当，做好工作衔接，健全机构队伍，落实保障条件，系统谋划工作，创新方式方法，全面履职尽责，保持工作的连续性、稳定性，防止出现弱化宅基地管理的情况。要主动加强与自然资源、住房城乡建设等部门的沟通协调，落实宅基地用地指标，建立国土空间规划、村庄规划、宅基地确权登记颁证、农房建设等资源信息共享机制，做好宅基地审批管理与农房建设、不动产登记等工作的有序衔接。

二是依法落实基层政府属地责任。建立部省指导、市县主导、乡镇主责、村级主体的宅基地管理机制。宅基地管理工作的重心在基层，县乡政府承担属地责任，农业农村部门负责行业管理，具体工作由农村经营管理部门承担。随着农村改革发展的不断深入，基层农村经营管理部门的任务越来越重，不仅承担农村土地承包管理、新型农业经营主体培育、集体经济发展和资产财务管理等常规工作，还肩负着农村土地制度、集体产权制度和经营制度的改革创新等重要职责，本轮机构改革后，又增加了宅基地管理、乡村治理等重要任务。但是，当前基层农村经营管理体系不健全、队伍不稳定、力量不匹配、保障不到位等问题十分突出。这支队伍有没有、强不强直接决定着农村改革能否落实落地和

农民合法权益能否得到切实维护。县乡政府要强化组织领导，切实加强基层农村经营管理体系的建设，加大支持力度，充实力量，落实经费，改善条件，确保工作有人干、责任有人负。

按照新修订的土地管理法规定，农村村民住宅用地由乡镇政府审核批准。乡镇政府要因地制宜探索建立宅基地统一管理机制，依托基层农村经营管理部门，统筹协调相关部门宅基地用地审查、乡村建设规划许可、农房建设监管等职责，推行一个窗口对外受理、多部门内部联动运行，建立宅基地和农房乡镇联审联办制度，为农民群众提供便捷高效的服务。要加强对宅基地申请、审批、使用的全程监管，落实宅基地申请审查到场、批准后丈量批放到场、住宅建成后核查到场等“三到场”要求。要开展农村宅基地动态巡查，及时发现和处置涉及宅基地的各类违法行为，防止产生新的违法违规占地现象。要指导村级组织完善宅基地民主管理程序，探索设立村级宅基地协管员。

三是严格落实“一户一宅”规定。宅基地是农村村民用于建造住宅及其附属设施的集体建设用地，包括住房、附属用房和庭院等用地。农村村民一户只能拥有一处宅基地，面积不得超过本省、自治区、直辖市规定的标准。农村村民应严格按照批准面积和建房标准建设住宅，禁止未批先建、超面积占用宅基地。经批准易地建造住宅的，应严格按照“建新拆旧”要求，将原宅基地交还村集体。农村村民出卖、出租、赠予住宅后，再申请宅基地的，不予批准。对历史形成的宅基地面积超标和“一户多宅”等问题，要按照有关政策规定分类进行认定和处置。人均土地少、不能保障一户拥有一处宅基地的地区，县级人民政府在充分尊重农民意愿的基础上，可以采取措施，按照省、自治区、直辖市规定的标准保障农村村民实现户有所居。

四是鼓励节约集约利用宅基地。严格落实土地用途管制，农村村民建住宅应当符合乡（镇）土地利用总体规划、村庄规划。合理安排宅基地用地，严格控制新增宅基地占用农用地，不得占用永久基本农田；涉及占用农用地的，应当依法先行办理农用地转用手续。城镇建设用地规模范围外的村庄，要通过优先安排新增建设用地计划指标、村庄整治、废旧宅基地腾退等多种方式，增加宅基地空间，满足符合宅基地分配条件农户的建房需求。城镇建设用地规模范围内，可以通过建设农民公寓、农民住宅小区等方式，满足农民居住需要。

五是鼓励盘活利用闲置宅基地和闲置住宅。鼓励村集体和农民盘活利用闲置宅基地和闲置住宅，通过自主经营、合作经营、委托经营等方式，依法依规发展农家乐、民宿、乡村旅游等。城镇居民、工商资本等租赁农房居住或开展经营的，要严格遵守合同法的规定，租赁合同的期限不得超过二十年。合同到期后，双方可以另行约定。在尊重农民意愿并符合规划的前提下，鼓励村集体积极稳妥开展闲置宅基地整治，整治出的土地优先用于满足农民新增宅基地需求、村庄建设和乡村产业发展。闲置宅基地盘活利用产生的土地增值收益要全部用于农业农村。在征得宅基地所有权人同意的前提下，鼓励农村村民在本集体经济组织内部向符合宅基地申请条件的农户转让宅基地。各地可探索通过制定宅基地转让示范合同等方式，引导规范转让行为。转让合同生效后，应及时办理宅基地使用权变更手续。对进城落户的农村村民，各地可以多渠道筹集资金，探索通过多种方式鼓励其自愿有偿退出宅基地。

六是依法保护农民合法权益。要充分保障宅基地农户资格权和农民房屋财产权。不得以各种名义违背农民意愿强制流转宅基地和强迫农民“上楼”，不得违法收回农户合法取得的宅基地，不得以退出宅基地作为农民进城落户的条件。严格控制整村撤并，规范实施程序，加强监督管理。宅基地是农村村民的基本居住保障，严禁城镇居民到农村购买宅基地，严禁下乡利用农村宅基地建设别墅大院和私人会馆。严禁借流转之名违法违规圈占、买卖宅基地。

七是做好宅基地基础工作。各级农业农村部门要结合国土调查、宅基地使用权确权登记颁证等工作，推动建立农村宅基地统计调查制度，组织开展宅基地和农房利用现状调查，全面摸清宅基地规模、布局和利用情况。逐步建立宅基地基础信息数据库和管理信息系统，推进宅基地

申请、审批、流转、退出、违法用地查处等的信息化管理。要加强调查研究，及时研究解决宅基地管理和改革过程中出现的新情况新问题，注意总结基层和农民群众创造的好经验好做法，落实新修订的土地管理法规定，及时修订完善各地宅基地管理办法。要加强组织领导，强化自身建设，加大法律政策培训力度，以工作促体系建队伍，切实做好宅基地管理工作。

62. 河北省如何持续深化农村金融改革？

2021 年河北省 1 号文件指出，持续深化农村金融改革，要推广“政银担”金融支农模式，发挥“裕农通（河北）”乡村振兴综合服务平台作用，引导金融机构开发专属金融产品，大力开展农户小额信用贷款、保单质押贷款、农机具和大棚设施抵押贷款业务，积极稳妥开展承包土地的经营权、农房所有权抵押贷款，加大对农业农村基础设施投融资的中长期信贷支持。保持农村信用合作社等县域农村金融机构法人地位和数量总体稳定，持续深化农信社改革。鼓励银行业金融机构建立服务乡村振兴的内设机构。深入开展“双基”共建农村信用工程，支持市县构建域内共享的涉农信用信息数据库，用 3 年时间基本建成比较完善的新型农业经营主体信用体系。加强对农业信贷担保放大倍数的量化考核，提高农业信用担保规模。引导保险机构开发针对性强、保障范围广的自然灾害险、特色产品险、农产品价格和收入险等险种，探索“保险＋信贷”“保险＋期货”模式，构建涵盖财政补贴基本险、商业险和附加险等农业保险产品体系。

63. 河北省如何深化农村其他领域改革？

2021 年河北省 1 号文件指出，深化农村其他领域改革。一是持续推进农垦区域集团化、农场企业化改革，支持一批制度优、管理精、主业强、效益好的农垦企业集团率先做大做强。二是深化供销社综合改革，开展生产、供销、信用“三位一体”综合合作试点，积极提供农资供应、配方施肥等系列化服务，大力发展电子商务，建设农村综合服务社和社区服务中心，推动由流通服务向全程农业社会化服务延伸，向全方位城乡社区服务拓展。三是加快农业综合执法信息化建设。深入推进农业水价综合改革。继续深化农村集体林权制度改革。

64. 如何做好“十四五”时期农业水价综合改革工作？

国家发展改革委、财政部、水利部和农业农村部联合印发的《关于深入推进农业水价综合改革的通知》指出，推进农业水价综合改革已写入国家“十四五”规划纲要以及京津冀协同发展、长江经济带发展、黄河流域生态保护和高质量发展等区域重大战略有关文件，各地要坚持高位推动、统筹谋划，突出改革重点，补齐短板弱项，确保到“十四五”末基本实现改革目标。

一是合理安排“十四五”时期改革时间表。各地要全面梳理总结“十三五”时期改革推进和重点任务落实情况，在此基础上提出“十四五”时期改革总体安排。尚未完成改革的省份要按照《意见》要求，对标本地区实施方案明确的改革完成时限，倒排“十四五”时期各年度改革计划，明确各年度预计新增改革实施面积和完成验收面积，合理安排改革进度，避免改革任务“前轻后重”。要按照农业水价形成机制、精准补贴和节水奖励机制、工程建设和管护机制、用水管理机制协同推进的原则，因地制宜补齐短板，统筹推进四项机制协同落地。要加强对省内中小型灌区以及耕地零散分布、灌溉条件欠佳地区改革工作的指导，避免出现改革“盲区”。

二是聚焦改革重点。各地要坚持高位推动，相关地区要主动对接京津冀协同发展、长江经济带发展、黄河流域生态保护和高质量发展等区域重大战略，将农业水价综合改革与黄河流域水资源节约集约利用、华北地下水超采综合治理、长江流域农业节水减排等工作紧密结合，充分利用相关项目和资金，借力借势推进改革，抓紧建立完备的农业节水制度体系。其他地区也要将农业水价综合改革融入当地经济社会发展中心工作，将农业节水减排任务较重的地区作为改革重点，在项目安排、资

金保障等方面予以倾斜，切实推动改革取得实效。

三是充分发挥典型引领作用。要认真总结典型地区改革实践经验，特别是率先实现改革目标地区要结合验收提炼典型经验，区分不同灌区类型，将成功做法系统化，形成适合当地特点、可复制、可推广的改革方式和路径。要通过现场会、业务培训、联合调研等多种方式广泛开展经验交流，在更大范围内发挥典型引领作用，带动其他地区加快推进改革。进一步加大宣传力度，着力宣传典型地区推进改革的经验做法，以及在节水减排、省工省时、增产增收等方面取得的成效，进一步凝聚社会各界改革共识，为深入推进改革创造良好的舆论氛围。

四是有序做好改革验收和“回头看”。尚未出台改革验收办法的省份要积极借鉴率先实现改革目标地区的有益经验，抓紧制定改革验收办法，有序推动验收工作。要将实行政府定价的农业水价达到运行维护成本水平、工程设施管护到位、用水计量到位和按量收费等作为改革验收的必备条件，坚决做到条件具备一处、组织验收一处。要建立“回头看”机制，对已实施改革的地区进行动态跟踪，了解和掌握各项机制运行情况，强化资金保障，及时协调解决出现的问题，保障各项机制顺畅运行，防止“一边改、一边丢”，确保“改一处、成一处”。已完成改革任务的省份要巩固拓展改革成果，因地制宜动态调整农业水价，持续强化工程管护，建立促进农业节水长效机制。

深度阅读

让“农把式”评职称为乡村赋能

来源：《人民论坛》2022 年 03（上）（中）合并版，总第 732 期

职称通常是指专业技术人员凭借其自身的工作经验、专业技能与能力等所获得的等级称号，能够反映个体的专业技术水平。长期以来，部分服务于基层的农村实用人才因学历、论文身份和年龄等限制无法获得

专业技术职称，其身份认同感与基层归属感相对薄弱。乡村人才职称评审关系到农村实用人才的切身利益，深化职称制度改革是深入推进新时代农业农村现代化，激发乡土人才职业荣誉感，进一步挖掘与保留本土人才的重要保障。

“农把式”评职称是激发广大乡村人才干事创业热情的突破口

从国家层面来看，乡村振兴战略的推进强烈呼吁关注乡村人才职业发展。习近平总书记强调，“实施乡村振兴战略是一篇大文章”，要“在乡村形成人才、土地、资金、产业汇聚的良性循环”。其中，人才是全面推进乡村振兴不可或缺的关键要素，实现农业农村现代化离不开一支懂技术、善经营、会管理、爱农村的农村实用人才队伍。然而，大部分农民在工业化与城镇化发展过程中都离开了农村，导致农村本土人才严重匮乏，农村空心化与老龄化等问题普遍存在。《中共中央 国务院关于做好二〇二二年全面推进乡村振兴重点工作的意见》明确指出，要“加强乡村振兴人才队伍建设”。为了更好地保障乡村振兴战略顺利推进，必须重点关注农业领域人才发展情况，进一步完善人才返乡下乡激励政策。这就要求打破乡村人才的职业发展瓶颈，建立与乡村人才掌握的知识技能和服务农村的建设能力相适应的评价机制，选树一批“土专家”“田秀才”，为广大乡村人才全面助力乡村振兴创造有利条件。

从社会层面来看，人才评价方式的改革提供了探索农村人才评价的契机。新时代人才强国建设要求破除人才发展体制机制障碍，切实推动人才评价工作科学化、规范化。2018 年，中共中央办公厅、国务院办公厅正式印发《关于分类推进人才评价机制改革的指导意见》，强调要“加快形成导向明确、精准科学、规范有序、竞争择优的科学化社会化市场化人才评价机制”，同时要求“健全以职业农民为主体的农村实用人才评价制度”。探索人才评价方式的改革必须适应经济发展与人才发展的需要，并且服务于国家重大发展战略。为充分激发人才创新创业活

力，需要针对不同领域、不同职业的群体建立具有特色、针对性较强的评价标准。同样，建设一支高素质、专业化的农村实用人才队伍也离不开规范科学的评价体系，这就必须尊重农村实用人才发展规律与职业技能特点，探索建立农村人才的职称评审制度，注重突出实绩与能力导向，对不同类型的农村人才进行分类，以便客观公正地对其进行评价。

从个体层面来看，实现农民职业化迫切需要建立针对农民的职称评审制度。随着生产力的不断进步，传统粗放型、低效率的农业生产方式已经不适应经济和社会发展的需要。特别是在社会主义市场经济条件下，农业生产与经营过程中面临巨大竞争，广大农民的知识与技能结构亟待更新与提升。因此，推进农民职业化既是社会分工与现代农业发展的必然趋势，也是实现农民从身份向职业转变的必由之路。早在2012年，中央1号文件就曾提出要“大力培育新型职业农民”。此后，2016年中央1号文件进一步指出要“加快培育新型职业农民”。紧接着，农业部于2017年发布《“十三五”全国新型职业农民培育发展规划》，正式将新型职业农民定义为“以农业为职业、具有相应的专业技能、收入主要来自农业生产经营并达到相当水平的现代农业从业者”，并提出了分类分层开展培训、规范认定管理等要求。为此，必须建立适应农民职业化的制度环境，落实新型职业农民认定、培训、评价与考核等方面的政策，规范农民的专业技术职称评审过程，提升农民的职业身份认同。

“农把式”评职称为广大乡村人才打造更加广阔的职业发展平台

首先，“农把式”评职称有利于建立科学的人才评价导向。乡村振兴战略背景下，我国“三农”工作的开展不仅要求保持总量增长，更要实现农业农村科技含量增加与行业结构优化，这对农民的综合素质提出了更高要求。壮大农村人力资源队伍、提升农村人力资源质量、发挥农村人力资源潜力，成为突破农业农村发展瓶颈的关键。“农把式”评职称就是要坚持评价的实用性，通过将农村人才评价与农业农村发展方向相结合，达到准确和有效识别人才、科学评价人才的目的。因此，“农把式”评职称充分参考了农民在农产品种植与市场开发、农业经营与技术推广等方面的实际表现，通过设立符合农民生产经营活动特点的职称评价标准，破除学历资历、论文奖项、年龄身份等门槛，从而让具有过硬农业理论知识和生产实践经验的农村实用人才脱颖而出。

其次，“农把式”评职称有助于发挥良好的人才激励效应。“农把式”职称认定是对农村人才的一种身份认可，职称的获得赋予了各类农村实用人才公平参与社会竞争的机会，有助于提高其社会认可度和职业荣誉感，并充分激发其干事创业热情。拥有职称的职业农民能够凭借其个人能力与工作经验得到各类企事业单位的认可，从而减少其在就业过程中的身份歧视与求职壁垒，获取更多职业发展机会，充分实现自身的价值。因此，“农把式”职称评定与职业农民的职业生涯息息相关，能够在职业农民的职业生涯内建立起一种长效的激励机制与晋升渠道。职业农民职称一般是由各地人社部与农业农村部门评定，具有较强的公信力、含金量与影响力。获得职称的农民能够享受资金补助、学习培训与政策扶持等优厚待遇，从而提升其社会地位。这将有利于实现农民从一种身份到一种职业的转变，吸引更多人才回乡发展，壮大乡村振兴人才队伍。

最后，“农把式”评职称还有助于提高乡村本土人才培养质量。“农把式”职称评定不仅仅是对农村人才的身份认定，也是在为农村人才培养制定标准。一方面，对于乡村人才培养而言，职称标准具有方向指引作用。“农把式”职称评定将建立一套明确且符合农业农村发展实际的职称等级制度，为新型职业农民培育提供参考标准与培育目标，这有助于降低新型职业农民的培育成本。另一方面，特定领域的专业技术职称评定标准一经确立，就具有标杆作用。各类农村实用人才为获得更高的职称则会主动对照该标准开展学习与实践，不断丰富自身的生产与劳动技能，掌握现代化农业生产经营的相关知识。在此基础上，“农把式”职称评定还能发挥职业农民带动效应，通过评定获得职称的职业农民可以参与或组织农民培训，带动其他农民共同学习先进技术与管理经验，

提高乡村本土人才的培育效率与质量。

促进“农把式”评职称为培育新型职业农民发挥更大作用

一是要继续深化职称评审制度改革，创新职称评价方式。我国各地在“农把式”职称评定实践中尝试对评审制度进行改革，考虑到部分拥有丰富实践经验的农民受教育程度不高，大部分地区在职称评定时破除了“唯学历”“唯论文”等倾向，注重参评人员的实践业绩，并通过组建业内高水平专家评委团队实施“业内评价”。但上述评定方式在实践中也暴露出评审过程人为因素过重、评价标准没有规范化、评定体系不够细化等问题。为此，各地应在先行试点经验的基础上，将单一的专家评审转变为“考试+考核”的模式，实现定量与定性评审标准的有机融合。同时，需要注重职称设置与评审的适用性，切实推进农村实用人才分类评审。如吉林省在实践过程中就为乡村人才“量身定制”农经师、农技师、农艺师等9个职称专业，让“农把式”职称评定既服务于当地发展需求，也能精准满足人才需要。

二是要加快完善职称评定配套政策，持续汇聚政策合力。“农把式”职称评定不仅要发挥对农民职业身份的肯定作用，还要为农民带来真正的政策红利。各地应尽快完善职称评定的后续政策，针对各类职称设置相应的补助与评先评优等配套政策，强化技术职称在职业发展与公共服务等方面的实际运用。例如山东省就曾明确表示为获得职称的职业农民提供技术服务、融资支持、产品服务等。一方面，要持续提升职业农民能力，为获得职称或获得参评资格的职业农民提供培训学习的机会，通过国情研修培训、专业技能集训等方式，满足职业农民自我提升的需要，增强其内生发展动力。另一方面，要实现人才评价、培训与使用的有序衔接，结合培训项目建立完整通畅的职称晋升通道，完善生产型、经营型、技能带动型、技能服务型与社会服务型等不同实用人才的职级序列，严格落实支持乡村人才创新创业的各项政策。

三是要建立农村实用人才数据库，加强对职称的动态管理。为有效开展“农把式”职称评定，有必要摸清新型职业农民、农业职业经理人、乡村工匠、文化能人等不同类型的农村人才的情况，对农村实用人才分类建库。对于纳入人才库但尚未获取相应职称的农村人才，要通过数据统计与走访调研深入掌握其个人才能与职业发展情况，帮助其参加针对性较强的技能培训，以便获取专业职称及证书，切实提升个人技能水平。对于已获得相应职称的农村人才，也要结合其实际情况明确其权利与义务，实现动态入库与长效管理。例如，山东省东营市在建立农民职称制度的同时组建了本地乡土专家库，为所有获评农民建立专门档案，实行统一管理。同时，与所有专家签订《服务乡村振兴发挥示范带动作用承诺书》，要求其履行带头应用先进技术、组织农民技能培训等五项职责。对不承担相应义务的获评农民，取消其申报高一级职称的资格。这种做法能够保持“农把式”职称评定的权责平衡，实现对乡村人才的动态激励与约束。

四是要落实乡村人才评价自主权，营造良好发展环境。发挥“农把式”评职称作用的关键在于解决“谁来评”的问题。为此，应严格落实各乡镇的人才职称评审自主权，组建一支由主管部门负责人、基层服务专家和行业代表等多方主体共同参与的专业评审委员会，鼓励其结合本村镇发展实际需要制定相应的职称评审细则，开展“定向评价、定向使用”，以便为乡村发展评选技能耦合、经验丰富的实用人才。同时，还应加强政策宣传，向有特殊贡献的乡村人才开通职称评审绿色通道，为农村人才发展营造良好的发展环境。职称评定总量少，人才参评意愿不高是我国“农把式”评职称实践中遇到的现实问题，其产生根源主要在于政策宣传力度不足，农村从业人员动员力度不够，外出务工人员没有获取相关信息。因此，应通过多种途径加大“农把式”职称评定的宣传力度，针对服务基层、具有突出贡献的农村实用人才提供便捷化服务。

（作者：四川大学公共管理学院教授、博导罗哲）

第九章 坚持和加强党对“三农”工作的全面领导

办好农村的事情，实现乡村振兴，关键在党。党的十八大以来，以习近平同志为核心的党中央坚持把解决好“三农”问题作为全党工作重中之重，持续加大强农惠农富农政策力度，扎实推进农业现代化和新农村建设，全面深化农村改革，农业农村发展取得历史性成就、发生历史性变革。加强党对农村工作的领导就是要加强党对农村的经济建设、政治建设、文化建设、社会建设、生态文明建设和党的建设各项工作的全面领导。坚持稳中求进工作总基调，贯彻新发展理念，落实高质量发展要求，以实施乡村振兴战略为总抓手，健全党领导农村工作的组织体系、制度体系和工作机制，加快推进乡村治理体系和治理能力现代化，加快推进农业农村现代化，让广大农民过上更加美好的生活。

1. 如何完善党的农村工作领导体制机制？

2018 年中央 1 号文件指出，各级党委和政府要坚持工业农业一起抓、城市农村一起抓，把农业农村优先发展原则体现到各个方面。一是健全党委统一领导、政府负责、党委农村工作部门统筹协调的农村工作领导体制。二是建立实施乡村振兴战略领导责任制，实行中央统筹省负总责市县抓落实的工作机制。党政一把手是第一责任人，五级书记抓乡村振兴。县委书记要下大气力抓好“三农”工作，当好乡村振兴“一线总指挥”。各部门要按照职责，加强工作指导，强化资源要素支持和制度供给，做好协同配合，形成乡村振兴工作合力。三是切实加强各级党委农村工作部门建设，按照《中国共产党工作机关条例（试行）》有关规定，做好党的农村工作机构设置和人员配置工作，充分发挥决策参谋、统筹协调、政策指导、推动落实、督导检查等职能。四是各省（自治区、直辖市）党委和政府每年要向党中央、国务院报告推进实施乡村振兴战略进展情况。五是建立市县党政领导班子和领导干部推进乡村振兴战略的实绩考核制度，将考核结果作为选拔任用领导干部的重要依据。

2. 党的农村工作如何实施组织领导？

《中国共产党农村工作条例》指出，党的农村工作实行中央统筹、省负总责、市县乡抓落实的农村工作领导体制。

党中央全面领导农村工作，统一制定农村工作大政方针，统一谋划农村发展重大战略，统一部署农村重大改革。党中央定期研究农村工作，每年召开农村工作会议，根据形势任务研究部署农村工作，制定出台指导农村工作的文件。

党中央设立中央农村工作领导小组，在中央政治局及其常务委员会的领导下开展工作，对党中央负责，向党中央和总书记请示报告工作。中央农村工作领导小组发挥农村工作牵头抓总、统筹协调等作用，定期分析农村经济社会形势，研究协调“三农”重大问题，督促落实党中央关于农村工作重要决策部署。中央农村工作领导小组各成员单位应当加强对本单位本系统农村工作的领导，落实职责任务，加强部门协同，形成农村工作合力。中央农村工作领导小组下设办公室，承担中央农村工作领导小组日常事务。

省（自治区、直辖市）党委应当定期研究本地区农村工作，定期听取农村工作汇报，决策农村工作重大事项，召开农村工作会议，制定出台农村工作政策举措，抓好重点任务分工、重大项目实施、重要资源配置等工作。

市（地、州、盟）党委应当把农村工作摆上重要议事日程，做好上下衔接、域内协调、督促检查工作，发挥好以市带县作用。

县（市、区、旗）党委处于党的农村工作前沿阵地，应当结合本地区实际，制定具体管用的工作措施，建立健全职责清晰的责任体系，贯彻落实党中央以及上级党委关于农村工作的要求和决策部署。县委书记应当把主要精力放在农村工作上，深入基层调查研究，加强统筹谋划，狠抓工作落实。

县级以上地方党委应当设立农村工作领导小组，省市级农村工作领导小组一般由同级党委副书记任组长，县级农村工作领导小组由县委书记任组长，其成员由党委和政府有关负责人以及相关部门主要负责人组成。

加强各级党委农村工作部门建设，做好机构设置和人员配置工作。各级党委农村工作部门履行决策参谋、统筹协调、政策指导、推动落实、督导检查等职能。各级党委应当完善农村工作领导决策机制，注重发挥人大代表和政协委员作用，注重发挥智库和专业研究机构作用，提高决策科学化水平。

3. 党的农村工作的主要任务是什么？

《中国共产党农村工作条例》指出，党的农村工作的主要任务有以下六项：

一是加强党对农村经济建设的领导。巩固和加强农业基础地位，实施藏粮于地、藏粮于技战略，严守耕地红线，确保谷物基本自给、口粮绝对安全。深化农业供给侧结构性改革，构建现代农业产业体系、生产体系、经营体系，促进农村一二三产业融合发展，发展壮大农村集体经济，促进农民持续增收致富。坚决打赢脱贫攻坚战，巩固和扩大脱贫攻坚成果。

二是加强党对农村社会主义民主政治建设的领导。完善基层民主制度，深化村民自治实践，健全村党组织领导的充满活力的村民自治机制，丰富基层民主协商形式，保证农民依法实行民主选举、民主协商、民主决策、民主管理、民主监督。严厉打击农村黑恶势力、宗族恶势力，严厉打击各类违法犯罪，严厉打击暴力恐怖活动，保障人民生命财产安全，促进农村社会公平正义。坚决取缔各类非法宗教传播活动，巩固农村基层政权。

三是加强党对农村社会主义精神文明建设的领导。培育和践行社会主义核心价值观，在农民群众中深入开展中国特色社会主义、习近平新时代中国特色社会主义思想宣传教育，建好用好新时代文明实践中心。加强农村思想道德建设，传承发展提升农村优秀传统文化，推进移风易俗。加强农村思想政治工作，广泛开展民主法治教育。深入开展农村群众性精神文明创建活动，丰富农民精神文化生活，提高农民科学文化素质和乡村社会文明程度。

四是加强党对农村社会建设的领导。坚持保障和改善农村民生，大力发展教育、医疗卫生、养老、文化体育、社会保障等农村社会事业，加快改善农村公共基础设施和基本公共服务条件，提升农民生活质量。建立健全党委领导、政府负责、社会协同、公众参与、法治保障、科技支撑的现代乡村社会治理体制，健全党组织领导下的自治、法治、德治相结合的乡村治理体系，建设充满活力、和谐有序的乡村社会。

五是加强党对农村生态文明建设的领导。牢固树立和践行绿水青山就是金山银山的发展理念，统筹山水林田湖草系统治理，促进农业绿色发展，加强农村生态环境保护，改善农村人居环境，建设生态宜居美丽乡村。

六是加强农村党的建设。以提升组织力为重点，突出政治功能，把农村基层党组织建设成为宣传党的主张、贯彻党的决定、领导基层治理、团结动员群众、推动改革发展的坚强战斗堡垒，发挥党员先锋模范作用。坚持农村基层党组织领导地位不动摇，乡镇党委和村党组织全面领导乡镇、村的各类组织和各项工作。村党组织书记应当通过法定程序担任村民委员会主任和村级集体经济组织、合作经济组织负责人，推行村“两委”班子成员交叉任职。加强村党组织对共青团、妇联等群团组织的领导，发挥它们的积极作用。健全村党组织领导下的议事决策机制、监督机制，建立健全村务监督委员会，村级重大事项决策实行“四议两公开”。各级党委特别是县级党委应当认真履行农村基层党建主体责任，坚持抓乡促村，选优配强村党组织书记，整顿软弱涣散村党组织，加强党内激励关怀帮扶，健全以财政投入为主的稳定的村级组织运转经费保障制度，持续加强基本队伍、基本活动、基本阵地、基本制度、基本保障建设。

各级党委应当推动全面从严治党向基层延伸，深入推进农村党风廉政建设，加强农村纪检监察工作，把落实农村政策情况作为巡视巡察重要内容，建立健全农村权力运行监督制度，持续整治侵害农民利益的不正之风和群众身边的腐败问题。

4. 如何加强党对“三农”工作的全面领导？河北省 2022 年如何做？

2021 年中央农村工作会议指出，办好农村的事情，实现乡村振兴，

关键在党，必须加强和改善党对“三农”工作的领导，切实提高党把方向、谋大局、定政策、促改革的能力和定力，确保党始终总揽全局、协调各方，提高新时代党领导农村工作的能力和水平。各级党委和政府要坚持工业农业一起抓、坚持城市农村一起抓，把农业农村优先发展的要求落到实处，在干部配备上优先考虑，在要素配置上优先满足，在公共财政投入上优先保障，在公共服务上优先安排。要健全党委统一领导、政府负责、党委农村工作部门统筹协调的农村工作领导体制。要建立实施乡村振兴战略领导责任制，实行中央统筹、省负总责、市县抓落实的工作机制。党政一把手是第一责任人，五级书记抓乡村振兴。要加强“三农”工作干部队伍的培养、配备、管理、使用，把到农村一线锻炼作为培养干部的重要途径，形成人才向农村基层一线流动的用人导向，造就一支懂农业、爱农村、爱农民的农村工作队伍。要强化乡村振兴规划引领，制定国家乡村振兴战略规划，部署若干重大工程、重大计划、重大行动。实施乡村振兴战略是一项长期的历史性任务，要科学规划、注重质量、从容建设，不追求速度，更不能刮风搞运动。

2021 年中央 1 号文件指出，加强党对“三农”工作的全面领导，一要强化五级书记抓乡村振兴的工作机制。二要加强党委农村工作领导小组和工作机构建设。三要加强党的农村基层组织建设和乡村治理。四要加强新时代农村精神文明建设。五要健全乡村振兴考核落实机制。

2022 年中央 1 号文件指出，坚持和加强党对“三农”工作的全面领导，一是要压实全面推进乡村振兴责任。制定乡村振兴责任制实施办法，明确中央和国家机关各部门推进乡村振兴责任，强化五级书记抓乡村振兴责任。开展省级党政领导班子和领导干部推进乡村振兴战略实绩考核。完善市县党政领导班子和领导干部推进乡村振兴战略实绩考核制度，鼓励地方对考核排名靠前的市县给予适当激励，对考核排名靠后、履职不力的进行约谈。落实各级党委和政府负责同志乡村振兴联系点制度。借鉴推广浙江“千万工程”经验，鼓励地方党委和政府开展现场观摩、交流学习等务实管用活动。开展《乡村振兴战略规划（2018—2022

年)》实施总结评估。加强集中换届后各级党政领导干部特别是分管“三农”工作的领导干部培训。二是要建强党的农村工作机构。各级党委农村工作领导小组要发挥“三农”工作牵头抓总、统筹协调等作用，一体承担巩固拓展脱贫攻坚成果、全面推进乡村振兴议事协调职责。推进各级党委农村工作领导小组议事协调规范化制度化建设，建立健全重点任务分工落实机制，协同推进乡村振兴。加强各级党委农村工作领导小组办公室建设，充实工作力量，完善运行机制，强化决策参谋、统筹协调、政策指导、推动落实、督导检查等职责。三是要抓点带面推进乡村振兴全面展开。开展“百县千乡万村”乡村振兴示范创建，采取先创建后认定方式，分级创建一批乡村振兴示范县、示范乡镇、示范村。推进农业现代化示范区创建。广泛动员社会力量参与乡村振兴，深入推进“万企兴万村”行动。按规定建立乡村振兴表彰激励制度。

2022 年河北省 1 号文件指出，坚持和加强党对“三农”工作的全面领导，一是要落实五级书记抓乡村振兴责任制。制定乡村振兴责任制实施办法，明确五级书记和各部门推进乡村振兴责任。对各市（含定州、辛集市）、雄安新区和省委农村工作领导小组成员单位实行乡村振兴年度重点任务清单管理，完善县委书记主要精力抓“三农”工作责任清单。落实各级党委、政府负责同志乡村振兴联系点制度。开展县委书记乡村振兴“擂台赛”，选定成效突出的市县召开乡村振兴推进会议。开展《河北省乡村振兴战略规划（2018—2022 年)》实施总结评估。制定《河北省乡村振兴促进条例》。开展乡村振兴主题培训活动，强化对各级党政领导干部特别是分管“三农”工作的领导干部培训。二是要建强党的农村工作机构。各级党委农村工作领导小组要发挥“三农”工作牵头抓总、统筹协调作用。推进各级党委农村工作领导小组议事协调规范化制度化建设，健全重点任务分工落实机制。加强各级党委农村工作领导小组办公室建设，充实工作力量，完善运行机制，强化职责履行。三是要开展乡村振兴示范创建。采取先创建后认定的方式，分级创建一批乡村振兴示范县、示范乡镇、示范村。按照统筹规划、连片建设、

“三区”同建、“四村”联创的思路，新布局创建15个省级乡村振兴示范区，探索形成一批可复制、可推广的有效模式和推进路径。广泛动员社会力量参与乡村振兴，深入推进“万企兴万村”行动。四是要加强督查考核。完善乡村振兴重点工作督办体系，将2022年全面推进乡村振兴重点工作情况纳入省重点工作大督查范围，开展贯彻落实情况专项督查。按规定建立乡村振兴表彰激励制度，对市县党政领导班子和领导干部开展推进乡村振兴战略实绩考核，对排名靠前的市县给予适当激励；对排名靠后、履职不力的进行约谈；对失职渎职，造成不良影响的，依规依纪依法严肃追责问责。

5. 如何在巩固脱贫攻坚成果同乡村振兴有效衔接中全面加强党的集中统一领导？

中共中央、国务院印发的《关于实现巩固拓展脱贫攻坚成果同乡村振兴有效衔接的意见》指出，第一，做好领导体制衔接。健全中央统筹、省负总责、市县乡抓落实的工作机制，构建责任清晰、各负其责、执行有力的乡村振兴领导体制，层层压实责任。充分发挥中央和地方各级党委农村工作领导小组作用，建立统一高效的实现巩固拓展脱贫攻坚成果同乡村振兴有效衔接的决策议事协调工作机制。

第二，做好工作体系衔接。脱贫攻坚任务完成后，要及时做好巩固拓展脱贫攻坚成果同全面推进乡村振兴在工作力量、组织保障、规划实施、项目建设、要素保障方面的有机结合，做到一盘棋、一体化推进。持续加强脱贫村党组织建设，选好用好管好乡村振兴带头人。对巩固拓展脱贫攻坚成果和乡村振兴任务重的村，继续选派驻村第一书记和工作队，健全常态化驻村工作机制。

第三，做好规划实施和项目建设衔接。将实现巩固拓展脱贫攻坚成果同乡村振兴有效衔接的重大举措纳入“十四五”规划。将脱贫地区巩固拓展脱贫攻坚成果和乡村振兴重大工程项目纳入“十四五”相关规划。科学编制“十四五”时期巩固拓展脱贫攻坚成果同乡村振兴有效衔接规划。

第四，做好考核机制衔接。脱贫攻坚任务完成后，脱贫地区开展乡村振兴考核时要把巩固拓展脱贫攻坚成果纳入市县党政领导班子和领导干部推进乡村振兴战略实绩考核范围。与高质量发展综合绩效评价做好衔接，科学设置考核指标，切实减轻基层负担。强化考核结果运用，将考核结果作为干部选拔任用、评先奖优、问责追责的重要参考。

6. 如何加强党的农村工作的队伍建设？

《中国共产党农村工作条例》指出，加强党的农村工作的队伍建设要做好以下三项工作：

一是各级党委应当把懂农业、爱农村、爱农民作为基本要求，加强农村工作队伍建设。各级党委和政府主要负责人应当懂“三农”、会抓“三农”，分管负责人应当成为抓“三农”的行家里手。加强农村工作干部队伍的培养、配备、管理、使用，健全培养锻炼制度，选派优秀干部到县乡挂职任职、到村担任第一书记，把到农村一线工作锻炼、干事创业作为培养干部的重要途径，注重提拔使用实绩优秀的农村工作干部。农村工作干部应当增强做群众工作的本领，改进工作作风，深入基层，认真倾听农民群众呼声，不断增进与农民群众的感情，坚决反对“四风”特别是形式主义、官僚主义。

二是各级党委应当加强农村人才队伍建设。建立县域专业人才统筹使用制度和农村人才定向委托培养制度。大力提高乡村教师、医生队伍素质。加强农业科技人才队伍和技术推广队伍建设。培养一支有文化、懂技术、善经营、会管理的高素质农民队伍，造就更多乡土人才。

三是各级党委应当发挥工会、共青团、妇联、科协、残联、计生协等群团组织的优势和力量，发挥各民主党派、工商联、无党派人士等积极作用，支持引导农村社会工作和志愿服务发展，鼓励社会各界投身乡村振兴。

2018年中央1号文件指出，加强“三农”工作队伍建设：一是把懂农业、爱农村、爱农民作为基本要求，加强“三农”工作干部队伍培养、配备、管理、使用。二是各级党委和政府主要领导干部要懂“三农”工作、会抓“三农”工作，分管领导要真正成为“三农”工作行家里手。三是制定并实施培训计划，全面提升“三农”干部队伍能力和水平。四是拓宽县级“三农”工作部门和乡镇干部来源渠道。五是把到农村一线工作锻炼作为培养干部的重要途径，注重提拔使用实绩优秀的干部，形成人才向农村基层一线流动的用人导向。

2019年中央1号文件指出，一要建立“三农”工作干部队伍培养、配备、管理、使用机制，落实关爱激励政策。二要引导教育“三农”干部大兴调查研究之风，倡导求真务实精神，密切与群众联系，加深对农民感情。三要坚决纠正脱贫攻坚和乡村振兴工作中的形式主义、官僚主义，清理规范各类检查评比、考核督导事项，切实解决基层疲于迎评迎检问题，让基层干部把精力集中到为群众办实事办好事上来。四要把乡村人才纳入各级人才培养计划予以重点支持。建立县域人才统筹使用制度和乡村人才定向委托培养制度，探索通过岗编适度分离、在岗学历教育、创新职称评定等多种方式，引导各类人才投身乡村振兴。五要对作出突出贡献的各类人才给予表彰和奖励。六要实施新型职业农民培育工程。大力发展面向乡村需求的职业教育，加强高等学校涉农专业建设。七要抓紧出台培养懂农业、爱农村、爱农民“三农”工作队伍的政策意见。

7. 如何强化五级书记抓乡村振兴的制度保障?

2019年中央1号文件指出，一要实行中央统筹、省负总责、市县乡抓落实的农村工作机制，制定落实五级书记抓乡村振兴责任的实施细则，严格督查考核。二要加强乡村振兴统计监测工作。2019年各省（自治区、直辖市）党委要结合本地实际，出台市县党政领导班子和领导干部推进乡村振兴战略的实绩考核意见，并加强考核结果应用。三要各地区各部门要抓紧梳理全面建成小康社会必须完成的硬任务，强化工作举措，确保2020年圆满完成各项任务。

2021年中央1号文件指出，全面推进乡村振兴的深度、广度、难度都不亚于脱贫攻坚，必须采取更有力的举措，汇聚更强大的力量。要深入贯彻落实《中国共产党农村工作条例》，健全中央统筹、省负总责、市县乡抓落实的农村工作领导体制，将脱贫攻坚工作中形成的组织推动、要素保障、政策支持、协作帮扶、考核督导等工作机制，根据实际需要运用到推进乡村振兴，建立健全上下贯通、精准施策、一抓到底的乡村振兴工作体系。省、市、县级党委要定期研究乡村振兴工作。县委书记应当把主要精力放在“三农”工作上。建立乡村振兴联系点制度，省、市、县级党委和政府负责同志都要确定联系点。开展县乡村三级党组织书记乡村振兴轮训。加强党对乡村人才工作的领导，将乡村人才振兴纳入党委人才工作总体部署，健全适合乡村特点的人才培养机制，强化人才服务乡村激励约束。加快建设政治过硬、本领过硬、作风过硬的乡村振兴干部队伍，选派优秀干部到乡村振兴一线岗位，把乡村振兴作为培养锻炼干部的广阔舞台，对在艰苦地区、关键岗位工作表现突出的干部优先重用。

8. 如何加强党委农村工作领导小组和工作机构建设？

2021年中央1号文件指出，加强党委农村工作领导小组和工作机构建设，就要充分发挥各级党委农村工作领导小组牵头抓总、统筹协调作用，成员单位出台重要涉农政策要征求党委农村工作领导小组意见并进行备案。各地要围绕“五大振兴”目标任务，设立由党委和政府负责同志领导的专项小组或工作专班，建立落实台账，压实工作责任。强化党委农村工作领导小组办公室决策参谋、统筹协调、政策指导、推动落实、督促检查等职能，每年分解“三农”工作重点任务，落实到各责任部门，定期调度工作进展。加强党委农村工作领导小组办公室机构设置和人员配置。

9. 选派到重点乡村的驻村第一书记和工作队的人选是如何把关的？他们的主要职责是什么？

《论“三农”工作》一书收纳了习近平同志于 2017 年 12 月 28 日在中央农村工作会议上的讲话，习近平总书记指出，全面向贫困村、软弱涣散村、集体经济薄弱村党组织派出第一书记，是实施乡村振兴战略和培养锻炼干部的重要举措，要建立长效工作机制，切实发挥作用。

中共中央办公厅印发的《关于向重点乡村持续选派驻村第一书记和工作队的意见》指出，第一书记和工作队员人选的基本条件是：政治素质好，坚决贯彻执行党的理论和路线方针政策，热爱农村工作；工作能力强，敢于担当，善于做群众工作，具有开拓创新精神；事业心和责任感强，作风扎实，不怕吃苦，甘于奉献；具备正常履职的身体条件。第一书记必须是中共正式党员，具有 1 年以上党龄和 2 年以上工作经历；工作队员应优先选派中共党员。

第一书记和工作队员主要从省市县机关优秀干部、年轻干部，国有企业、事业单位优秀人员和以往因年龄原因从领导岗位上调整下来、尚未退休的干部中选派，有农村工作经验或涉农方面专业技术特长的优先。中央和国家机关各部委、人民团体、中管金融企业、国有重要骨干企业和高等学校，有定点帮扶和对口支援结对任务的，每个单位至少选派 1 名优秀干部到村任第一书记。

选派第一书记和工作队员，按照个人报名和组织推荐相结合的办法，由派出单位组织人事部门提出人选，同级党委组织部门会同农办、农业农村部门及乡村振兴部门进行备案，派出单位党委（党组）研究确定。各地区各部门各单位党委（党组）及组织部门、农办、农业农村部门及乡村振兴部门，要严把人选政治关、品行关、能力关、作风关、廉洁关，充分考虑年龄、专业、经历等因素，确保选优派强。县级党委和政府要根据不同类型村的需要，对人选进行科学搭配、优化组合，发挥选派力量的最大效能。

第一书记和工作队主要做好以下四方面工作：

一是建强村党组织。重点围绕增强政治功能、提升组织力，推动村干部、党员深入学习和忠实践行习近平新时代中国特色社会主义思想，学习贯彻党章党规党纪和党的路线方针政策；推动加强村“两委”班子建设、促进担当作为，帮助培育后备力量，发展年轻党员，吸引各类人才；推动加强党支部标准化规范化建设，严格党的组织生活，加强党员教育管理监督，充分发挥党组织和党员作用。

二是推进强村富民。重点围绕加快农业农村现代化、扎实推进共同富裕，推动巩固拓展脱贫攻坚成果，做好常态化监测和精准帮扶；推动加快发展乡村产业，发展壮大新型农村集体经济，促进农民增收致富；推动农村精神文明建设、生态文明建设、深化农村改革、乡村建设行动等重大任务落地见效，促进农业农村高质量发展。

三是提升治理水平。重点围绕推进乡村治理体系和治理能力现代化、提升乡村善治水平，推动健全党组织领导的自治、法治、德治相结合的乡村治理体系，加强村党组织对村各类组织和各项工作的全面领导，形成治理合力；推动规范村务运行，完善村民自治、村级议事决策、民主管理监督、民主协商等制度机制；推动化解各类矛盾问题，实行网格化管理和精细化服务，促进农村社会和谐稳定。

四是为民办事服务。重点围绕保障和改善农村民生、密切党群干群关系，推动落实党的惠民政策，经常联系走访群众，参与便民利民服务，帮助群众解决“急难愁盼”问题；推动加强对困难人群的关爱服务，经常嘘寒问暖，协调做好帮扶工作；推动各类资源向基层下沉、以党组织为主渠道落实，不断增强人民群众获得感、幸福感、安全感。

10. 如何对选派到重点乡村的驻村第一书记和工作队进行管理考核？

《关于向重点乡村持续选派驻村第一书记和工作队的意见》规定，第一书记和工作队员任期一般不少于 2 年，到期轮换、压茬交接。同步

选派第一书记和工作队的村，队长由第一书记兼任，队员一般不少于 2 人，任务重的可适当增加人数。

驻村期间，第一书记和工作队员原人事关系、工资和福利待遇不变，不承担派出单位工作；党员组织关系转到村，不占村干部职数，一般不参加村级组织换届选举。由县级党委组织部门、农办、农业农村部门及乡村振兴部门和乡镇（街道）党（工）委进行日常管理，严格落实考勤、请销假、工作报告、纪律约束等制度。派出单位加强跟踪管理，每半年听取 1 次第一书记和工作队员汇报。

驻村工作半年以上的，由所在县党委组织部门、农办、农业农村部门及乡村振兴部门会同乡镇（街道）党（工）委进行年度考核，以适当方式听取派出单位意见，考核结果反馈派出单位；期满考核由派出单位会同所在县党委组织部门、农办、农业农村部门及乡村振兴部门和乡镇（街道）党（工）委进行。考核过程中深入听取村干部、党员、群众意见，全面了解现实表现情况。考核结果作为评先评优、提拔使用、晋升职级、评定职称的重要依据。

11. 针对选派驻村第一书记和工作队到重点乡村有哪些组织保障?

《关于向重点乡村持续选派驻村第一书记和工作队的意见》指出，各地区各部门各单位党委（党组）要高度重视向重点乡村持续选派驻村第一书记和工作队工作，将其作为抓党建促乡村振兴的重要举措，加强组织领导，推动落地见效。县级党委和政府要强化责任担当，精心组织实施，做到定村精准、派人精准、工作精准。各级党委组织部门、农办、农业农村部门及乡村振兴部门具体牵头协调，加强工作指导。其他涉农部门密切配合，结合自身职能加强业务指导，做好有关工作。派出单位与第一书记和工作队所在村实行责任捆绑，党委（党组）负责同志每年到村调研指导、推进工作。把选派工作纳入乡村振兴实绩考核、党委（党组）书记抓基层党建工作述职评议考核的内容。

强化保障支持，加强关心关爱。派出单位可参照差旅费中伙食补助费标准给予生活补助，安排通信补贴，派往艰苦边远地区的，还可参照所在地区同类同级人员的地区性津贴标准给予相应补助。每年安排定期体检，办理任职期间人身意外伤害保险，按规定报销医疗费。所在县乡提供必要工作和生活条件。保证必要工作经费，具体由地方财政统筹安排。分级负责开展培训，第一书记和工作队员原则上任期内至少参加1次县级以上培训。县级党委组织部门、农办、农业农村部门及乡村振兴部门和乡镇（街道）党（工）委要经常与第一书记和工作队员谈心谈话，派出单位要加强联系，了解思想动态，促进安心工作，激励担当作为。

以真抓实干、求真务实的作风做好选派工作，力戒形式主义、官僚主义，切实减轻基层负担。推动干部在乡村振兴一线岗位锻炼成长，接地气、转作风、增感情。通过驻村工作考察识别干部，对干出成绩、群众认可的优先重用，对工作不认真不负责的进行批评教育，对不胜任或造成不良后果的及时调整处理，树立鲜明导向。党委组织部门、农办、农业农村部门及乡村振兴部门要加强调研督促，及时发现和解决有关问题。注意总结工作中好经验好做法，宣传表彰第一书记和工作队员先进典型，营造担当作为、干事创业良好氛围。

12. 党的农村工作的保障措施有哪些？

《中国共产党农村工作条例》指出，要从以下五方面做好党的农村工作的保障：

一是各级党委应当注重发挥改革对农业农村发展的推动作用。以处理好农民和土地的关系为主线推动深化农村改革，坚持农村土地农民集体所有，坚持家庭经营基础性地位，坚持保持土地承包关系稳定并长久不变，健全符合社会主义市场经济要求的农村经济体制，把实现好、维护好、发展好广大农民的根本利益作为出发点和落脚点，与时俱进推动“三农”理论创新、实践创新、制度创新，调动亿万农民的积极性、主动性、创造性，不断解放和发展农村社会生产力。

二是各级党委应当注重发挥投入对农业农村发展的支撑作用。推动建立“三农”财政投入稳定增长机制，加大强农惠农富农政策力度，完善农业支持保护制度，健全商业性金融、合作性金融、政策性金融相结合的农村金融服务体系，拓宽资金筹措渠道，确保“三农”投入力度不断增强、总量持续增加。

三是各级党委应当注重发挥科技教育对农业农村发展的引领作用。深入实施科教兴农战略，健全国家农业科技创新体系、现代农业教育体系、农业技术推广服务体系，把农业农村发展转到创新驱动发展的轨道上来。

四是各级党委应当注重发挥乡村规划对农业农村发展的导向作用。坚持规划先行，突出乡村特色，保持乡村风貌，加强各类规划统筹管理和系统衔接，推动形成城乡融合、区域一体、多规合一的规划体系，科学有序推进乡村建设发展。

五是各级党委应当注重发挥法治对农业农村发展的保障作用。坚持法治思维，增强法治观念，健全农业农村法律体系，加强农业综合执法，保障农民合法权益，自觉运用法治方式深化农村改革、促进农村发展、维护农村稳定，提高党领导农村工作法治化水平。

13. 如何对党的农村工作进行考核监督？

《中国共产党农村工作条例》指出，要从以下六方面对党的农村工作进行考核：

一是健全五级书记抓乡村振兴考核机制。地方各级党委和政府主要负责人、农村基层党组织书记是本地区乡村振兴工作第一责任人。上级党委和政府应当对下级党委和政府主要负责人、农村基层党组织书记履行第一责任人职责情况开展督查考核，并将考核结果作为干部选拔任用、评先奖优、问责追责的重要参考。

二是各省（自治区、直辖市）党委和政府每年向党中央、国务院报告乡村振兴战略实施情况，省以下各级党委和政府每年向上级党委和政府报告乡村振兴战略实施情况。

三是实行市县党政领导班子和领导干部推进乡村振兴战略实绩考核制度，将抓好农村工作特别是推进乡村振兴战略实绩、贫困县精准脱贫成效作为政绩考核的重要内容，由上级党委统筹安排实施，考核结果作为对市县党政领导班子和有关领导干部综合考核评价的重要依据。

四是地方各级党政领导班子和主要负责人不履行或者不正确履行农村工作职责的，应当依照有关党内法规和法律法规予以问责；对农村工作履职不力、工作滞后的，上级党委应当约谈下级党委，本级党委应当约谈同级有关部门。

五是中央和地方党政机关各涉农部门应当认真履行贯彻落实党中央关于农村工作各项决策部署的职责，贴近基层服务农民群众，不得将部门职责转嫁给农村基层组织。不履行或者不正确履行职责的，应当依照有关党内法规和法律法规予以问责。

六是各级党委应当建立激励机制，鼓励干部敢于担当作为、勇于改革创新、乐于奉献为民，按照规定表彰和奖励在农村工作中作出突出贡献的集体和个人。

2021 年中央 1 号文件指出，要健全乡村振兴考核落实机制，各省（自治区、直辖市）党委和政府需每年向党中央、国务院报告实施乡村振兴战略进展情况。需对市县党政领导班子和领导干部开展乡村振兴实绩考核，纳入党政领导班子和领导干部综合考核评价内容，加强考核结果应用，注重提拔使用乡村振兴实绩突出的市县党政领导干部。对考核排名落后、履职不力的市县党委和政府主要负责同志进行约谈，建立常态化约谈机制。需将巩固拓展脱贫攻坚成果纳入乡村振兴考核。需强化乡村振兴督查，创新完善督查方式，及时发现和解决存在的问题，推动政策举措落实落地。需持续纠治形式主义、官僚主义，将减轻村级组织不合理负担纳入中央基层减负督查重点内容。需坚持实事求是、依法行政，把握好农村各项工作的时度效。需加强乡村振兴宣传工作，在全社会营造共同推进乡村振兴的浓厚氛围。

深度阅读

党建引领　村企牵手全方位立体式赋能乡村振兴

来源：中国组织人事报新闻网　2022年3月15日

九省通衢的武汉市，人口过千万，城区科教、产业、人才资源丰富，透露着无限朝气。但与此同时，武汉乡村国土面积占全市70%，仍有1 800个村、200多万乡村人口，有的村缺乏资源投入，未得到有效开发，跟城区面貌相比，差别较大。

乡村振兴，离不开发展资源要素的集聚。城市发展的积极要素如何跟农村融合，有力助推乡村振兴?

党建引领，村企“联姻”! 2021年2月，武汉市启动“国企联村”行动，组织市属国企党委与农村联合党委结对发展，推动城市优势资源向农村集聚，计划到2025年年底，打造100个“国企联村”示范片，所辖村集体经济年平均收入超过50万元。

“联”上有新意——
结对联合党委，带动片区整体发展

这些年，位于革命老区的毛家冲村实现“两连跳”。这个新洲区凤凰镇民主片区的偏远山村，先是脱了贫，又迎来“国企联村”项目，如今水生植物种植、古法制糖、红色旅游等一二三产齐头并进。“一年下来能增收近2万元!”村民江三爱笑容里带着满足：在家门口就业能顾上家，日子越来越红火。

昔日空心村迎来大发展，得益于联村企业整合了片区5个村的资源。这也是“国企联村”与过去结对帮扶的不同之处。

据介绍，这次一个企业不再是对接某一个行政村，而是对接农村联合党委。农村联合党委是在街道（乡镇）和行政村之间设立的功能型党

组织，按照地域相近、人文相亲、产业相关、资源相补的原则，整合4～6个村的资源形成一个片区。片区联合党委书记由街道（乡镇）领导班子成员兼任，吸纳联村企业党组织负责人为联合党委第一书记，委员包括各村党组织书记、辖区两新组织党员负责人等。

为啥要结对片区联合党委？

“比如我们发展红色旅游，这个村有新洲区最早的党组织，那个村有红军树，另一个村有革命烈士纪念碑，通过片区抱团，才能把这些点状的、分散的资源充分统筹起来。”作为联村项目负责人，武汉农业集团下属武汉林业发展有限责任公司党支部书记、董事长董炼说起了对接联合党委的好处，“联合党委统一协调，打破了行政区划壁垒，避免压价竞争、同质投入等问题，增强了发展的整体性协同性。”公司对接凤凰镇民主片区联合党委，整合5个村资源制定23个共建项目，各村优势互补。

片区联合党委又怎样在经济发展上与国企对接？

片区联合党委牵头，组织各村以村集体名义组建股份制经济联合社。经济联合社作为经济实体参与“国企联村”产业项目建设，对内统筹土地、资金、技术和劳动力等发展要素，对外统一引进产业项目、打造特色品牌。这样一来，组织的区域化进一步拓展为经济的区域化，共享发展收益。

年还没过完，黄陂区前川街道青凤片区的工地上已是一片繁忙，计划投资超700亿元的武汉甘露山文创城正在热火朝天建设之中。去年，项目一开工，便有了用工需求。片区6个村组建经济联合社，经济联合社全资成立了武汉青凤同翔建筑劳务公司，组织村民到项目上务工。

“此前村民大多只能干建筑工，技能单一，就业空间小。”武汉城建集团文旅城公司党支部书记、董事长贾智力是项目负责人，他说，过去村民缺乏组织，难以分享就业红利。作为青凤片区的结对国企，文旅城公司摸清用工需求后，与片区联合党委紧密合作，由青凤劳务公司组织培训。待2024年项目建成，将创造3万个就业岗位，涉及多类工种。

“这两年的工作重点就是做好培训，帮助农民提升技能。以后村民可以在家门口上班了！”展望未来，前川街道青凤片区联合党委副书记祁玉峰干劲十足。

结对联合党委，最终目标就是带动片区整体发展。

刚过正月十五，走进江夏区五里界街道李家店村，大片的油菜花早早盛开，映入眼帘。花田不远处，老宅正在改造成高端民宿，一个网红打卡村呼之欲出。这是武汉旅体集团党委与童周岭片区联合党委结对后，投资6 000万元开发的田园综合体。

尽管只坐落在一个村，但这却是江夏区全域成景旅游的一块重要“拼图”，辐射带动一片区域。“项目建成后，将与邻近的旅游名村小朱湾村互相引流，并能弥补片区民宿房间不足的问题，附近的村民也可来此就业、销售农产品。”武汉旅体集团下属武汉林语生态集团有限公司党委书记、副总经理杨爱萍说。

目前，15家武汉市属国企，与黄陂区、新洲区、江夏区、蔡甸区等4个新城区40个农村片区的联合党委结对，56个产业共建项目已实施或即将建设。

重点是“造血”——
发展产业项目，带动全面振兴

“是让企业购买村里的农产品吗?”“直接给我们村里拨一笔钱?”“这条路，给村里修一下?”刚听说“国企联村”、还不知道该干啥的时候，村民们曾发出这样的疑问。

很快，随着召开工作调度会、出台实施方案，各方迅速统一思想，明确了工作重点——

“国企联村”不是简单的给钱给物，而是通过党建引领，在产业、人才、文化、生态、组织等方面全方位合作，实现“五个一批”，即“一批稳定的产业发展项目、一批高素质的人才队伍、一批有效的乡村治理载体、一批完善的公共服务设施、一批优秀的乡村文化活动”。

乡村振兴，产业兴旺是基础。打造一批稳定的产业发展项目，是“国企联村”的基础和重中之重。据介绍，“国企联村”不是单向“输血”，尤其注重帮助村党组织提升发展能力，壮大村集体经济，构建产业发展与群众利益的联结机制，实现强村与富民并重。如果没有村集体的参与，原则上不作为“国企联村”项目，不纳入“国企联村”的考核成绩。

“结对后，集团想了很多办法，最终选定了村集体能参与进来的项目。”湖北省港口集团党委工作部部长纪长鸣说。集团结对的江夏区金口街道长江片区，是武汉市的“菜篮子”，尤其是长江村，蔬菜大棚一年能种六七茬，村民人均年收入超 2.72 万元。发展基础不错，但蔬菜大多走批发，附加值不高。单靠村子，没资金没资源，难以提档升级，村集体增收乏力。

国企的结对带来转机。港口集团旗下企业与片区经济联合社共同出资成立金口农贸有限公司，已出资 100 余万元改造建设集交易、加工、配送等功能的蔬菜物流交易中心，减少中间环节，直接对接销售市场。“我们自己分拣包装后，几毛钱的萝卜能卖到 1 块多。人气还越来越旺，现在交易场地都小了!”长江村党支部书记、村委会主任陈定发高兴地算起账：建成后 2 个月产值就达 50 万元，村集体有分红，菜农收入也增加了 10%～15%。

“国企与帮扶村合作成立公司，是长期稳定发展的引擎。”纪长鸣说，公司有 10 人常驻村里，都成了“荣誉村民”。目前，武汉“国企联村”行动已成立合资公司 16 个。以此为联结，村企开展有组织、经常性、紧密型的合作，构建了互利共赢长效机制。

虽说“背靠大树好乘凉”，但“国企联村”项目不搞包销包售和包办代替，坚持市场化发展运营，提升村干部和村民“在大海中游泳”的能力。

“80 后”党员致富带头人程喜林就曾吃过一次“苦头”。武汉农业集团在新洲区凤凰镇民主片区与村集体成立合资公司，打造水生植物基

地，程喜林承包了50亩。几个月后，第一批水生植物上市，结果有价值约3 000元的产品因质量不过关被拒收，程喜林找到项目负责人董炼“讨说法”：“你们负责市场，为什么不包销?”董炼一番解释和鼓励，程喜林很快转过弯来，精心打理，年底一盘账：收入超过20万元。

“凤凰镇是革命老区，革命先辈曾播下革命的火种；今天，我们再来播下市场的火种。”董炼说。

伴随国企“下乡”，组织共建、志愿服务、文化惠民等活动也热烈开展。黄陂区罗汉寺街道白塘片区是还建小区，结对企业武汉农业集团在片区探索成立乡村红色物业部，将城市居民小区精细化物业管理的理念推广到农村；武汉航发产业投资集团完善蔡甸区合贤片区公共服务设施，可满足600余名村民休闲健身需求；汉口银行开展“红色引擎”党员手拉手活动，推动结对双方党员交流互助；武汉农商行在结对片区派驻“金融村官”，片区金融诈骗案例“零”增长……小乡村融入大市场，不只带来产业振兴，更促进乡村全面发展。

落实有保障——

打好“组合拳”，合力推动落地生根

“田还能编着花种呢？还挺能卖钱!”近半年来，蔡甸区蔡甸街道西屋台村村民大开眼界。红菜薹、苤蓝、宝塔菜……片区里的“刺绣田园”，是武汉市城投集团的联村项目，种的都是村里从没种过的“稀奇菜”，要建设全自动滴灌系统等大量基础设施。得益于职能部门、街道以及片区联合党委的大力支持，项目进展很快：去年7月开工，9月种上第一批菜，11月就顺利上市了，20多亩地已收入10余万元。

发展农业产业是系统工程，不能单靠一家企业，必须打好“组合拳”，形成工作合力。组织、国资、农业农村、金融、文旅等部门组成“国企联村”行动联席会议，协同解决影响项目进度的“中梗阻”问题。

各新城区积极引导各级各类涉农资金、资源向参与结对的农村联合党委集聚，加大片区农业产业基础设施建设和人居环境整治力度，形成叠加效应。“头一次见工业化生产的农业，单靠村里可建不起来。”看着有两层楼高的“鱼菜共生”超级温室大棚，蔡甸区侏儒山街道群力村党支部书记、村委会主任周木林赞叹不已。项目整合400万元乡村振兴资金，一举建设6个大棚，还引入民营股东担任技术团队，使项目实现高标准、上规模。

街道负责牵头片区联合党委，发挥了联系各方的枢纽作用。“我们每月一张清单提诉求，找街道的都是麻烦事。”武汉农业集团股权公司副总经理、武汉农之兴科技公司董事长刘杰说，在黄陂区白塘片区发展珍稀食用菌种植项目，遇到用地用电等问题，街道帮忙联系有关部门解决，出了很多力。

村党支部也充分发挥战斗堡垒作用。农家畈湾田园综合体项目需要租用闲置的老宅，在村民观望的时候，老党员第一个带头；“鱼菜共生”项目建设中，需要准备多项手续材料、法人代表要如数到齐，各村积极配合，一周内完成公司注册；种植珍稀食用菌对覆土土质要求高，村干部就带着技术人员找遍全村……

村企手牵手，乡村展新颜。“‘国企联村’给村里带来了现代化的产业，还美化了环境、丰富了生活，逐渐吸引年轻人回村发展。”许多村支书欣喜地看到变化。以党建为引领，资源还在源源不断向农村集结，播撒下乡村振兴的希望。

（作者：《中国组织人事报》记者魏杰）

后　记

本书由河北省社会科学院、中共河北省委讲师团组织编写，编写过程中得到了河北省直有关部门和河北省社会科学院内外有关同志的大力支持和帮助，在此特别感谢陈建伟、王超、李翠霞对本书稿的审阅和建议。本书主要参考了党的十九大以来历年的中央1号文件及河北省委1号文件、《中华人民共和国国民经济和社会发展第十四个五年规划和2035年远景目标纲要》《中共中央　国务院关于实现巩固拓展脱贫攻坚成果同乡村振兴有效衔接的意见》《中华人民共和国乡村振兴促进法》、党的十九大以来中央经济工作会议、中央农村工作会议和中央、河北省“两会”政府工作报告以及有关部委出台的涉农政策等重大会议和重要文件的相关内容，力求可以更加全面、更加准确、更加深入地展现党的十九大以来中央及河北省涉农政策的主要内容。

由于时间和水平所限，书中难免有疏漏和不足之处，敬请广大读者批评指正。

编　者

2022年4月

图书在版编目（CIP）数据

党的十九大以来“三农”政策集释 / 河北省社会科学院，中共河北省委讲师团编著. —北京：中国农业出版社，2022.8

ISBN 978-7-109-29619-0

Ⅰ.①党…　Ⅱ.①河…　②中…　Ⅲ.①三农政策—研究—中国　Ⅳ.①F320

中国版本图书馆 CIP 数据核字（2022）第 117804 号

中国农业出版社出版

地址：北京市朝阳区麦子店街 18 号楼

邮编：100125

责任编辑：闫保荣

版式设计：杜　然　　责任校对：吴丽婷

印刷：北京通州皇家印刷厂

版次：2022 年 8 月第 1 版

印次：2022 年 8 月北京第 1 次印刷

发行：新华书店北京发行所

开本：787mm×1092mm　1/16

印张：29.25

字数：408 千字

定价：78.00 元
